Sadi Ceylan

Die geschichtliche Umwandlung der ökonomischen Gesellschaftsformation der Türkei

EXpress Edition

CIP-Kurztitelaufnahme der Deutschen Bibliothek:

Ceylan, Sadi
Die geschichtliche Umwandlung der ökonomischen Gesellschaftsformation der Türkei / Sadi Ceylan. – Berlin: EXpress-Edition, 1985.
(X-Publikationen)
ISBN 3-88548-482-X

Verlag und Vertrieb EXpress Edition GmbH
Postfach 11 02 63
Ritterstr. 60b
1000 Berlin 61
Tel.: 030/251 11 36

Satz: Eigensatz bei dtf
030/612 69 87

Druck: WB-Druck

Inhalt

2. TEIL:
DIE ENTWICKLUNG DES SOZIO-ÖKONOMISCHEN PROZESSES ZWISCHEN 1923-1950

EINLEITUNG

Über den sozio-ökonomischen Entwicklungsprozeß der Türkei ist viel gesagt und geschrieben worden: Über die Wanderung der türkischen Stämme aus Zentralasien bis nach Anatolien, über die von Türken gegründeten Staaten wie seldschukischen und osmanischen und über die Türkei seit dem Ausruf der Republik (1923). Über die sozio-ökonomische Struktur unserer Vergangenheit und Gegenwart vertritt man sehr differenzierte Meinungen: Man hat unsere sozio-ökonomische Vergangenheit als eine ökonomische Gesellschaftsformation betrachtet, die der „asiatischen Produktionsweise" zuzurechnen sei. Man hat unsere sozio-ökonomische Vergangenheit als eine den Urgesellschaften entsprechende Gesellschaftsformation erklärt. Einige haben in unserer Vergangenheit spezifisch-osmanisches entdeckt und sie als eine Gesellschaftsformation erklärt, die im Prozeß der Weltgeschichte nur bei uns anzutreffen sei. Man hat unsere Vergangenheit als feudalistisch oder präkapitalistisch bezeichnet.

Von den offen rassistischen und religiösen Überlegungen zu diesem Thema sehe ich hier ab.

Geschichtlich gesehen ist dieser Prozeß der Meinungsäußerung sehr jung. Denn die Erziehung, Kultur, wissenschaftliche Studien usw. standen unter der massiven Kontrolle des Staates: Wir hatten Gelegenheit, nur Offizielles zu lernen, d.h., nur die positive Seite der Geschichte. Auch aus den negativen Erscheinungen der Geschichte hat man gute, für die Interessen der Herrschenden entsprechende Resultate herausgeholt. Pauken mußten wir. Wir hatten nichts zu sagen, sondern mußten nur gehorchen. In dieser Zeit – von der Gründung der Republik bis etwa 1960 – gab es wenige, die etwas wissenschaftlich geleistet hatten. Auch diese Leistung, welche zu respektieren ist, hat nicht die Mauer des Campus überschreiten können. All diese Leistungen blieben innerhalb bestimmter Kreise beinahe geheim.

Seit den 60er Jahren machte die türkische Öffentlichkeit eine fortschrittliche Entwicklung durch: Unvermeidbare politische, ökonomische, soziale Probleme haben sich angehäuft. Arbeiter, Bauern, Jugendliche, Intellektuelle und sonstige Mitglieder des Volkes verlangten Brot, Arbeit, Presse- und Organisationsfreiheit. Durch diese unaufhaltsame Entwicklung erlangten wir Presse- und Organisationsfreiheit, also die Möglichkeit freier Meinungsäußerung. Im Vergleich zum Westen waren dies aber nur Brocken von Demokratie und Freiheit, die man auszunutzen wußte.

All das war der Verdienst der oppositionellen Volksbewegung in der Türkei. Wir hatten Durst nach Wissen und Verstehen. Viele Versuche und Studien wurden unternommen. Nicht nur wissenschaftliche Kräfte an den Hochschulen, sondern auch freie Schriftsteller, Journalisten, Gewerkschafter, politische Gruppierungen haben versucht, unsere Geschichte neu zu schreiben. Vielleicht ist das für manche Kreise ein Circulus Vitiosus. In der Tat aber ist es ein Schritt vorwärts. Ich bin fest davon überzeugt, daß wir, die wir für die gerechte Sache der Völker der Türkei, für Freiheit und Demokratie auftreten, diesen „Circulus Vitiosus" überwinden und unsere Geschichte, unsere Vergangenheit und Gegenwart objektiv bewerten und entsprechend handeln.

Diese Arbeit ist ein Versuch festzustellen, welche sozio-ökonomische Struktur, d.h., welche ökonomische Gesellschaftsformation im Osmanischen Reich und in der Türkei vorzufinden ist, und ob geschichtliche Umwandlungen der ökonomischen Gesellschaftsformation in dieser Zeitspanne zu verzeichnen sind. Um diese feststellen zu können, gibt es hauptsächlich zwei Methoden: Es ist wichtig, von

welchem Gesichtspunkt aus man die Geschichte zu interpretieren versucht. Denn die Wissenschaft, insbesondere die politische Ökonomie, ist parteiisch aufzufassen. Es ist egal, ob man einen Zeitungsartikel, eine Dissertation schreibt oder einen Vortrag hält. Man versucht immer, die betreffenden Themen von einer bestimmten Weltanschauung aus zu erklären: Den Stoff werden wir entweder durch die idealistische oder durch die materialistische Weltanschauung zu erklären haben.
Bei diesem Versuch ist es für mich wichtig, die Widersprüche aufzudecken, die die Gesellschaft zum Zusammenbruch führten und die die Zukunft vertreten.
In sehr vielen Studien versucht man die sozio-ökonomische Entwicklung der Türkei oder die Unterentwicklung der Türkei an entwickelten Ländern wie den EWG-Ländern zu messen. Hier aber gibt es keine Faktoren, die zu vergleichen wären. Am Ende steht dann ein schreckliches Bild: Die Türkei ist gemessen an EWG-Ländern sehr arm und unterentwickelt. Die kapitalistisch entwickelten Länder können jedoch nicht das Kriterium der Entwicklung sein. Die Entwicklung ist relativ. Man muß sie in ihrem Prozeß betrachten. Nur so kann man zu den richtigen Schlüssen kommen. Deswegen ist es für mich entscheidend, die Türkei nicht an einem entwikkelten Land zu messen, sondern sie in ihrem Entwicklungsprozeß zu untersuchen.
Ich betrachte die sozio-ökonomische Entwicklung des Osmanischen Reiches und der Türkei seit der Gründung der Republik als einen Hauptprozeß, teile diesen in Zwischenprozesse ein und untersuche die geschichtliche Veränderung dieses Hauptprozesses. Festzustellen ist also, mit welchen ökonomischen Gesellschaftsformationen unsere Vergangenheit und Gegenwart zu charakterisieren sind.
Ich werde mich bei dieser Arbeit von der marxistischen Methode, vom historischen Materialismus leiten lassen, denn ich bin der Meinung, daß ich durch die Anwendung dieser Methode das Problem richtig analysieren und zu bestimmten Schlußfolgerungen kommen kann.
Die Untersuchung von ökonomischen Gesetzen und sozialen Entwicklungen, also die Untersuchung einer Gesellschaftsformation als Ganzes, die Analyse der Widersprüche, machen es notwendig, das Thema von einem bestimmten Aspekt her zu betrachten und zu bestimmten Schlußfolgerungen zu kommen. Es ist hier wichtig, daß man die Hauptwidersprüche herausfindet, die zur Entstehung und Entwicklung einer ökonomischen Formation führen, d.h. einer Produktionsweise eigen sind. Diese Widersprüche bilden gleichzeitig die Triebkräfte der ökonomischen und sozialen Entwicklung einer jeden Gesellschaft. Deswegen müssen in erster Linie die Gesamtheit der ökonomischen Fakten und Zusammenhänge studiert und analysiert werden. Nur aufgrund dieser Analysen kann man zu bestimmten Synthesen, zu den inneren Zusammenhängen des untersuchten Themas gelangen und die Gesamtheit dieser Synthesen kann uns zur Bildung bestimmter ökonomisch-gesellschaftlicher Kategorien (Systemen) führen.
Der Komplex, den wir zu untersuchen haben, umfaßt eine sehr lange Periode: vom Osmanischen Reich bis zur Gegenwart. Diesen Themenkomplex werden wir unterteilen: Zunächst werden wir die sozio-ökonomische Struktur des Osmanischen Reiches und danach die Entwicklung der ökonomischen Gesellschaftsformation, mit anderen Worten die Entwicklung des Kapitalismus und des inneren Marktes in den Perioden zwischen 1923-1950 und von 1950 bis zur Gegenwart, untersuchen. Aufgrund dieser Analysen werden wir zu bestimmten Synthesen kommen und diese als Kriterien nehmen und feststellen, welche ökonomische Gesellschaftsformation im Osmanische Reich und in der Türkei vorzufinden sind.
Bevor wir zum eigentlichen Thema kommen, möchte ich hier kurz und allgemein den Begriff „ökonomische Gesellschaftsformation“ ihre Aufeinanderfolge aus marxistischer Sicht zu klären versuchen. Denn bei der Arbeit handelt es sich ja um

die Definition bestimmter ökonomischer Gesellschaftsformationen, die für das Osmanische Reich und für die Türkei in Frage kommen.

„Ihren Abschluß", schreibt Engels, „fand diese neuere deutsche Philosophie im Hegelschen System, worin zum erstenmal ... die ganze natürliche, geschichtliche und geistige Welt als ein Prozeß, d.h. als in Bewegung, Veränderung, Umbildung und Entwicklung begriffen dargestellt und der Versuch gemacht wurde, den inneren Zusammenhang in dieser Bewegung und Entwicklung nachzuweisen. Von diesem Gesichtspunkt aus erschien die Geschichte der Menschheit nicht mehr als ein wüstes Gewirr sinnloser Gewalttätigkeiten, die vor dem Richterstuhl der jetzt gereiften Philosophenvernunft alle gleich verwerflich sind und die man am besten so rasch wie möglich vergißt, sondern als der Entwicklungsprozeß der Menschheit selbst, dessen allmählichen Stufengang durch alle Irrwege zu verfolgen und dessen innere Gesetzmäßigkeit durch alle scheinbaren Zufälligkeiten hindurch nachzuweisen jetzt die Aufgabe des Denkens wurde.

Daß Hegel diese Aufgabe nicht löste, ist hier gleichgültig. Sein epochemachendes Verdienst war, sie gestellt zu haben."[1]

Nun, diese von Hegel gestellte Aufgabe wurde von Marx und Engels gelöst. Marx und Engels haben bewiesen, daß die Produktionsverhältnisse und die Produktivkräfte im historischen Entwicklungsprozeß eine entscheidende Rolle spielen und daß die Gesellschaft sich immer in ihrer Entwicklung zu höheren Gesellschaftsformationen befindet. Dieses, von primitiven Gemeinden bis zur Höchstenwicklung der Gesellschaft, Fortschreiten ist der historische Entwicklungsprozeß der Menschheit mit unvermeidlichen Stufengängen. Die Entwicklung der Poduktivkräfte, damit auch die Produktion der materiellen Werte und der entstehende Widerspruch mit den bestehenden Produktionsverhältnissen machen dieses Fortschreiten auf verschiedenen Stufen notwendig; die Gesellschaft wird sich nach einer bestimmten quantitativen Reife qualitativ verändern und die alte ökonomische und soziale Ordnung wird auf irgendeine Weise zerschlagen und an ihre Stelle wird eine neue sozio-ökonomische Ordnung treten.

Die Entwicklung der Menschheitsgeschichte oder der Prozeß der Menschheitsentwicklung hat zwei Dimensionen: eine zeitliche und eine räumliche. Mit der zeitlichen Dimension ist der Verlauf der historischen Entwicklungen und Ereignisse in einer bestimmten Zeitspanne gemeint. Unter der räumlichen Dimension ist der Verlauf der historischen Entwicklung von Staaten, Völkern usw. auf einem bestimmten Territorium, in einem bestimmten Gebiet der Welt zu verstehen. Die Geschichte ist also demzufolge ein Prozeß, in dem die Völker, Nationen oder Staaten in bestimmten Gebieten der Welt ihr eigenes gesellschaftliches Leben entwickeln und gestalten. In diesem Prozeß werden unzählige Vorgänge, soziale Organismen nebeneinander und miteinander existieren und sich gegenseitig beeinflussen. Das ist ein Prozeß, wo ständig etwas untergeht und neu entsteht.

In dieser Vielfalt der geschichtlichen Entwicklung gibt es Prozesse, die für das historische Fortschreiten richtungsgebend sind oder sie prägen dieses Fortschreiten; hier ist wichtig, daß man die qualitativen Entwicklungsstufen herausfindet. Bei der Analyse dieser Entwicklungsstufen ist es wichtig, daß man das Allgemeine vom Besonderen, das Wiederholbare vom Einmaligen unterscheidet. Dafür sind objektive Kriterien erforderlich.

Eine solche Interpretation der Geschichte, wie oben bemerkt, wurde erst von Marx und Engels unternommen.

„Die Gesellschaft", schreibt Marx, „besteht nicht aus Individuen, sondern drückt die Summe der Beziehungen, Verhältnisse aus, worin diese Individuen zueinander stehen."[2] Demzufolge ist es so, daß bei der Analyse der Gesellschaften das Wichtig-

ste die gesellschaftlichen Verhältnisse sind, die alle anderen Verhältnisse prägen. Produktionsverhältnisse, welche die Menschen im Prozeß der Produktion und Reproduktion ihres materiellen Lebens zueinander eingehen, bestimmen alle anderen gesellschaftlichen Beziehungen der Menschen. Auf diese Weise stellen wir den Charakter einer Gesellschaft nach den herrschenden Produktionsnerhältnissen fest. Diese werden ihrerseits durch die Typen des Eigentums an den Produktionsmitteln bestimmt. Das zeigt uns, daß die Produktionsverhältnisse bei der Charakterisierung einer ökonomischen Gesellschaftsformation das einzige objektive Kriterium sind.
Die Einordnung der Gesellschaften in Sklaverei, Feudalismus, Kapitalismus und Sozialismus/Kommunismus, kann nur nach diesem Kriterium erfolgen.
Hier können wir die Frage stellen: welche Wesensmerkmale besitzt eine ökonomische Gesellschaftsformation? Es wären demnach:

a) Eine jede ökonomische Gesellschaftsformation entwickelt ihren Produktionsverhältnissen entsprechend Überbauinstitutionen. Deswegen weist die Entstehung bestimmter historischer Gemeinschaften, bestimmter sozialer Verhältnisse und Triebkräfte auf den Charakter der Produktionsverhältnisse bzw. auf den Charakter der ökonomischen Gesellschaftsformation hin.
b) Eine ökonomische Gesellschaftsformation kann nicht aus dem Nichts entstehen. Sie ist ein Produkt der objektiven Voraussetzungen. Sie entwickelt sich weiter nach den gegebenen objektiven Voraussetzungen bis sie von einer anderen, höheren ökonomischen Gesellschaftsformation abgelöst wird. In diesem Sinne schreibt Marx: „Eine Gesellschaftsformation geht nie unter, bevor alle Produktivkräfte entwickelt sind, für die sie weit genug ist, und neue höhere Produktionsverhältnisse treten nie an die Stelle, bevor die materiellen Existenzbedingungen derselben im Schoße der alten Gesellschaft selbst ausgebrütet sind.“[3]

Wie wir sehen, sind die Entwicklungen und die Ursachen der Aufeinanderfolge der ökonomischen Gesellschaftsformationen auf die dialektische Verbindung zwischen den Produktivkräften und Produktionsverhältnissen zurückzuführen.
Eine ökonomische Gesellschaftsformation können wir wie folgt definieren: Sie ist ein System, das sich auf einer historisch-konkreten und zugleich quantitativen Entwicklungsstufe befindet und dessen Charakteristik durch die jeweiligen Produktionsverhältnisse bestimmt wird. „Je nach dem Charakter der Produktionsmittel“, schreibt Marx, „werden natürlich diese gesellschaftlichen Verhältnisse, worin die Produzenten zueinander treten, die Bedingungen, unter welchen sie ihre Tätigkeit austauschen und an dem Gesamtakt der Produktion teilnehmen, verschieden sein ... Die gesellschaftlichen Verhältnisse, worin die Individuen produzieren, die gesellschaftlichen Produktionsverhältnisse ändern sich also, verwandeln sich mit der Veränderung und Entwicklung der materiellen Produktionsmittel, der Produktivkräfte. Die Produktionsverhältnisse in ihrer Gesamtheit bilden das, was man die gesellschaftlichen Verhältnisse, die Gesellschaft nennt, und zwar eine Gesellschaft auf bestimmter, gesellschaftlicher Entwicklungsstufe, eine Gesellschaft mit eigentümlichem, unterscheidendem Charakter. Die antike Gesellschaft, die feudale Gesellschaft, die bürgerliche Gesellschaft sind solche Gesamtheiten von Produktionsverhältnissen, welche jede zugleich eine besondere Entwicklungsstufe in der Geschichte der Menschheit bezeichnet.“[4]

1. TEIL: SOZIO-ÖKONOMISCHE STRUKTUR UND DER UNTERGANG DES OSMANISCHEN REICHES

Einleitung:

Mit dieser Arbeit bezwecke ich nicht nur, die osmanische Gesellschaft zu untersuchen. Wäre dies der Fall, so könnte ich die osmanische Gesellschaft eingehend, umfangreich und chronologisch behandeln. Da diese Studie eine sehr lange Periode, die historisch verschiedene Epochen umfaßt, behandelt, wird der Teil über das Osmanische Reich zeitlich begrenzt analysiert. Deswegen werde ich in diesem Teil bestimmte Faktoren und historische Momente in der Entwicklungsgeschichte des Osmanischen Staates in den Vordergrund stellen. Sonstige Faktoren oder Themen werden entweder unberücksichtigt bleiben oder kurz bearbeitet, wenn es unvermeidlich wird.
In diesem Teil werden die Eigentumsverhältnisse, die Entwicklung des Handels- und Gewerbes, die soziale Stellung der Klassen in der Gesellschaft usw. als Kriterium bei der Feststellung des Charakters der osmanischen Gesellschaft behandelt. Als den ersten historischen Moment werde ich das 16. Jhd. untersuchen. Denn dieses Jahrhundert stellt in der Entwicklung des Osmanischen Reiches eine bestimmte Periode, einen Wendepunkt, dar. Nachdem wir festgestellt haben, was dieser Wendepunkt bedeutet, d.h., nachdem wir uns die Richtung der Entwicklung des Reiches vor Augen geführt haben, werde ich einen historischen zweiten Moment, das 19. Jhd., betrachten. Hier werden hauptsächlich die intensivierten Beziehungen des Reiches mit dem europäischen Kapitalismus und mit Rußland analysiert.

Kapitel I:
Sozio-ökonomische Struktur des Osmanischen Reiches

Jedes ökonomische und soziale System trägt bestimmte Merkmale des vorhergehenden Systems. Das Neue entsteht aus dem Alten, wird auf den Trümmern des alten Systems gegründet. Auch die osmanische Gesellschaftsstruktur wurde von den ihr vorausgehenden Strukturen beeinflußt.
Daraus entstand eine besondere Gesellschaftsstruktur, die wir osmanisch nennen. Es ist hier von Bedeutung, das Bodensystem von Byzanz und Seldschuken, auf welches sich die osmanische Gesellschaft stützte, zusammenfassend zu definieren, bevor wir die sozio-ökonomische Struktur des Osmanischen Reiches zu untersuchen beginnen. Schon diese kurze Definition wird uns zeigen, daß das osmanische Bodensystem, oder der osmanische Feudalismus, sich von byzantinischen und seldschukischen Bodensystemen grundsätzlich nicht viel unterscheidet.

a) Das byzanzische „Pronoia"-System:
Dieses System entwickelte sich besonders im 11. Jhd., also in der Niedergangsperiode des byzantinischen Reiches. In diesem System werden Grund und Boden an bestimmte Personen unter bestimmten Bedingungen gegeben. Diese Personen waren im allgemeinen wichtige Elemente des Staates und sollten, wenn sie Boden erhielten, für den Staat bewaffnete Soldaten ausbilden. Der auf diese Weise verteilte, besser gesagt verpachtete Boden durfte weder anderen überlassen, verkauft noch durch Erbschaft weitergegeben werden. Solche Ländereien wurden Pronoia, ihre de facto-Inhaber „Pronoiar" und die Bauern, die auf diesen Ländereien arbeiteten, „Proikoi" genannt. Diese Proikoi wurden praktisch zusammen mit dem Boden verpachtet, waren an den Boden gebunden, und mußten einen Teil ihrer Produkte als Produktenrente an die Proniar abgeben.[5]

b) Das seldschukische „Ikta"-System:
Dieses System wurde vom Großseldschukenstaat entwickelt. Nach den Prinzipien dieses Systems gab der Staat seine Ländereien an bestimmte Personen unter Voraussetzung der Erfüllung bestimmter Dienste weiter. Diese Dienste bestanden hauptsächlich darin, für den Staat bewaffnete Soldaten bereitzuhalten und bei einem Krieg diese Soldaten zu kommandieren. Auf diese Weise gingen die staatlichen Ländereien in die Hände der gehobenen Beamten. Man kann die de facto-Inhaber solcher Ländereien, also Ikta-Ländereien, mit Kleinkönigen vergleichen. Denn solche Persönlichkeiten durften im Großseldschukenstaat in ihrem eigenen Namen Geld drucken, Freitagspredigten halten lassen und eigene, vom Zentralstaat unabhängige juristische Organe gründen. Diese Ländereien waren in der Regel sehr umfangreich und durften vererbt werden.
Während der Periode der Anatolienseldschuken wurden diese Ikta-Ländereien im Umfang verkleinert, die Unabhängigkeit der „Kleinkönige" eingeschränkt. Die zentrale Staatsmacht nahm alle Macht in ihre Hände.
In diesem System regelte der zentrale Feudalstaat die Beziehungen zwischen den Ikta-Inhabern und den Bauern. Der Bauer durfte selbst Inhaber des Bodens werden. Er sollte aber dafür eine bestimmte Summe als Verpachtung und in jedem Jahr 10% seines Produktes dem Ikta-Inhaber abgeben. Den Bauern war es aber nicht erlaubt, ihre Ländereien zu verkaufen oder anderen zu überlassen. Im allgemeinen waren die Bauern an den Boden gebunden und durften ihren Ort nicht verlassen.[6]

Wie wir unten sehen werden, trug das osmanische Bodensystem die Besonderheiten der oben beschriebenen Systeme.
Was kennzeichnet nun die sozio-ökonomische Struktur der osmanischen Gesellschaft?
Um diese Frage beantworten zu können, müssen wir die Produktionsweise – die Eigentumsverhältnisse, den Charakter der Ausbeutung und die Lage der Klassen – in der osmanischen Gesellschaft untersuchen. Dabei ist es sehr wichtig, daß wir die Evolution, die das Osmanische Reich durchgemacht hat, im Auge behalten. Nur so können wir aus der osmanischen Gesellschaft richtige und gültige Schlußfolgerungen ziehen.

1. Eigentumsverhältnisse an Grund und Boden

Wie bei allen vorkapitalistischen Gesellschaften so bildete der Boden auch im Osmanischen Reich seit seiner Gründung den bestimmenden Faktor der Produktions- und Eigentumsverhältnisse. Im Gegensatz zum gewöhnlichen (europäischen) Feudalismus aber waren Grund und Boden staatliches Eigentum.
Grund und Boden waren im Osmanischen Reich in bezug auf das Eigentum und die Erzielung des Mehrprodukts in drei Gruppen eingeteilt. Außerdem waren noch zwei unterschiedliche Eigentumsverhältnisse an Grund und Boden von Bedeutung. Somit zählen wir fünf Typen von Eigentumsverhältnissen an Grund und Boden im Osmanischen Reich.

a) Arz-i-Miri oder Arz-i-Memleket:

Dieses System bildet das Hauptfundament der Produktions- und Eigentumsverhältnisse im osmanischen Staat. Die wichtigste Eigenschaft dieses Systems ist, daß Grund und Boden, im Rahmen dieses Systems betrachtet, dem Staat gehört. Deswegen werden diese Ländereien als Fiskal-Ländereien bezeichnet.
Gebiete, die durch Kriege erobert wurden, werden von Behörden des Staates sofort vermessen und parzelliert. Der Staat vergibt dann diese Parzellen an Personen oder Institutionen gegen Steuer und Militärdienstleistung. Dabei werden Personen und Institutionen in religiöser Hinsicht von Seiten des Staates nicht unterschieden. Diese Ländereien werden wiederum unter sich in drei Gruppen unterteilt: „Has" nennt man die Ländereien, die jährlich mehr als 100.000 Akçe*) Einkünfte bringen. Diese Ländereien konnten nur an Beamte höchster Ebene und Angehörige des Hofes vergeben werden. Als „Zeamet" werden Ländereien bezeichnet, die jährlich zwischen 20.000 - 100.000 Akçe abwerfen. Sie wurden gewöhnlich den hohen Ordensträgern von Timarli Sihapi – bewaffneter Reiter – gegeben. Ländereien, die jährlich zwischen 3.000 - 20.000 Akçe einbringen, nennt man „Timar" (nach I. Cem betrug diese Summe zwischen 10.000 - 20.000 Akçe).[7] Die Einkünfte dieser Ländereien gingen in die Kasse von Sipahis (der Reiter) und von Soldaten, die im Krieg tapfer kämpften.
Man nannte diese Einteilung der Arz-i-Miri oder Arz-i-Memleket-Ländereien Dirlik. Der osmanische Staat übernahm dieses System vom Selcukenstaat. Bei der Einteilung der Miri-Ländereien in Has, Zeamet und Timar ist die Produktivität ausschlaggebend. Natürlich bekamen die hochgestellten Beamten die ergiebigsten Ländereien. Auf jeden Fall aber war der Staat der Eigentümer der Miri-Ländereien. Und die de-facto-Inhaber, d.h. diejenigen, die diese Ländereien im Namen des Staates – aber für sich – bewirtschafteten, bekamen Steuern von Bauern, die auf diesen

*) Geldeinheit im Osmanischen Reich

Feldern arbeiteten. Dagegen verpflichteten sich diese Personen, dem Staat im Falle eines Krieges entsprechend ihren Einkünften bewaffnete Soldaten bereitzustellen. Durch diese Einteilung und Organisation der Miri-Ländereien befreite sich der Staat zum Teil von Militärkosten. D.h., der Staat bekam auf diese Weise von Dirlik bewaffnete Soldaten anstatt selbst Bodenrente oder Steuern von Bauern zu verlangen.

Diejenigen, die behaupten, das Osmanische Reich sei nicht feudalistisch, begründen ihre Auffassung mit dem Eigentumsverhältnis des Staates an Grund und Boden.[8] Die Arz-i-Miri oder Arz-i-Memleket genannten Ländereien waren Staatsländereien, hier wird zwar ein wichtiger Punkt nicht berücksichtigt: das ist wohl aber nur die juristische Seite der Sache. Ein herrschendes ökonomisches System, sei es feudalistisch oder kapitalistisch, sieht nicht in allen Ländern gleich aus. D.h., die Verhältnisse, die einem ökonomischen System eigen sind, sind zwar überall gleich (z.B. die Organisierung oder Verteilung der Produktion usw.), aber ihre juristischen Erscheinungsformen können je nach dem Land wohl unterschiedlich sein. Einen solchen Unterschied sehen wir, wenn wir das Osmanische Reich und Europa miteinander vergleichen. Deswegen waren im Osmanischen Reich die Ländereien, die de jure dem Staat gehörten, in ökonomischer Hinsicht im Besitz derjenigen, die sie bewirtschafteten oder bewirtschaften ließen. Daß der Staat de jure Eigentümer des Bodens war, änderte nichts an dieser Tatsache.

Man stellt oft nur diese juristische Seite der Sache in den Vordergrund – obwohl man weiß, daß dies in der Praxis widersprüchlich ist. Man versucht, dieses System als ein Produkt der militärischen Organisation, also eine aus dem militärischen Aufbau stammende Ordnung darzustellen. Dadurch wird der sozio-ökonomische Charakter der Gesellschaft in den Hintergrund gestellt.

Es geht aber hier nicht nur um die Beziehungen zwischen dem Staat und den Sipahis. Denn die juristischen Beziehungen zwischen dem Staat und den Sipahis können uns täuschen. Es ist hier wichtig, daß man die Verhältnisse in der Produktion in den Vordergrund stellt und definiert. Es sind die Beziehungen zwischen den Sipahis und Reayas (den Bauern). Denn die Beziehungen zwischen diesen beiden gesellschaftlichen Kräften sind Beziehungen zwischen den Feudalherren und den leibeigenen Bauern. Es sind ähnliche Beziehungen, wie wir sie im europäischen Feudalismus sahen.

I. Hüsrev untersucht die ökonomische und juristische Stellung der Sipahis und faßt die Ländereien, die in deren Besitz waren, in zwei Gruppen zusammen:

1. Ländereien, die für die persönliche Nutzung der Sipahis bereitgestellt sind; diese Ländereien wurden „Hassa“ genannt.*)

Die Sipahis durften diese Ländereien so bewirtschaften, wie sie wollten. Sie durften sie sogar durch einen anderen gegen eine bestimmte Summe aus dem gesamten Ertrag bestellen lassen.

2. Die auch Dörfer umfassenden Ländereien: diese Ländereien bekamen die Sipahis unter den weiter oben genannten Bedingungen, also gegen bestimmte Leistungen an den Staat.[9] Die Beziehungen zwischen den Sipahis und den Bauern auf diesen Ländereien, also die ökonomischen Beziehungen, waren feudalistisch. Die Sipahis durften die Bauern aus diesen Ländereien verjagen, sie zur Leistung von Fronarbeit zwingen usw.

*) Hassa bedeutet: eine Art Allod-Länderei

b) Haraciye:
Die Charakteristik solcher Ländereien bestand darin, daß, nachdem ein Land erobert wurde, diese Ländereien im Eigentum der ansässigen Nicht-Muslimbevölkerung blieben. D.h., solche Ländereien befanden sich im Privateigentum und der Inhaber durfte über dieses Land verfügen, wie es ihm eben paßte. Der Staat bekam von solchen Inhabern Steuern in zwei Formen: *Harac-i Mukassem* und *Harac-i Muvazzaf*. Prof. M. Akdag schrieb in diesem Zusammenhang folgendes: „Der Umfang des der Verfügungsgewalt der Bauern überlassenen Bodens war nicht unbegrenzt. Die Größe der Höfe wird je nach der Ergiebigkeit des Bodens zwischen 80 - 150 Dekar festgelegt. Es war möglich, daß eine Familie mehr als einen Hof – höchstens aber zwei – besitzen konnte. Die jährliche Pachtsumme eines Bodens, so groß wie ein Hof, betrug nach den ältesten Dokumenten für Muslime 22 und für Nichtmuslime 24 Akçe. Diese Besteuerung des Bodens nannte man *Harac-i Muvazzaf*. Die Besteuerung der Ernte hing von der Beschaffenheit und Lage des Bodens ab. Das nannte man *Harac-i Mukassem*".[10]
Wie wir sehen, werden die Inhaber der Haraciye-Ländereien durch den Staat in zwei Formen, nämlich einmal mit Pachtrente und einmal mit Produktenrente besteuert.

c) Ösriyye:
Das Charakteristikum dieser Ländereien bestand darin, daß sie nach der Eroberung eines Landes der Muslimbevölkerung als Privateigentum gegeben wurden. Das Entscheidende bei diesem System ist, daß der Aneigner des Bodens Muslim sein mußte. Solche glücklichen Muslime durften über den Boden frei verfügen. Der Staat holte von den Inhabern dieser Ländereien je nach den Provinzen, der Ergiebigkeit des Bodens und der Art des Produkts eine Produktenrente von etwa 10 bis 20% heraus.

d) Die Weinanbau- und Gartenregel:
Nach dieser Regel durften die Reayas, Bauern, die auf den Miri-Feldern arbeiteten, die Ländereien, die sie zu bewirtschaften hatten, durch die Umwandlung in Weinfelder und Gartenbau und durch Aufforsten in ihren Privatbesitz nehmen.
Durch diese Regel entwickelte sich das Privateigentum an Grund und Boden. Da diese Regel Streit zwischen Reayas und Sipahi hervorrief, wurde das Privateigentum an seiner Entwicklung durch Zwangsmaßnahmen der Sipahis gehindert. Denn im Falle der Verbreitung dieser Regel hätten die Sipahis von den auf ihren Ländereien arbeitenden Bauern keine Steuer mehr bekommen und ihre Einkünfte hätten sich dementsprechend verringert.

e) Die Regel der regionalen Besonderheiten:
Der osmanische Staat beließ einige Regionen außerhalb des Miri-Systems, d.h., das Privateigentum an Grund und Boden blieb bestehen. Im Grunde genommen geschah das nicht deswegen, weil das Osmanische Reich es so gewollt hätte. Ganz im Gegenteil: der osmanische Staat wollte nur keinen Streit mit den Stammesführern und ethnischen Gruppen der in Frage kommenden Regionen haben. Nur deswegen ließ er das Privateigentum an Grund und Boden bestehen. Infolge dieser Politik entwickelte sich das Privateigentum an Grund und Boden in einigen europäischen und kurdischen Provinzen des Reiches.

Außer diesen fünf Eigentumsverhältnissen gab es noch folgende anderen Eigentumsverhältnisse:

Zur Ansiedlung freigegebene Ländereien:
Besonders für die Ansiedlung in Thrazien – dem europäischen Teil der jetzigen Türkei – wurden Ländereien dem Privateigentum freigegeben, jedoch blieb dieses System nicht auf Thrazien beschränkt. Es verbreitete sich auch in den östlichen Provinzen des Reiches. Diejenigen, die auf diese Weise Grund und Boden in Privatbesitz brkamen, erlangten auch das Recht, auf diesen Ländereien Dörfer zu gründen. Es gab solche Felder, die 10 oder 15 Dörfer umfaßten.[11]

Religiöse Institutionen:
Diese Institutionen besaßen beachtliche Ländereien, wie z.B. die religiösen Bektaşi- und Mevlevi-Institutionen, in deren Besitz sich mehrere umfangreiche Ländereien befanden, auf denen mehrere Dörfer gegründet wurden.[12]
Ferner wurde in Provinzen wie Kreta, Chios und Lesbos das Privateigentum nicht angetastet. Das Privateigentum an Grund und Boden blieb in diesen Regionen immer bestehen.[13]
Wir werden im weiteren die Situation des Handels-Gewerbes und der Städte untersuchen. Hier ist es wichtig zu sehen, daß die Eigentumsverhältnisse auf diesen Ländereien im Zusammenhang mit der osmanischen Staatsstruktur und der osmanischen Philosophie auf sehr wichtige Indizien verweisen. Diese Indizien betreffen die asiatische Produktionsweise. Den APW-Verfechtern zufolge war der Staat Eigentümer von Grund und Boden. Der Staat war alles. Wir kennen aber bereits verschiedene Erscheinungstypen des Eigentums an Grund und Boden. Was zeigt uns das? Das zeigt uns, daß gerade die Osmanen nicht auf der Grundlage der APW handelten. Das ist sehr wichtig; denn die Osmanen haben in Ländern und Gebieten, die sie erobert hatten, die bestehenden Produktionsweisen oder ökonomischen Verhältnisse nicht geändert, (der europäische Teil des Reiches und die kurdischen Provinzen sind dafür Beispiele) oder sie ergriffen einige Maßnahmen (dafür bilden die Ösriye- und Haraciye-Ländereien Beispiele). Wir sehen, die Osmanen, welches Land sie immer eroberten, standen mit den vorhandenen, real existierenden Produktionsverhältnissen in Übereinstimmung. D.h., daß die Osmanen immer übernommen haben, was sie vorgefunden hatten: z.B. die Seldschuken, als sie nach Anatolien kamen, übernahmen von Byzanz das Pronoia-System und verwandelten es in das Ikta-System und die Osmanen übernahmen von den Seldschuken dieses Ikta-System und verwandelten es in das Timar-System.
Als die Osmanen nach der Eroberung von Konstantinopel nach Europa kamen und bestimmte Gebiete wie Bosnien, Maldov, Herzegowina usw. annektierten, fanden sie dort europäisch-typischen Feudalismus vor. Sie haben nicht versucht, diese feudalen Verhältnisse zu ändern. Alle diese Fakten zeigen, daß weder die Osmanen, noch vor ihnen die Seldschuken, als sie Anatolien eroberten, Produktionsverhältnisse in die Praxis umzusetzen versuchten, die mit dem Feudalismus im Widerspruch standen. Ferner ist es kein Geheimnis, daß die Türken, bevor sie nach Kleinasien kamen, nicht nur das Privateigentum sondern auch die gesellschaftliche Arbeitsteilung kannten.[14]

1.1. Die Entwicklung der Eigentumsverhältnisse und ihr Ausgang

Ab dem 16. Jhd. sehen wir den allmählichen Zusammenbruch des Miri-Systems. Das hatte seine Gründe: vor allen Dingen hatte der osmanische Despotismus die Tendenz, die bestehende Ordnung auf jeden Fall aufrechtzuerhalten. Dieser Staat billigte Veränderungen ungewollt und nur dann, wenn er sah, daß es nicht mehr anders ging. Die Rechnung war im Grunde ganz einfach: man eroberte und plünderte Länder aus, bekam jederzeit bewaffnete Soldaten, hatte wenig Militärausgaben – warum sollte das nicht so weitergehen? Aber es ging nicht weiter, und das zu verste-

hen, war der osmanische Geist nicht imstande. Obwohl die politisch-ökonomische Entwicklung in Europa, der bedeutungslos werdende Handelsweg zwischen Europa und Asien, die sich überall verbreitende Schmuggelei, das luxuriöse Leben der Osmanen das politische und ökonomische Leben des Reiches beeinflußten, bestand der Hauptwiderspruch in der osmanischen Gesellschaft zwischen dem osmanischen Staat, der jahrhundertelang die bestehende Ordnung mit allen erdenklichen Mitteln zu wahren versuchte und den Klassen, die sich zu entwickeln begannen. Daraus ist zu folgern: der Staat versucht die althergebrachte Ordnung auch nach zwei oder drei Jahrhunderten ohne Veränderung aufrechtzuerhalten, jede mögliche Entwicklungstendenz im bestehenden System, in den Eigentumsverhältnissen mit allen Mitteln zu unterdrücken. Der Staat kapituliert und nimmt neue Entwicklungen nur dann hin, wenn die objektive Entwicklung ihn dazu zwingt. Solche Kapitulationen in ökonomischen, politischen und militärischen Fragen gab es nach dem 16. Jhd. einige. Ein anderes Beispiel: die Sipahis, die die bedeutendste Säule der osmanischen Armee bildeten, waren wegen der Erhöhung der Preise beunruhigt; denn jede Erhöhung der Preise bedeutete die Verringerung ihrer Einkünfte. Sie gerieten auf diese Weise mit dem Hof am Bosporus in Widerspruch.
Im Laufe der Zeit wurde das Miri-System durch das Iltizam-System ersetzt. Diese „Veränderung“ ist eine typische Widerspiegelung des osmanischen Geistes: Die Osmanen versuchten den Status quo zu bewahren, indem sie das Bodensystem zu ändern wagten. Die neue Ordnung, also die Iltizam-Ordnung, die in der osmanischen Gesellschaft die Eigentumsverhältnisse an Grund und Boden neu gestaltete, war das System, welches die Privatisierung der Staatsländereien – der Miri-Ländereien – legalisierte. Somit bildete dieses neue System die erste Stufe des Übergangs des Staatseigentums zum Privateigentum. Als der Staat das neue System durchzuführen begann, hatten die Sipahis und Zeamets längst die zu ihrer Verfügung gestellten Ländereien an sich gerissen, d.h. zu ihrem Eigentum erklärt. Ferner zwang die Krise den Staat, die Timar-Ländereien den Privatpersonen zu überlassen, weil sie nicht mehr ertragreich waren. Dies war einer der Gründe, warum die eiserne, allmächtige osmanische Autorität nachgeben mußte.
Der zweite Grund, warum das neue System durchgeführt wurde, war der, daß der Staat nunmehr über die Einkünfte der Ländereien allein und direkt verfügen wollte. Die Bedeutung des neuen Systems bestand darin, daß der Staat die Übertragung seiner Ländereien an Privatpersonen von einem festgelegten Betrag abhängig machte. In Erwartung, mehr Geld kassieren zu können, hatte der Staat schließlich im Laufe der Zeit angefangen, die Steuern einiger Regionen an „Mültezim“ genannte Personen zu verkaufen. Die Mültezims-Pächter, die die Steuer gekauft hatten, unterdrückten die Bauern brutal, damit sie mehr arbeiteten und für die Mültezims mehr Einkünfte brachten.

Außer den Mültezims gab es noch „Muhassils“, „Voyvodas“ und „Ayans“. Die Muhassils hatten die Aufgabe, im Namen des Staates die Einkünfte aus dem Agrargebiet einzusammeln. Die Voyvodas und Ayans ordneten regionale Verwaltungs- und Fiskusangelegenheiten.
Dieses neue System zeigte, daß das Miri-System unhaltbar wurde und daß neue soziale Kräfte in der Gesellschaft entstanden. Im Laufe der Zeit wurden diese Mültezims, Muhassils und Voyvodas kleine Könige. Sie benahmen sich so, als ob die Ländereien zu ihrem Privatbesitz gehörten. Sie unterdrückten auch die Sipahis und rissen deren Ländereien an sich. So bekamen sie umfangreiche Ländereien mit vielen Dörfern in ihren Besitz. Parallel zu dieser Entwicklung hat man angefangen mit Grund und Boden zu spekulieren. Z.B. wurden unter verschiedenen Vorwänden

Ländereien von Timar, Zeamet und anderen zurückgenommen und an Personen weitergegeben, die mehr Bestechungsgelder zahlten.

War bis zum 16. Jhd. zwischen dem Staat, Sipahis und Reayas das Dirlik-System bestimmend, so war ab dem 16. Jhd. zwischen dem Staat, Mültezims und Reayas das Mültezim-System charakteristisch. Das sind zwei Stufen in der Entwicklung der Eigentumsverhältnisse an Grund und Boden.

Bis zum 16. Jhd. bildete die widersprüchliche Einheit von Bauern-Sipahis und Hof das Fundament der Produktionsverhältnisse; der Hof ist der Eigentümer der Ländereien, stellt sie den Sipahis zur Verfügung und verlangt als Gegenleistung bewaffnete Soldaten. Auf diesen Ländereien arbeiteten Bauern, die Reayas genannt wurden. Die Unhaltbarkeit dieses Systems führte dazu, daß die Eigentumsverhältnisse neu geformt wurden. Obwohl der Staat auch diesmal der juristische Eigentümer der Iltizam-Ländereien war, wurden sie praktisch von den neuen sozialen Kräften, von Mültezims, Voyvodas, Muhassils und Ayans so bewirtschaftet, wie die es eben wollten. Die weitere Entwicklung dieser sozialen Kräfte führte dazu, daß der Staat geschwächt wurde.

Somit gingen diese Ländereien des Staates praktisch in den Privatbesitz dieser neuen Elemente der Gesellschaft ein. Durch diesen jahrhundertlang dauernden Prozeß wurde der Widerspruch zwischen den Bauern und Feudalherren noch deutlicher auf die Tagesordnung gesetzt.

Natürlich geschah dies nicht von heute auf morgen. Dieser Prozeß umfaßte eine jahrhundertelange Periode. Im 19. Jhd. war es soweit, daß der Boden sowohl verkauft, gekauft als auch geerbt wurde.

In der osmanischen Geschichte gab es ab 1840 Bemühungen, die Bodenfrage zu lösen. Schritt für Schritt wurde das Privateigentum an Grund und Boden legalisiert. So. z.B. durften auch Mädchen nach einem Beschluß von 1847 Besitzerin von Miri-Ländereien werden. Gleichzeitig wurde ein entsprechendes Verbot abgeschafft, und nunmehr durften auch die Frauen ihre erworbenen Ländereien durch Erbschaft anderen überlassen. Durch einen Bodenerlaß von 1858 erkannte der osmanische Staat offiziell den privaten Charakter des Bodeneigentums an.[15] Abgesehen von belanglosen Beschränkungen stand dem Kauf und Verkauf von Boden nichts mehr im Wege. Da die „alten" Bodensysteme sich angesichts der neuen sozialen Veränderungen und der dadurch entstandenen sozialen Kräfte nicht behaupten konnten, wurden die Ländereien seitens des Staates denjenigen, die sie bewirtschafteten und praktisch in ihrem Besitz hielten, durch Ausstellung amtlicher Urkunden über Grundbesitz überlassen. Somit billigte und förderte gleichzeitig der osmanische Staat das private Unternehmen auf dem Agrargebiet der Volkswirtschaft. Der Boden erhielt damit juristisch seinen Warencharakter. Durch einen Erlaß von 1880 kündigte der Staat an, auch die übrigen immer noch in seinem Besitz befindlichen Ländereien als Privateigentum zu verkaufen. Das Gesetz von 1913 war das Gesetz, das die juristische Vervollständigung des Privateigentums an Grund und Boden ohne Wenn und Aber anerkannte. Alle Schritte, die der Staat für die Legalisierung des Privateigentums an Grund und Boden in der Periode der kollektiven Eigentumsverhältnisse bis zur Verwirklichung der Privatisierung getan hat, waren das Produkt evolutionärer Entwicklung. Der Kampf der Osmanen, das Rad der Geschichte zum Stillstand zu bringen, war vergebens.

2. Die Entwicklung des Handels und des Gewerbewesens

Wir sehen, daß das Gewerbe und der Handel in der Ökonomie des Landes, die hauptsächlich auf der Landwirtschaft beruhte, eine nicht zu unterschätzende Rolle spielten. Die Entwicklung des Handels und des Gewerbewesens brachten logischerweise neue soziale Kräfte hervor.

Der Staat kontrollierte auch diese Zweige der Ökonomie. Hier sehen wir aber den gleichen Prozeß, den wir bei der Lösung der Bodenfrage festgestellt haben. Die Entwicklung des Handels und des Gewerbewesens schwächten die Kontrolle des Staates, förderten die freie Zirkulation und den Austausch.

Der osmanische Staat entwickelte die von den Seldschuken übernommene Handelsorganisation weiter und verwirklichte ein perfekt funktionierendes Handelsnetz. Jedoch sah der Staat in der Entwicklung des Handels keinen Hebel für das Fortschreiten der Ökonomie. Der Handel entwickelte sich trotz bestimmter Hindernisse: ein sehr wesentliches Hindernis war der Binnenhandelszoll zwischen verschiedenen Provinzen des Reiches. Der Händler mußte einen bestimmten Betrag als Binnenhandelszollgebühren zahlen, wenn er von einer Provinz zu einer anderen Provinz oder von einem Hafen zu einem anderen Hafen Waren zum Zweck des Verkaufs transportierte. Einen zweiten Grund bildete die „Yed-i-Vahit"-Methode (Monopolmethode). Nach dieser Methode durften die Produzenten ihre Produkte nur an die vom Staat bestimmten Personen verkaufen. Solche Leute waren diejenigen, die vom Staat eine Konzession auf ein Monopol bekommen hatten. Daß der Handel trotzdem entwickelt war, war in erster Linie darauf zurückzuführen, daß der Staat den Handel als eine bestimmte Einkommensquelle betrachtete. Hätte der Staat den Handel für die weitere Entwicklung der Ökonomie des Landes als einen Hebel betrachtet, so hätte er die oben genannten Hindernisse aufgehoben und darüber hinaus den Handel in diesem Sinne gefördert.

Es ist wichtig festzustellen, daß die Vitalität des Handels bis zu der Periode, in der der osmanische Staat die negativen Auswirkungen von Europa zu spüren begann, d.h. bis zum 16. Jhd. bei der Vertiefung der Arbeitsteilung in der Ökonomie und bei der weiteren Entwicklung und Gestaltung der Klassen entsprechend der damaligen Zeit eine große Rolle gespielt hat. Marx, der die Wichtigkeit des Austausches und Transports für die Entwicklung der Produktivkräfte betonte, schrieb: „Es ist eine allbekannte Tatsache, daß die Produktivkräfte Indiens durch den hochgradigen Mangel an Transportmitteln und Austauschmöglichkeiten für seine mannigfaltigen Erzeugnisse lahmgelegt sind. Nirgendwo ist schlimmeres soziales Elend inmitten einer üppigen Natur anzutreffen als in Indien und das aus Mangel an Austauschmöglichkeiten."[16] Dieses Bild war in der ersten Periode des Osmanischen Reiches im Lande nicht anzutreffen.

Das Handelsnetz war ein Hebel für die Entwicklung des Binnenhandels und der Infrastruktur. Während diese Transportwege und Austauschmöglichkeiten die Produktion verschiedener Waren förderten, verursachten sie gleichzeitig, daß bestimmte Städte sich in bestimmten Bereichen der Produktion spezialisierten. Um ein Beispiel dafür zu geben, nenne ich die Viehzucht; sowohl hinsichtlich des Transports als auch der Konsumtion war die Viehzucht sehr verbreitet. Obwohl die Viehzucht in der ersten Periode mehr auf den Ländereien des Staates betrieben wurde, war es auch für Privatpersonen möglich, Vieh zu züchten und zu verkaufen.

An den Transitwegen stand alle 30 bis 40 km eine Karawanserei. Diese Gaststätten an den Transitwegen, die Badehäuser, Läden, das gutorganisierte Postwesen bildeten ferner Beschäftigungsbereiche, die dazu führten, daß viele Bauern ihre Dörfer verließen. Darüber hinaus sorgte der Staat dafür, daß die infrastrukturellen Einrichtungen wie Übergänge, Brücken, Karawansereien usw. durch die Derbent-Organi-

sation (Gebirgsübergang) kontrolliert und instandgehalten wurden. Mehrere Dörfer wurden speziell mit dieser Aufgabe betraut. Gleichzeitig wurde die Sicherheit der Kaufleute auf diesen Transitwegen durch die Derbent-Dörfer, die seitens des Staates von der Steuer befreit wurden, unter Garantie gestellt. Diese Derbent-Organisationen und damit auch die Dörfer waren Versicherungsagenten. Die Untersuchungen und Dokumente zeigen uns, daß diese Dörfer beachtlich groß und reich waren. So gab es z.B. im Derbent-Dorf Karapinar von Konya eine Herberge, ein Badehaus, eine Werkstatt, mehrere Mühlen und 39 Läden.[17] Um den Entwicklungsstand der Arbeitsteilung und Arbeitszweige, folglich auch den Entwicklungsstand des Austausches und der Teilung der Gesellschaft in Klassen außerhalb der Landwirtschaft zeigen zu können, lohnt es sich hier noch ein bißchen zu verweilen:
Insbesondere die Städte an den Transitwegen wie Bagdad, Täbris, Diyarbakır, Erzurum, Damaskus, Aleppo. Elaziğ, Sivas, Tokat, Kayseri, Konya, Ankara, Bursa, Afyon, Izmir, Istanbul, Edirne, Tslanik, Belgrad waren sehr große Handels- und Austauschzentren. In diesen und noch anderen Zentren entwickelten sich die Weberei, Leder- und Seidenverarbeitung und Produktion von Eisen in mehr oder weniger großen Werkstätten und wurden zu einzelnen Arbeitszweigen. Wir sehen, daß sich viele Städte auf verschiedene Zweige des Handwerks spezialisierten.[18]
Der Bergbau, die Rüstungsproduktion und der Schiffsbau waren Staatsmonopole. Teppiche, Seiden, Leder- und Eisenwaren, sowie die auf den osmanischen Werften gebauten Schiffe waren auf den internationalen Märkten gefragt und konkurrenzfähig.
Die Zunahme der Einwohnerzahl einiger Städte in dieser Periode war hauptsächlich auf die Wanderung aus dem Land in die Städte zurückzuführen. So z.B. „nahm die Zahl der Stadtbevölkerung im XV. und XVI. Jhd. rapide zu. Nach Rechnung von Prof. Barkan stieg die Einwohnerzahl des Reiches zwischen 1530 und 1580 um 40 - 50%, in einigen Städten war diese Zunahme mehr als 100%. Die Einwohnerzahl Istanbuls stieg von 97.956 im Jahre 1478 auf 400.000 im Jahre 1520. Nach der zweiten Hälfte des XVI. Jahrhunderts erreichte Istanbul eine Einwohnerzahl von 800.000. Der Pole Simon, der zwischen 1608 und 1619 durch die Türkei reiste, schätzte die Einwohnerzahl von Istanbul um eine Million. Istanbul war Anfang des XVII. Jhd. die größte Stadt der Welt. Die Einwohnerzahl von London und Paris machte kaum die Hälfte von Istanbul aus. Dieser ausländische Schriftsteller behauptet, daß die Einwohnerzahl von Edirne 200.000, von Sivas 150.000 und von Kayseri 95.000 war."[19]
Adnan Giz vermittelt uns über die Entwicklung der Industrie aufgrund der Zählung von 1638 folgendes Bild: 2 Werften, eine Kanonen- und fünf Schießpulverfabriken, eine Patronenfabrik, eine Kugelgießerei, viele Zwiebacköfen, Flaschen-, Farbenfabriken und holzverarbeitende Betriebe waren staatliche Unternehmen. Man kann behaupten, daß zehntausende Arbeiter in diesen Betrieben, die zum größten Teil als Schwerindustrie zu betrachten war, arbeiteten. Im Privatsektor gab es viele Betriebe, in denen eine beachtliche Zahl von Arbeitern beschäftigt war. Z.B. gab es 5 Seiden- und Pelzbetriebe, in denen 105 Arbeiter beschäftigt waren. Die durchschnittliche Arbeiteranzahl betrug 21. Es gab 20 wichtige Stoffbetriebe, in denen 400 Arbeiter arbeiteten. Die durchschnittliche Arbeiteranzahl war 20. In Flaschenwerkstätten betrug die durchschnittliche Arbeiteranzahl ca. 35, in Seidenbetrieben ca. 12. In einer Lendentuchfabrik arbeiteten 400 Arbeiter.[20] Die Zahl der im Privatsektor beschäftigten Arbeiter betrug 46.426.
Nach der APW ist die Agrikultur mit dem Handwerk eng verbunden. In der Gesellschaft ist die Arbeitsteilung kaum vorhanden. Alles wird in der Gemeinde produziert und konsumiert.

Der Entwicklungsstand des Handels und Gewerbes und die Entfaltung der sozialen Klassen auf dieser Grundlage widerspricht jedoch der APW-These. Für die APW-Verfechter sind solche Entwicklungen von „kleinerer“ Bedeutung. Da sie sie unterschätzen, sehen sie nicht die gesellschaftliche Arbeitsteilung, die beachtenswerte Dimensionen annahm. Da sie diese Arbeitsteilung nicht sehen, begreifen sie auch nicht die Bedeutung der Klassen, die ihrerseits nur ein sozialer Ausdruck dieser Arbeitsteilung sind. Im Gegensatz zu den APW-Verfechtern zeigen allein diese Fakten, daß die osmanische Gesellschaft nicht statisch, stagnierend war, daß die gesellschaftliche Arbeitsteilung wohl entwickelt war.

3. Die Frage der ursprünglichen Akkumulation um die Wende des 16. Jhd. und Meinungsunterschiede

In der Diskussion in bezug auf die osmanische Gesellschaft sind sich alle Parteien nur über einen Punkt einig: nämlich über die Entwicklungen im 16. Jhd. Jeder, der über die osmanische Gesellschaft schreibt oder spricht, ist der Meinung, daß das 16. Jhd. für den osmanischen Staat einen Wendepunkt darstellt. Nun, die Meinungen gehen auseinander, wenn man die Frage stellt, warum dieses Datum, also das 16. Jhd. einen Wendepunkt für den osmanischen Staat darstellte? Wenn wir diese Meinungen einordnen, so bekommen wir folgendes Tableau:
a) Über die herrschende Produktionsweise im Osmanischen Reich bis zum 16. Jhd. vertritt man verschiedene Meinungen.
b) Nach dem 16. Jhd. wurde das Reich durch den Westen beeinflußt. Deswegen konnte es sich durch seine innere Dynamik nicht unabhängig entwickeln. Das Land wurde durch die äußere Dynamik formiert. Nur beim Punkt b ist man sich mehr oder weniger einig.
Nun, ich werde mich hier mit einigen Autoren, deren Meinungen mir wichtig zu sein scheinen, auseinandersetzen.
D. Avcioğlu definiert die sozio-ökonomische Struktur des Osmanischen Reiches als eine „präkapitalistische Ordnung“; nach seiner Meinung sind die Auffassungen und Studien über die osmanische Gesellschaft noch nicht eindeutig. Man habe erst angefangen, sie zu studieren. Man brauche eingehende Untersuchungen. Deswegen solle man vermeiden, die osmanische Gesellschaft mit dem Begriff „Feudalismus“ zu belegen. Wir definieren sie mit einem allgemeinen Begriff, worin sich alle einig sein dürften; also „präkapitalistische Ordnung.“[21]
Nach Avcioğlus Untersuchungen ist die osmanische Gesellschaft auch nicht der APW-Konzeption ähnlich; man dürfe nicht die osmanische Gesellschaft als eine solche definieren. Einer der Gründe, warum Avcioğlu hier nicht eindeutig wird, ist folgender: Viele Schriftsteller, Gelehrte wie Avcioğlu, haben eine nationalistische Neigung. Für sie trägt die osmanische Gesellschaft weder ganz westliche noch östliche Charakterzüge. Sie besitzt zwar Besonderheiten der beiden Welten, also des Westens und Ostens. Man kann sie aber nicht als einen integrierten Teil einer dieser Welten sehen. Die osmanische Gesellschaft hat ihre eigenen Besonderheiten, die eine besondere Form der Analyse verlangen.
Avcioğlu definiert die osmanische Gesellschaft opportunistisch; denn „präkapitalistische Ordnung“ kann ja auch als Urgesellschaft, Sklaverei oder als feudalistische Ordnung verstanden werden. Präkapitalistische Ordnung heißt ja Ordnung oder Ordnungen, die der kapitalistischen vorhergehen. In der Tat aber, was Avcioğlu mit seinen Behauptungen widerlegt und hervorhebt, ist so, als wolle er damit den Feudalismus und die Entstehung des Kapitalismus in der osmanischen Gesellschaft richtigstellen; nach ihm wies die osmanische Gesellschaft und damit ihr Produktionsniveau im 15. und 16. Jhd. keine großen Unterschiede gegenüber dem Westen

auf. Sowohl im Westen als auch im Osten herrschte die Naturalwirtschaft. Die Produktion war nicht gerade für den Markt, sondern viel mehr für die persönliche Konsumtion bestimmt. Der osmanische Bauer war nicht juristisch aber de facto Eigentümer des Bodens. Wie im Westen, so bot auch in der osmanischen Gesellschaft der Entwicklungsstand der Produktivkräfte den Bauern keine Möglichkeit, sich frei zu entwickeln. Wie im Westen war auch im Osmanischen Reich die Bindung der Bauern an die Scholle entscheidend und deswegen gab es fast keinen Unterschied zwischen dem leibeigenen Bauern im Westen und dem Reaya im Osmanischen Reich. Der Feudalherr eignete sich einen Teil ihrer Produktion an. Daß diese im Westen Senyör (Adliger Herr) und im Osmanischen Reich Staat heißen, ändert nichts am Charakter der Produktionsweise.

Avcioğlu zufolge war die gesellschaftliche Arbeitsteilung in der osmanischen Gesellschaft ziemlich entwickelt. Der Staat beherrschte den Handelsweg zwischen dem Westen und dem Osten. Schon während der seldschukischen Periode scherte das Handwerk aus der Landwirtschaft aus, schon damals war der Handel entwikkelt. Dieses sind Entwicklungen, die beim Übergang von der mittelalterlichen zur modernen Epoche wichtige Rollen spielten.
Seit den Seldschuken haben die Türken die Wichtigkeit des Handels begriffen und organisierten in der damaligen Zeit einen vollkommenen Handelsapparat. Der osmanische Bauer hat verstanden, von diesem Handel für sich Nutzen zu ziehen. Er produzierte mehr als er brauchte (sprich: Produktion für den Markt, S.C.)
Auch schon in der ersten Periode seiner Gründung spielten die Städte für die osmanische Gesellschaft – wie auch für die Seldschuken – eine große Rolle. Denn die internationalen Transitwege befanden sich auf dem Territorium der Osmanen.
Die Existenz der Großstädte zeigt gleichzeitig die Macht der Händlerklasse. Durch diese Klasse entwickelte sich auch die Beziehung zwischen Stadt und Land.
Nach Avcioğlu war die Existenz des Staatseigentums nicht so wichtig. Die zentrale Autorität ist nicht von großer Bedeutung. Auch im Westen, im 8. Jhd., ging der Boden in den Besitz der Könige über. Diese gaben den Boden den anderen Personen gegen militärische Leistung und dadurch entstand das feudale Eigentum. Der Unterschied zwischen diesem und dem staatlichen Eigentum ist unwichtig.[22] Das ist die Meinung von Avcioğlu über die Gesellschaftsstruktur des Osmanischen Reiches. Damit akzeptiert er, daß die sozio-ökonomische Struktur des Osmanischen Reiches feudalistisch war. Denn er stellt bei allen grundlegenden Kriterien zwischen dem westlichen Feudalismus und der osmanischen Gesellschaft keinen qualitativen Unterschied fest. Er stellt praktisch den feudalen Charakter des Osmanischen Reiches fest und behauptet außerdem, daß die Voraussetzungen für den Übergang zum Kapitalismus auch in der „präkapitalistischen Ordnung" der Osmanen allmählich entstanden. Seiner Ansicht nach müssen drei Faktoren zusammenwirken, damit dieser Übergang stattfindet: a) Befreiung der am Boden gebundenen Bauern, b) ein spezialisiertes Handwerk und seine weitere unabhängige Entwicklung, c) die Anhäufung vom Geldreichtum in den Händen von Händlern und Wucherern.
Avcioğlu geht davon aus, daß diese Bedingungen auch im Osmanischen Reich vorhanden waren; das Eigentum des Staates an Grund und Boden stellte kein unüberwindbares Hindernis beim Übergang zum Privateigentum dar. Der osmanische Bauer besaß die Möglichkeit, den von ihm bestellten Boden in sein Privateigentum zu bekommen. Ferner meint er, die Erlangung des Eigentums an Boden durch die Bewirtschaftung und die Abgabe eines Teils des Mehrprodukts als Steuer usw. werde zur Differenzierung der Summe des im Privatbesitz der Bauern befindlichen Bo-

dens führen. Dies ist dann die Entstehung der Vermögensunterschiede. Auf diese Weise ist ein Teil der Bauern reich geworden. Mit der Zeit fingen diese Bauern damit an zu wuchern; sie kauften das Produkt schon beim Säen billig. Diese Entwicklung erfolgte erst in der zweiten Hälfte des 16. Jhd.. Durch Spekulieren, Zinstreiberei, durch den Raub und Unterdrückung seitens der Beamten in den Inflationsperioden wurde viel Reichtum angehäuft und in der Landwirtschaft investiert; die sich finanziell in einer schweren Lage befindenden Bauern haben ihren Boden verloren. Es entstanden große Höfe. Als Folge dieser Entwicklung verließen die Bauern massenhaft ihre Dörfer und gingen in die Städte.

Das Wuchertum spielte nicht nur auf dem Land, sondern auch in der Stadt eine große Rolle. In dem 16. und 17. Jhd. entstand als Element der kapitalistischen Entwicklung ein vermögensreicher Kreis (sprich: Aufkäufer, S.C.), der den lokalen Handwerkern Aufträge gegen Lohn gab und für sich arbeiten ließ. Die so billig produzierten Waren verkauften sie teuer. Viele Stiftungen trieben mit dem Geld Handel. Im 16. Jhd. waren in den Großstädten viele solcher Stiftungen anzutreffen.

Was die technische Entwicklung betraf, übertraf der osmanische Staat den Westen.[23]

Nach Avcioğlu „schreitet die Türkei wie die westlichen Gesellschaften, zur höheren Zivilisation, zum Industriekapitalismus voran. Wenn manche Hindernisse – nach unserer Meinung äußere – nicht entstanden wären, wenn die Türkei die Vorkämpferin auf dem Wege zum Industriekapitalismus wäre, hätte es keine Sehnsucht nach der ‚Verwestlichung', die auch heute unter unseren Intellektuellen zu Komplexen führt, gegeben."[24]

Seine Behauptung, daß die Voraussetzungen für den Übergang zum Kapitalismus vorhanden sind, ist sicher richtig. Aber ich finde es falsch, wie er erstens die ökonomische Gesellschaftsstruktur des Reiches definiert und zweitens, daß er die Gründe des nicht erfolgten Übergangs zum Kapitalismus nur bei der äußeren Dynamik sucht.

Jede ökonomische Gesellschaftsformation, jede Produktionsweise hat ihre eigenen Besonderheiten, die sich voneinander unterscheiden lassen. Nur durch diese Besonderheiten oder Kriterien kann man den Charakter der ökonomischen Struktur einer Gesellschaft feststellen. Es ist möglich und logisch, daß in einer Gesellschaft verschiedene ökonomische Strukturen wie feudalistische, kapitalistische gleichzeitig bestehen. Es ist aber kaum möglich, daß mehr als eine Produktionsweise gleichzeitig und gleichbedeutend herrscht. Eine von den in Frage kommenden Produktionsweisen wird die Oberhand gewinnen; z.B., während sich die Sklaverei ihrem Ende näherte, entstand in dieser verfallenden Ordnung der Feudalismus. Und der Kapitalismus entstand aus dem Schoße des Feudalismus. Heute noch gibt es Länder, wo der Kapitalismus und Feudalismus zusammen bestehen. Aber trotz dieses Zusammenbestehens gibt es eine bestimmende, überlegene Richtung; entweder der Feudalismus oder der Kapitalismus bestimmt das Geschick des Landes. Entweder der Feudalismus oder der Kapitalismus hat das Sagen. Es gibt keine Zwischengesellschaftsformation mit besonderen Charakterzügen. Aber Avcioğlu tat, was man nicht tun soll. Eine präkapitalistische Ordnung, wie Avcioğlu meint, kann es nicht geben. Hätte er diese „Ordnung" noch näher definiert, so könnte man herausstellen, was er damit meint. Man kann sagen: Er meinte mit seiner These eine Übergangsperiode. In diesem Fall dürfte dann der Übergang vom Feudalismus zum Kapitalismus in Frage kommen. Aber er vermied ja gerade, vom Feudalismus zu sprechen, die osmanische Gesellschaft als solche zu bezeichnen. Er spricht nur von quantitativen Entwicklungen, die nach einem bestimmten Punkt in qualitative Veränderungen umschlagen können. Man kann nicht behaupten, er erkenne die Zu-

sammenhänge nicht. Sein Opportunismus in dieser Frage kommt daher, daß er nationalistisch geprägt ist. Er vergleicht das Reich mit dem Westen, sieht kaum Unterschiede, behauptet aber, das Reich wäre in einigen Sachen dem Westen überlegen. Er will nicht annehmen, daß das Osmanische Reich irgendein Reich auf dieser Welt war. Er versucht in ihm Besonderheiten zu sehen, die ihm (dem Reich) eine Sonderstellung einräumen sollen: dann gebe es einen Westen, einen Osten und noch ein Osmanisches Reich. Der Westen war feudalistisch, der Osten trug APW-Charakter, aber das Osmanische Reich war präkapitalistisch.
Ferner analysiert er die Frage der ursprünglichen Akkumulation unvollständig; da er diese Frage eben unvollständig behandelt, erklärt er den nicht erfolgten Übergang zum Kapitalismus nur durch die äußeren Ursachen.
Ohne Zweifel war die äußere Dynamik sehr wichtig. Nach dem Erfolg des Kapitalismus über den Feudalismus in Europa war ja diese äußere Dynamik für die Osmanen schicksalsbestimmend. Bevor aber die äußere Dynamik ihre negativen Auswirkungen auf das Osmanische Reich zeigte, müßte man die ursprüngliche Akkumulation im Reich allseitig untersuchen: Hier geht Avciolu an die Frage einseitig heran. Er untersucht nur die materiellen Entwicklungsvoraussetzungen der ursprünglichen Akkumulation und stellt ihren Entwicklungsstand als vorhandene Voraussetzung für den Übergang zum Kapitalismus positiv fest. Das ist richtig. Aber diese Medaille hat ja eine zweite Seite; nämlich die soziale Lage der Klassen, die die Zukunft vertreten; Bourgeoisie und Proletariat. Diese modernen Klassen besaßen keine politischen Privilegien, ihr Bewußtsein als Klasse war schwach entwickelt. Sie hatten keine richtige Organisation. Also sie waren sowohl politisch als auch organisatorisch nicht in der Lage, ihre politischen und ökonomischen Interessen zu vertreten und folglich die feudale Ordnung zu besiegen.
Außerdem war die politische Macht, diese zentrale Unterdrückung des feudalen Staates, außerordentlich stark. Bevor die osmanische Gesellschaft die negativen Auswirkungen der äußeren Dynamik zu spüren bekam, war die Ordnung schon in ihr Zerfallsstadium eingetreten. D.h., die sich entwickelnden Produktivkräfte gerieten mit dem feudalen Charakter der Produktionsverhältnisse in Widerspruch. Aber der feudale Staat war noch allmächtig und versuchte mit allen Mitteln, die weitere Entwicklung dieses Widerspruchs zu unterdrücken.
Avcioğlu sieht also diese Seite der Medaille nicht und deswegen erklärt er die innere Dynamik nur als einen ökonomischen Faktor. Was dieser ökonomische Faktor auf der sozialen Ebene bedeutet, bleibt aus seiner Sicht im Dunkeln. Aus diesem Grund sucht er die Gründe des nicht erfolgten Übergangs zum Kapitalismus von Anfang an bei der äußeren Dynamik.
Für ihn hat der erfolgreiche Kapitalismus in Europa die osmanische Gesellschaft negativ beeinflußt und folglich die Entwicklung des Kapitalismus im Reich verhindert. Das ist vollkommen richtig. Das gilt aber erst für die spätere Phase.
Also, die Frage der ursprünglichen Akkumulation in der osmanischen Gesellschaft muß allseitig untersucht werden, bevor man die Bedeutung der äußeren Dynamik zu analysieren beginnt.

Die Auffassung der APW-Verfechter:
Die Vertreter der APW-These sind unter den Intellektuellen zahlenmäßig stark vertreten. Sie haben weder eine soziale Stütze noch sind sie sich einig. Bekannt wurde diese These in der Türkei erst ab 1960[*)]. Alle APW-Vertreter haben seit dieser Zeit

*) Die erste Schrift über die APW wurde von Selahattin Hilav verfaßt und 1965 veröffentlicht. Dann wurde die Schrift von E. Varga „Asiatische Produktionsweise" übersetzt und 1965 veröffentlicht.

auf eigene Faust versucht, die Geschichte der Türkei neu zu schreiben. Daß sie die Geschichte des Landes neu schreiben oder interpretieren wollten, haben sie nicht verheimlicht.
Bevor wir untersuchen, wie sie unsere Geschichte neu geschrieben oder interpretiert haben, wollen wir die APW-These zusammenfassend schildern:
Marx und Engels haben in ihren Schriften über die historische Entwicklung der Gesellschaft nebenbei bemerkt, daß die asiatischen Gesellschaften anders sind als die europäischen. Sie haben jedoch diesen Unterschied nicht eingehend untersucht. Sie haben lediglich geschrieben, daß dieser Unterschied ein unvermeidliches Produkt der objektiven Gegebenheiten in Asien ist. In Asien bestand keine Voraussetzung, die zu einer gesellschaftlichen Formation, ähnlich wie in Europa, führen sollte. Die objektiven Bedingungen führten in Asien zur Formation eines asiatischen Feudalismus.
Es gibt immer noch Leute, die behaupten, daß Marx diese These, „asiatische Produktionsweise", wohl verstanden, aber darüber geschwiegen habe. Einer der Wortführer dieser Theorie, Karl A. Wittfogel, behauptet in seinem Buch „Die orientalische Despotie", daß Marx die historische Entwicklung der Gesellschaften gradlinig betrachtet habe, erst die Urgesellschaften, dann die Sklaverei, die feudalistische, kapitalistische und sozialistisch-kommunistische Gesellschaft. Weil Marx diese so erklärte, seine Wissenschaft auf einer solchen Perspektive baute, hat er die Existenz der asiatischen Produktionsweise nur nebenbei behandelt und bewußt vermieden, diese These zu entwickeln, denn das hieße sich selbst zu widerlegen.
Darüber hinaus hätten Marx und Engels diese These bis zu ihrem Ableben vertreten, aber eben vermieden, sie zu begründen. Außerdem hätte auch Lenin diese These vertreten. Lenin und die Bolschewiki hätten in Rußland keine proletarische Revolution verwirklicht, keinen Sozialismus errichtet, oder das, was sie machten, wäre nicht proletarisch, nicht sozialistisch. Sie hätten diese These fallengelassen, weil sie gesehen hätten, daß durch ihre Taten im Namen des Sozialismus ein asiatischer Despotismus restauriert wurde![25]
Seit 1920 führte die internationale kommunistische Bewegung über diese Theorie Diskussionen. Man hat sie schließlich als antimarxistisch und antileninistisch bezeichnet und als solche abgelehnt.
Diese Theorie geht davon aus, daß auf dem Boden kein Privateigentum besteht. Der Herrscher ist der einzige Besitzer des ganzen Bodens des Landes. Dieses System stützt sich auf die Dorfgemeinschaften; die Bauern arbeiten auf den Feldern des Herrschers. Er, der allmächtige Herrscher eignet sich das ganze Mehrprodukt an und verpflichtet sich, die Bewässerungsanlagen instandzuhalten und auszubauen.
Kommen wir zu unseren APW-Verfechtern und anderen:
S. Divitcioğlu definiert das Osmanische Reich bis zum Anfang der äußeren Auswirkungen auf die osmanische Gesellschaft als eine APW-Gesellschaft. Divitcioğlu zufolge ist das Mir-i-Boden-System die herrschende Eigentumsform. Die Besitzer des Bodens sind die der drei herrschenden Klassen bestehend aus dem Saray (Sultan und seine Familie), Militärs und Gelehrten (hier im Sinne der Theologie, S.C.), die den Staat vertreten.
Im osmanischen Staat gibt es keine adlige Klasse, weil der Staat der Eigentümer des Bodens ist und die den Staat vertretenden Klassen nicht erblich, sondern funktionell herausgebildet sind. Der Reaya ist ein „anonym" ausgebeuteter Produzent und nicht Eigentümer, sondern Besitzer des Bodens.

Auch das Buch von Maurice Godelier „Asiatische Produktionsweise" wurde im gleichem Jahr auf Türkisch veröffentlicht.

In der osmanischen Ökonomie dominiert die Ökonomie, die „Gebrauchswerte" produziert. Diese Ökonomie ist wegen der Zusammenarbeit der Landwirtschaft mit dem Handwerk und wegen des Mir-i-Systems für die Warenproduktion nicht geeignet.
Die Kriege bilden die hauptsächlichen Quellen, weil der gesamte Betrag des Mehrprodukts, das der Staat im Inland bekommt, begrenzt ist.[26]

Ein anderer Autor, Caglar Keyder, geht in seinem Artikel, den er mit Huri Islamoğlu zusammen schrieb, davon aus, daß „die osmanische Geschichte so geschrieben werden soll, worin der Übergang aus einem Weltreich, in dem die APW herrscht, zu einer Peripherieposition in der kapitalistischen Ökonomie, erklärt wird."[27] Nach demselben Autor „können die politischen Umwandlungen im Osmanischen Reich im 19. Jhd. als ein Übergang vom Staatsmechanismus asiatischer Form zum kolonialen Staat definiert werden."[28] M. Sencer ist der Meinung, daß die „osmanische Gesellschaftsstruktur in Hinsicht auf den Typ der Produktionsverhältnisse nicht dem Feudalismus, sondern dem asiatischen oder östlischen System ähnlich" ist.
„In der Tat drückt das dominierende Mir-i-Boden-System in der osmanischen Gesellschaft zwischen der Arbeit und den objektiven Arbeitsvoraussetzungen ein direktes Kommunaleigentum aus. Dieses Kommunaleigentum verunmöglichte die Trennung der Arbeit von den objektiven Arbeitsvoraussetzungen. D.h., es machte es unmöglich, daß die Bauern zu freien Werktätigen wurden. Durch diese grundsätzliche Besonderheit der osmanischen Gesellschaftsstruktur wurde die kapitalistische Entwicklung verhindert, obwohl ein bestimmtes Handels- und Wucherkapital und ein entwickeltes städtisches Handwerk vorhanden waren.
Die gegen die Evolution widerstehende osmanische Gesellschaft wurde nach der zweiten Hälfte des 16. Jhd. durch die auflösende Wirkung des westlichen Kapitalismus strukturellen Veränderungen ausgesetzt ... Es ist falsch, in der osmanischen Gesellschaft, die sich nach der Auflösung des Mir-i-Boden-Systems verbreitenden Privathöfe als einen Feudalisierungsprozeß zu bezeichnen."[29] Ein anderer Autor, Stefano Yerasimos schreibt folgendes: „Die erste türkische Wanderung hatte keine große Bedeutung. Die seldschukische sozio-ökonomische Ordnung wurde in kürzester Zeit durch den Westen beherrscht. Es war ein zweiter Versuch, der den Traum „asiatischen Types" verwirklichen sollte, notwendig. Dies sollte das Osmanische Reich sein."[30]
„Wir haben in der Hand ein relativ glaubhaftes Faktum; das Eigentum des dem Staat gehörenden Bodens."[31]
„Obwohl alle Institutionen, die die osmanische Ordnung darstellten, sich bis zum 19. Jhd. förmlich behaupten konnten, verschwanden sie am Anfang des 17. Jhd. ... In der Folgezeit wurden neue Institutionen allmählich reifer und haben sich durchgesetzt. Die zwei klassischen Neigungen der Evolution, Feudalismus auf dem Land und Kapitalismus in der Stadt kamen auf."[32]
T. Timur, der mit seinen Behauptungen noch weiter zurückgeht, schreibt folgendes: „Sozio-ökonomisch beruhte der osmanische Staat wie der byzantinische Staat ... auf den kommunal-patriarchalischen Verhältnissen ... Basierend auf die kommunal-patriarchalischen Verhältnisse kämpfte der osmanische Staat dauernd gegen die feudalen Entwicklungen. Dabei besaß der osmanische Staat zwei wichtige Waffen, die ihn ‚despotisch' machten; die Mir-i-Boden-Ideologie und Beschlagnahme."[33]
Aus diesen Zitaten sind zwei wichtige Punkte zu entnehmen: Erstens, das Eigentum des Staates an Grund und Boden (und folglich sei die osmanische Gesellschaft nicht feudalistisch), zweitens, die Entwicklungen im 16. Jhd.

Worin bestehen die Fehleinschätzungen dieser Autoren? Ich habe oben die Frage, das Eigentum des Staates an Grund und Boden, behandelt und versucht zu zeigen, daß dies kein stichhaltiges Argument darstellt. Hier werde ich nochmal kurz darauf eingehen: Vor allen Dingen ist der Staat ein Produkt der in Klassen gespaltenen Gesellschaft und er ist eine Überbauinstitution. Also, damit der Staat existiert oder notwendig wird, muß es in der Gesellschaft Gruppen von Menschen geben, die sich durch ihre Lebensweise, Denkweise, durch ihre Stellung in der Produktion voneinander unterscheiden. Diese soziale Differenzierung ist – mit anderen Worten – nichts anderes als die Existenz von Ausbeutern, Unterdrückern auf der einen Seite und Ausgebeuteten und Unterdrückten auf der anderen Seite.

Die obigen Autoren akzeptieren, daß der Staat ein Produkt der Spaltung der Gesellschaft in Klassen ist. Sie akzeptieren, daß die osmanische Gesellschaft aus Klassen bestand. Aber wenn es um die Charakteristik, um die Besonderheit dieser Klassen geht, dann werden sie undeutlich. Da sie hier undeutlich sind, d.h. die Besonderheiten der sozialen Klassen in der osmanischen Gesellschaft nicht richtig einschätzen, verstehen sie auch den Charakter des Staates logischerweise nicht. Der osmanische Staat wird zu einem „Beamtenstaat" oder er bleibt als ein abstrakter Begriff in der Luft hängen; z.B., nach S. Divicioğlu steht gegen die „Volksklasse" eine Klasse, bestehend aus Gelehrten, Militärs und Beamten, die den Staat vertreten und von ihm – von Divitcioğlu – als „Kapikulu Sinifi"-Militär und Beamtenschicht bezeichnet wird. Divitcioğlu behauptet, daß der Staat sich das Mehrprodukt aneignet, um einerseits diese Klasse zu ernähren und andererseits investieren zu können, und wie wir bereits wissen: Der Staat ist Eigentümer des Bodens.[34] Hier wird der Staat personifiziert; der Staat wird als eine soziale Klasse erklärt, weil er der Eigentümer an den Produktionsmitteln ist. Das ist aber nicht richtig. Denn der Staat ist nur eine Institution, womit eine bestimmte Klasse oder Klassen sich gegen die anderen politisch behauptet oder behaupten. Demnach muß der Staat eine Institution sein, die in bestimmten gesellschaftlichen Verhältnissen zu betrachten ist. Konkret, in wessen Namen handelte der osmanische Staat? Selbstverständlich im Namen der Klasse, die ihn repräsentierte. Also im Namen des Sultans, der Gelehrten, der Militärs, der Händler, der Wucherer usw. Diese herrschende Klasse entstand aus den Eigentumsverhältnissen an den Produktionsmitteln. Wer eignet sich denn den Mehrwert an? Der Sultan, der Militär, der Händler, der Wucherer usw. Wie wird das organisiert? Im Namen des Staates, wenn es um das Staatseigentum geht, sonst rein privat wie im Westen. Nach M. Sencer hat der osmanische Staat den Boden verstaatlicht, an ein bestimmtes System gebunden und die alten Eigentümer des Bodens in vom Staat abhängige Beamte verwandelt.[35]
C. Keyder erklärt den osmanischen Staat als einen reinen „Beauftragten (Beamten) Staat", wenn er schreibt: „In der osmanischen Gesellschaftsstruktur haben nur die Staatsbeauftragten das Recht auf den Mehrwert. Diese Klasse besteht aus verschiedenen Schichten, die unterschiedliche Aufgaben zu erledigen haben. Diese sind Pächter, Timar-Besitzer, die für den Staat Einkünfte sammeln, Gelehrte, Bürokraten, die die ideolgogischen, juristischen und administrativen Verpflichtungen des Staates erledigen."[36] Der Staat wird hier als eine unsichtbare Kraft erklärt, eine unbekannte Hand verteilt in ihrem Namen Aufgaben, Verpflichtungen, organisiert Menschen und läßt die Früchte ihrer Taten sammeln! Aber in wessen Namen? Für sich selbst? Wer ist denn dieses „für sich selbst"? Besteht dieses „für sich selbst" nicht etwa aus der Sultanfamilie und aus den oben genannten Kreisen? Also, der Staat ist kein Monstrum, sondern eine bestimmte, im Namen der oben genannten Klasse handelnde Institution.

Der Autor T. Timur vertritt recht interessante Ansichten.
Er schreibt: „Daß der osmanische Staat nicht zu einem ‚Klassenstaat' wurde, heißt selbstverständlich nicht, daß es bei den Osmanen (in der osmanischen Gesellschaft, S.C.) keine gesellschaftlichen Klassen gab oder daß der Staat sich gegen alle bestehenden Klassen ganz unparteiisch verhielt. Die Klasse, deren Interesse der Staat im 15. und 16. Jhd. am meisten schützte, war die städtische ‚Aristokratie', die beim Staat hohe Stellungen wie Wesir, Finanzamt, Heeresrichter, Generalgouverneur und unterstehender Gouverneur erlangt haben. Diese „Klasse", die nur mit den Händlern und Geldwechslern (gemeint sind die Leute, die durch den Geld-Handel Vermögen machen, S.C.) zusammenarbeitete, trug keine homogene Struktur und war hinsichtlich der inneren Widersprüche gespalten. Deswegen konnte sie ihre Klassenjustiz nicht in die Tat umsetzen und den Staat nicht in ihren Dienst stellen. Der Zentralstaat versuchte zwischen den verschiedenen Klassen ein Gleichgewicht herzustellen, wie es bei einem bonapartistichen Staat, der auf unterschiedliche Produktion und Klassen beruht, der Fall ist."[37]
Es ist mir vollkommen unverständlich, wie man so widersprüchlich schreiben kann. Er ist jemand, der sich zum Marxismus bekennt. Er sollte ja wissen, ob man sich aus dem Gesichtspunkt des Marxismus einen Staat vorstellen kann, der keinen Klassencharakter trägt. Erst behauptet er, der osmanische Staat wäre beinahe klassenlos, hinterher spricht er von einer „Aristokratie", die die herrschende Klasse darstellen soll.
Das ist aber nicht das, was ich deutlich machen wollte. Es geht hier vielmehr darum (nicht nur bei T. Timur), daß man die Begriffe wie Privateigentum oder Eigentum überhaupt, Klasse, Staat und deren Beziehungen miteinander nicht versteht. Oder man verdreht die Tatsachen so, daß daraus nichts Feudalistisches wird.
Diese Autoren haben nicht einmal ernsthaft den Versuch unternommen, folgendes herauszufinden: ob das de jura Eigentum des Staates an Grund und Boden die Nutzung dieses Bodens durch die „Beamten und Militärs" des Staates als de facto Privateigentum und die Aneignung des Mehrprodukts der Bauern auf der Grundlage dieses Verhältnisses verhindert oder nicht? Sie vermeiden, sich diese Frage zu stellen, geschweige denn zu beantworten.
Hier muß folgendes voneinander unterschieden werden: allgemein Gültiges und lokal Bedingtes. Das ökonomische Gesetz des Feudalismus ist überall das gleiche. Es ist allgemein gültig. Wie aber dieses Gesetz juristisch und praktisch funktioniert oder aussieht, kann wohl unterschiedlich sein. Diese Unterschiedlichkeit stammt nicht aus dem Wesen des Gesetzes, sonst wäre es ja nicht allgemein gültig. Die lokalen Bedingungen sind die hauptsächlichen Gründe dieser Unterschiedlichkeit.
Für diese Autoren ist der osmanische Staat kein Feudalstaat. Was würden diese Autoren zum folgenden Vergleich sagen: Wenn der Staat aufgrund seines Eigentumsverhältnisses an Grund und Boden im Feudalismus kein feudaler Staat ist, was wäre dann der kapitalistische Staat (oder der Staat im Kapitalismus), der auch Eigentümer an Produktionsmitteln wie Boden, Fabriken – Staatssektor – ist? Der einzige gemeinsame Punkt hier ist der, daß der Staat in beiden Fällen Eigentümer an den Produktionsmitteln ist. Theoretisch müßte der Staat im Kapitalismus nach diesen Autoren nicht kapitalistisch sein. Aber wenn wir den Staatskapitalismus nicht als „irgendeinen Kapitalismus" betrachten würden, so dürfen wir uns dann auch nicht erlauben, den osmanischen Staat als „irgendeinen Feudalstaat" zu bezeichnen!
Alle diese Autoren – außer Avcioğlu – gehen davon aus, daß sich die osmanische Gesellschaft nicht durch ihre innere Dynamik entwickeln konnte. (APW-These) Sie geben sich ja große Mühe, die osmanische Gesellschaft als solche hinzustellen. Die Zerfallserscheinungen der osmanischen Ordnung nach dem 16. Jhd. sind für

diese Autoren im Zusammenhang mit den Auswirkungen der Entwicklungen in Europa (also äußere Dynamik) auf die osmanische Gesellschaft und mit der allmählichen Entartung des Mir-i-Boden-Systems zu betrachten. Daraus schließen sie folgendes: Erst durch die Entartung des Bodensystems fing der Feudalisierungsprozeß ab dem 16. Jhd. an und gleichzeitig wurde die osmanische Gesellschaft durch die Auswirkungen der äußeren Dynamik allmählich neu formiert. Also die beiden Prozesse, der Feudalisierungs- und Neuformierungsprozeß sollen gleichzeitig gewirkt haben. Es ist hier richtig, daß das Osmanische Reich den Auswirkungen der äußeren Dynamik ausgesetzt war. Es ist aber falsch, die osmanische Gesellschaft bis zum 16. Jhd. als eine Gesellschaftsformation asiatischer Prägung, als eine Gesellschaft der asiatischen Produktionsweise zu betrachten und sie folglich als entwicklungsunfähig zu erklären und den Beginn des Feudalisierungsprozesses mit dem 16. Jhd. zu datieren.
Jede Produktionsweise unterscheidet sich von anderen dadurch, daß sie von bestimmten Produktionsverhältnissen und Produktivkräften geprägt ist. Diese Autoren gehen auf diese entscheidenden Kriterien nicht ein. Sie versuchen nicht, den Unterschied zwischen der asiatischen Produktionsweise und der feudalen Produktionsweise klarzustellen. Sie sehen nicht, wie sich eine ökonomische Gesellschaftsformation asiatischer Prägung von einer ökonomischen Gesellschaftsformation feudaler Prägung unterscheidet. Es genügt ihnen, nur nach den Erscheinungsformen des Eigentums zu urteilen. Die hauptsächliche Schwierigkeit liegt ja gerade darin, daß die Erscheinungsformen des Eigentums uns zu falschen Schlüssen bringen können. Hier darf man nicht oberflächlich handeln, sondern man muß versuchen herauszufinden, warum das Eigentum unterschiedliche Formen annehmen kann, und welches ökonomische Gesetz hinter diesen verschiedenen Formen des Eigentums steckt. Diese Autoren tun das nicht, insbesondere C. Keyder. Er gibt sich nicht einmal die Mühe zu erklären, warum die osmanische Gesellschaft der asiatischen Produktionsweise zuzurechnen wäre. Er definiert sie einfach als eine solche.
Wenn wir die eigentlichen Produktionsverhältnisse – Eigentumsverhältnisse – außer acht lassen und nur nach ihren Erscheinungsformen handeln, so können wir das kapitalistische System nicht als eine ökonomische Gesellschaftsformation erklären. Denn es bestehen ja im kapitalistischen System verschiedene Formen des Eigentums. Z.B. Eigentum der Privatperson, des Staates, der Banken, der kommerziellen Gesellschaften usw. Sollen wir deswegen darauf verzichten, den Kapitalismus als eine kapitalistische Produktionsweise zu erklären?
Ich werde hier das 16. Jhd., das ich als den ersten Moment in der Geschichte des Osmanischen Reiches betrachte, und die ursprüngliche Akkumulation untersuchen.
Wie oben bemerkt, gibt es in der Frage der ursprünglichen Akkumulation des Kapitals Meinungsverschiedenheiten. Viele Autoren – z.B. die obigen – gehen davon aus, daß in der osmanischen Gesellschaft die Voraussetzungen der ursprünglichen Akkumulation nicht bestanden haben. Nur D. Avcioğlu ist der Meinung, daß es sie gab. Alle diese Autoren betrachten diese Frage einseitig und sehen die ökonomische Entwicklung im Reich nicht. Sie unterschätzen bestimmte Faktoren, die die ursprüngliche Akkumulation erklären können. Der einzige gemeinsame Punkt bei diesen Autoren in dieser Frage ist der, daß sie nur die objektive Seite der Sache, nur die ökonomischen Gegebenheiten im Auge behalten, wobei sie diese Gegebenheiten, die zur Erklärung der ursprünglichen Akkumulation dienen sollten, als nicht vorhanden betrachten.
Die ursprüngliche Akkumulation ist nicht nur eine ökonomische Erscheinung. Sie ist gleichzeitig eine soziale, gesellschaftliche Erscheinung. Die ursprüngliche Ak-

kumulation ist doch die Voraussetzung der Entstehung eines neuen Systems, nämlich des kapitalistischen Systems. Man kann den Kapitalismus nicht nur als ein ökonomisches System hinstellen. Es ist ein sozio-ökonomisches System und die ursprüngliche Akkumulation ist eine sozio-ökonomische Erscheinung. Sie muß sowohl rein ökonomisch als auch gesellschaftlich betrachtet werden. Sie ist also ein sozio-ökonomischer Prozeß.

Die Voraussetzungen der ursprünglichen Akkumulation einseitig zu erklären heißt, diesen Prozeß einseitig, nur ökonomisch zu betrachten. Dieser Prozeß hat ja eine andere Seite, d.h., er hat eine soziale Grundlage. Diese soziale Grundlage sind die gesellschaftlichen Klassen, deren Entwicklung und Bewußtwerdung.

Wie kann man denn sonst die Entwicklung oder Entstehung einer ökonomischen Formation erklären, wenn man dabei die in Frage kommenden gesellschaftlichen Gruppen, Klassen außer acht läßt? Solange wir diese Seite des Prozesses außer acht lassen, werden wir die Frage der ursprünglichen Akkumulation falsch, einseitig bewerten. Deswegen bedeutet es nicht viel, wenn wir nur die objektiven Bedingungen der ursprünglichen Akkumulation hervorheben und dabei die subjektive Seite, die Entwicklung der Klassen, ihr Bewußtwerden nicht in Betracht ziehen. Wenn die Klassen trotz der vorhandenen objektiven Bedingungen für den Übergang zur kapitalistischen Produktionsweise noch nicht politisch reif, noch immer Klasse an sich sind, wenn sie noch nicht fähig sind, selbständig zu handeln, sind die objektiv gegebenen Voraussetzungen von geringerer Bedeutung.

Das ist ein komplizierter Prozeß; hier tritt auch die zentrale Unterdrückung durch den osmanischen Feudalstaates auf. Das ist eine Besonderheit des zentralen Feudalstaates. In Europa führte die kapitalistische Entwicklung zur Entstehung des inneren Marktes und zur Herausbildung der bürgerlichen Nation. Als Folge dieser Entwicklung wurde die feudale Zersplitterung nach und nach beseitigt. Es entstanden absolutistische Mächte, die auf der Herrschaft der Feudalherren und des städtischen Bürgertums beruhten. Dies sind historisch positive Entwicklungen in Europa seit dem 16. Jhd.

Die Voraussetzungen, die zur ursprünglichen Akkumulation führen und den Beginn des gesamten Prozesses bestimmen, müssen mehr oder weniger gleichzeitig zusammenwirken. Deswegen müssen alle anderen Faktoren, die dieses gleichzeitige Zusammenwirken erschweren – also Störfaktoren – verschwinden oder wenigstens bedeutungslos sein. Nur unter solchen Gegebenheiten kann die ursprüngliche Akkumulation die Entwicklung der kapitalistischen Produktionsweise herbeiführen. So war es in den europäischen Ländern gewesen: Die vorhandene Arbeitskraft, das Handels- und Wucherkapital, der entwickelte Handel, die koloniale Ausbeutung anderer Länder, bildeten die „Morgenröte der kapitalistischen Produktionsära" (Marx). „Diese idyllischen Prozesse sind die Hauptmomente der ursprünglichen Akkumulation."[38] „Die verschiedenen Momente der ursprünglichen Akkumulation verteilen sich nun mehr oder weniger in zeitlicher Reihenfolge ... um den Verwandlungsprozeß der Feudalen in die kapitalistische treibhausmäßig zu fördern und die Übergänge abzukürzen." Die Staatsmacht, diese konzentrierte und organisierte Gewalt der Gesellschaft war ein Hebel in den Händen derjenigen, die die kapitalistische Akkumulation förderten.[39] Das hat folgende Bedeutung: Wir haben hypothetisch dargestellt, daß in der osmanischen Gesellschaft objektive Bedingungen für den Übergang zum Kapitalismus vorhanden waren. Hier aber geht es um die Kräfte, die diese objektiven Faktoren bewußt in die richtigen Wege leiten sollten. Vor allen Dingen versuchte der osmanische Staat aufgrund seines feudalistischen Charakters die entstehenden kapitalistischen Verhältnisse, also die ökonomischen Verhältnisse, die seinem Wesen fremd waren, zu unterdrücken. Hätten die

Osmanen die Bedeutung dieser neuen Entwicklung verstanden, so hätten sie die neuentstehenden sozialen kapitalistischen Kräfte gestärkt. Die Osmanen waren aber nicht in der Lage, diese Entwicklung zu verstehen und zu fördern. Dagegen war die neuentstehende kapitalistische Klasse politisch nicht bewußt und folglich schwach. D.h., sie war nicht in der Lage, die gesellschaftlichen Kräfte der Zukunft, also die Arbeiterklasse, die sich „auflösende" Bauernschaft und sonstige Mittelschichten zu organisieren, den Kampf gegen den Feudalstaat aufzunehmen und ihre eigene bürgerliche Ordnung aufzubauen. Diese Klasse hat ihre Chance nicht wahrgenommen; z.B. erschütterten die Bauernaufstände zwischen 1550 – 1603 und die Janitscharen*)-Aufstände im 18. Jhd. das Reich. An diesen Aufständen – besonders an den Janitscharen-Aufständen – beteiligten sich auch die Kaufleute. Die Celali-Aufstände waren in ländlichen Gebieten verbreitet, die Janitscharen-Aufstände dagegen in den Zentren – hauptsächlich in Istanbul. D.h., die kapitalistische Klasse hatte sowohl auf dem Land als auch in Städten Gelegenheit und Verbündete, die revolutionär auftraten.
Wir sehen, hier sind für das Nicht-Erfolgen des Überganges zum Kapitalismus hauptsächlich zwei innere Faktoren neben den äußeren Faktoren verantwortlich; einmal die schwache Entwicklung der Kapitalistenklasse und der überaus starke Druck des zentralen Feudalstaates, der Philosophie des osmanischen Staates. Unter der Philosophie des osmanischen Staates, unter der Aufrechterhaltung des Status quo, ist die Neigung der Osmanen, den Schutz der bestehenden Ordnung zu gewährleisten, zu verstehen. Das ist eine Neigung, die die Nicht-Bereitschaft der Osmanen zur Teilung der ökonomischen und politischen Macht mit anderen Klassen ausdrückt. Diese Tendenz gilt auch für die anderen ökonomischen Gesellschaftsformationen: Welche Klasse gibt ihre Macht freiwillig der anderen oder teilt sie mit ihr? Alle herrschenden Klassen haben versucht, ihre Ordnung aufrechtzuerhalten. Sie werden nur durch Kämpfe von der Bühne der Geschichte verschwinden. Das ist eine positive Entwicklung. Hier bildet der osmanische Staat keine Ausnahme; die Osmanen versuchten mit allen Mitteln ihre Ordnung, ihren Feudalismus aufrechtzuerhalten. Deswegen kämpften sie gegen jegliche Fremderscheinungen, gegen die neuen sozialen Kräfte, die ihnen ihre Macht streitig zu machen schienen. Aus diesen Gründen bildeten die Osmanen ein Hindernis für die Entwicklung und für das Bewußtwerden der gesellschaftlichen Kräfte in der Gesellschaft.
Deswegen ist es von entscheidender Bedeutung, daß man die beiden, die objektive und die subjektive Seite dieses Prozesses in Betracht zieht. Man muß im Auge behalten, wie der Entwicklungsstand der alten und neuen Welt, des Feudalismus und des Kapitalismus, sowohl in der Ökonomie als auch in der Politik ist.
Für den Übergang zur kapitalistischen Produktionsweise müssen zwei Grundbedingungen gegeben sein:
1. Es muß Menschen geben, die keine Produktionsmittel besitzen und lediglich in der Lage sind, ihre Arbeitskraft den Kapitalisten zu verkaufen, um weiterleben zu können. 2. Es ist notwendig, daß das Kapital sich in wenigen Händen angehäuft hat, um eben die kapitalistischen Investitionen verwirklichen zu können.
Die Bedingungen zum Vorhandensein frei verfügbarer Menschen müssen geschaffen werden. Die Formen der Enteignung der Kleinproduzenten können unterschiedlich sein; aber bei allen Formen der Enteignung bedient man sich der Gewaltanwendung. So z.B. wurden für die Verwirklichung der ursprünglichen Akkumulation in England die Bauern gewaltsam von ihren Feldern gejagt. Das ist eine Form

*) Die Janitscharen-Organisation wurde 1826 aufgelöst.

der Enteignung. Eine andere Form der Enteignung ist die, daß die Bauern, gewollt oder nicht, Verpflichtungen eingehen, die sie dann nicht einhalten können. Wegen der Nichtzahlung der auf diese Weise entstandenen Schulden gehen den Bauern ihre Felder oder sonstige Produktionsmittel verloren. Diese enteigneten, landlosen, freien Bauern füllen dann die Städte oder sie gehen dorthin, wo sie Beschäftigung finden.
Diesen Prozeß sehen wir auch in der osmanischen Gesellschaft. Außer den Nicht-Muslims tragen viele Händler, Wucherer, Bodenbesitzer und alle Elemente des bürokratischen Mechanismus den Charakter des Soldatentums und profitieren von den durch den Staat gewährten Vorrechten genügend. Diese Personenkreise hatten ausreichende Möglichkeiten und waren in der Lage, Handel zu treiben und zu investieren.
Es gab noch einen Kreis von reichen Personen, die nicht militärischen Ursprungs waren. Die Untersuchungen von Prof. Barkan für den Zeitraum zwischen 1545 und 1659 in Edirne zeigen eindeutig, daß Dutzende von Industriellen, Händlern, Großgrundbesitzern zivil waren. Einer von ihnen hieß Haci Isak, und war ein Kleidungs- und Stoffhändler. Er hinterließ ein großes Erbe, unterhielt mit den Händlern, die ihrerseits mit den europäischen Händlern in Beziehung standen, geschäftliche Beziehungen. Außerdem war er Mültezim-Steuerpächter und besaß einen Bauernhof. Nach Prof. Barkan war er „mehr ein reicher Händler und Industrieller als ein Militär oder Beamter." Abdulkadir war ein wichtiger Unternehmer, trieb in verschiedenen Provinzen von Anatolien weitverbreiteten Stoffhandel. Er beschäftigte sich auch mit Darlehens- und Kreditangelegenheiten, investierte in Handelsgesellschaften. Er war gleichzeitig Militär und Beamter und besaß noch ein großes Eisenwarengeschäft. Ahmet Celebi besaß in zwei Dörfern Farmen und landwirtschaftliche Betriebe, war gleichzeitig ein sehr reicher Händler, der aus Ägypten Flachs importierte. Haci Ahmet besaß in Rumeli (Thrazien) umfangreichen Boden und war gleichzeitig ein Großtextilhändler, der auf Kredit verkaufte. Hüseyin Beg besaß Kapital, beteiligte sich an Handels- und Industrieunternehmungen und war ein großer Investor. Diese Unternehmer schlossen sich zusammen und gründeten Gesellschaften.[40] Nach Dokumenten des 17. Jhd. gab es in 29 staatlichen Betrieben in Istanbul über 10.000 Arbeiter und Meister. Im Privatsektor belief sich die Zahl der Betriebe auf 25.000. In diesen Betrieben arbeiteten 80.000 Arbeiter und Meister (einschl. Inhaber dieser Betriebe). In jedem Betrieb waren durchschnittlich 3 - 4 Arbeiter beschäftigt. Wenn wir die Zahl der Arbeiter mit der Zahl der Betriebe vergleichen, so sehen wir, daß die staatlichen Betriebe recht groß waren.[41]
Andere Angaben bestätigen diese Zahlen. In allen privaten und staatlichen Betrieben waren ca. 100.000 Arbeiter beschäftigt.[42]
Nach diesen Untersuchungen stellen wir fest, daß die Textil-, Leder- und Metallindustrie, Bau- und Kriegsindustrie entwickelt war und in ihr zehntausend Arbeiter beschäftigt waren. Die Dokumente zeigen, daß diese Betriebe auf der Grundlage kapitalistischer Kooperation und Manufaktur produzierten.
Nach Angaben von Prof. Barkan waren die ersten osmanischen Kapitalisten „kluge Kapitalisten". Ihr Motiv war: mehr investieren, weniger für den Luxus ausgeben. Aus der von Barkan zusammengestellten Tabelle sehen wir, daß von dem Gesamtbetrag 40% für die Kredite an Händler und Industrielle, 30% für Investitionen in Handels-, Industrie und landwirtschaftlichen Bereichen, 13,7% für den Bausektor bereitgestellt waren.[43] In Bursa, wo Handwerks- und Handelswesen höchst entwickelt waren, gab es mehrere Großhandelshäuser für verschiedene Waren. Die Miete eines „Kapan" genannten Handelshauses betrug im Jahre 1485 jährlich über 250.000 (für drei Jahre 800.000) Akçe. Der Bau eines staatlichen Handelshauses ko-

stete im Jahre 1498 900.000 Akçe und die jährliche Miete belief sich auf 90.000 Akçe. Die Miete des Galle-Getreide-Kapans betrug im Jahre 1504 150.000 Akçe, für drei Jahre 450.000 Akçe. Im Jahre 1511 wurde die Miete des gleichen Kapans auf 1.000.000 Akçe für drei Jahre erhöht, also jährlich 330.000 Akçe. Die Jahresmiete eines anderen Kapans belief sich im Jahre 1504 auf 85.000 Akçe. Die Händler zahlten, nachdem sie ihr Seidengarn in die Mizan-Häuser (Messehäuser) transportieren ließen, eine Mizan-Steuer (Mess-Steuer). Solche Steuerbeträge beliefen sich im Jahre 1485 auf 5,4 Mill. Akçe. In drei Jahren wurden in solchen Mizan-Häusern über 10.010.000 kg Seidengarn gewogen. Allein diese Beispiele zeigen, wie hoch der Handel und die Akkumulation des Geldes entwickelt waren.[44] Solche Lagerhäuser und Großhändler waren nicht nur für Bursa, sondern für alle Zentren des Reiches charakteristisch.

Neben dem so hoch entwickelten Handel blühte auch das Wuchergeschäft. Der Handel und das Wuchergeschäft bildeten eine untrennbare Einheit, waren zwei Seiten einer Medaille. Die Entwicklung dieser „Einheit" war ein Beweis für die ausgedehnte Zirkulation der Waren (und auch des Geldes). Die osmanischen Händler, hohe Beamte, Militärs usw. wußten gut, wie sie ihr Geld-Kapital vermehren konnten; sie nahmen den Boden in ihre Hände. Durch Bestechung und Heuchelei kauften sie Staatsdienste, Investitionsrechte. Sie wucherten einfach.

Das Wucherwesen entwickelte sich dort und dann, wo die Nachfrage nach Produkten und Geldbedarf groß waren. Im 16. Jhd. betrug der offizielle Zinssatz 10 - 15%. In der Tat stieg er auf 30%, sogar auf 60%. Nach Angaben D. Avcioğlus gab es in Istanbul Banken, die auch dem Staat Darlehen gewährten.

Ferner schrieb Prof. Sabri Ülgener, gestützt auf Dokumente des 16. und 17. Jhd. folgendes: „Nach den Dokumenten des 16. und 17. Jhd. stellen wir fest, daß es eine soziale Schicht gab, die ‚Kapitalisten' genannt wurde ... eine Schicht, die die einheimischen Kleinhändler und andere für sich arbeiten ließ, ihnen Geld gab und dadurch billige Waren erzielte und sie dann teuer verkaufte, eine Halb-Vermittler, Halb-Unternehmerschicht. Zweifellos bildeten sie die bemerkenswerten Hinweise zur Entwicklung des Kapitalismus."[45] Ülgener stellt fest, daß die Voraussetzungen für den Übergang zum Kapitalismus sowohl in Europa als auch im Osmanischen Reich ungefähr zur gleichen Zeit entstanden waren.[46]

Die hochentwickelte Geldzirkulation und der Handel regten auch die frommen Stiftungen an, mit dem Geld Handel zu treiben, d.h. zu wuchern. Nach Angaben Prof. Barkans gab es in Bursa im Jahre 1561 159 solcher Stiftungen. Der Gesamtbetrag dieser Stiftungen belief sich auf 3.350.000 Akçe. Diese Summe warf im gleichen Jahr einen Zins von 333.000 Akçe ab. Im Jahre 1609 gab es in Dörfern und Kreisen von Bursa insgesamt 609 Stiftungen, die mit dem zum Wuchern bereitgestellten Fonds gegründet waren. Ein Teilbetrag in Höhe von 2.178.530 Akçe in den Händen dieser Stiftungen gehörten den zwischen 1530 und 1580 gegründeten 567 Betrieben und Einrichtungen.[47]

Wuchern und Wucherer trugen keinen zufälligen Charakter. Hierzu M. Akdag: „Der Messhausagent Hasan gab Abdullah H. zum gemeinsamen Vorteil 17.000 Akçe. Für sein Kapital bekam er im Voraus 6.200 Akçe als Gewinn ... die Hälfte seines Kapitals war verzinst. Der Zins betrug 1.500 Akçe. Insgesamt erhielt er 7.700 Akçe. Also 45% seines Gesamtkapitals."[48]

Die Kapitalinhaber, im allgemeinen die Händler, trieben verbreitete Spekulation, z.B. hamsterten sie Waren. Dadurch wurde die Nachfrage nach einigen Waren künstlich in die Höhe getrieben. Danach wurden diese Waren zu Wucherpreisen verkauft. Die Hamsterer erhielten dann einen mehrfachen Gewinn.

Ferner war es so, daß der Staat die gewinnbringenden Projekte nicht selbst übernahm. Sie wurden versteigert und auf diese Weise an andere vergeben. Diejenigen, die auf diese Weise zu gewinnbringenden Projekten gelangten, gaben dem Staat seinen Anteil und behielten den übriggebliebenen Betrag als Gewinn. Nach Angaben von Sahinoğlu war es zur Regel geworden, daß die Münzstätten und die anderen mehr gewinnbringenden Staatsverwaltungen wie Zoll, Aşar (Zehntel) und Cizye (Kopfsteuer, die bis 1856 Nicht-Mohammedanern als Ablösungsbetrag vom Militärdienst kassiert wurde) den Mültezims und ihren Gesellschaften vergeben würden. „Im Jahre 1474 wurden alle Münzstätten Anatoliens und Thraziens Herrn Emir und seinem Partner Bacdar Hayrittin vergeben ... Die Zölle wurden den Mültezims vergeben, sie, die Zölle, eine der wichtigsten Staatsangelegenheiten wie die Münzstätte, wurden den Privatunternehmern überlassen. Es ist selbstverständlich, daß die Mültezims als private Unternehmer mit anderen Mültezims konkurrieren werden, um den Pflichtbetrag an den Staat zu bezahlen und darüber hinaus Gewinn erzielen zu können."[49]
Wir können noch andere Quellen und die Angaben von Prof. M. Akdağ[50] anführen. Aber die bisherigen Angaben und Beispiele genügen, um eindeutig zu zeigen, daß die Akkumulation des Kapitals und das Privateigentum entwickelt waren und kapitalistischen Charakter trugen.

Der Prozeß der Expropriation der Bauern und die Konzentration des Bodens in wenigen Händen: daß der Staat de jure Eigentümer des Bodens war, hinderte nicht die Entwicklung der Privatisierung des staatlichen Bodens. Schon im 16. Jhd. war der Staat nur de jure der Eigentümer an seinem Grund und Boden. In der Tat befanden sich seine Ländereien in den Händen von Privatpersonen, seiner Bediensteten. Dies führte dazu, daß sich neben dem bestehenden Privateigentum auch auf den staatlichen Ländereien eine soziale Differenzierung entwickelte. Die weitere Entwicklung dieses Prozesses bedeutete Bildung einer starken, breiten Schicht von Feudalherren und expropriierten Bauern.
Die Charakteristik des Osmanischen Reiches in den ersten Jahrhunderten seit seiner Gründung bestand darin, eine geschlossene Ökonomie zu führen. Diese Ökonomie verhinderte, daß durch die Entwicklung des Privateigentums auf den staatlichen Ländereien soziale Konflikte entstanden. Die feudale Ökonomie und die soziale Struktur stimmten miteinander überein. Aber diese Übereinstimmung geriet um das 16. Jhd. ins Wanken. Die Eigentumsbewegung an Grund und Boden in diesem Entwicklungsprozeß zeigte keinen großen Unterschied zu Europa auf. Die Entwicklung des Privateigentums und die Expropriation der Bauern erfolgten auch im Osmanischen Reich wie in Europa durch Gewaltanwendung, Tricks und Intrigen.
– Kurz gesagt: Die Staatsländereien – Has, Zeamat, Timar genannt – waren zu verpachten und zu pachten. Diejenigen, die diese Ländereien pachteten, waren diejenigen, die diese Ländereien im Laufe der Zeit durch Intrigen und Kauf in ihr Eigentum überführten.
Auf diese Weise rekrutierte sich die Feudalklasse – außer der Sultanfamilie – aus Pächtern, Händlern, Wucherern und Militärs. Um ihre Gewinne steigern zu können, unterdrückten diese Feudalen die Bauern und die Bauern flohen. Ein anderer Teil der Bauern, der seine Steuern nicht zahlen konnte und gezwungen ware, bei Wucherern Geld zu borgen, wurde von seinen Feldern fortgejagt. Auf diese Weise konzentrierte sich der Boden in den Händen der Feudalen. Diese Konzentration des Bodens in wenigen Händen ließ eine große Armee aus expropriierten Bauern entstehen.

Diese expropriierten landlosen Bauern gingen in die Städte. Ein Teil von ihnen suchte Arbeit, ein Teil verdiente sein Brot durch Überfälle. Im allgemeinen wurden sie von verschiedenen Kreisen für ihre dunklen Zwecke ausgenutzt.*)

4. Die soziale Struktur der osmanischen Gesellschaft

Bis jetzt war hauptsächlich davon die Rede, daß man die osmanische Gesellschaft aufgrund des Eigentums des Staates an den Produktionsmitteln unterschiedlich bewertete; man hat ja die osmanische Gesellschaft als „antifeudalistisch", als eine kommunal-patriarchalische, als eine APW-Gesellschaft hingestellt. Man kann sie sogar fortschrittlicher als die europäische bezeichnen. Daß all diese Behauptungen nicht richtig waren, habe ich oben versucht, anhand bestimmter Tatsachen zu klären. Nunmehr werde ich hier die gleiche Frage mit der Untersuchung der sozialen Bestandteile der osmanischen Gesellschaft beantworten.
Bevor die Türken nach Anatolien kamen, existierte dort der byzantinische Feudalismus, der auf den Trümmern des römischen Sklavenimperiums gegründet war. Eine der Besonderheiten des byzantinischen Feudalismus bestand darin, mit den Dorfgemeinschaften, die seitens des Römischen Reiches in Anatolien nicht zerstört werden konnten, zusammen zu existieren. Während in den westlichen Teilen des Byzantinischen Reiches ein vollendeter, reifer Feudalismus existierte, konnten sich in Anatolien und in den östlichen Teilen des Landes die Dorfgemeinschaften neben dem Feudalismus immer noch behaupten. Als die Türken, erst unter dem Namen Seldschuken und danach Osmanen Anatolien eroberten, fanden sie die oben geschilderte Ordnung vor. Die Türken vereinigten die bestehende Ordnung mit den Grundlagen der islamischen Religion. Diese Vereinigung oder „Neuordnung" zielte nicht darauf ab, den existierenden Feudalismus zu beseitigen. Deswegen, können wir behaupten, bestanden die Bemühungen der Osmanen ausschließlich darin, die Entwicklung des Konflikts zwischen den Produktivkräften und Produktionsverhältnissen durch die Autorität des Staates zu unterdrücken und damit ihren neugeformten Status quo aufrechtzuerhalten. Das ist die Philosophie, mit der die Osmanen über Jahrhunderte versucht haben, das Rad der Geschichte zurückzudrehen oder wenigstens die historisch-geschichtliche Entwicklung zu stoppen.
Der Feudalismus entstand in den verschiedenen Ländern unter verschiedenen Bedingungen. Deswegen gab es immer Nuancen zwischen dem Feudalismus in dem einem Land und dem in einem anderen Land. Es gibt auch keine Regel, daß der Feudalismus immer auf den Trümmern der Sklavenhaltergesellschaft entstehen muß. Der Feudalismus kann auch aus dem Zerfall der Gentilordnung heraus entstehen. Dieser zweite Weg war bei den Erobererstämmen der Fall. Für den Feudalismus war bestimmend, daß die Eigentümer der Produktionsmittel die Bauern ausbeuteten. Diese Ausbeutung nahm je nach Entwicklungsstand des Feudalismus verschiedene Formen an: Arbeitsrente, Produktenrente und Geldrente.

*) Die Bauernaufstände waren im Osmanischen Reich sehr verbreitet und fast in jedem Jahrhundert seit der Gründung des Reiches anzutreffen. Diese Aufstände richteten sich hauptsächlich gegen den Feudalstaat, und endeten immer mit der brutalen Unterdrückung der Bauernmasse. Abgesehen von den Celali-Aufständen gab es noch andere Bauernaufstände, die sehr wohl bürgerlichen Charakter trugen. Einer von diesen wurde im 15. Jahrhundert in der Periode von Mehmet den Ersten zu einer Massenbewegung. Der Führer dieser Bewegung Bedrettin proklamierte ein Regierungssystem, das demokratische Züge trug; diese Erklärung von Bedrettin setzte in erster Linie die ökonomische und gesellschaftliche Gleichheit voraus. Der Sultan organisierte eine großangelegte Mobilmachung seiner Armee gegen Bedrettins Armee. Es ging um die Rettung des Osmanischen Reiches. Nach einem blutigen Kampf wurde der Widerstand der Bedrettin-Armee zerbrochen und er selbst wurde 1413 hingerichtet. Aber im allgemeinen trugen die Bauernaufstände spontanen Charakter.

Aus den Trümmern des römischen Imperiums entstanden mehrere Staaten. Die Könige oder Herrscher dieser Staaten verteilten ihre Ländereien unter den Angehörigen ihres engsten Kreises, um davon für sich Nutzen ziehen zu können. Auf diese Weise gelangten diese Ländereien, die von der Bauernschaft bearbeitet wurden, in den Besitz höherer Beamter, Offiziere, der Verwandten der Herrscher, nicht nur de facto sondern auch de jure. Diese „Feodan" genannten Ländereien waren auch im Osmanischen Reich anzutreffen. Nur mit einem Unterschied: man nannte sie nicht Feodan, sondern „Mir". Auch die Apanageländereien gab es. Man nannte sie „Has". Im feudalistischen Europa erhielten die religiösen Institutionen ihren Anteil am Boden. Auch die islamischen Institutionen erhielten vom Sultan ihren Anteil am Boden. Außerdem gab es, wie wir gesehen haben, noch Privateigentümer an Grund und Boden. Diese Eigentümer, bestehend aus muslimischer und nicht-muslimischer Bevölkerung, waren unabhängige Kleinproduzenten. Wir sehen die gleichen feudalistischen Charakterzüge sowohl in Europa als auch im Osmanischen Reich, allerdings in unterschiedlichen Formen.

a) Die Städte und Handwerkszünfte in der osmanischen Gesellschaft

Die Städte sind ein Produkt der gesellschaftlichen Arbeitsteilung. Ein Blick in die byzantinische und osmanische Geschichte zeigt uns, daß es kaum eine Stadt gibt, die von den Osmanen gegründet wurde. Es gab sie vor der osmanischen Herrschaft. Aber die Transitwege, die Herrschaft der Osmanen über mehrere Meere, die Kontrolle des Handels seitens des osmanischen Staates, die Steigerung der Produktivität der Arbeit, d.h. die Entwicklung des Handwerkswesens und seine Trennung von der Landwirtschaft, die hochentwickelte Geldzirkulation trugen zur weiteren Entwicklung der Städte bei. Die sozialen Bevölkerungsschichten in den Städten bestanden aus Beamten, Händlern, Wucherern, Handwerkern, Arbeitern, Lehrlingen usw.

Außer Avcioğlu unterschätzen alle anderen Autoren die Rolle der Städte in der osmanischen Gesellschaft. Sie betrachten die Städte nur als notwendige Orte, wo die Handelsoperationen abgewickelt werden und sahen ihre Entwicklung logischerweise in diesem Zusammenhang.

Wir haben aber gesehen, daß dies nicht so war (siehe die Entwicklung des Handels und Gewerbes und der ursprünglichen Akkumulation des Kapitals). Die Städte im Osmanischen Reich spielten außerordentlich wichtige Rollen; die seitens der Seldschuken von Byzanz übernommenen Städte schufen nicht erst die Grundlagen der kapitalistischen Produktionsweise, sondern sie bildeten bereits ihre Grundlage. In vielen der genannten Großstädte war die Warenproduktion entwickelt. Die Produktionsverhältnisse der einfachen Warenproduktion waren vorherrschend. Die wichtigste gesellschaftlich-ökonomische Entwicklung, die zur Entstehung der Städte führte, verwandelte sich in der Folgezeit in tiefgehende gesellschaftliche Arbeitsteilung, in Ware-Geld-Beziehungen. In diesem Zusammenhang übernahm der osmanische Staat ein positives Erbe, von dem oben die Rede war: die Transitwege zwischen Europa und Asien. Die entwickeltesten osmanischen Städte waren an diesen Transitwegen gegründet worden und bildeten die Knotenpunkte umfangreicher ökonomischer und sozialer Entwicklungen. Darüber schreibt O. Sencer folgendes: „Schon im 14. Jhd. war die Türkei ein Land, das Metall und Metallwaren exportierte, in der Lederindustrie entwickelter als der Westen war und angefangen von Konya in ganz Westanatolien eine ziemlich große Textilindustrie aufbaute ... abgesehen von den 15. und 16. Jahrhunderten, in denen das industrielle Leben um keinen Deut vom Westen zurückgeblieben war, hat das Reich auch im 17. Jhd. ein lebhaftes Industrieleben."[51] Dieses Industrieleben reichte von verschiedenen Zwei-

gen der Textilindustrie (Teppich, Seiden usw.) bis zum Bergbau und zum Schiffbau. „Dieses lebhafte Industrieleben“, all diese Fortschritte weisen auf zwei Tendenzen hin: einerseits schied das Handwerk aus der Landwirtschaft aus. Das trug keinesfalls zufälligen Charakter. Zweitens waren diese Städte nicht nur bestimmte Orte, wo die Handelsangelegenheiten abgewickelt wurden. In diesen Städten trennte sich auch das Handwerk vom Handel. Die tiefgehenden gesellschaftlichen Arbeitsteilungen also sind nicht zu unterschätzen. Diese zeigen uns den Charakter und Entwicklungsstand der Verstädterung in der osmanischen Ökonomiestruktur.
Die Zunftordnung, die für den Feudalismus charakteristisch war, existierte auch in der osmanischen Gesellschaft. Sie war aber nicht das Produkt der sozio-ökonomischen Entwicklung in der osmanischen Epoche. Es gab sie bereits, bevor die Osmanen ihren Staat gründeten. Schon für diese Gründungszeiten schreibt M. Akdağ folgendes: „Kurz gesagt, es ist eine Tatsache, daß alle Industriewaren, die die Bedürfnisse der breiten Volksmassen befriedigten, gänzlich im Land produziert wurden, und die organisatorische Vollkommenheit der Handwerkszünfte liefert dafür Beweise.“[52]
Wie wir sehen, die Osmanen haben auch die Zunftordnung von den Seldschuken übernommen. Die Seldschuken nannten diese Handwerksvereine Ahilik (Bruderschaft). Nach Angaben von Prof. Ö.L. Barkan spielten diese Vereine in den politisch unruhigen Perioden wichtige Rollen; z.B. in der Gründungsperiode des osmanischen Staates waren diese Vereine bei den in Anatolien herrschenden Kleinstaaten politisch so mächtig, daß sie sogar versuchten, die Verwaltung einiger Städte in ihre Hände zu nehmen.[53] Die Weiterentwicklung dieser Vereine wurde von den Osmanen nicht verhindert.[54] Diese Organisationen erfüllten im Reich die Funktion der Zünfte in Europa. Der APW-Verfechter M. Sencer, der diese Entwicklung nicht leugnet, erklärt diese Lage wie folgt: „Wie man sieht, war die osmanische Gesellschaft, die dem Feudalismus nicht entsprach, ein Schauplatz, in dem die zwei Voraussetzungen des Kapitalismus, nämlich ein Stadthandwerk, organisiert in Zünften und das Kapital, das durch den Handel und Wucher angehäuft wurde, existierten.“[55]
Kurz gesagt: Fast in allen Großstädten des Reiches wurden berufliche Gruppierungen gebildet; Händler, Handwerker, sonstige Gewerbetreibende organisierten sich je nach ihren Berufen in verschiedenen Organisationen. Nach Angaben von Robert Montran gab es „allein in Istanbul im 17. Jhd. 1.109 Zunftvereine mit 126.000 Mitgliedern ... Fast die gesamte männliche Bevölkerung außer Yanitscharen, Sipahis, Beamten und anderen Funktionären der Regierung, waren auf jeden Fall in einer dieser Organisation organisiert.“[56] Diese Organisationen waren sehr diszipliniert und spielten zunächst eine gewisse positive Rolle, indem sie die Interessen ihrer Mitglieder schützten und folglich die Warenproduktion entwickelten und festigten.
Nach Prof. Akdağ waren auch die Großhändler, Makler und Vermittler in solchen Organisationen organisiert.[57]

b) Die feudale Hierarchie und die Klassen in der osmanischen Gesellschaft:

Die Erscheinungsformen oder der Schein-Charakter der Klassen in der osmanischen Gesellschaft machen ihre Definition kompliziert. Der einzige Grund für diese Schwierigkeit ist auf das Eigentum des Staates an Grund und Boden zurückzuführen. Wie ich oben erklärte, bildete die gegenüber Europa unterschiedliche Erscheinungsform des Eigentums an den Produktionsmitteln im Osmanischen Reich den Ausgangspunkt für die oben genannten Autoren. Einerseits erkannten sie die Existenz der Klassen, andererseits aber haben sie sich keine Mühe gegeben heraus-

zufinden, aus welchen ökonomischen Zusammenhängen diese Klassen entstanden waren. Diese ihre Auswegslosigkeit führte sie dazu, daß sie gezwungen wurden, die Kriterien oder Besonderheiten des Feudalismus in der osmanischen Gesellschaft zu erklären, indem sie den nichtfeudalen Charakter der osmanischen Gesellschaft zu beweisen versuchten.
Im Abschnitt über die Eigentumsverhältnisse an den Produktionsmitteln habe ich sieben verschiedene Erscheinungsformen des Eigentums an Grund und Boden aufgezählt. Alle diese Erscheinungsformen können wir aber in Punkten zusammenfassen; a) Ländereien im Besitz des Staates, b) Ländereien im Besitz des Klerus und c) Ländereien im Privatbesitz (Haraciye, Ösriye, die Weinbau- und Gartenregel usw.). Jetzt ist es noch einfacher geworden. Wir wissen schon, wie die Staatsländereien bewirtschaftet wurden. (Daß die Angehörigen des Staatsmechanismus die Ländereien des Staates de facto in ihren Händen hielten und bewirtschafteten, ändert nichts an der Tatsache, daß sie Feudale waren. In diesem Zusammenhang darf die Frage, ob die osmanische Gesellschaft feudalistisch war, nicht mit der Definition der Form, sondern mit der Klarstellung des Wesens der Sache beantwortet werden. In diesem Punkt sehen wir kaum einen Unterschied zwischen den europäischen Feudalen und den Beamten und Militärs, die die Staatsländereien in ihrem Besitz hielten und die Bauern ausbeuteten).
Da die in den Punkten b und c zusammengefaßten Eigentumsverhältnisse unmittelbar feudalistischen Charakter trugen, bilden sie keinen wichtigen Streitstoff.
Führen wir uns alle diese Eigentumsverhältnisse nochmal vor Augen, so erhalten wir folgende Hierarchiestruktur: an der Spitze steht der Sultan mit seiner Familie als der größte, allmächtige Feudalherr. Dann kommen die „Zivil- und Militärbeamte“ je nach Rang und ganz unten stehen Sipahis auf der einen und Reayas auf der anderen Seite. In den Städten standen die Beamten an der Spitze je nach Rang, und dann kamen die Händler, Wucherer und die Kaufleute. Und der Klerus bildete natürlich sowohl auf dem Land als auch in den Städten einen der wichtigsten Bestandteile der feudalen Klasse. Wie wir sehen, bildete die feudale Klasse in der osmanischen Gesellschaft kein einheitliches Ganzes wie es sonst überall im Feudalismus der Fall war. In dieser Hierarchiestruktur unterdrückten und beuteten die oben Stehenden die unten Stehenden aus. Da an der Spitze dieser Pyramide der Sultan mit seiner Familie stand, waren die unteren Schichten der Pyramide von ihm abhängig. (Die Bezeichnungen für die Bestandteile der feudalen Klasse in der osmanischen Gesellschaft dürfen hier keine Verwirrung schaffen. Es hat viele Bezeichnungen gegeben, die ich hier manchmal nenne, manchmal nicht. Es ist unwichtig, wie sie genannt wurden. Ihre Funktion, ihre soziale Stellung in der Gesellschaft ist wichtig.)
S. Divitcioğlu, der trotz der eindeutigen Fakten den angeblich nicht-feudalen Charakter der osmanischen Gesellschaft durch die soziale Lage der Klassen zu beweisen versucht, schafft ein künstliches Dilemma, indem er einmal von einer „adligen Klasse“ und einmal von der „funktionellen Klasse“ spricht; nach diesem Autor war der osmanische Staat niemals durch eine adlige Klasse vertreten. Und auch die osmanische Dynastie, die von der Gründung bis zum Untergang des Staates über die politische Macht verfügte, habe keine adlige Vergangenheit. Osmanisch zu sein, sei eine Einheit, die aus der ökonomischen Lage und Notwendigkeit hervorgehe.
Soweit ich verstehe, ist auch M. Sencer der Meinung, wenn er die obigen Ansichten von Divitcioğlu zusammenfassend wiedergibt.[58] Es ist eindeutig, daß man hier den Versuch unternimmt, die Entstehung und Charakterisierung der Klassen metaphysisch zu erklären. Was soll man unter „adliger“ und unter „funktioneller“ Klasse verstehen? Sollten die Osmanen durch die „Allahsgabe“ adlig erklärt werden? Adlig zu sein wird in verschiedenen Gesellschaften unterschiedlich interpretiert. Ad-

ligkeit ist im allgemeinen für die feudale Gesellschaft charakteristisch. Der Stand, der aus den feudalen Elementen bestand und an der Spitze des Staates stand, war der Kreis, den man Adelstand nannte. Aber die Mitglieder dieses adligen Standes wurden ja nicht per Dekret seitens Allah für diese „Posten" ernannt. Im Gegenteil, dieser Stand ist ein Produkt der damals herrschenden sozio-ökonomischen Verhältnisse. Wer dürfte denn in der osmanischen Gesellschaft adliger sein als die Osmanen selbst. Den Titel Adligkeit konnte man in der osmanischen Gesellschaft kaufen. Das war auch der Fall im Westen.

Ferner, wie soll man das verstehen, wenn man schreibt: „Osmanisch zu sein, ist eine Einheit, die aus der ökonomischen Situation und Notwendigkeit hervorgeht". Osmanisch zu sein, heißt, einer Gesellschaft anzugehören, die man eben Osmanen nannte, und sie war eine in Klassen gespaltene Gesellschaft. Die ökonomische Lage und Notwendigkeit führte zur Bildung der Gesellschaften. Das ist doch das A B C der Sache. Wie könnten wir denn irgendeine Gesellschaft überhaupt definieren, wenn wir die ökonomische Lage und Notwendigkeit außer acht liessen?

Außerdem ist der Kreis dieser Autoren der Meinung, daß der osmanische Bauer (Reaya) dem leibeigenen Bauern des europäischen Feudalismus nicht ähnlich war. Das ist auch falsch. Denn, daß der Reaya in den ökonomischen Beziehungen als „Pächter" auftrat, änderte nichts am Wesen der ökonomischen Verhältnisse; der Reaya war an die Scholle gebunden, er durfte nicht seinen Ort wechseln. Falls er fliehen wollte, wurde er zurückgebracht, sobald er erwischt wurde. Er sollte „seine" Felder bestellen, und wenn er dies nicht tat, mußte er dafür als Strafe Steuer zahlen. Wenn der Reaya etwas anderes tat, als seine Aufgabe (z.B. Handel treiben), wurde er zu seiner Beschäftigung zurückgebracht, sobald er dabei (bei seiner illegalen Beschäftigung) erwischt wurde.[59] Wie wir sehen, bestanden zwischen dem osmanischen und europäischen Bauern keine qualitativen Unterschiede. Auch die Form der Ausbeutung und noch andere Vorraussetzungen zeigen jedoch zwischen dem Reaya und dem Leibeigenen keinen charakteristischen Unterschied. Der unbedeutende Unterschied kam daher, daß die Bedingungen zwischen Europa und Großanatolien eben unterschiedlich waren.[60]

Wir stellten oben fest, daß in der Bauernschaft außer den Reaya noch eine andere Schicht existierte. Diese soziale Schicht war selbst Eigentümer an Grund und Boden und bildete das Fundament der Klasse der Kleinproduzenten. Diese Lage weist auf zwei Punkte hin: 1. In Provinzen, wo mohammedanische und nicht-mohammedanische Bevölkerung Privateigentümer an Grund und Boden waren, entwickelte sich ein „typisch westlicher" Feudalismus. 2. Das Vorhandensein der Ländereien in Privatbesitz bildete einen wichtigen Grund für die soziale Differenzierung der Bauernschaft. In diesem Zusammenhang schrieb D. Avcioğlu folgendes: „Nicht nur Sipahis, sondern auch die Beamten in Istanbul und in Provinzen, sogar die Kadis (Richter) und Müderris (Lehrer) erwarben wenigstes ab dem XVI. Jhd. Bauernhöfe. Die Dokumente deuten daraufhin, daß dieser Personenkreis bestrebt war, seine Ländereien zu vergrößern und für Viehzucht große Ställe bauen ließ."[61] Außerdem rissen die Bodenbesitzer wertvolle Felder an sich und faßten dort – wie ein Feudalherr – Fuß. „Diese neuen Dorfreichen, meistens Funktionäre des Staates, schadeten durch ihre Schafherden den bestellten Feldern der Bauern, zwangen sogar die Bauern zur Abarbeit. Diese offiziellen Dorfreichen bestanden aus Kadis, Müderris, Yanitscharis, Sipahis, Gefreiten und aus einflußreichen Timars."[62]

Das osmanische Agrargesetzbuch wies Lücken auf, die zur Privataneignung des Bodens führten: „... wenn ein Reaya nichtbebauten Boden bebaut, darf der Sipahi für drei Jahre dagegen nichts unternehmen. Wenn die von Timar-Besitzern nicht bestellten Felder vom Reaya drei Jahre lang ununterbrochen bebaut werden, dürfen sie dann dem Reaya nicht mehr weggenommen werden. Der Reaya darf gegen zwei Ösür (Zehntel) die Felder anderer Bodenbesitzer bestellen. Als Gegenleistung gibt dann der Reaya dem Bodenbesitzer einen Teil des Produktenüberschusses und behält den restlichen Teil für sich selbst.“[63]

Diese auf Privateigentum basierende Entwicklung zeigt eindeutig die soziale Differenzierung in der Landwirtschaft. Sie ist sogar eine „typisch-europäische“ soziale Differenzierung!

Kapitel II: Der Prozeß des Untergangs und der Unterjochung des Osmanischen Reiches

Bis zu diesem Kapitel habe ich eine Gesellschaft analysiert, die sich durch ihre innere Dynamik entwickelte. Nunmehr werde ich die osmanische Gesellschaft in ihren Beziehungen zu Europa und Rußland untersuchen.
Dieser Teil bildet im osmanischen Geschichtsprozeß den zweiten Moment. Erst werde ich versuchen, die Auswirkungen der äußeren Dynamik auf die ursprüngliche Akkumulation des Kapitals im Osmanischen Reich deutlich zu machen. Dann kommen die Entwicklungen hauptsächlich ab 1800. Denn die Periode zwischen dem Ende des 16. Jhd. und dem Beginn des 19. Jhd. bildet die erste Phase des Prozesses, in dem die osmanische Gesellschaft nach und nach unter die Kontrolle des Westens geriet. Nach meiner Meinung geschah in der Zwischenzeit nichts so wichtiges, daß man es untersuchen müßte. Die Ereignisse dieser Phase werden nur dann nebenbei bemerkt, wenn mir dies unvermeidbar erscheint.
Die hier behandelten Themen sind als ein Teil des Entwicklungsprozesses des Kapitalismus im Westen anzusehen. Deswegen werde ich erst auf die Frage des Kolonialismus einen Blick werfen, weil ich der Meinung bin, daß dieses Kapitel ohne den Zusammenhang mit dem Kolonialismus von geringerer Bedeutung wäre.

1. Die Entstehung des Kolonialismus und sein Wesen

Der Kolonialismus war bei allen Gesellschaften, die in Ausbeuter und Ausgebeutete gespalten sind, anzutreffen und sein Wesen besteht darin, daß ein unterdrücktes Land durch die herrschenden Klassen des unterdrückenden Landes entsprechend der ökonomischen Entwicklung ausgeplündert wird. Der Kolonialismus hat sich hauptsächlich als ein Bestandteil der kapitalistischen Produktionsweise vielseitig entwickelt und seine höchste Entfaltung und Form angenommen. Zwischen dem Kolonialismus und dem Kapitalismus besteht also eine enge Beziehung. „Die Kolonien", schreibt Marx in „Das Elend der Philosophie", „haben den Welthandel geschaffen; und der Welthandel ist die Bedingung der Großindustrie."[64]
Der Kolonialismus hat seine jedem Stadium des Kapitalismus entsprechenden Entwicklungsstufen durchlaufen. Diese Entwicklungsstufen zeigen Unterschiede von Formen und Methoden der Ausbeutung. Wie diese Unterschiede oder Veränderungen zu den sozio-ökonomischen Entwicklungen und zu der Ausbeuterklasse im Mutterland Parallelitäten aufweisen, zeigt uns Marx in seiner Schrift „Ostindische Kompanie, ihre Geschichte und die Resultate ihres Wirkens", über die Formen der ökonomischen Beziehungen zwischen England und Indien.[65]
Der Kolonialismus hat vier Entwicklungsstufen durchlaufen;
a) Frühkapitalistischer Kolonialismus/Handelskapital
b) Kolonialismus des vormonopolistischen Kapitalismus/Industriekapital
c) Imperialistischer Kolonialismus-klassischer Kolonialismus/Finanzkapital
d) Der gegenwärtige Kolonialismus-Neokolonialismus/Finanzkapital.
Wenn wir die heutige Türkei zusammen mit dem Osmanischen Reich als einen Prozeß ansehen, so sind alle diese Entwicklungsstufen des Kolonialismus in diesem Prozeß anzutreffen. Hier werde ich zunächst die ersten drei Formen des Kolonialismus untersuchen, weil sie sich auf diese oder jene Weise als äußerer Faktor auf die osmanische Gesellschaft ausgewirkt haben. Mit dem Neokolonialismus werde ich mich im letzten Teil der Arbeit auseinandersetzen.

a) Frühkapitalistischer Kolonialismus/Handelskapital

„Es unterliegt keinem Zweifel“, schreibt Marx, „daß im 16. und 17. Jhd. die großen Revolutionen, die mit den geographischen Entdeckungen im Handel vorgingen und die Entwicklung des Kaufmannskapitals rasch steigerten, ein Hauptmoment bilden in der Förderung des Übergangs der feudalen Produktionsweise in die kapitalistische.“[66] Wie aus diesem Zitat zu entnehmen ist, hat der Kolonialismus bei der Entstehung und Festigung der kapitalistischen Produktionsweise und bei der Herausbildung des Welthandels eine sehr wichtige Rolle gespielt. Die frühkapitalistische Kolonialexpansion, Ausbeutung, Raub usw. bildeten einen der Momente der ursprünglichen Akkumulation des Kapitals.[67]
Der frükapitalistische Kolonialismus, dessen Träger das Handelskapital war und der der merkantilistischen Periode des neuen Europa entsprach, erfüllte zwei Funktionen:
Erstens bedeutete frühkapitalistischer Kolonialismus den Beginn der Internationalisierung des Kapitals. In diesem Sinne ist die koloniale Expansion nichts anderes als die Internationalisierung des Kapitalismus. Der Weltmarkt wurde auf diese Weise geschaffen. Deswegen war der Welthandel gleichzeitig ein Ausgangspunkt des Kapitalismus. „Der Weltmarkt bildete selbst die Basis dieser Produktionsweise.“[68]
Zweitens wurden durch den frühkapitalistischen Kolonialismus die akkumulationsfähigen Reichtümer anderer Länder in den Händen der aufkommenden Kapitalistenklasse angehäuft. Als die kapitalistischen Ansätze im untergehenden Feudaleuropa zu entstehen begannen, waren die ersten Schritte zur Ausplünderung anderer Länder getan. Die wichtigsten Waffen der Erstkolonialisten waren die ökonomische Stärke und militärische Überlegenheit. Man hat also damit angefangen, die Überseeländer brutal auszuplündern und die in diesen Ländern angeeigneten Reichtümer wurden im Mutterland für die Entwicklung der kapitalistischen Produktionsweise eingesetzt.
„Das Kolonialsystem“, schreibt Marx, „reifte treibhausmäßig Handel und Schiffahrt. Die ‚Gesellschaften Monopolia‘ (Luther) waren gewaltige Hebel der Kapitalkonzentration. Den aufschießenden Manufakturen sicherte die Kolonie Absatzmarkt und eine durch das Marktmonopol potenzierte Akkumulation. Der außerhalb Europas direkt durch Plünderung, Versklavung und Raubmord erbeutete Schatz floß ins Mutterland zurück und verwandelte sich hier in Kapital.“[69] Der frühkapitalistische Kolonialismus weist zwei Besonderheiten auf: Erstens werden die Ausbeutung und Ausplünderung durch außerökonomische Mittel – Gewaltanwendung – durchgeführt. Zweitens entspricht er dem sich internationalisierenden Handelskapital, und das damalige Handelskapital, wo es herrschte und dem Industriekapital noch nicht unterworfen war, stellte dieses Plünderungssystem dar. „Das Handelskapital in überwiegender Herrschaft“, schreibt Marx, „stellt also überall ein System der Plünderung dar.“[70]
Diese Entwicklungsphase des Kapitalismus, also der Frühkolonialismus, ist in die Menschheitsgeschichte auch als Kolonialraub in Form des Sklavenhandels eingegangen.
Über die Frage des Kolonialismus in der osmanischen Geschichte wird geschwiegen. Durch die Eroberung und Ausplünderung einiger Länder in Asien, Afrika und Europa seitens der Osmanen wurden außergewöhnlich viele Reichtümer in Form von Gold, Silber und später auch in Form von anderen Metallen angeeignet. Die territoriale Größe des Staates verhalf dem Handel zur Vitalität. Dadurch wurde das Handelskapital entwickelt. Diese und andere Entwicklungen und Ereignisse erreichten im 16. Jhd., das ich als den ersten Moment betrachte, ihren Höhepunkt.

Man kann die Eroberungsfeldzüge der Osmanen als eine Erscheinungsform des Kolonialismus ansehen. Dies dürfte einen Moment der ursprünglichen Akkumulation des Kapitals in der osmanischen Gesellschaft bilden. Aber wie oben dargestellt, verhinderte der feudale Charakter des osmanischen Staates eine solche Entwicklung. Obwohl das Omanische Reich, angefangen mit dem 16. Jhd., in seine Niedergangsphase eintrat, bleibt es lange Zeit für die Europäer ein „Alptraum". Die Europäer waren in dieser Zeit mit den Überseeländern beschäftigt. Und ihre Annäherungsversuche an die Osmanen erfolgten nicht durch jene Raubmethoden, wie sie in Asien, Afrika und Amerika angewandt wurden.
Die Periode, in der der europäische Kapitalismus allmählich den osmanischen Staat zu kontrollieren begann, entsprach im allgemeinen der Periode, in der der Übergang von der Herrschaft des Handelskapitals zum Industriekapital erfolgte. Deswegen spürte das Reich die Auswirkungen des frühkapitalistischen Kolonialismus nicht so bedeutend.
Es ist wohl richtig, daß die ersten Beziehungen mit den Handelsabmachungen angefangen haben und dabei das Handelskapital die entscheidende Rolle gespielt hat. Aber wegen der oben genannten Gründe konnte das Handelskapital seine Methoden von den Überseeländern im Osmanischen Reich nicht anwenden. Hier bewies sich das europäische Handelskapital als „kluges Handelskapital".

b) Kolonialismus des vormonopolistischen Kapitalismus/Industrie-Kapital

Die Merkmale des Kolonialismus des vormonopolistischen Kapitalismus, also des Industriekapitals bestehen in der systematischen ökonomischen und nach und nach sozialen Unterdrückung und Gestaltung der kolonisierten Länder. Diese Unterdrückung und Gestaltung entsprach den Bedürfnissen und der strukturellen Entwicklung des Mutterlandes, der Metropole. Dieser Prozeß ist nichts anderes als der Beginn der Anpassung der Wirtschafts- und Gesellschaftsstruktur der Kolonie an die der Metropolländern.
In der Periode des frühkapitalistischen Kolonialismus wurde die Produktionsgrundlage in den ausgeplünderten Ländern kaum berührt. Sie wurde kaum umgewälzt. Aber in Kolonien und Halbkolonien in der Periode des vormonopolistischen Industriekapitals wurden die Produktionsgrundlagen, die vorherrschende gesellschaftliche Arbeitsteilung durch das Fremdkapital systematisch zerstört und die unabhängige Entwicklung der Produktivkräfte verhindert. Dadurch wurden in Kolonien und Halbkolonien das Handwerk, Manufakturen, die eventuell vorhandene Fabrikproduktion und der Grund und Boden systematisch und grob ausgeplündert und die Landwirtschaft, der Bergbau usw. den Interessen der Metropolländer entsprechend umstrukturiert. Auf diese Weise wurden diese Länder auf der einen Seite in Rohstoff- und Nahrungsmittelquellen verwandelt, auf der anderen Seite zum Absatzgebiet für die Fertigwaren der Metropolländer. Diese Entwicklung bildet den Prozeß der Metropol-Peripherie-Arbeitsteilung auf der internationalen Ebene. Dies kann man auch als koloniale Arbeitsteilung bezeichnen. Darüber schreibt Marx folgendes: „Sobald aber das Fabrikwesen eine gewisse Breite des Daseins und bestimmten Reifegrad gewonnen hat, sobald namentlich seine eigne technische Grundlage, die Maschinerie, selbst wieder durch die Maschinen produziert wird, sobald Kohlen- und Eisengewinnung wie die Verarbeitung der Metalle und das Transportwesen revolutioniert, überhaupt die der großen Industrie entsprechenden allgemeinen Produktionsbedingungen hergestellt sind, erwirbt diese Betriebsweise eine Elastizität, eine plötzliche sprungweise Ausdehnungsfähigkeit, die nur an dem Rohmaterial und dem Absatzmarkt Schranken findet. Die Maschinerie bewirkt einerseits direkte Vermehrung des Rohmaterials, wie z.B. der cotton

die Baumwollproduktion vermehrte. Andererseits sind Wohlfeilheit des Maschinenprodukts und das umgewälzte Transport- und Kommunikationswesen Waffen zur Eroberung fremder Märkte. Durch den Ruin ihres handwerkmäßigen Produkts verwandelt der Maschienbetrieb sie zwangsweise in Produktionsfelder seines Rohmaterials. So wurde Ostindien zur Produktion von Baumwolle, Wolle, Hanf, Jute, Indigo usw. für Großbritannien gezwungen. Die beständige ‚Überzähligmachung' der Arbeiter in den Ländern der großen Industrie befördert treibhausmäßige Auswanderung und Kolonisation fremder Länder, die sich in Pflanzstätten für das Rohmaterial des Mutterlandes verwandeln, wie Australien z.B. in eine Pflanzstätte von Wolle. Es wird eine neue, den Hauptsitz des Maschinenbetriebs entsprechende internationale Teilung der Arbeit geschaffen, die einen Teil des Erdballs in vorzugsweise agrikoles Produktionsfeld für den anderen als vorzugsweise industrielles Produktionsfeld umwandelt."[71]
Die Beziehungen des osmanischen Staates zum Westen (in erster Linie zu England, Frankreich und später zu Deutschland) müssen insbesondere ab 1800 in diesem Zusammenhang analysiert werden.

c) Imperialistischer Kolonialismus-klassischer Kolonialismus/Finanzkapital
Mit dem Übergang des Kapitalismus der freien Konkurrenz in sein monopolistisches, imperialistisches Stadium erreichte der Kolonialismus seine diesem Entwicklungsstand des Kapitalismus entsprechende Stufe.
Der verschärfte Konkurrenzkampf zwischen den kapitalistisch entwickelten Ländern auf der internationalen Ebene, die Beschleunigung des Prozesses der Zentralisation und Konzentration des Kapitals bildeten die Grundlagen zur Entstehung der Monopole.
Die weitere Entwicklung dieses Prozesses machte den Kampf um die neuen Kolonien, um die Eroberung der noch nicht aufgeteilten Teile der Welt unter den kapitalistischen Ländern unvermeidlich. Der Übergang des Kapitalismus in sein imperialistisches Stadium bedeutet also territoriale Teilung und Neuaufteilung der Welt zwischen den Kolonialmächten.
„Der Kapitalismus", schreibt Lenin, „ist zu einem Weltsystem kolonialer Unterdrückung und finanzieller Erdrosselung der übergroßen Mehrheit der Bevölkerung der Erde durch eine Handvoll ‚fortgeschrittener' Länder geworden. Und die ‚Beute' teilen sich zwei, drei weltbeherrschende, bis an die Zähne bewaffnete Räuber (Amerika, England, Japan), die die ganze Welt in ihren Krieg um die Teilung ihrer Beute mit hineinreißen."[72]
Nun, das monopolistische, imperialistische Stadium des Kapitalismus verwirklichte auch das seinem Stadium entsprechende Kolonialsystem. Die wichtigsten Besonderheiten des Kolonialsystems in diesem Stadium des Kapitalismus bestehen darin, daß dieses System in seinem Mechanismus noch umfangreicher ist und die beherrschten Länder noch enger und auf Dauer an das imperialistische System, an die kapitalistische Weltwirtschaft bindet. Nun, dies ist aber ein Prozeß, der nicht in der Zirkulationssphäre des Kapitals erfolgen kann. Weder das Handelskapital noch die Handelsbeziehungen sind in der Lage, diesen Prozeß zu vollenden. In diesem Stadium des Kapitalismus geht es nun mehr um den Kapitalexport und um die unmittelbare Umstrukturierung der Produktion in Kolonien und Halbkolonien.
Klassischer oder imperialistischer Kolonialismus weist zwei Hauptmerkmale auf:
1. Politische Beherrschung; welche Bedeutung die Kolonien für die imperialistischen Mächte haben, macht Lenin wie folgt deutlich: „Selbst die kapitalistische Kolonialpolitik der früheren Stadien des Kapitalismus unterscheidet sich wesentlich von der Kolonialpolitik des Finanzkapitals.

Die grundlegende Besonderheit des modernen Kapitalismus ist die Herrschaft der Monopolverbände der Großunternehmer. Derartige Monopole sind am festesten, wenn alle Rohstoffquellen in einer Hand zusammengefaßt werden, und wir haben gesehen, wie eifrig die internationalen Kapitalistenverbände bemüht sind, dem Gegner jede Konkurrenz unmöglich zu machen, wie eifrig sie bemüht sind, z.B. Eisenerzlager oder Petroleumquellen usw. aufzukaufen. Einzig und allein der Kolonialbesitz bietet volle Gewähr für den Erfolg der Monopole gegenüber allen Zufälligkeiten im Kampf mit den Konkurrenten ... Das Monopol ist aus der Kolonialpolitik erwachsen. Den zahlreichen ‚alten' Motiven der Kolonialpolitik fügt das Finanzkaptital noch den Kampf um Rohstoffquellen hinzu, um Kapitalexport, ‚Einflußsphären' – d.h. um Sphären für gewinnbringende Geschäfte, Konzessionen, Monopolprofite usw. und schließlich um das Wirtschaftsgebiet überhaupt. Als z.B. die europäischen Mächte mit ihren Kolonien erst den zehnten Teil von Afrika besetzt hatten, wie es noch 1876 der Fall war, da konnte sich die Kolonialpolitik auf nichtmonopolistische Weise entfalten, in der Art einer sozusagen ‚freibeuterischen' Besetzung des Landes. Als aber neun Zehntel Afrikas bereits besetzt waren (gegen 1900), als die ganze Welt verteilt war, da begann unvermeidlich die Aera des monopolistischen Kolonialbesitzes und folglich auch eines besonders verschärften Kampfes um die Aufteilung und Neuaufteilung der Welt."[73]

Wie wir sehen, sind für die Monopole, für den Monopolkapitalismus gesicherte Rohstoffquellen, gesicherte Absatzgebiete für ihre Waren und glaubwürdige Länder, in die man Kapital exportieren kann, von großer Wichtigkeit. Der einzige Weg für die Erlangung dieser Garantien ist die politische Beeinflussung dieser Länder und darüber hinaus die Bestimmung ihrer Politik im Interesse der Monopole. Dies wird aber nur durch die direkte Besetzung und Verwirklichung der den Monopolen verbundenen politischen Formation oder durch die Verwirklichung der finanziellen und politischen Abhängigkeit der staatlich-formell unabhängigen Länder wie des Osmanischen Reiches garantiert.

2. Wirtschaftliche Gestaltung: Die Monopole werden in den Kolonien oder Halbkolonien eine ihren Interessen widersprechende politische oder ökonomische Entwicklung nicht ohne weiteres dulden. Deswegen wird die ökonomische Struktur in diesen Länden immer nach den Interessen der Monopole ausgerichtet. Wie bemerkt, entsteht dadurch eine einseitige Arbeitsteilung. Als Folge dieser Entwicklung nehmen die Kolonien und Halbkolonien im imperialistischen System ihren Platz als Rohstoff- und Nahrungsmittelquellen ein. Mit anderen Worten: „Die koloniale Abhängigkeit bedeutet außer der direkten staatlichen, rechtlichen Abhängigkeit, eine ganze Reihe finanzieller und wirtschaftlicher Abhängigkeitsverhältnisse."[74]

Die letzten Jahrzehnte des Osmanischen Reiches sollen als solche Abhängigkeitsverhältnisse betrachtet werden.

2. Die wachsende Bedeutung des Osmanischen Reiches für den sich entwikkelnden europäischen Kapitalismus und für Rußland

An mehreren Stellen dieser Arbeit war vom Entwicklungsprozeß des Kapitalismus in Europa und davon, warum das Osmanische Reich für Europa bis dahin „uninteressant" blieb, die Rede. Hier werde ich hauptsächlich auf die Entwicklungen ab 1800 eingehen und zeigen, wie und warum das Osmanische Reich nach und nach für Europa und für Rußland wichtig wurde. (Die in diesem Kapitel angeführten Fakten, die den Zeitraum zwischen dem Ende des 16. Jhd. und dem Anfang des 19. Jhd. betreffen, sind nur als unvermeidliche Bemerkungen über den Jahrhunderte

lang andauernden Zerfallspozess des Osmanischen Reiches in Verbindung mit dem europäischen Kapitalismus zu betrachten.)
Gegen Ende des 16. Jhd. erreichte das Osmanische Reich einen sozio-ökonomischen Wendepunkt. Hauptsächlich entsprang die Krise des Reiches aus dem Widerspruch zwischen der kapitalistischen Entwicklung Europas, deren Auswirkungen auf den osmanischen Staat und dem erreichten Entwicklungsstand der Produktivkräfte, der Klassen einerseits und dem osmanischen Geist oder der Philosophie, wonach der Status quo auf jeden Fall aufrechtzuerhalten war, andererseits. Dieser Widerspruch wurde dann zugunsten des europäischen Kapitalismus und seiner einheimischen Kollaborateure gelöst. Es ist offenkundig, daß der osmanische Staat mit seiner Philosophie – der Aufrechterhaltung der bestehenden Ordnung – für die Reaktion und die europäischen Kräfte und ihre einheimischen Verbündeten, also die neuen sozialen Klassen, dagegen theoretisch-praktisch für den Fortschritt eintrat. Diese Krise bedeutete also den Kampf zwischen der alten und der neuen Welt, zwischen dem Feudalismus und dem Kapitalismus, der Reaktion und dem Fortschritt. Der Fortschritt war aber nicht das Ziel des euorpäischen Kapitalismus und seiner einheimischen Verbündeten. Während sie um ihre Interessen kämpften, erfüllten sie ihre fortschrittliche Mission de facto.
Zweifelsohne unterstützten die europäischen Staaten und Zarenrußland im Interesse ihrer Hegemoniebestrebungen die Politik des osmanischen Staates, wonach es den Status quo zu bewahren galt. Allein diese Politik der Osmanen ermöglichte den Europäern im Reich so zu handeln, wie sie es für ihre Interessen eben richtig hielten. Allein diese Politik der Osmanen wirkte behindernd auf die evolutionäre Entwicklung der Gesellschaft. Es lohnt sich näher auf diese paradox erscheinende Entwicklung einzugehen.

a) Die osmanische Gesellschaft und der europäische Kapitalismus

Bis zum Anfang der Niedergangsperiode des Reiches war kein Klassenkampf festzustellen, der zu heftigen sozialen Unruhen führte. In der damaligen Zeit befanden sich die Produktivkräfte mit den Produktionsverhältnissen in relativer Übereinstimmung und der osmanische Staat kämpfte eben um die weitere Beibehaltung dieser Übereinstimmung. Die Osmanen waren in der Lage, den Status quo weiterhin aufrechtzuerhalten; denn die Bildung der Klassen im Inneren und ein äußerer Faktor waren noch nicht kräftig genug, gegen die osmanische Armee, gegen die Osmanen überhaupt vorzugehen, ihre Eroberungs- und Ausplünderungskriege zu stoppen, d.h. den Status quo und die osmanische Gesellschaft zu zerschlagen.
Als die Osmanen gezwungen waren einzusehen, daß der Staat, das Fundament der osmanischen Gesellschaftsstruktur, nicht mehr in der Lage war, mit der gesellschaftlichen Entwicklung fertig zu werden, kapitulierten sie. Sie konnten nicht die Entwicklung des Privateigentums an Grund und Boden verhindern. Die Transitwege änderten ihre Route. Die Europäer waren kapitalistisch weit entwickelt. Diesmal versuchten die Osmanen sich der Situation anzupassen, ihre Politik so zu verändern, daß der Status quo entsprechend der evolutionären Entwicklung weiterhin bestehenblieb. Die evolutionäre Entwicklung im Inneren und die den europäischen Staaten gewährten Kapitulationen sind dafür eindeutige Beispiele. Aus den einst mächtigen Herrschern wurden wahre Kapitulanten.
„Änderungen, die von einer gesellschaftlichen Notwendigkeit diktiert werden, bahnen sich früher oder später ihren Weg; wenn sie zu einem dringenden Bedürfnis der Gesellschaft geworden sind, müssen sie befriedigt werden, und die Gesetzgebung wird immer gezwungen sein, sich ihnen anzupassen."[75] Nun paßten sich die Osmanen dieser unvermeidlichen Entwicklung an. Aufgrund ihrer Kapitulation

sowohl aufgrund innerer als auch äußerer Faktoren sind sie an der Macht geblieben. Die folgenden Zitate geben uns ein Bild über die gegenseitigen Beziehungen zwischen dem osmanischen Geist, der russischen Reaktion und dem europäischen Kapitalismus.

„Die Türkei ist der wunde Punkt des europäischen Legitimismus. Die Impotenz des legitimistischen, monarchistischen Regierungssystems findet seit der ersten französischen Revolution seinen Ausdruck in einem Satz: Aufrechterhaltung des Status quo ... Den Status quo in der Türkei erhalten! Ebensogut könnte man versuchen, den Kadaver eines toten Pferdes in einem bestimmten Stadium der Fäulnis zu erhalten, in dem er sich befindet, ehe die vollständige Verwesung erfolgt. Die Türkei verfault und wird immer mehr verfaulen, solange das jetzige System des ‚europäischen Gleichgewichts' und die Aufrechterhaltung des Status quo andauert ... Die Anwesenheit der Türken in Europa ist ein ernsthaftes Hindernis für die Entwicklung den Ressourcen der thrazisch-illyrischen Halbinsel."[76]

„Rußland ist entschieden eine Eroberernation und war es auch ein ganzes Jahrhundert lang, bis ihm die große Bewegung von 1789 einen furchtbaren Gegner voll mächtiger Tatkraft schuf. Wir meinen die europäische Revolution, die Explosivkraft der demokratischen Ideen und den der Menschheit angeborenen Drang nach Freiheit. Seit jener Epoche gab es tatsächlich bloß zwei Mächte auf dem europäischen Kontinent: Rußland mit seinem Absolutismus auf der einen Seite, die Revolution mit der Demokratie auf der anderen ... Gelangt aber Rußland in den Besitz der Türkei, so wird sich seine Stärke fast verdoppeln, und es gewinnt das Übergewicht über das ganze übrige Europa zusammengenommen. Ein solches Ereignis wäre ein unbeschreibliches Unglück für die revolutionäre Sache. Die Aufrechterhaltung der türkischen Unabhängigkeit oder – im Falle eines möglichen Zerfalls des ottomanischen Reiches – die Vereitelung der russischen Annexionspläne sind Dinge von höchster Bedeutung. Hierin stimmen die Interessen der revolutionären Demokratie und die Englands überein, weder die einen noch die anderen können es dem Zaren gestatten, daß Konstantinopel zu seiner Hauptstädte wird, und wenn es zum Äußersten kommt, werden wir sehen, daß beide ihm gleichermaßen ernergischen Widerstand leisten werden."[77]

„Und während Rußland so ganz unverfroren sich an die Zerstückelung der Türkei machte, wurden die westlichen Diplomaten nicht müde, sich weiter für die Aufrechterhaltung des geheiligten Status quo und die Unverletzlichkeit des Osmanischen Reiches zu verbürgen ... die Lösung des türkischen Problems bleibt ... der europäischen Regierung vorbehalten ... die Vorposten der nächsten Revolution müssen Petersburg und Konstaninopel sein."[78]

„Seit 1815 haben die Großmächte Europas nichts so sehr gefürchtet, wie eine Verletzung des Status quo. Aber jeder Krieg zwischen zwei dieser Mächte bringt den Umsturz des Status quo mit sich. Das ist der Grund, weshalb Rußlands Übergriffe im Osten geduldet wurden und weshalb man von Rußland dafür nie etwas anderes forderte, als daß es den Westmächten einen, wenn auch noch so absurden, Vorwand bot, neutral zu bleiben und der Notwendigkeit enthoben zu sein, Rußlands Übergriffe zurückzuweisen."[79]

„Die Westmächte andererseits, unbeständig, kleinmütig, sich stets gegenseitig mißtrauend, ermutigen am Anfang den Sultan, sich dem Zaren, dessen Übergriffe sie fürchten, zu widersetzen, um ihn am Ende zum Nachgeben zu zwingen, aus Furcht vor einem allgemeinen Kriege, der zu einer allgemeinen Revolution führen könnte. Zu schwach, zu feige, den Wiederaufbau des Osmanischen Reiches durch Errichtung eines Griechischen Reiches oder durch eine föderative Republik der slawischen Staaten zu unternehmen, ist ihr ganzes Bestreben nur auf die Aufrechterhal-

tung des Status quo, d.h. jenes Stadium der Fäulnis, das dem Sultan verbietet, sich vom Zaren, und den Slawen verbietet, sich vom Sultan zu emanzipieren."[80]
Ohne Zweifel gab es Gründe, warum der osmanische Staat eine sehr lange Zeit nicht unter die Kontrolle der europäischen Staaten, des sich entwickelnden europäischen Kapitalismus geriet. Ab dem 16. Jhd. befand sich Europa in großen Entwicklungen. Die europäischen Staaten interessierten sich mehr für das neuentdeckte Asien, Afrika und Amerika. Sie kämpften untereinander, um diese Kontinente zu beherrschen und auszubeuten. Hauptsächlich waren England, Frankreich und Holland an diesen Kolonialkriegen beteiligt.
Ferner waren diese europäischen Staaten nicht in der Lage, das Osmanische Reich militärisch zu besiegen und die Mittelmeergebiete zu besetzen. Die Europäer erreichten ihr Ziel erst durch die Handelsbeziehungen nach einer langandauernden Periode.
Die sich ab 1800 verstärkende russische Reaktion spielte dabei eine Rolle, die nicht zu unterschätzen ist. Der osmanische Staat geriet erst unter die Kontrolle des europäischen Kapitalismus. In der späteren Zeit, ab 1830, wurde er auch von der russischen Reaktion beeinflußt. Der entstandene Interessenkonflikt zwischen der russischen Reaktion und der europäischen Demokratie bestimmte das Schicksal, die Zukunft des Osmanischen Reiches.
Die Transitwege zwischen Asien und Europa, die Seewege und Häfen vom Mittelmeer bis zum Schwarzen Meer waren für den Handel so wichtig, daß verschiedene Kräfte um die Herrschaft über diese Gebiete gegeneinander kämpften. In bezug auf diese Tatsache schrieb Marx: „Vor der Entdeckung des direkten Seewegs nach Indien war Konstantinopel der Markt für einen ausgedehnten Handel. Und auch heute vermitteln die türkischen Häfen einen sehr bedeutenden und schnell wachsenden Verkehr zwischen Europa und dem inneren Asien ... Noch ein anderer wichtiger Handelszweig wird dort betrieben. Konstantinopel und besonders Trapezunt in der asiatischen Türkei sind die Hauptmärkte für den Karawanenhandel nach Innerasien ... auch dieser Handel nimmt rapide zu. Der Handel von Trapezunt wird auch dadurch zu einem ernsten politischen Problem, weil seinethalben die Interessen Rußlands und Englands im inneren Asien neuerdings miteinander in Konflikt geraten ... Das kommerzielle Schlachtfeld zwischen Rußland und England ist vom Indus nach Trapezunt verlegt worden, und der russische Handel, der sich früher bis an die Grenzen des britischen Imperiums im Orient heranwagte, ist nun auf die Verteidigung des äußersten Randes seiner eigenen Zollgrenze beschränkt. Die Bedeutung dieser Tatsache ist im Hinblick auf eine wie immer geartete künftige Lösung der orientalischen Frage und auf die Rolle, die England und Rußland dabei spielen werden offensichtlich. Sie sind es heute und müssen auch in aller Zukunft im Orient Gegner sein."[81]
Nach dem Erfolg des Kapitalismus in Europa und dem Erstarken Rußlands wurde das Osmanische Reich zu einem Schauplatz, wo die Interessen des reaktionären Rußland und des fortschrittlichen Europa immer wieder in Konflikt gerieten. Je nach den politischen und ökonomischen Situationen wurde das Osmanische Reich in den Händen der russischen Reaktion gegen das demokratische Europa und in den Händen des demokratischen Europa, gegen das reaktionäre Rußland zu einem Stein im Damespiel. Dank seiner Funktion konnte das Osmanische Reich jahrhundertelang bestehen. Im Laufe dieses Prozesses stützte sich das Reich manchmal auf Europa, manchmal auf Rußland. Sowohl der Vertreter der Reaktion, also Rußland, als auch der Vertreter der Demokratie, nämlich Europa, unterstützten die osmanische Philosophie. Von diesem Gesichtspunkt aus betrachtet hing das jahrhundertelange Bestehen des Osmanischen Reiches und folglich seiner Philosophie nicht von

der Macht der Osmanen, sondern von der Fortsetzung des Konflikts zwischen Europa und Rußland ab. „... Rußland mit seinem Absolutismus auf der einen Seite, die Revolution mit der Demokratie auf der anderen ... für die europäische Diplomatie und sogar für die europäische Presse beschränkt sich die ganze orientalische Frage auf das Dilemma; entweder die Russen in Konstantinopel oder die Aufrechterhaltung des Status quo – darüber hinaus existiert für sie nichts.“[82]
Nur von diesem Gesichtspunkt aus können wir die sozio-ökonomische Entwicklung im Osmanischen Reich ab dem 16. Jhd. richtig analysieren. Die einzige Fähigkeit, die der osmanische Geist in dieser Zeit aufweisen konnte, war Zugeständnisse zu machen, um den von Europa und Rußland gewollten Status quo aufrechtzuerhalten.

b) Der Prozeß der ursprünglichen Akkumulation wurde mehr durch den äußeren Einfluß an seiner weiteren unabhängigen Entwicklung gehindert

Wir wollen feststellen, warum der Übergang zum Kapitalismus nicht erfolgte. Aus dem, was ich oben über die ursprüngliche Akkumulation geschrieben habe, geht hervor, daß die objektiven Voraussetzungen für den Übergang zur kapitalistischen Produktionsweise im Osmanischen Reich vorhanden waren. Wir haben festgestellt, daß besitzlose, expropriierte, freie Menschen, die bereit waren, ihre Arbeitskraft zu verkaufen, umherliefen. Wir haben gesehen, daß das Geld-Kapital und sonstige Reichtümer in den Händen der Händler, Wucherer und einfachen Kapitalisten konzentriert war. Wir haben ferner festgestellt, daß das Handwerk und die Städte sich entwickelt haben. Es war auch von den subjektiven Bedingungen die Rede. Unter den subjektiven Bedingungen verstehen wir das Bewußtwerden der neuen Klassen, die politische Situation im Lande und die äußeren Faktoren. Der Grund, warum es im Osmanischen Reich nicht zum kapitalistischen Übergang gekommen war, ist auf die gegenseitigen Auswirkungen der oben genannten drei Faktoren zurückzuführen.
Was viele Geschichtsschreiber und Intellektuelle mit dem Niedergang des Osmanischen Reiches, mit der ökonomischen und sozialen Krise, mit der Entartung der osmanischen Gesellschaft meinten und meinen, war nichts anderes als der Kampf zwischen der osmanischen Reaktion und den Elementen des Neuen. Ohne Zweifel wären die Kräfte der neuen Welt, die sich insbesondere schon im 16. Jhd. bemerkbar machten, imstande gewesen, früher oder später den „Verwandlungsprozeß in die kapitalistische Produktionsweise treibhausmäßig zu fördern, und die Übergänge abzukürzen“, wenn die äußeren Faktoren ausgeblieben wären. Daß die Hauptmomente der ursprünglichen Akkumulation, die idyllischen Prozesse im Osmanischen Reich nicht in gegenseitiger Auswirkung zur Morgenröte der kapitalistischen Ära wurden, wurde von den äußeren Kräften, hauptsächlich von dem sich in Europa entwickelnden Kapitalismus in einem langen Prozeß nach und nach verhindert.
Es wäre eine Illusion zu glauben, daß die Elemente der ursprünglichen Akkumulation zur Morgenröte der kapitalistischen Produktionsära werden, wenn die äußeren Kräfte „ihre Nase“ vollwirksam in den Prozeß stecken. Es wäre aber keine Illusion daran zu glauben, daß die Elemente der ursprünglichen Akkumulation zur Morgenröte der kapitalistischen Produktionsära trotz der äußeren Faktoren werden, wenn eine bürgerliche Revolution den Feudalismus und diese äußeren Kräfte im Osmanischen Reich zerschlagen hätte.
Die Positionen haben sich geändert: Nachdem die äußere Dynamik die innere Dynamik an ihrer natürlichen Entwicklung gehindert hatte, wurde der sozio-ökono-

mische Entwicklungsprozeß der osmanischen Gesellschaft zu einem Kolonialisierungsprozeß der kapitalistischen Welt.
Der Eroberer- und Plündererstaat, dessen Hauptklasse die Türken waren, und „der von ihnen eingeführte grundherrliche Feudalismus“[83] wurde dem fortschreitenden Europa unterlegen. Denn um das 16. Jhd. war das Osmanische Reich nicht mehr das Reich, das es einmal war, und das neue Europa war nicht mehr das feudale Europa.*)
Was bedeutete diese Entwicklung sowohl für den osmanischen Staat als auch für die europäischen Staaten?
Für die Osmanen: Der osmanische Staat war zwischen 1300-1500 ein mittelstarker Staat. Die relativ schnelle Entwicklung des osmanischen Staates, insbesondere die Eroberungskriege erfolgen erst nach 1500. In einer kurzen Periode wurde der Staat zu einem großen und starken Reich. Seine goldene Zeit erlebte es in der Periode von Kanuni Sultan Süleyman (1520 - 1566). Auch die darauf folgenden Perioden von Selim dem Zweiten und Mehmet dem Dritten (bis 1595) waren dieser goldenen Zeit zuzurechnen. Erst ab 1600 begann die Niedergangsperiode des Reiches.
Für Europa: Mit Beginn des 16. Jhd. war zu beobachten, daß in Europa starke zentrale Königreiche gegründet wurden. Diese Könige genossen einerseits die Unterstützung der nun auf die politische Bühne getretenen Bourgeoisie und drängten andererseits den Einfluß des Klerus zurück und kontrollierten ihn. So bekämpfte man den Feudalismus sowohl ökonomisch als auch politisch. Schließlich entstanden ökonomisch starke Staaten.
Der sich entwickelnde Kapitalismus führte zum erbarmungslosen Konkurrenzkampf; die Entdeckung der neuen Seewege, Ausplünderung anderer Länder (Überseeländer), Gold und Silberzufluß aus Kolonien, insbesondere aus Amerika, die Entwicklung des Überseehandels usw., waren die hauptsächlichen Gründe des Interessenkonfliktes auf internationaler Ebene zwischen den europäischen Staaten. Diese kapitalistische Entwicklung trug in ihrer ersten Phase einen merkantilistischen und folglich protektionistischen Charakter.
Wir sehen, daß hier zwei Welten, zwei Systeme und Ordnungen gegenüberstehen: einerseits die Osmanen, die den Status quo aufrechtzuerhalten versuchten, die sichtbar, unvermeidlich gewordene politisch-ökonomische Widersprüche nicht beseitigen konnten, also den osmanischen Feudalismus und andererseits den europäischen Kapitalismus, der den Feudalismus Schritt für Schritt beseitigte. Nun, die Europäer hatten die ökonomische Macht, mit der sie den osmanischen Staat, den sie früher durch die Gewaltanwendung nicht zerschlagen konnten, in die Knie zu zwingen. Diese ökonomische Macht, also die kapitalistische Ökonomie und die daraus entspringende politische Macht, war den Osmanen fremd. Um weiter existieren zu können, traten die Osmanen mit den Europäern in Handelsbeziehun-

*) Trotz dieses Kolonialisierungsprozesses war die osmanische Industrie bis Ende des 17. Jhd. in der Lage, die Bedürfnisse des Landes zu decken; zwischen 1560 und 1616 wurden auf den Werften des Osmanischen Reiches Schiffe für den Export gebaut. Baumwoll- und Wollstoffe und Garnindustrie waren nicht zu unterschätzen. Solche Produkte wurden in großen Mengen exportiert. Trotz der Kapitulationen konnte die osmanische Industrie bis Ende des 18. Jhd. ihre Existenz bewahren. Trotz der schwierigen Zollbedingungen wurden im Jahre 1788 nach Frankreich Baumwollstoffe im Wert von 2,3 Mio. Livre – französische Geldeinheit der damaligen Zeit – und im Jahre 1789 Seidentextilien im Wert von 187.000 Livre exportiert. Dagegen hatte das Osmanische Reich aus Frankreich nichts wichtiges zu importieren.[84]

gen, die den ersten Schritt zum Kolonialisierungsprozeß des Osmanischen Reiches bildeten. Somit begann in unserer Geschichte die Periode, die als „Ära der Kapitulationen“ bekannt ist.*)
Was für den europäischen Kapitalismus wichtig war, war für die Osmanen unwichtig, und was für die Osmanen wichtig war, war für den europäischen Kapitalismus ein weiterer willkommener Anlaß zur Unterjochung des Reiches. D.h. um ihre Produkte verkaufen, die Produktion erweitern und zu billigen Rohstoffen gelangen zu können, brauchten die europäischen Kapitalisten einen ausgedehnten Außenmarkt, andere Länder. Es war für die europäischen Kapitalisten nicht schwer, gegen ein bißchen Geld mehr zu bekommen. Die ersten Kapitulationen wurden im Jahre 1536 an Frankreich, 1580 an England, 1615 an Österreich, 1612 an Holland, 1678 an Polen, 1700 an Rußland, 1737 der Schweiz, 1740 Sizilien, 1716 Dänemark, 1761 an Preußen, 1782 an Spanien, 1830 den USA, 1838 Belgien, 1839 den Hansestädten Bremen und Hamburg, 1858 an Brasilien und 1839 Bayern in Form von Handelskonzessionen gegeben.[85] Die Kapitulationen an Frankreich, England, Holland und später Deutschland waren von großer Bedeutung.

3. Handelsbeziehungen

Wir können die Handelsbeziehungen zwischen dem osmanischen Staat und Europa in zwei Stadien unterteilen und untersuchen. Diese Handelsbeziehungen werden uns zeigen, daß sich der Charakter des europäischen Außenhandels nach und nach verändert und sich dies dann auf die osmanische Gesellschaft und ihre Ökonomie auswirkt.
Erstes Stadium: Beginn der ökonomischen Beziehungen des Osmanischen Reiches mit den europäischen Staaten.
Bis zum Ende des 16. Jhd. zeichnete sich der Charakter des osmanischen Handels wie folgt: a) Binnenhandel: er bestand zwischen den voneinander weit entfernt liegenden Gebieten des Reiches, b) Außenhandel: man führte hauptsächlich mit den östlich liegenden Staaten Außenhandel (Ägypten, Jemen, Arabien, Iran usw.) Auch in dieser Periode stand der osmanische Staat mit Europa in Handelsbeziehungen. Sie waren aber von geringerer Bedeutung. Diesen unwichtigen Handel trieb man in erster Linie mit Stadtstaaten in Italien. Dagegen entwickelten die Europäer ihre Handelsbeziehungen ihrerseits mit den Osmanen. Gerade diese Entwicklung ist wichtig und auf die ökonomische Strukturveränderung in Europa zurückzuführen, d.h., der Charakter des Außenhandels der europäischen Staaten mit dem Osmanischen Reich oder mit dem Rest der Welt änderte sich parallel zu der ökonomischen Strukturveränderung; das feudale Europa brauchte vom Osten z.B. die indischen Gewürze, Seiden, die osmanischen Samt- und Seidenstoffe usw. Die Entwicklung des Kapitalismus führte in Europa zur Umstrukturierung des Außenhandels. Die Europäer begannen ihrer Entwicklung entsprechend hauptsächlich Rohstoffe zu kaufen und dagegen Fertigwaren zu verkaufen. Somit entstand der Weltmarkt zugunsten der europäischen Staaten bzw. des Kapitalismus. Das Interesse der europäischen Staaten am Osmanischen Reich kann nur in diesem Zusammenhang richtig analysiert werden. Die Beziehungen zwischen dem osmanischen Staat und Europa begannen erst hauptsächlich als Handelsbeziehungen und dann entwickelten sie sich zu politischen Abhängigkeitsbeziehungen.
Die ersten Beziehungen und ihre Bedeutung: Das Handelsabkommen zwischen dem Osmanischen Reich und Frankreich im Jahre 1536; zu dieser Zeit führte der

*) Kapitulation stammt aus dem lateinischen Wort Caputula. In unserer Sprache gebraucht man dieses Wort mehr im ökonomischen Sinne als im politischen, und hier bedeutet es Zugeständnis für die andere Seite.

französische König Francois 1. Krieg mit dem deutschen Kaiser Karl V. Der Kaiser war seinerseits der stärkste Rivale des osmanischen Herrschers Kanuni Sultan Süleyman auf der internationalen Ebene. Während dieses Krieges nahm der französische König mit dem osmanischen Sultan Beziehungen auf, in der Hoffnung, von ihm Unterstützung zu bekommen. Man schloß dann Handelsverträge, die erst harmlos erschienen. Der wichtigste Artikel dieses Handelsabkommens bestand darin, daß der Handel mit Frankreich nur durch eine Zollsteuer von 5 Prozent abgewickelt werden dürfte, und die französischen Händler im Osmanischen Reich, die osmanischen Händler in Frankreich für 10 Jahre von sämtlichen Steuern und Abgaben befreit wurden.
Ein anderer wichtiger Artikel dieses Vertrages besagt folgendes: Frankreich erhielt das Recht, bei den Handelsbeziehungen der Osmanen mit anderen europäischen Staaten als Schutzherr zu fungieren. Im Vertrag stand außerdem, daß die gleichen Rechte auch den anderen Staaten gegeben werden dürften, falls sie sich dafür interessieren würden.[86]
Das Wichtigste an diesem Vertrag ist, daß politische Überlegungen im Vordergrund standen. Es war offensichtlich, daß der französische König vom osmanischen Sultan unterstützt werden wollte. Warum aber die Osmanen einen solchen Handelsvertrag unterzeichnet haben, ist darauf zurückzuführen, daß die Franzosen damals nicht in der Lage waren, den osmanischen Handel unter ihre Kontrolle zu bringen. Das war eine teuer bezahlte Geste. Diese Lage der Franzosen änderte sich nämlich im 18. Jhd., während der Colbert-Periode zugunsten Frankreichs. Frankreich wurde stark und konnte im Mittelmeergebiet mit Holland und England konkurrieren. Dieser Handelsvertrag bildete den Grundstein und ein Vorbild für die nachfolgenden Handelsverträge (Konzessionen) mit den anderen Staaten.
Handelsbeziehungen mit England; die Franzosen haben den Weg gebahnt und die Engländer profitierten davon. Die Engländer standen schon 1553 mit den Osmanen in Handelsbeziehungen, konnten aber davon nicht profitieren. Ab 1570 war aber England am Handel im Mittelmeergebiet stark beteiligt. Erst 1581 unterzeichneten sie mit den Osmanen ein Handelsabkommen und gelangten auf diese Weise zu Handelskonzessionen. Sie verkauften den Osmanen Wollstoffe, Zink, Blei, Waffen und sonstige Waren aus Indien.
Erst durch diese Handelsbeziehungen nahm die Aktivität des europäischen Kapitalismus im Osmanischen Reich nach und nach an politisch-ökonomischem Einfluß zu. Sie schickten sich an, überall Handelsgesellschaften zu gründen. England z.B. hatte in einer kurzen Zeit in den wichtigsten Handelszentren des Landes, wie Istanbul, Izmir, Alexandrien, Kairo, Aleppo, Damaskus, Trapezunt, Jerusalem, Chios, Zypern usw., also in insgesamt 27 Handelszentren des Landes Konsulate und Handelshäuser eröffnet.[87]
Bei diesen Handelsbeziehungen legten die Ausländer besonders auf die Befreiung von Zollgebühren und Abgaben großen Wert. Denn dies bedeutete für die ausländischen Händler, im Osmanischen Reich frei Handel treiben zu können. Auch im 17. und 18. Jhd. war die Befreiung von Zollgebühren und Abgaben von großer Bedeutung. Es war dabei wichtig, den niedrigsten Zollsatz zu bekommen. Wenn aber einer das bekam, folgten ihm die anderen. Die Engländer z.B. zahlten anfänglich einen Ein- und Ausfuhrzoll von etwa 6 oder 5%. Im Jahre 1601 zahlten sie nur noch 3%.[88]
Man gelangte zu Konzessionen durch Bestechungs- und Geschenk-Methoden. Die Ausländer erlangten im Lande mehr Bewegungsfreiheit als die Einheimischen. Sie erlangten das Recht auf freie Ein- und Ausfuhr von Waren, freien Außen- und Binnenhandel und freie Schiffahrt.

Die Kapitulationen erschienen den Osmanen anfänglich harmlos, zeigten aber bald ihre Wirkung. Gold- und Silberzufluß nach Europa erhöhte die Preise. Dagegen blieben die Preise im Osmanischen Reich relativ niedrig, d.h., die osmanischen Waren waren billig zu haben (z.B. Nahrungsmittel – in erster Linie Weizen –, Seiden, Baumwolle, Oliven, Kupfer, Holz usw.). Das führte dazu, daß die Europäer das Osmanische Reich als eine billige Rohstoffquelle zu betrachten begannen.
Jede ökonomische Entwicklung in Europa zeigte ihre Wirkung auch im Osmanischen Reich und die Europäer nutzten jede Möglichkeit der Einwirkung durch ihre Handelsverträge. Der osmanische Staat konnte sich gegen diesen billigen Gold- und Silberzufluß nicht schützen. Der billige Kauf der osmanischen Waren von Europa führte dazu, daß im Reich Mangel an bestimmten Rohstoffen und sonstigen Waren herrschte. Dies verursachte seinerseits eine inflationäre Entwicklung und die Preise wurden erhöht. Diese Verteuerungen und Verknappungen waren ernste negative Auswirkungen des europäischen Kapitalismus im Reich.
Der neue Prozeß zeichnete sich dadurch aus, daß das Osmanische Reich eine Rohstoffquelle und zugleich ein Absatzmarkt für die Fertigwaren des europäischen Kapitalismus wurde. Dieser Prozeß erreichte seinen Höhepunkt erst im 19. Jhd.
Diese Beziehungen wirkten sich auf die osmanische Industrie sehr negativ aus. Sie blieb zurück. Dagegen waren die europäischen, insbesondere die englischen Fertigwaren überall im Lande der Osmanen anzutreffen und gefragt. Schon im 17. Jhd. erhöhte sich die Nachfrage an englischen Stoffen um 30%. Thomas Mun brüstete sich in Europa und sagte: „Wir machen durch diesen Stoffexport den profitreichsten Handel mit dem osmanischen Staat.“[89]
Die europäisch-osmanischen Beziehungen, angefangen mit den oben genannten Kapitulationen, waren nichts anderes als die Beziehungen zwischen zwei Systemen, zwei grundverschiedenen politisch-ökonomischen Weltanschauungen. 200 Jahre lang, 1600 bis 1800 haben die Osmanen keine wichtigen Maßnahmen getroffen, keine Reformen durchgeführt, die zur Verbesserung der sozio-ökonomischen Lage des Landes beigetragen hätten. Sie versuchten nur, den Status quo aufrechtzuerhalten.
Die Periode, angefangen mit diesen Konzessionen bis zum antiimperialistischen Kampf, war die Periode, in der das Osmanische Reich je nach den Interessen des europäischen Kapitalismus geformt wurde. Das Land wurde in jeder Hinsicht ausgeplündert.
Das zweite Stadium: das Osmanische Reich ist fast unter der Kontrolle der Außenkräfte.
Das Handelsabkommen von 1838, andere Handelsverträge im 19. Jhd. und ihre Bedeutung sowohl für den osmanischen Staat als auch für die europäischen Staaten und für die russische Reaktion:
Die Kapitulationen im 19. Jhd. unterscheiden sich von den früheren dadurch, daß sie noch umfangreicher in ihrer Bedeutung und noch bewußter in ihren Grenzen festgesetzt und in die Tat umgesetzt wurden; die politischen Überlegungen der europäischen Staaten und die der russischen Reaktion rückten mehr und mehr in den Vordergrund. Deswegen können wir ohne weiteres behaupten, daß die Kapitulationen oder Handelsverträge im 19. Jhd. zwischen dem Osmanischen Reich einerseits und den europäischen Staaten und der russischen Reaktion andererseits den Hegemoniekampf der letzteren sowohl über das Osmanischen Reich als auch über den Nahen Osten widerspiegelten.
Das Edirner Abkommen und Rußland: Als Rußland sich in den Unabhängigkeitskrieg der Griechen einmischte, brach imJahre 1828 der Krieg zwischen dem osmanischen Staat und Rußland aus. Als die russische Armee vor den Toren Istanbuls

stand, sahen sich die Osmanen gezwungen, mit Rußland im Jahre 1829 das Edirner Abkommen zu unterzeichnen. Im gleichen Jahr rückte die Armee vom Ägypten-Gouverneur M. Ali durch die Unterstützung von England und Frankreich bis Kütahya vor und bedrohte Istanbul. Daraufhin verständigte sich der Sultan Mahmut mit Rußland und wollte, daß die Russen ihn gegen M. Ali insbesondere mit Kriegsschiffen unterstützten. Dies war eine indirekte Haltung gegen England und Frankreich, da die Letzteren auf der Seite von M. Ali standen. Als die Russen das Land verließen, unterzeichneten sie mit dem Sultan im Jahre 1833 das Abkommen von Hünkar Iskelesi. Durch diese beiden Verträge geriet das Reich formell unter die Kontrolle Rußlands.

Das Wichtigste an diesem Edirner Abkommen war, daß die Russen das Recht erlangten, im Osmanischen Reich frei Handel zu treiben. Bis zu diesem Zeitpunkt hatte kein anderer Staat dieses Recht bekommen.*)

D.h. die anderen ausländischen Händler durften zwar im Reich frei Handel treiben, aber die russischen Händler durften noch freier Handel treiben als die anderen.

Rußland konnte jedoch von diesem Recht nicht viel profitieren, da es selbst ökonomisch nicht so stark entwickelt war.

Diese Beziehungen zwischen dem Reich und Rußland gefiel England nicht und es sah seine Interessen im Osmanischen Reich gefährdet und versuchte dem Sultan einzureden, England wolle ihn, den Sultan, gegen Rußland und M. Ali unterstützen. Als Gegenleistung unterzeichnete der Sultan das Handelsabkommen von 1838. Mit Recht nannte man dieses Abkommen das „Todesurteil der Osmanen". Durch dieses Abkommen wurden fast alle für Europäer wichtigen Hindernisse überwunden, den osmanischen Staat zum freien Markt des europäischen Kapitalismus werden zu lassen.

Die politisch-ökonomische Lage, die zu diesem Vertrag führt:[90] Englischer Standpunkt: insbesondere nach den osmanisch-russischen Beziehungen zeigte England ein großes Interesse für die politische Zukunft des Osmanischen Reiches. Denn durch den Vertrag von Hünkar Iskelesi wurde das Osmanische Reich der russischen Reaktion unterworfen. Das bedeutete, daß das Osmanische Reich für England als ein freier Markt und als eine Rohstoffquelle praktisch verloren ging. Die Unterwerfung des osmanischen Staates durch Rußland bedeutete ferner ein Hinweis auf das Erstarken Rußlands. Eine weitere Entwicklung in dieser Richtung oder die Stabilisierung dieser Lage gefährdeten nur die Interessen Englands. England wollte nicht vor ihren Interessen widersprechenden vollendeten Tatsachen stehen. Deswegen erklärten sich die Engländer auf einmal für die Souveränität des Osmanischen Reiches. Für diese Erklärung Englands gab es genügend Anlässe. Z.B. die Absicht von M. Ali, sich vom Osmanischen Reich loszutrennen und einen eigenen Staat zu gründen. M. Ali war ein guter Staatsmann. Er lehnte die unterzeichneten Handelsverträge ab und ließ sich von eigenen Handelsprinzipien leiten. Er führte einen Protektionismus durch, schützte die Interessen des damaligen Ägyptens in Bereichen des Binnen- und Außenhandels. Diese bewußte oder besser gesagt, nationalistische Politik M. Alis paßte den Engländern nicht. M. Ali aber annektierte

*) Nach diesem Vertrag durften die russischen Händler ohne Beschränkung auf dem Schwarzen Meer, Meeresengen wie Bosporus, Dardanellen und auf der Donau ihre Waren transportieren. Die osmanische Regierung verpflichtete sich, alle Waren und sonstiges Eigentum der russischen Händler im Osmanischen Reich zu schützen. Die russischen Händler durften ihre Waren im osmanischen Staat ohne Beschränkung lagern.[91]

1830 Kreta, und 1833 Syrien. Es galt sowohl für den Sultan als auch für die Engländer, diesen Mann zu stoppen.
Das Abkommen von 1838 war bis dahin das beste, hervorragenste, was England je für seine Kolonialisierungs- und Ausdehnungspolitik im Nahen Osten erreicht hatte.
Vom Standpunkt der Osmanen aus: Der Gouverneur von Ägypten, M. Ali rückte, wie oben bemerkt, mit seiner Armee 1833 bis Kütahya und drohte dem Sultan in Istanbul. Um diesen aufständischen Gouverneur loswerden zu können, rief der Sultan erst die Engländer zur Hilfe. Als er von England abgelehnt wurde, wandte sich der Sultan diesmal an Rußland um gegen M. Ali Unterstützung zu bekommen. Als die Russen den Sultan gegen M. Ali unterstützten, sah England diesmal seine Interessen gefährdet und versuchte in die Geschehnisse einzugreifen. Schließlich wurde durch den englischen Druck im Jahre 1833 ein Abkommen zwischen dem Sultan und M. Ali unterzeichnet. M. Ali erhielt die Provinzen Kreta, Syrien und Adana. Als die Russen abzogen, unterzeichneten sie 1833 den oben genannten Vertrag von Hünkar-Iskelesi.
England bestand darauf, daß der Vertrag von 1838 für alle Provinzen des Reiches gültig sein sollte. M. Ali kämpfte dagegen und meinte, dieser Vertrag dürfte für Ägypten nicht gültig sein. Daraufhin stand eine englische Flotte vor Alexandrien und Syrien. Der Gouverneur kapitulierte und erkannte die osmanische Autorität an.*)

Die wichtigsten Artikel dieses Vertrages waren wie folgt:[92]
a) Der Vertrag gilt für das ganze Osmanische Reich
b) Der Vertrag gilt für alle Zeiten. Alle anderen Staaten dürfen in den Genuß dieses Vertrages kommen.
c) Die Kapitulationen gelten weiterhin und werden durch neu erzielte Konzessionen entsprechend erweitert.
d) Alle Rechte, die die englischen Geschäftsleute haben, gelten auch für ihre Mitinhaber.
e) Sowohl im Innen- als auch im Außenhandel dürfen die englischen Kaufleute und ihre Mitinhaber im ganzen Osmanischen Reich alle Sorten von Waren ohne Ausnahme ein- und verkaufen.
f) Das System Yed-i vahit wird aufgehoben und zugleich für nichtig erklärt.**)
g) Beim Kauf und Transport von Waren wird keine Genehmigung der örtlich-staatlichen Behörden mehr benötigt.
h) In keinem Fall werden die englischen Kaufleute und ihre Mitinhaber im Binnenhandel mehr Steuern bezahlen, als die privilegierten Einheimischen.

*) Im Grunde genommen war M. Ali ein kluger und fortschrittlicher Staatsmann. In erste Linie verstaatlichte er den Außenhandel und mit der dadurch entstandenen Akkumulation konnte er schon 1816 eine Reihe von Industriekomplexen aufbauen. Für die Entwicklung der Industrie tat der Staat sein möglichstes. Durch diese Politik M. Alis entwickelte sich der Kapitalismus in Ägypten relativ früh. Schon damals arbeiteten bei den staatlichen Unternehmungen ca. 70.000 Arbeiter. Diese kapitalistische Entwicklung war ein Dorn in den Augen der Engländer. England fürchtete sich davor, daß dadurch der Nahe Osten als ein freier Markt verloren gehen könnte.

**) Nach diesem System war das Einkaufsmonopol der Erzeugnisse vom Staat nur bestimmten Kaufleuten eingeräumt. Dieses Monopol wurde bis dahin nur den einheimischen Kaufleuten und Händlern gegeben.

i) Bei den Exportwaren werden bis zur Verschiffung keine Steuern erhoben. Im Hafen wird eine Steuer von 9% und ein Zoll von 3% entrichtet.
j) Beim Import werden einmalig ein Zoll von nur 3% und zusätzlich 2% Steuern entrichtet, und die Importwaren dürfen ohne weitere Steuern überall im Lande transportiert werden.***)
k) Die britischen Kaufleute und ihre Mitinhaber dürfen nicht nur englische Erzeugnisse, sondern auch Produkte anderer Länder unter den gleichen Bedingungen importieren und verkaufen.

Das gleiche Abkommen wurde auch mit den folgenden Staaten unterzeichnet: Frankreich/1838, Hansestädte Bremen, Hamburg, Lübeck/1839, Sardinien/1839, Schweden, Norwegen, Spanien, Belgien und Preußen/1840, Dänemark/1841.[93]
Die Verträge nach dem Krimkrieg, insbesondere nach 1861/1862 befestigten den Sinn des Abkommens von 1838 und gaben den Ausländern Anlaß, das Land indirekt zu regieren.
Was brachten diese Verträge?
Für England: Der englische Handel mit dem Osmanischen Staat nahm erst ab 1838 rapide zu. Nach Angaben von Puryear und Baily war diese Entwicklung wie folgt: Puryear vergleicht den englischen Handel mit Rußland und dem Osmanischen Reich und kommt zu dem Schluß, daß das Osmanische Reich ab 1838 für England einen wichtigeren Markt bildete als Rußland. Sehen wir jetzt diesen Vergleich.[94]

Englands Export (in Sterling)

Jahr	nach Rußland	nach d. Türkei u. Griechenland
1827	7.500.000	2.500.000
1845	10.750.000	11.050.000
1849	7.500.000	12.000.000

Eine ähnliche Entwicklung kann man auch durch die Zahl der die osmanischen Häfen anlaufenden englischen Schiffe feststellen. Hier sind die Zahlen.[96]

Jahr	Anzahl d. Schiffe	Tonnage
1837	432	86.253
1848	1.397	358.422
1856	2.504	898.753

***) Die osmanischen Händler mußten 12% Steuer zahlen, wenn sie ihre Waren von einem Ort an einen anderen transportierten, die Ausländer dagegen nur 5%. In einem im Archiv des englischen Außenministeriums gefundenen Dokument steht folgendes: „Das Abkommen von 1838 ist für die türkische Industrie schädlicher als das Edirne-Abkommen. Das Abkommen von Edirne/1829 räumte wenigstens kein Privileg für die ausländischen Waren gegen Einheimische ein.“[95]

Nach Bailys Angaben zeigte die Handelsentwicklung von 1825 bis 1855 zwischen England und dem Osmanischen Reich folgende Tendenz.

Englands Export ins Osmanische Reich 1825-1855[97]

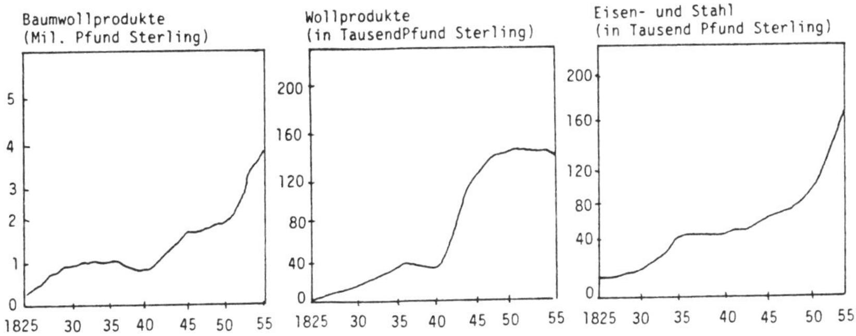

Englands Import aus dem Osmanischen Reich 1825-1855[98]

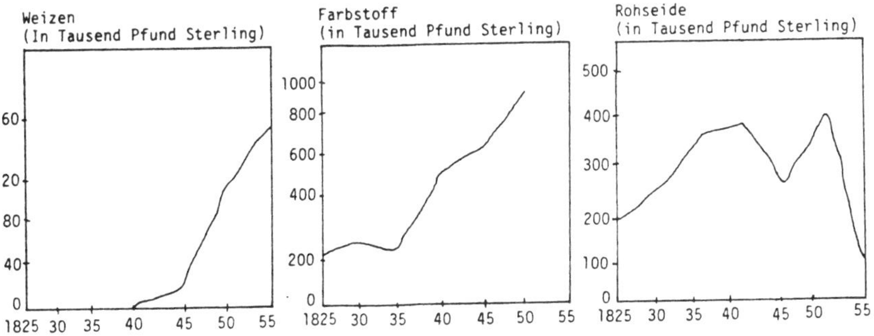

Aus diesen Angaben können wir folgendes schlußfolgern:

1. Der Wert der Importwaren aus England nahm zu. Die ersten drei Schaubilder zeigen eindeutig, daß der Import aus England steigt. Parallel zu dieser Entwicklung wurde die Industrie, die die oben genannten Importwaren produzierte, nach und nach vernichtet.
2. Die Importwaren Englands aus dem Osmanischen Reich bestanden aus Rohstoffen. Daß der Rohseidenimport ab 1850 zurückging, ist auf den ägyptischen und chinesischen Export nach England zurückzuführen.
3. Der Charakter der Import- und Exportwaren zeigen, daß das Reich zu einem Absatzgebiet der ausländischen Industrie wurde.

Durch diesen Vertrag wurde die osmanische Industrie vernichtet, die noch vorhandene Industrie wurde völlig den Interessen der europäischen Kapitalisten untergeordnet. Das folgende Zitat drückt diese Entwicklung ganz klar aus: „Ferner wurden mehrere Industriezweige, die im Ausland bekannt waren, jetzt gänzlich vernichtet. Darunter stand die Baumwollindustrie an erster Stelle. Jetzt hat die englische Baumwollindustrie den gesamten Markt unter ihrer Kontrolle. Die Stahlmesser von Damaskus, die Zuckerindustrie von Zypern, die Keramikindustrie von Iznik sind verschwunden, keine Spur von ihnen ist übrig geblieben.“[99] Das war die Meinung des Engländers Michelsen über die Bedeutung des Handelsvertrages von 1838. Der Autor von „Lütfi Tarih“ schrieb darüber folgendes: „Obwohl durch diesen Vertrag das Monopol aufgehoben wurde, kam diesmal an seiner Stelle das ausländische Monopol. Die Ausländer sind im Lande bis in die einfachen Eisenwarenangelegenheiten eingedrungen. Schritt für Schritt haben die Ausländer ... den Handel und die sonstigen Geschäftsangelegenheiten in ihre Hände genommen. Die innere Industrie ist ganz beseitigt, die europäischen Waren waren überall da und unser noch übriggebliebenes Geld wurde nach Europa transferiert.“[100] Auch die Ibret-Zeitung war der gleichen Meinung: „Schließlich wurden unsere Geschäftsleute, Händler, zu Dienern, zu Dienstbotenvermittlern. Wie konnte man gegen zig-Millionen von Kapital mit einem Beutel von Kupfer-Fünfpfundstücken standhalten? Wie konnte man gegen die europäischen Fabriken ... mit trödelhaften ... ‚Fabriken' standhalten.“[101]

Die hochentwickelte und allerwichtigste Industrie, die Textilindustrie wurde gänzlich vernichtet. In Bursa, dem Zentrum der Seidenindustrie, gab es 1847 1.000 Webstühle und es wurden 32.075.000 kg Seide verarbeitet. Nach einem Jahr waren nur noch 75 Webstühle mit einer Produktion von 5.132.000 kg Seide übriggeblieben.[102]

In der gleichen Periode und in derselben Stadt sank die Produktion von Samt und Satin um 80%. Nach Angaben vom Jahre 1866 schrumpfte die Zahl der Webstühle in Istanbul in 30 - 40 Jahren von 3.160 auf 37.[103] Der gleiche Niedergang gilt auch für die anderen Textilzentren.[104] Nicht nur Textilindustrie, sondern auch alle anderen Industriezweige, die man einheimisch, „national“, bezeichnen kann, konnten sich nicht gegen die europäischen Produkte behaupten.

Der Staat versuchte in dieser Zeit Fabriken zu bauen. Aber Fabriken zu bauen war ja ein Plan des europäischen Kapitalismus. Unter diesem Vorwand verkauften die europäischen Kapitalisten dem osmanischen Staat Maschinen und sonstiges, die der technischen Entwicklung nicht mehr entsprachen. Diese Fabriken, die nach einer kurzen Zeit nicht mehr funktionsfähig waren, sind die folgenden:

- Izmit, Tuch- und Soldatenbekleidungsfabrik
- Istanbul, Fabrik für Unterhemden-Produktion
- Istanbul, Textilfabrik
- Istanbul, Fabrik für Tuch, Fes, Wolldecken und Krawatten
- Hereke, Textilfabrik
- Istanbul. Fabrik für Militärstiefel und Patronengurte,
- Istanbul, Fabrik für Gewehre- und Pistolenproduktion
- Istanbul, Porzellan- und Glasfabrik.[105]

Nun, diese zunächst harmlos erscheinenden Konzessionen gewannen mit der Zeit auch politische Bedeutung und das Reich geriet somit in die Einflußsphäre des europäischen Kapitalismus. Das Land wurde praktisch mehr und mehr von der europäischen Bourgeoisie regiert. Am Ende war es so, daß die europäische Bourgeoisie die osmanische Industrie in ihre Hände genommen hat. „Überall waren ihre Händler und Waren anzutreffen. Sogar die zirkulierende Geldsumme gehörte ihnen und ein großer Teil der zirkulierenden Geldsumme war in ausländischer Währung, nur ein kleiner Teil war in osmanischer Währung ... nach der Industriezählung von 1915 gab es im Lande nur noch 282 Betriebe mit 14.000 Beschäftigten. Ein großer Teil dieser Betriebe gehörte entweder direkt den Ausländern oder ihren Mittelsmännern.“[106]

4. Auslandsschulden und Fremdkapital

Durch den Handelsvertrag von 1838 wurde das Osmanische Reich zum Vasall des europäischen Kapitalismus, insbesondere des englischen, französischen und später des deutschen. Nach dem Zusammenbruch der Industrie und der Finanzen haben die osmanischen Herren, gefördert von den Ausländern, mehr Kredite aufgenommen.

Nicht nur die ausländischen Staaten profitierten von diesen Kreditaufnahmen. Auch Dutzende von Industriellen, Vermittlern, haben ihren Anteil bekommen. Es war zur Regel geworden, daß die Bürokraten nicht gewillt waren, Kredite aufzunehmen, wenn sie für diese ihre Tat nicht belohnt wurden, also keinen Konzessionsanteil bekamen.

Zwischen 1865 und 1875 wurden in Istanbul mehrere Gesellschaften gegründet, um dem osmanischen Staat Kredite zu gewähren. Gleichzeitig reorganisierten sich die berühmten Banken von Galata – einem Stadtteil von Istanbul – entsprechend den Zeichen der Zeit und schickten sich an, mit den ausländischen Bank- und Kapitalkreisen zusammenzuarbeiten.

Der Haushalt von 1874/1875 zeigt uns, wie bitter die Lage war und in welchem Maße die europäische „Demokratie“ das Osmanische Reich von sich abhängig machte. Die tatsächlichen Einnahmen im Haushalt von 1874/1875 betrugen ca. 17. Mill. osmanische Pfund. Davon ging ein beträchtlicher Teil in Höhe von 13 Mill. Osmanische Pfund als Schuldenrückzahlung ins Ausland. Mit dem übrigbleibenden Teil, also 4 Mill. sollte das Reich verwaltete werden.[107]

Zwischen 1854 und 1914 nahm das Reich Kredite in Höhe von insgesamt 402 Mill. Lira auf. Die Hälfte dieser Summe aber blieb in den Händen der Gläubigerstaaten zurück.[108]

Die folgende Tabelle macht den Kampf der Gläubigerländer um das Osmanische Reich deutlich.

Die in den letzten Jahren des Reiches aufgenommenen Kredite nach Gläubigerländern.[109]

Länder	1881 (%)	1893 (%)	1900 (%)	1914 (%)
Frankreich	40	45	45	49
England	29	11	11	7
Deutschland	5	12	12	20
Belgien	7	18	18	11
Holland	8	5	4	3
Italien	2	1	1	1
Österreich-Ungarn	1	2	2	1
Türkei*	8	6	7	8
	100	100	100	100

* innere Schulden

Wie wir sehen, stiegen die Anteile Frankreichs und Deutschlands, während die Anteile Belgiens und Englands fielen.

Im Jahre 1876 war das Osmanische Reich nicht mehr in der Lage, sich selbst finanziell zu verwalten. Daraufhin gründeten die Gläubigerländer unter sich eine Kommission, die das Budget des Landes verwalten sollte. Diese Kommission, bestehend aus englischen, französischen, italienischen, deutschen, österreichisch-ungarischen und osmanischen Vertretern, erfüllte die Aufgabe, welche die Gouverneure der europäischen Staaten in Kolonien zu erfüllen hatten. Der osmanische Staat wurde um nichts gefragt. Ob er wollte oder nicht, die Kommission machte das, was sie eben richtig fand. In den ersten Jahren ihres Bestehens kontrollierte sie die Einnahmen in Höhe von 2.522.000 Osmanische Pfund. Damit hatte sie 31,5% der Einnahmen des Staates unter ihrer Kontrolle. Neben den indirekten Steuern auf einige Produkte kontrollierte diese Kommission auch noch 22,9% der direkten Steuern.[110]

Um die Finanzen des Reiches „in Ordnung zu bringen", besser gesagt, den osmanischen, verfaulten Geist zu führen, gründete diese Kommission auf Wunsch der europäischen Staaten eine perfekte Organisation. Im Jahre 1912 beschäftigte sie 5.653 feste und 3.253 vorübergehende Mitarbeiter. Das macht insgesamt 8.931 Beamte. Außerdem beschäftigte sie in Provinzen noch 693 Beauftragte. Dagegen arbeiteten im Jahre 1910 insgesamt 5.472 Beamte im osmanischen Finanzministerium.[111]

Die Aufgaben von Duyun-u Umumiye, wie der Name der Kommission lautete, bestand nicht nur darin, die Finanzen des Reiches in Ordnung zu bringen. In der Tat trat sie für die weitere Festigung des Fremdkapitals im Lande auf. Nach einer kurzen Zeit gingen die Kontrolle der Eisenbahnen, der Bergwerke, der Telephongesellschaften, des Handels, der Landwirtschaft, der Hafenanlagen, der Banken, der Gas-Elektrizitäts- und Wasserwerke direkt in die Hände des ausländischen Kapitals über. Schritt für Schritt wurde die Abhängigkeit entsprechend den Interessen des Fremdkapitals verwirklicht.

Die Vertreter des expandierenden Kapitalismus erreichten schließlich ihr Ziel, indem sie den Vertreter des Feudalismus, das Osmanische Reich nicht zerschlugen, sondern sich mit ihm versöhnten. Sie hatten zwei Ziele im Auge: Erstens sollte das Osmanische Reich zu einem Markt und Rohstoffland werden. Zweitens sollte es für die langfristigen strategischen Zwecke, also für die Kontrolle des Nahen Ostens zu einer Bastion werden. Diese Entwicklung hatte eine „positive" Seite: Um ihre Ziele erreichen zu können, mußten sie die Infrastruktur, die Landwirtschaft des Landes verbessern und ausbauen.

Diejenigen, die mit dem „kranken Mann am Bosporus" in freundlicher Beziehung standen, oder ihm mit der russischen Reaktion drohten, bekamen die erwünschten Konzessionen. Der Eisenbahnbau ist dafür ein gutes Beispiel: Unabhängig von den Ausgaben, war jeder gebaute Eisenbahnkilometer mit einem Profit von 16.500 Franc verknüpft. Man hat ja viel gebaut.

Folgende Tabelle zeigt uns die Eisenbahnen der Türkei bis 1914.[112]

Herkunft der Konzessionäre	Bahn	Betriebslänge in km	Kapital in 1000 Fr.	insgesamt Länge	insgesamt 1000 Fr.
Deutsche Bank	Anatolische Bahn	1.032	223.375		
	Mersin/Adana	67	10.365		
	Bagdadbahn	669	155.067	1.768	388.807
Frankreich	Mudanya/Bursa	42	4.025		
	Izmir/Turgutlu	701	161.984		
	Damaskus/Hama	683	133.563		
	Libanon	19	5.250		
	Jaffa/Jerusalem	87	14.850	1.532	319.672
England	Iszmir/Aydin	610	131.672	610	131.672
National	Hedschasbahn	1.533	95.000	1.533	95.000
			insgesamt	5.443	933.151
			Davon privat	3.910	840.151

Auch der Außenhandel stellt einen Beweis dafür dar, was die europäischen Kapitalisten aus dem Land gemacht haben. Die folgende Tabelle macht die Entwicklung deutlich.[113]

Jahres- bzw. Fünfjahresdurchschnitt	Export Baumwolle	Seide	Wolle	Import Textilfertigwaren
1878	344	541	447	5147
1881/85	484	944	956	4877
1886/90	447	1289	1134	4909
1886/1900	373	2174	1285	3746
1905/10	690	2448	1186	7997
1913	1206	1981	1433	9490

(in 1000 türkischen Goldpfund)

Die Zusammensetzung des Imports sah wie folgt aus:[114]

-Mill. Kurusch-

	1905	in %	1909	in %	1911	in %	1913	in %
Lebensmittel	1004	32.1	1282	37.1	1413	33.6	1452	34.7
Bekleidung	1123	35.9	1102	31.7	1432	31.7	1302	31.1
Brennstoff	130	4.1	120	3.5	181	4.0	209	5.0
Sonstige	573	18.2	655	18.7	908	20.2	819	19.6
Investition	307	9.7	315	9.0	472	10.5	402	9.6
Insgesamt	3137	100.0	3474	100.0	4506	100.0	4184	100.0

Der Export von 1914 bestand zu 45% aus landwirtschaftlichen Produkten, zu 38,4% aus Rohstoffen, zu 13% aus Fertigwaren, zu 7% aus sonstigen Waren und am Import im gleichen Jahr hatten die Fertigwaren einen 59%igen, Textilien ein 25%igen, Rohstoffe einen 7%igen und sonstige einen 8,6%igen Anteil. Die Investitionen des Fremdkapitals konzentrierten sich hauptsächlich in Bereichen der Infrastruktur. Die Investitionen in diesem Bereich betrugen zwischen 1881-1914 1.062,4 Mill. Kurusch. Es waren insgesamt 44 Unternehmungen hier tätig.[115] Das Fremdkapital war auch im Bergbau tätig. Die gesamte Investitionssumme des Fremdkapitals im Bergbau belief sich im Jahre 1914 auf 370,7 Mill. Kurusch.[116] Folgende Tabelle zeigt die Investitionen des Fremdkapitals von 1914 nach Herkunftsländern:[117]

Frankreich	%	England	%	Deutschland	%	andere Länder	%	Insges.
112.562	52.0	31.181	14.4	50.253	23.2	22.108	10.2	216.505

(in 1000 engl. Pfund)

Davon gingen 63% in den Eisenbahnbau, 12% in das Bankwesen. Von der Gesamtsumme der Investitionen im Bergbau gehörten 49,6% dem französischen, 36% dem deutschen und 9,8% dem englischen Kapital. 69,1% der Investitionen in Hafenanlagen waren französisch. Im Bankbereich gehörten 32,2% den Franzosen, 33,1% den Engländern und 19,7% den Deutschen.[118]

Die Situation im Bergbau schildert G. Ökcun zusammengefaßt wie folgt:

1. Mehr als 50% des Produktionswertes des osmanischen Bergbaus – außer Steinkohle – lag zwischen 1902 und 1911 in den Händen der Ausländer. Am Ende einer zehnjährigen Periode stieg der Anteil der Ausländer um 75%. In den letzten vier Jahren war der Anteil der Ausländer an der gesamten Steinkohleproduktion 65%. Er stieg im Jahr 1910 auf 69,49%.
2. In diesen 10 Jahren wurden die für die europäische Industrie wichtigen Erze Antinom, Roborazit, zinkhaltiges Blei, Quecksilber, gänzlich von Ausländern produziert ...
3. Manchmal alle, manchmal eine große Zahl von Erzen, deren Produktion in den Händen der Ausländer lag, wurde in den Jahren zwischen 1902 und 1911 exportiert ... Der osmanische Bergbau wurde mehr und mehr zu einem Ersatzteil der westlichen Industrie.[119]

Auch die Banken waren ein unvermeidliches Mittel für die Ausbeutungspolitik der Imperialisten. Die Osmanische Bank, die 1856 in London von englischen Banken gegründet, nachher mit französischem Kapital konsolidiert wurde, wurde 1875 zur Zentralbank. Diese Bank, die im Duyun-i Umumiye vertreten war, war eine Stütze des englischen und französischen Kapitals.

Dagegen gründeten die Deutschen 1888 die Deutsche Bank.

5. Die Bedeutung des englischen Kapitals im Osmanischen Reich in der zweiten Hälfte des 19. Jhd.

Es war auch in den vorhergehenden Kapiteln vom englischen Kapital die Rede. Es hat zwei Gründe, warum ich hier das englische Kapitel gesondert untersuche: Erstens war im 19. Jhd. England das entwickeltste kapitalistische Land. Zweitens spielte das englische Kapital in der osmanischen Landwirtschaft und Industrie die bedeutendste Rolle. Hier wird gleichzeitig auf die „historisch-fortschrittliche Mission" des Kapitalismus hingewiesen.

Das englische Kapital dehnte seine Aktivitäten am meisten in Westanatolien aus. Der als Westanatolien bezeichnete Teil der Türkei ist flächenmäßig ziemlich groß, besteht aus fruchtbarem Boden und hatte einen Hafen wie Izmir, der mit dem Weltmarkt in Verbindung stand. Die ausgedehnten Aktivitäten des englischen Kapitals sind hauptsächlich auf diese zwei Gründe zurückzuführen. Um das Land erschließen zu können, bauten die Engländer eigens die Eisenbahnlinie zwischen Aydin und Izmir (1856 - 1867).

5.1. Der Platz des englischen Kapitals in der westanatolischen Landwirtschaft

Zwischen dem amerikanischen Bürgerkrieg und der Entwicklung des Kapitalismus in Westanatolien bestand eine enge Verbindung; mit dem Beginn des amerikanischen Bürgerkriegs sank die Baumwollproduktion. Das führte in vielen Ländern, darunter auch in England zum Mangel an Baumwolle. Um diesen Mangel zu überwinden und darüber hinaus neue Möglichkeiten für den Anbau von Baumwolle zu schaffen, betrieben die Engländer in bestimmten Regionen der Welt Forschungen. Eines dieser Forschungsgebiete war Westanatolien.

Schon im 18. Jhd. exportierte das Osmanische Reich regelmäßig Baumwolle nach England. In der damaligen Zeit, z.B. zwischen 1785 und 1787 wurde 95% des

Baumwollexportes des Landes in Izmir abgewickelt. Deswegen bezeichnete der Vorsitzende von MCSA (Manchester cotton supply association) Mr. J. Cheethem Izmir als New Orleans des 18. Jhd.[120]
Parallel zu der politischen Entwicklung in Amerika wurden die Baumwollaktivitäten der Engländer durch MCSA ab 1861 intensiviert. Nach einer Reihe von Förderungen und Konzessionsbemühungen erhielten die Baumwollproduzenten gemäß einem Gesetz von 1862 folgende Vergünstigungen:[121]

1. Diejenigen, die Baumwolle anbauen wollen, dürfen den nicht-bewirtschafteten Mir-i-Boden in ihren Besitz nehmen.
2. Für diese Felder werden fünf Jahre lang keine Steuern erhoben.
3. Die erhobene Steuer für Baumwolle, die exportiert wird, wird nicht höher sein als die Steuer, die für die Exportbaumwolle von schlechter Qualität bestimmt wird.
4. Alle technischen Ausrüstungen, die für die Produktion und für die Reinigung von Baumwolle gebraucht werden, dürfen ohne Zollsteuer eingeführt werden.
5. Die Regierung verpflichtet sich, Samenkörner zu verteilen und Interessenten zu informieren.

Nach diesen Förderungsmaßnahmen dehnte sich die Anbaufläche für Baumwolle rapide aus. Z.B. vergrößerte sich die für Baumwolle bereitgestellte Anbaufläche im Jahre 1862 auf das 4-fache im Vergleich zu 1861.[122] In Aydin und Umgebung war eine Bodenfläche von 18.000 Dekar für den Anbau von Baumwolle bereitgestellt. Diese stieg im Jahre 1863 auf 70.000 Dekar. Ein Bauer in Nazilli behauptete, daß er für den Anbau von Baumwolle insgesamt 17.600 Dekar bestellt habe. In Torbali und Umgebung war die Anbaufläche für Baumwolle im Jahr 1862 um 15.200 Dekar groß. Sie stieg im Jahre 1863 auf 34.800 Dekar. Die gleiche Tendenz sehen wir auch in Aydin: Hier umfaßte die Anbaufläche für Baumwolle 1862 nur 4.200 Dekar, nach einem Jahr aber 11.600 Dekar. In Denizli, wohin es damals keine Bahnverbindung gab, war die Anbaufläche für Baumwolle 7.000 Dekar.[123] Die fruchtbaren Ländereien, die bis dahin für Getreide wie Weizen bestellt wurden, wurden in Anbauflächen für Baumwolle verwandelt. Obwohl die Produktion stieg, wurde der Export wegen der primitiven Reinigungs- und Packungstechnologie ständig unterbrochen. In der Folgezeit wurde diese primitive Technologie durch die modernen Reinigungs- und Packungsbetriebe ersetzt. Z.B. entstanden 1870 der Eisenbahn entlang 34 Fabriken mit 700 Egreniermaschinen angetrieben durch Dampfkraft.[122]
Der Anbau und Export der Baumwolle war nicht irgendeine ökonomische Angelegenheit; die Baumwolle brachte eine Reihe von Umwandlungen in Westanatolien mit sich. Auf der einen Seite förderte der englische Kapitalismus in Westanatolien die Baumwollproduktion im Interesse der Textilindustrie in England und verband die Region mit dem Weltmarkt auf der Grundlage der Baumwollproduktion, auf der anderen Seite aber ermöglichte es in dieser Region die kapitalistische Entwicklung. Durch die Verbindung mit dem Weltmarkt und durch die kapitalistische Entwicklung wurde das Handelsnetz in Izmir und Umgebung ziemlich entfaltet.
Durch die Einfuhr von Egreniermaschinen und sonstigen Techniken und durch die durch den Baumwollhandel entstandenen Banken und Versicherungsgesellschaften wurden die alten ökonomischen Strukturen nach und nach zerstört, beseitigt und durch die kapitalistischen Verhältnisse ersetzt.
Der Anbau von Baumwolle war nicht auf Westanatolien begrenzt. Auch in anderen Regionen wie Thessaloniki, Mersin, Adana, den Küsten von Syrien, bestimmten Gebieten von Ostanatolien, wurde Baumwolle angebaut. In Cukurova – dem Hinterland von Adana – war der Anbau von Baumwolle von der Eisenbahn abhängig. Cukurova war für den Anbau von Baumwolle sehr geeignet. Die Steigerung der

Baumwollproduktion und damit auch die Entwicklung des Kapitalismus interessierte sicher erst durch den Bau der Eisnbahnlinie zwischen Adana und Mersin.

5.2. Der Charakter der englischen Höfe in Westanatolien

Durch ein im Jahre 1866 erlassenes Gesetz durften auch Ausländer unbewegliche Güter im Reich kaufen. In der Tat aber konnten die Ausländer vor dem Erlaß dieses Gesetzes hier und da Immobilien – konkret Boden – kaufen. Die Engländer sahen in diesem Gesetz ein Mittel zur Befestigung ihrer im Osmanischen Reich errichteten ökonomischen und politischen Herrschaft. Die Folge dieser Bemühungen der Engländer war, daß mindestens 1/3 des bestellten Bodens in der Umgebung von Izmir in ihren Besitz ging.[125] Im Jahre 1878 befanden sich alle bestellbaren Ländereien in der Umgebung von Izmir im Besitz von 41 englischen Händlern.[126]
Zwischen 1857 und 1892 haben die Engländer insgesamt einen Boden von 1.046.596 Dekar gekauft. O. Kurmuş, der an der Richtigkeit dieser Ziffern zweifelt, behauptet, daß die Größe des von den Engländern gekauften Bodens zwischen 2.400.000 und 2.800.00 Dekar lag. Diesem Autor zufolge umfaßte die Größe des in ausländischen Händen befindlichen Bodens (Griechen, Juden und Armenier mitgezählt) um 5 oder 6 Mio. Dekar.[127]
Die Existenz der englischen Höfe in Westanatolien beschleunigte den Zerfall der bestehenden Produktionsverhältnisse in der Landwirtschaft. Die Engländer betrieben ihre Landwirtschaft auf der Grundlage des Kapitalismus. Dadurch betrieben sie die Auflösung der Bauernschaft, die Entwicklung und das Gewöhnlich-Werden der Lohnarbeit voran, setzten Agrarkredite zur Entwicklung und Verbreitung der landwirtschaftlichen Technologien ein. Neben den Engländern haben auch die türkischen Bodenbesitzer damit angefangen, maschinelle Landwirtschaft zu treiben. Die landwirtschaftlichen Maschinen fanden bei den türkischen Bodenbesitzern in Cukurova und Westanatolien häufiger Anwendung. Die amerikanischen und deutschen Gesellschaften teilen mit, in jedem Jahr in diesen Regionen 25 Stück Dreschmaschinen mit Dampfkraft, 1.200 Stück Bindemähen, ca. 800 Stück Dampfpflüge und tausende von Sämaschinen verkauft zu haben.[128] Ab 1873 gingen die Engländer dazu über, auch Industriepflanzen anzubauen. Es sind hier insbesondere Weintrauben, Tabak, Feigen, Oliven, Wallone, Mohn und Krapp zu nennen.
Als Folge der landwirtschaftlichen Aktivitäten der ausländischen, insbesondere der englischen Farmer, entstanden in Westanatolien und in begrenztem Umfang auch in anderen Regionen verschiedene Landwirtschaftsstrukturen:

1. Feudale Produktionsweise; diese unter den einheimischen Bodenbesitzern verbreitete Produktionsweise wurde durch die Entwicklung des Kapitalismus nach und nach geschwächt und verlor ihren ökonomischen und gesellschaftlichen Einfluß.
2. Kapitalistische Produktionsweise; die Mehrheit der kapitalistischen Farmer in diesen Regionen bildeten die Ausländer, insbesondere die Engländer. Sie fungierten gleichzeitig als Händler und beschaftigten Lohnarbeiter. Sie produzierten exportorientiert und viele von ihnen besaßen in Izmir Handelshäuser und Niederlassungen in London, Paris, Hamburg, Marseille usw.[129]
   Diese kapitalistischen Farmer trugen auch zur Entstehung von landwirtschaftlichen Gesellschaften bei.[130] Diese Gesellschaften organisierten alle Angelegenheiten, von der Produktion bis zum Verkauf der Produkte.
3. Diejenigen Farmer oder Produktionseinheiten, die zu der dritten Gruppe gehörten, trugen die Besonderheiten der Mischwirtschaft und bildeten eine Übergangsphase; hier existierten sowohl die feudalen als auch die kapitalistischen Verhältnisse zusammen. Einige unter den Misch-Farmern konnten Kapital ak-

kumulieren und wurden zu kapitalistischen Farmern und der andere Teil, der dies nicht schaffen konnte, blieb feudal und wurde zunehmend bedeutungslos.

5.3. Das englische Kapital in der westanatolischen Industrie

Wie in der Landwirtschaft war die Produktion der Engländer auch in der Industrie exportorientiert. Auch in der Industrie organisierte das englische Kapital alle Angelegenheiten, von der Produktion bis zum Verkauf. Damit übernahmen die Engländer auch die Handelsangelegenheiten.
Hier wollen wir uns kurz mit den Aktivitäten des englischen Kapitals in Westanatolien bei einigen Industriezweigen befassen:

5.4. Die Teppich-Knüpferei und das englische Kapital

Nach Angaben von 1860 befand sich die Teppich-Knüpferei im Monopol einiger türkischer Händler. Diese Händler versorgten die Bauern mit den für die Teppich-Knüpferei notwendigen Mitteln und ließen auf Bestellung anfertigen. Einer von diesen hieß Haci Ali. Er ließ 3.000 Häuser (Familien) für sich arbeiten und jährlich 84.000 qm Teppich knüpfen.[131]
In dieser Zeit waren auch die Engländer in der Teppich-Knüpferei beschäftigt. Aber sie intensivierten ihre Aktivitäten in diesem Zweig der Industrie erst später. Erst gegen Ende 1880 nahmen sie die Teppich-Knüpferei unter ihre Kontrolle. Nur 6 Handelshäuser mit Sitz in Izmir kontrollierten dann diesen Zweig der Industrie von der Produktion bis zum Export.[132]
Die Engländer arbeiteten auf der Grundlage der Hausindustrie und schufen eine sehr breite und funktionsfähige Organisation. Alle Angelegenheiten der Produktion, des Handels und Exports wurden durch diese Organisation erledigt; erst wurde die Wolle durch die Vermittler gesammelt und an die unabhängigen Garnproduzenten oder Garnbetriebe verteilt. So wurde die Wolle in Garn verwandelt. Das Garn wurde dann wieder durch dieselbe Organisation gesammelt und zum Zweck der Färbung an die darauf spezialisierten Dörfer und Fabriken verteilt – in Izmir gab es 14 Farbfabriken in den Händen von Griechen und in Denizli hatten die Engländer eine sehr moderne Färbeeinrichtung.[133] Das gefärbte Garn wurde wieder über dieselben Kanäle gesammelt und bei den Teppich-Knüpfern abgegeben. Ihnen wurde auch das Maß (die Größe) und die Menge mitgeteilt. Zu einem späteren Zeitpunkt wurde das Produkt – Teppich – gesammelt, nach seinen Eigenschaften – Farbe, Größe – sortiert und nach Izmir transportiert. Die Produzenten wurden dann durch die Vermittler nach der geknüpften Größe oder nach Knoten belohnt. Durch diese organisierte Aktivität stieg die Teppich-Produktion von 155.000 qm im Jahre 1884 auf 367.876 qm im Jahre 1893.[134]
Die Engländer waren anfangs nicht gewillt, die Produktionsformen oder Methoden der Teppich-Knüpferei zu entwickeln, zu modernisieren. Denn durch die herkömmlichen Methoden bekamen sie die Produktion billig und hatten außerdem keine Konkurrenz zu fürchten. Aber nach der Gründung einer österreichischen Teppich-Firma zu Beginn des 20. Jhd. in Usak, wo 80 Arbeiter beschäftigt waren, und nach der Gründung von 15 Gesellschaften, die den Türken und einheimischen Minderheiten gehörten, bauten die Engländer mit einem Kapital von insgesamt 400.000 Pfund Sterling die „Oriental Carpet Manufacturs Ltd." auf, da sie nun um ihr Monopol fürchteten.
Die neuen Gesellschaften errichteten in verschiedenen Orten Westanatoliens 6 Teppich-Fabriken.[135] Dieselben Gesellschaften gründeten zwischen 1910 und 1913 noch 11 weitere Fabriken und erhöhten damit die Zahl ihrer Fabriken auf 17.
Die nachstehende Tabelle zeigt die Aktivitäten dieser Gesellschaften in Westanatolien.[136]

Teppich-Produktion in Westanatolien 1913:

Ort	Webstühle	Zahl der Arbeiter	Produktion -in 1000m^2-
Uşak	1.175	5.500	150
Simav	380	1.120	23
Gördes	800	2.700	60
Demirci	600	1.365	31
Kula	1.500	3.800	35
Isparta	2.160	6.481	117
Egridir	500	1.500	15
Burdur	800	2.400	22
Buldan	250	400	3
Insgesamt	8.165	25.257	456

5.5. Die die Baumwolle betreffende Industrie und das englische Kapital

Die Baumwolle wurde anfänglich mit einer rückständigen Technologie verarbeitet und dies wirkte sich auf den Export negativ aus. Um diese negative Auswirkung beheben zu können, gründeten die Engländer eine Reihe von Engrenierfabriken mit modernen Technologien. Der wichtigste unter diesen Engländern war Mr. Gout. Dieser errichtete zwischen 1862 und 1865 10 Fabriken in Westanatolien. Diese Fabriken waren mit 4 Wasserpressen, 5 Wasserturbinen, 266 Energiermaschinen und 10 Dampfmaschinen von 298 PS ausgerüstet. Er kontrollierte 1862 7,1%, 1863 15,8% und 1864 21,8% der von Izmir exportierten gereinigten Baumwolle.[137]

5.6. Süßholzwurzel(Lakritze)-Produktion

Die älteste Gesellschaft in diesem Bereich war die Mac Andrews and Forbes Co. Ltd. Diese Gesellschaft gründete ihre erste Fabrik 1854 in Aydin und später viele Fabriken in verschiedenen Regionen der Türkei und kontrollierte die Produktion. Allein zwischen 1854 und 1875 steigerte sie die Produktion von Süßholzwurzeln und Lakritze um das 12-fache.[138]

Die Engländer begnügten sich nicht nur mit der exportorientierten Produktion; sie fingen damit an, auch für den inneren Markt zu produzieren. Z.B. bauten sie viele Mehlmühlen, die mit Dampfmaschinen angetrieben wurden. Diese in den Händen von Engländern befindlichen Mühlen produzierten im Jahre 1894 täglich 75 Tonnen Mehl. Dieser Betrag machte aber bereits mehr als die Hälfte der täglichen Produktion von 22 Mühlen in Westanatolien, die mit Dampfmaschinen ausgerüstet waren, aus.[139]

Auch die Margarine- und Seifenproduktion lag in den Händen von Engländern: Hedkinson war der wichtigste von denen, die in diesem Zweig der Industrie tätig waren. Er gründete zwischen 1886 und 1900 in verschiedenen Gegenden Westanatoliens 22*) Margarinefabriken (darunter 2 für Sonnenblumen, 4 für Sesam, 6 für Baumwollsamen, 10 für Oliven). Diese Person war der größte Margarineproduzent dieser Regionen.[140]

*) Keine dieser Fabriken befand sich in Gebieten, die von der Industriezählung 1913 erfaßt wurden.

5.7. Wallone-Produktion

Die Engländer kontrollierten auch diesen Zweig der Industrie. Nur zwei Fabriken, gegründet zwischen 1891 und 1909, reichten hier für eine Monopolstellung. Die beiden Fabriken waren mit Maschinen von 130 PS ausgerüstet und beschäftigten 140 Arbeiter. Sie produzierten 1913 insgesamt 2.911 Tonnen Tannin-Gerbstoff von bester Qualität. Da diese Summe den Bedarf des inneren Marktes überstieg, wurden davon 1.084 Tonnen nach Europa exportiert.[141]

Das englische Kapital kontrollierte auch die Produktion von Maschinen und Motoren. Ateliers, die Ersatzteile herstellten, waren ab 1880 in Izmir verbreitet. Nur 16 Gesellschaften waren in Izmir auf diesem Gebiet aktiv. Auch die anderen Gesellschaften, die Dampfmaschinen produzierten, gehörten den Engländern. Die englischen Gesellschaften haben zwischen 1891 und 1913 5 Dampfmaschinen mit 440 PS für Mühlen, 19 Dampfmaschinen mit 250 PS für Süßigkeitsfabriken, 3 Dampfmaschinen mit 82 PS für sonstige Produktion, also insgesamt 27 Dampfmaschinen mit 772 PS hergestellt.[142]

Die Lage beim Bergbau war nicht anders: Durch ein im Jahre 1896 verabschiedetes Gesetz erhielten die Ausländer das gleiche Recht bei der Schürfung wie die Einheimischen.

Der gesamte Bergbau in Westanatolien wurde von Engländern kontrolliert. Z.B. wurde im Jahre 1902 53 Konzessionen für den Bergbau erteilt. Davon erhielten die Engländer 26, die Einheimischen 22, die Franzosen 5 Konzessionen. Später gelangten die Engländer durch Kauf noch zu 4 weiteren Konzessionen, also insgesamt 30 Konzessionen. Außerdem beuteten sie noch 28 Minen auf der Grundlage des Genehmigungsverfahrens, das bis zur Erteilung des Konzessionsrechts gültig war, aus. Unter diesen Minen waren Chrom, Mangan, Antimon und Schmirgelstein von Bedeutung.[143]

6. Der Ausgang des Hegemoniekampfes[144]

Im obenstehenden Teil habe ich die Aktivitäten des englischen Kapitals untersucht. Die ökonomischen und politischen Tätigkeiten anderer Länder wie Deutschland, Frankreich, Belgien usw. habe ich hier weitgehend unberücksichtigt gelassen. Darüber steht mehr im Abschnitt über Auslandsschulden und Fremdkapital. In beiden Teilen dieser Arbeit habe ich aber versucht, anhand der statistischen Angaben auf den Hegemoniekampf zwischen Deutschland, England und Frankreich über das Osmanische Reich hinzuweisen. In diesem Teil werde ich mich mit dem Ausgang dieses Kampfes auseinandersetzen. Ich werde hier versuchen zu zeigen, wie dieser Kampf ausgegangen ist und warum er so ausgegangen ist.

Die Hegemonie des englischen Kapitals über das Osmanische Reich dauerte bis zum Ende des 19. Jhd. Diese Vorherrschaft wechselte ihren Besitzer entsprechend dem Ausgang der Konkurrenz zwischen den entwickelten kapitalistischen Ländern auf der internationalen Ebene.

1870 machten die kapitalistischen Länder eine tiefgehende ökonomische Krise durch. Die englische Handelsüberlegenheit in der Welt wurde dadurch erschüttert. In dieser Zeit gelang es dem deutschen Kapitalismus, sich den Weltmarkt zu erschließen. Die einzige Stütze des deutschen Kapitalismus war aber die, daß er monopolistisch organisiert war und mit einer modernen Technologie produzierte.

Der deutsche Kapitalismus war bestrebt, die unter der Kontrolle Englands stehenden Weltmärkte zu erobern, für sich zu gewinnen. Auf der einen Seite versuchte der englische Kapitalismus seine Kolonien noch enger an sich zu binden, auf der anderen Seite strebte der deutsche Kapitalismus insbesondere mittels der vier D (Deutsche Bank, Diskonto-Gesellschaft, Dresdner Bank und Darmstädter Bank) da-

nach, seine Einflußsphäre zu erweitern. Diese Banken hatten ihre Einflußsphären unter sich aufgeteilt. Eine der Einflußsphären der Deutschen Bank war das Osmanische Reich.
Die Entwicklung des Kapitalismus auf der internationalen Ebene und die daraus resultierenden Hegemoniebestrebungen unter den am meisten entwickelten Ländern zeigten ihre Wirkung auch im Osmanischen Reich. Gegen 1890 war der Ausgang dieses Hegemoniekampfes nicht mehr zu übersehen. Der Kampf war zugunsten des deutschen Kapitalismus entschieden. Die Vorherrschaft des deutschen Kapitals dauerte bis zum ersten Weltkrieg. Diese Hegemonie war vom Eisenbahnbau, Wollstoff, Handel mit dem Gasherd bis zum Import von Dreyhern- und Pilsner-Bier spürbar.
In dieser Zeit, also zwischen 1889 und 1913 erhöhte sich der deutsche Export um das 145-fache und der Import um mehr als das 32-fache.[145] Die nachstehende Tabelle weist auf diese Entwicklung und folglich auf den Hegemoniekampf zwischen den europäischen Staaten um das Osmanische Reich hin.

Außenhandel des Osmanischen Reiches mit den wichtigsten Ländern 1878-1913 (in 1000 türkischen Goldpfund)[146]

Land	1878	1881/85 *	1886/90 *	1891/95 *	1896/1900 *	1905/1910 *	1913
				EINFUHR			
Deutsches Reich	48	42	36	257	424	2135	4688
Österreich	2825	3745	4035	4818	4669	5849	6141
Frankreich	3252	2695	2602	2768	2546	3070	3591
England	9710	9015	8900	9153	9069	9134	8128
Italien	529	612	503	621	1153	2693	3639
Rußland	1423	1365	1906	1563	1845	2255	3516
				AUSFUHR			
	3	1	38	288	410	1211	1234
	819	1111	1131	1459	1410	2131	2238
	2565	4171	4242	3929	4487	3978	4294
	3524	4224	4712	6393	5611	5526	4661
	142	290	468	566	540	1081	929
	343	438	301	337	458	654	831

* Fünfjahresdurchschnitt

7. Die Bedeutung der Verwestlichungsbewegung in den letzten Perioden des Osmanischen Reiches

Seit Anfang 1800 machte Rußland seine Stärke bemerkbar. Die Russen wollten in erster Linie die Meeresengen Bosporus und Dardanellen annektieren und sich dadurch freien Durchgang zum Mittelmeer verschaffen. Die Europäer, insbesondere Engländer und Franzosen waren bestrebt, diese russische Entwicklung zu verhindern, den russischen Einfluß im Osmanischen Reich auszuschalten und zugleich ihre Interessen im Reich mit einer neuen Politik zu vertreten. Deswegen versuchten sie nach 1838 einige den Überbau betreffende Reformen im Reich durchzuführen und dafür die osmanische Bürokratie zu gewinnen. So entstand in unserer Geschichte die „Tanzimat-Periode“ (1839 - 1876).

Diese Reformen oder überhaupt die politischen Vorgänge um oder über dem Osmanischen Reich zeigen eindeutig den Interessenkampf zwischen dem europäischen Kapitalismus und der russischen Reaktion. Im Hintergrund der Gülhane-Reformen von 1839 stand die Drohung der europäischen Staaten, an der Spitze England und Frankreich, gegenüber dem Osmanischen Reich mit der russischen Reaktion. Die Europäer wollten an der Spitze des osmanischen Reiches eine stabile ihnen ergebene Führung sehen. Aus diesem Grund intensivierten sie ihre Beziehungen zu den Osmanen und setzten einige Reformen in Überbau-Institutionen durch. Gerade diese Entwicklung wollte Rußland verhindern. Um dies zu erreichen, unterstützte Rußland die Freiheitsbewegungen auf dem Balkan. Als diese Aktivität der Russen den osmanische Staat nicht zugunsten der russischen Reaktion zum Handeln bewegte, erklärte es im Jahre 1853 dem Osmanischen Reich den Krim-Krieg. Mit Hilfe Englands und Frankreichs wurde Rußland geschlagen. Gleich nach dem Krieg versuchten die Europäer abermals Reformen durchzuführen, um ihre Positionen im Osmanischen Reich weiter ausbauen zu können. Daraufhin wurden 1856 Reformen beschlossen, die man „Islahat-Fermani" nannte und die nichts anderes waren, als eine entwickelte Kopie von 1839.
Die Bedeutung dieser beiden Reformpakete bestand darin, Leben und Eigentum zu sichern, einige administrative und strafrechtliche Maßnahmen zu treffen und das Steuer- und Handelsleben zu reformieren.
Diese Reformen waren „Neuerungen", die erwartungsgemäß nicht zur politischen Unabhängigkeit des Reiches von Europa führen durften. Die politische Unabhängigkeit basiert in erster Linie auf der ökonomischen Stärke und Unabhängigkeit. Aber der osmanische Staat war ja ohnehin zu der Zeit weit von dieser Vorstellung entfernt.
Die europäischen Staaten hatten das Land ökonomisch kolonialisiert. Nun, es ging diesmal darum, das Land auch politisch zu kolonialisieren. Wem nutzten diese Reformen, die keine materielle Grundlage hatten? Diese Reformen bildeten einen weiteren Schritt zur totalen Abhängigkeit des Landes!
Nicht nur osmanische Waren oder Rohstoffe waren zu kaufen. Auch der ganze Führungskreis, an der Spitze der Sultan selbst, war bestechlich. Dieser Kreis war in der Lage, gegen ein Stück Geschenk, alle „Wünsche" der Europäer zu erfüllen. Die einzelnen Elemente dieser Führung vertraten nicht die Interessen des Landes, sondern die desjenigen Landes, von dem sie bestohlen worden waren. Z.B. war es Reschid Pascha, der Architekt der genannten Reformen, der die Interessen Englands vertrat. Dieser Pascha war ein Vorbild, ein neuer Typ von Staatsmännern im Reich. Die ausschlaggebende Besonderheit des neuen Typs bestand darin, bestechlich zu sein, Geschenke entgegenzunehmen und im Interesse des ausländischen „Freundes" zu handeln. Dieser Pascha war ein Günstling des englischen Botschafters Lord Stratford. Dieser Botschafter war der seinerzeit im Hintergrund gebliebene wahre Architekt der Tanzimat-Reformen. Er war ja als der „Sultan der Sultane" bekannt.[147]
Ferner waren Ali und Fuat Pascha Vertreter Frankreichs und Mehmet Nedim Pascha handelte im Interesse Rußlands.
Wenn man Wesir werden oder eine hohe Stelle in der Bürokratie besetzen wollte, hing es in erster Linie davon ab, an welchen ausländischen Freund man sich hielt und welcher von ihnen gerade einflußreich war.
Die Reformen waren an kein Abkommen gebunden. D.h. die ausländischen Staaten konnten die Nichterfüllung der Refomen nicht als einen Anlaß zur Einmischung betrachten. Aber durch das Pariser Abkommen von 1856 wurden die Reformen vertraglich festgelegt. Mit anderen Worten, die ausländischen Staaten durften

sich in die inneren Angelegenheiten des osmanisches Staates einmischen, wenn die Reformen nicht durchgeführt würden. Das Berliner Abkommen von 1878 festigte dieses, den ausländischen Staaten zuerkannte Recht noch.[148]

8. Die Nationalfrage und die weitere Herausbildung der Klassen im Osmanischen Reich

Die Gestaltung oder Herausbildung einer Nation ist ein historischer Prozeß. Es muß Voraussetzungen geben, unter denen sich eine Nation herausbilden kann. In diesem historischen Prozeß muß die Entwicklung der Produktivkräfte eine gewisse Stufe erreicht haben; eine Stufe, auf der man vom Dominieren der kapitalistischen Verhältnisse oder der kapitalistischen Produktionsweise sprechen kann. Sowohl die Sklavenhaltergesellschaft als auch die feudalistische Gesellschaft waren ökonomisch und sozial fast nirgendwo in der Lage, die Herausbildung von Nationen zu fördern. Eine Nation kann unter folgenden Voraussetzungen entstehen: 1. sprachliche Einheit der Gesellschaft, 2. territoriale Einheit, 3. Einheit und Verbundenheit im ökonomischen Leben, 4. kulturelle Einheit.
Die Bourgeoisie versucht in erster Linie eine auf den obengenannten Kategorien beruhende Gesellschaft zu schaffen, um eben ihre Klassenmacht zu sichern, folglich ihre ökonomischen Interessen, also den Kapitalismus weiterzuentwickeln. Wenn die Bourgeoisie diese ihre Ziele verwirklicht, bedeutet dies gleichzeitig die Herausbildung eines inneren Marktes. Um dieses Ziel erreichen zu können, wird die Bourgeoisie nichts unversucht lassen, die Menschengruppen, die das gleiche Territorium bewohnen, die gleiche Sprache sprechen, gleiche Kultur besitzen und ökonomisch miteinander verbunden sind, unter einem Staat zu vereinigen, um somit die Voraussetzungen der Herausbildung von einer Nation zu schaffen. Deswegen kann eine Nation nicht aus der Rassen- oder Stammeseinheit bestehen, sondern aus den oben genannten Kategorien. Diese vier Kategorien hat es im Osmanischen Reich nicht gegeben. Die feudale Struktur des Osmanischen Reiches verhinderte die Entwicklung dieses Prozesses. Deswegen sehen wir in der osmanischen Gesellschaft Menschengruppen, die verschiedene Sprachen sprechen, verschiedene Kulturen hatten usw. Da die osmanische Philosophie auf der Gewaltanwendung und Unterdrückung basierte, standen alle erdenklichen Isolierungs- oder Trennungswände zwischen den verschiedenen Völkerschaften. Aus diesem Grund gewann die gesellschaftliche Arbeitsteilung zwischen den verschiedenen Völkerschaften eine große Bedeutung: im allgemeinen waren die Türken Krieger. Im Laufe der Zeit waren sie auch in der Landwirtschaft, in der Bürokratie und im Handwerk beschäftigt. Die Minderheiten wie Armenier, Juden usw. waren hauptsächlich im Handel und in Wechselgeschäften beschäftigt. Berufen wir uns hier auf Marx: „Wir können die Türken schwerlich als die herrschende Klasse in der Türkei bezeichnen, da die Beziehungen der verschiedenen Gesellschaftsklassen selbst ebenso verwirrt sind, wie die der verschiedenen Rassen. Der Türke ist, je nach Umständen und Örtlichkeit, Arbeiter, Landmann, kleiner Pächter, Handelsmann, feudaler Gutsbesitzer in dem niedersten und barbarischsten Stadium des Feudalismus, Zivilbeamter oder Soldat; aber welche soziale Stellung er auch einnehmen mag, er gehört der bevorrechteten Religion und Nation an – er allein hat das Recht Waffen zu tragen, und der höchstgestellte Christ muß dem niedrigsten Moslem den Weg freigeben, wenn er ihm begegnet.“ – „Und wer sind die Kaufleute in der Türkei? Die Türken sicher nicht. Als sie noch im ursprünglichen nomadischen Zustand lebten, bestand ihre Art Handel zu treiben, in der Plünderung von Karawanen; jetzt, wo sie etwas zivilisiert sind, besteht sie in allen möglichen willkürlichen und drückenden Besteuerungen. Die Griechen, die Armenier, die Slawen und Franken, die in den großen

Seehäfen etabliert sind, haben den ganzen Handel in Händen ... die Türken werden mehr und mehr in den Hintergrund gedrängt."[149]
Diese soziale Stellung der Völkerschaften im Osmanischen Reich hat sich nun geändert. In den letzten Jahrzehnten des Reiches rückten die Klasseninteressen, die bewußte Aktion der Klassen in den Vordergrund. Durch diese evolutionäre Entwicklung wurden alle Hindernisse, die die bewußte Aktion der sich ab dem 16. Jhd. im Schoße des Feudalismus herausbildenden Klassen behinderten, mehr und mehr bedeutungslos. Folgende soziale Klassen sehen wir in den letzten Jahrzehnten des Reiches:
In den Städten die Großbourgeoisie: sie bestand aus Angehörigen des Hofes, aus hochgestellten Beamten, aus den Minderheiten im Bankenwesen, im Handel, aus Industriekapitalisten. Diese Klasse kollaborierte direkt mit den europäischen Kapitalisten.
Die Kleinbourgeoisie: sie umfaßte den größten Teil der städtischen Bevölkerung und bestand aus Handwerkern, kleinen Geschäftsleuten, kleinen Beamten, Militärs und Arbeitern.
Auf dem Lande: Feudalherren und Großgrundbesitzer, ländliche Bourgeoisie (Mittel- und Kleinbauern) und Landproletariat.
Wir haben Klassen vor uns, die eigentlich für drei Gesellschaftsordnungen charakteristisch sind: nämlich für den Feudalismus, den Kapitalismus und den Sozialismus.

9. Zusammenfassung

Ich habe versucht, den Charakter der zwei Momente, die für die sozio-ökonomische Struktur der osmanischen Gesellschaft bestimmend waren, im Lichte von bestimmten Fakten zu analysieren. Wir haben gesehen, daß die ökonomische Gesellschaftsformation der osmanischen Gesellschaft aus zwei Prozessen besteht, die einander ergänzen. Der erste Prozeß umfaßte die unabhängige Entwicklung des osmanischen Staates durch die innere Dynamik. Der zweite Prozeß dauerte, angefangen mit den Kapitulationen, bis zum Zusammenbruch des Reiches. Es ist hier angebracht, nochmal daraufhinzuweisen, daß das Ende des ersten Prozesses und der Beginn des zweiten Prozesses nicht von heute auf morgen erfolgt ist. Allein der Übergang vom ersten zum zweiten Prozeß dauerte jahrhundertelang; z.B datierten wir den Anfang der Niedergangsperiode mit dem 16. Jhd. Aber das 17. und 18. Jhd. bildeten den Beginn der Gestaltung oder Formierung des Niedergangs durch die äußere Dynamik. Damit stellten diese Jahrhunderte die Phase von der Unabhängigkeit zur Abhängigkeit dar. Die enge Abhängigkeit und die daraus resultierenden sozio-ökonomischen Umwandlungen erfolgten erst im 19. Jhd.
Die beiden Prozesse haben nicht viel gemeinsames; ohne Zweifel bewahrte der osmanische Staat seinen feudalen Charakter bis zu seinem Zusammenbruch. Aber der osmanische Feudalismus im 16. Jhd. unterschied sich wesentlich vom Feudalismus im 19. Jhd.; gegen Ende 16. Jhd. war die osmanische Gesellschaft eine mehr oder weniger entwickelte Feudalgesellschaft und trug die Voraussetzungen der kapitalistischen Entwicklung in seinem Schoße. Die Krise gegen Ende des 16. Jhd. wurde durch den Kampf zwischen den feudalen und kapitalistischen Kräften gekennzeichnet. Sie war ja ein Produkt der Entwicklung der inneren Dynamik. Mir scheint hier wichtig noch einmal zu betonen, daß dieser Kampf, diese Entwicklung, ein Produkt der unabhängigen Entwicklung der ökonomischen Gesellschaftsformation des Landes war. Mit anderen Worten: dies war die Verschärfung des von außen unabhängigen Widerspruchs zwischen den bestehenden Produktionsverhältnissen und den sich entwickelnden Produktivkräften. Es kam hier dar-

auf an, wie dieser Widerspruch gelöst würde. Daß die beiden Prozesse wenig gemeinsames hatten, hing ja von den Lösungsbedingungen dieses Widerspruchs ab. Hier sehen wir zwei Wege oder zwei Möglichkeiten: der oben genannte Widerspruch hätte auch durch den Sieg des osmanischen Bürgertums gelöst werden können; es ist heute aber schwer einzuschätzen, was dann aus dem Osmanischen Reich geworden wäre. Jedenfalls würden wir Zeugen einer unabhängigen kapitalistischen Entwicklung gewesen sein. Wenigstens waren aber die Abhängigkeitsbeziehungen, die von den Staaten Europas auferlegt wurden, nicht entstanden.
Der zweite Weg: Wie können wir, da der erste Weg nicht eingetreten ist, den Charakter der ökonomischen Gesellschaftsformation des Osmanischen Reiches definieren, das unter der Hegemonie des Westens geraten ist? Die Charakteristik dieser ökonomischen Gesellschaftsformation können wir durch die kolonialen oder halbkolonialen Verhältnisse erklären. Denn die Beziehungen zwischen dem Osmanischen Reich und den kapitalistischen Ländern waren während des genannten zweiten Prozesses entsprechend geprägte Beziehungen. Diese Beziehungen, also koloniale oder halb-koloniale Beziehungen auf der Grundlage des Kapitalismus, repräsentieren nicht irgendeine gesonderte, unabhängige sozio-ökonomische Struktur; diese Beziehungen, die heute noch in der Welt anzutreffen sind, charakterisieren eine Struktur, die aus den zwei entgegengesetzten ökonomischen Gesellschaftsformationen besteht, durch die äußere Dynamik, durch den Einfluß von außen zum Verschmelzen, ja zur Koexistenz verdammt werden. Diese Verschmelzung oder Koexistenz führt zum Entstehen vielseitiger ökonomischer, gesellschaftlicher, kultureller usw. Kombinationen, die die Eigenschaften der entgegengesetzten ökonomischen Gesellschaftsformationen – konkret: Eigenschaften des Feudalismus und des Kapitalismus – tragen. Es entstehen also Kombinationen oder Verhältnisse, die auf die feudalen und kapitalistischen Produktionsverhältnisse zurückzuführen sind. Auf dieser Grundlage aber kann keine gesunde Gesellschaft aufgebaut werden. Denn alle ökonomischen, gesellschaftlichen, kulturellen und sonstigen Faktoren sind deformiert. Diese Deformation geschieht ja im Interesse der äußeren Faktoren: die vorgefundenen Produktionsverhältnisse werden auf der einen Seite zerstört, auf der anderen Seite aber konserviert. Die kapitalistischen Verhältnisse werden dann entsprechend der kolonialen oder halbkolonialen Ausbeutung entwikkelt. Dadurch wird bewirkt, daß die strukturellen Elemente der verschiedenen Produktionsweisen zusammenbestehen. Gleichzeitig zwingt die kapitalistische Ausbeutung auf der internationalen Ebene solche Länder zur ungleichen, den Interessen dieser abhängigen Länder widersprechenden Arbeitsteilung. Durch diese Arbeitsteilung werden also solche Länder an die kapitalistische Weltökonomie als eine deformierte ökonomische Gesellschaftsformation gebunden. Sie werden in die kapitalistische Weltökonomie deformiert integriert. Durch eine solche Integration wird das Schicksal der abhängigen Länder den politischen, ökonomischen und sonstigen Entwicklungen in den Metropolstaaten oder in der Welt unterworfen. Ob das Land eine Kolonie ist oder scheinbar politisch-staatliche Unabhängigkeit besitzt, ändert nicht viel an dieser Tatsache.
Diesem Prozeß, dieser gemischten, deformierten Struktur, entsprach die ökonomische Gesellschaftsformation des Osmanischen Reiches seit dem Beginn des 19. Jhd. Folgende Punkte können wir festhalten:

1. Während der Kapitalismus den osmanischen Feudalismus allmählich zerstörte, konservierte er gleichzeitig diese Struktur in dem Maße, wie sie seinem Interesse entsprach; durch die Überbaureform und durch seine Aktivitäten in der Landwirtschaft und Industrie führte der europäische Kapitalismus den osmanischen Staatsfeudalismus zum Zerfall. Z.B. blieb das Handelskapital anfänglich in der

Zirkulation und trug nicht zur Entwicklung des Kapitalismus bei. Aber später, ab dem 19. Jhd., sehen wir das Handelskapital auch in der Produktionssphäre. Diese Aktivität des Handelskapitals trug zur Entwicklung des Kapitalismus bei. (Die Aktivitäten des englischen Kapitals in Westanatolien bilden dafür Beispiele.) All dies beschleunigte und verbreitete die Ware-Geld-Beziehungen im Lande. Als Folge dieser Entwicklung traten breite Schichten der Bauernschaft mit dem Markt in Verbindung.

2. Der Kapitalismus entwickelte gleichzeitig eine neue Klasse, die durch die Abhängigkeit von außen gekennzeichnet war; also die einheimischen Verbündeten des Weltkapitalismus. Der Kapitalismus versuchte diese seine Stützen so auszubilden, daß sie immer nach den Interessen ihrer ausländischen Verbündeten handelten. Der Kapitalismus hat versucht, alle Bereiche des gesellschaftlichen Lebens, alle Überbauinstitutionen nach seinen Interessen umzustrukturieren, neue Institutionen zu schaffen.

Der Kapitalismus vernichtete alle ökonomischen Gegebenheiten in der Landwirtschaft und Industrie und errichtete an ihrer Stelle von sich abhängige Industrie- und Landwirtschaftskomplexe. Dadurch wurde das Land in ein Land verwandelt, in dem die Fertigwaren der Ausländer abgesetzt wurden und in ein Land, das Rohstoffe und Nahrungsmittel exportiert.

Das Resultat der Beziehungen zwischen den europäischen Staaten und dem Osmanischen Reich war eine ökonomische Gesellschaftsformation, die sowohl auf feudalen als auch auf kapitalistischen Verhältnissen beruhte. Also eine deformierte ökonomische Gesellschaftsformation. Ich bezeichne diese ökonomische Gesellschaftsformation als eine sozio-ökonomische Übergangsstruktur vom Feudalismus zum Kapitalismus mit starken feudalen Charakterzügen.

2. TEIL: DIE ENTWICKLUNG DES SOZIO-ÖKONOMISCHEN PROZESSES ZWISCHEN 1923 UND 1950

(Der Charakter der ökonomischen Gesellschaftsstruktur zwischen 1923 und 1950)

In diesem Teil der Arbeit haben wir es mit anderen historischen Bedingungen zu tun; eine der Folgen des Ersten Weltkrieges war der Zusammenbruch des Osmanischen Reiches. Das Land wurde – außer Mittelanatolien – von England, Frankreich, Italien und Griechenland besetzt. Die breiten Volksschichten, ja die ganze Nation war damit nicht einverstanden und führte ihren nationalen Kampf, bis das Land von allen Besatzern befreit war. Die neue Türkei erkämpfte ihre politische und ökonomische Unabhängigkeit. Diese Unabhängigkeit kann man mit der Schein-Unabhängigkeit des Osmanischen Reiches in seinen letzten Jahrzehnten nicht vergleichen. Das Land, die neue Türkei wurde ihr eigener Herr und konnte sowohl politisch als auch ökonomisch unabhängig handeln. Neue historische Bedingungen waren entstanden; die einheimischen Verbündeten des Imperialismus wurden von der politischen Macht entfernt. Die Nationalbourgeoisie, die mit den imperialistischen Mächten in eher distanzierter Beziehung zu bleiben versuchte, kam an die Macht. Diese politischen Ereignisse in der Türkei waren für die damalige Welt neu. Außerdem waren Rußlands Beziehungen zu dem kapitalistischen Weltsystem durch die Oktober-Revolution von 1917 zweifellos endgültig abgebrochen. Die Bolschewiki, mit Lenin an der Spitze, zielten darauf ab, ein neues Gesellschaftssystem, den Sozialismus aufzubauen. Ihr Endziel war der Aufbau der kommunistischen Gesellschaft. Um dieses Ziel zu erreichen, bekämpften sie das kapitalistische System weltweit.

Das Ziel der Nationalbourgeoisie in der Türkei aber war nicht das gleiche. Die Nationalbourgeoisie setzte sich das Ziel, das Land außerhalb des kapitalistischen Weltsystems bleibend zu entwickeln, zu industrialisieren. Diese Bestrebung der türkischen Nationalbourgeoisie war neu. Bis zu dieser Zeit hatte es kein ähnliches Beispiel gegeben; das kapitalistische Wirtschaftssystem bildete einen entwickelten Weltmarkt. Alle Länder waren durch unzählige ökonomische, politische, militärische, kulturelle Fäden miteinander verbunden. Das kapitalistische System war eine internationale Kette und die Länder bildeten die Ringe dieser Kette. Diese Kette drückte die Interessen der entwickeltsten kapitalistischen Länder aus. In einer solchen Welt vesuchte die Türkei erstmals in der Weltgeschichte, den Kapitalismus unabhängig vom kapitalistischen Weltsystem, unabhängig von dieser Kette, zu entwickeln.

In diesem Teil der Arbeit werde ich diesen Versuch der türkischen Nationalbourgeoisie analysieren. Wir werden sehen, inwieweit die türkische Nationalbourgeoisie bei ihrem Versuch, eine neue unabhängige ökonomische Gesellschaftsformation zu schaffen, erfolgreich war.

In diesem Sinne werde ich den Entwicklungsprozeß der Landwirtschaft und der Industrie untersuchen und die Beseitigung des Feudalismus. Es werden hier Faktoren analysiert, die die kapitalistische Entwicklung aufzeigen. Ich definiere es ganz kurz: Unter dem Auflösungsprozeß der Bauernschaft ist der Prozeß der Entwicklung der Eigentumsverhältnisse an Grund und Boden zu verstehen. Allein damit ist das Problem selbstverständlich nicht gelöst. Denn auch im Feudalismus ist dieser Prozeß zu beobachten. Aber was ist hier die Frage, unter welchen Voraussetzungen oder Produktionsverhältnissen dies geschieht? Der Beantwortung dieser Frage dient die Untersuchung folgender Faktoren: Produktion für den Markt, Ausdehnung der Fläche des bebaubaren Bodens, Technik in der Landwirtschaft, Anwendung von Düngemitteln, Steigerung der Produktion und Produktivität, Anwendung von Lohnarbeit usw. Dieses sind Faktoren, die auf die Entwicklung des Kapitalismus in der Landwirtschaft hinweisen.

Beim Industriesektor wird unter anderem die Entwicklung des Kapitalismus in seinen verschiedenen Entwicklungsstadien untersucht und gezeigt, ob oder inwieweit die Produktion und das Kapital konzentriert und zentralisiert sind. Also hier wird untersucht, inwieweit die Produktion und das Kapital in wenigen Großfirmen konzentriert und zentralisiert sind. Mit anderen Worten, inwieweit das Kleingewerbe, das Handwerk ihre Bedeutung in unserer Industrie verloren haben.

Zu erläutern wäre hier noch der staatliche oder öffentliche Sektor einerseits und der private Sektor andererseits*). Diese sind Grundpfeiler unserer Ökonomie.

Der Staat ist eine Überbauinstitution und trägt Klassencharakter. Nur in diesem Zusammenhang können wir den Charakter der ökonomischen Aktivitäten des Staates richtig verstehen.

Die etatistische Politik ist nicht türkisch-spezifisch, wie manche Intellektuellen meinen. Die ökonomische Funktion des Staates in der Türkei können wir in zwei Perioden zusammenfassen; die erste Periode umfaßt 1923 bis 1950 und die zweite 1950 bis zur Gegenwart. Worin besteht der Unterschied zwischen den beiden Perioden?

Der Unterschied beruht auf der evolutionären Entwicklung der Nationalbourgeoisie. Wie wir unten noch sehen werden, war die Türkei zwischen 1923 und 1950 trotz aller Schwierigkeiten und Unbeständigkeiten relativ unabhängig. Die politische Ökonomie, welche die Nationalbourgeoisie in dieser Zeit verfolgte, liefert dafür Beweise. In der ersten Periode (1923 - 1950) bestanden die ökonomischen Aktivitäten des jungen Staates darin, sich durch die innere Dynamik leiten zu lassen, durch die inneren Möglichkeiten eine unabhängige, kapitialistische Entwicklung zu fördern, die nationalen Interessen des Landes in den Vordergrund zu stellen. Historisch gesehen waren diese Aktivitäten, dieses Vorhaben des Staates objektiv fortschrittlich. Denn sie richteten sie gegen das dem Kapitalismus Fremde, also gegen die feudalen Erscheinungen, und förderten gleichzeitig die weitere Entwicklung und Entfaltung der Produktivkräfte und somit die Polarisierung der Gesellschaft auf der Grundlage des sich entwickelnden Kapitalismus.

Die Periode ab 1950 ist von einer immer mehr zunehmenden Abhängigkeit gekennzeichnet. Diese Abhängigkeit wurde erst durch die evolutionäre Entwicklung der türkischen Bourgeoisie ermöglicht. Die Bereitschaftstendenzen zur Zusammenarbeit mit den Imperialisten machten sich schon in den 40er Jahren deutlich.

*) Öffentliche ökonomische Institutionen oder staatlicher Sektor sind gleichbedeutend.

Kapitel I: Die Entwicklung der Landwirtschaft und der Auflösungsprozeß der Bauernschaft

Viele unserer Schriftsteller und Intellektuellen sind der Meinung, daß wir unsere Unabhängigkeit durch das Lausanne-Abkommen erreicht hätten. Im Grunde genommen ist diese Meinung fehlerhaft. Die Unabhängigkeit kann nur dann erreicht werden, wenn das Land sich sowohl ökonomisch als auch politisch von der Unterjochung durch andere Länder befreit. In Lausanne, wo die Vertreter der neuen Türkei und der Imperialisten um ihre Interessen kämpften, konnte sie ihre politische Unabhängigkeit durchsetzten. Sie konnte jedoch ihre ökonomischen Verbindungen mit den Imperialisten nicht abbrechen. Ja, sie war sogar nicht einmal gewillt, diese Beziehungen ganz abzubrechen. Denn die türkische Bourgeoisie hatte zwei Punkte im Auge: Erstens gab es in der Zeit der Lausanne-Verhandlungen in der Türkei ein starkes antiimperialistisches Potential, Istanbul war noch nicht von Besatzern befreit, das Volk war bereit, weiter zu kämpfen. Die Bourgeoisie wußte, was dieses antiimperialistische Potential für sie bedeutete. Sie wußte zu gut, daß dieses Potential den Kampf im Lande weiterführen und die demokratischen Forderungen auf die Tagesordnung setzen würde. Zweitens war die Bourgeoisie selbst gespalten. Ein Teil wollte die sofortige Versöhnung mit den Imperialisten. Man sagte, „wir sind politisch frei, was wollen wir noch". Diese Erwägungen und die Streitigkeiten unter der Bourgeoisie selbst waren die Gründe dafür, daß man in Lausanne gegen die westlichen Herren nicht standhaft kämpfte. Zwei Standpunkte der Bourgeoisie sind hier eindeutig: Ein Teil, der radikale Teil um M. Kemal meinte, zur Beherrschung des inneren Marktes genüge die politische Unabhängigkeit und eine distanzierte Beziehung zu den Imperialisten. Der zweite Teil, die Istanbuler Bourgeoisie wollte die sofortige Kollaboration mit den Imperialisten. Der Kampf zwischen diesen beiden Polen der Bourgeoisie charakaterisierte bis 1950 die sozio-ökonomische Entwicklung des Landes. Untersuchen wir jetzt diese Entwicklung.

1. Landwirtschaftszählung und die Eigentumsverhältnisse

Trotz der Unterjochung und Halb-Kolonisierung des Osmanischen Reiches war die Entwicklung der kapitalistischen Verhältnisse in der Industrie und Landwirtschaft unvermeidlich. Und da fast alle Hindernisse auf dem Wege zur kapitalistischen Entwicklung während und nach dem Befreiungskampf beseitigt waren, hatte das Land die Möglichkeit, sich kapitalistisch zu entwickeln. Die vorhandenen statistischen Angaben, obwohl sie unzureichend sind, weisen eindeutig auf diese Entwicklungstendenz hin.

Die folgende Tabelle zeigt die Eigentumsverhältnisse von 1913 auf dem Lande.[150]

	Zahl der Familien*	in %	Landbesitzer insges. (in Hektar)	in %
Feudalherren	10.000	1	3.000.000	39
Großgrundbesitzer**	40.000	4	2.000.000	26
Klein- und Mittelbauern	870.000	87	2.700.000	35
Landlose	80.000	8	-	-

*) Die hier und im weiteren gebrauchte „Zahl der Familien" oder „Höfe" sind gleichbedeutend.

**) Es herrscht hier eine Begriffsverwirrung. Es gibt keine näheren Angaben, worin der Unterschied im obigen Fall zwischen den Feudalherren und Großgrundbesitzern bestand. Ich gehe aber davon aus, daß es sich bei diesen Großgrundbesitzern um Wirtschaften handelt, die sowohl kapitalistische als auch feudale Charakterzüge aufweisen.

Wir können nicht im Detail die Eigentumsverhältnisse darstellen. Nach dieser Quelle wurden 7,7 Mill. Hektar Boden – nach einer anderen Quelle 9,3 Mill. Hektar – bewirtschaftet.
Eine winzige Minderheit, nur 1% der Bevölkerung kontrolliert 39% des bebauten Bodens. Die erdrückende Mehrheit, 87% der Bevölkerung, verfügt über nur 26% des Bodens. Die Feudalherren und die Großgrundbesitzer, nur 5% der Bevölkerung, besitzen 65% des Bodens. Wir sehen außerdem, daß die Kleinproduktion auf dem Lande sehr verbreitet ist.
Daß diese Eigentumsverhältnisse auf dem Lande sich nicht sehr geändert haben, zeigen folgende Tabellen.

Eigentumsverhältnisse auf dem Land nach ausgewählten Jahren

Das Jahr 1927[151]

	Zahl der Familie	in %	Größe der Nutzfläche (Hektar)	in % des bebauten Bodens
Großgrundbesitzer	33.000	3	8.650.000	36
Reiche Bauernschaft (mehr als 30 Hektar)	230.000	21	7.350.000	30,6
Kleinbauernschaft (weniger als 30 Hektar)	517.000	47	1.470.000	6,1
Arme Bauernschaft	320.000	29	245.000	1,2
Stiftungsland	-	-	6.285.000	26,1

Das Jahr 1938[152]

	Zahl der Bodenbesitzer	in %	Größe der Nutzfläche (Hektar)	in %	Durchschnittl. Größe d. Bodens
Großgrundbesitzer (mehr als 500 Hektar)	418	0.01	640.000	3.70	1.5000
Mittelgroßgrundbesitzer (zwischen 50-500 Hektar)	5.764	0.23	1.720.000	9.95	300
Kleinbodenbesitzer (weniger als 50 Hektar)	2.493.000	99.75	14.918.000	86.34	60
Insgesamt	2.499.000	100.00	17.278.000	100.00	

Das Jahr 1950[153]

Größe der Höfe (Hektar)	Zahl der Familien	in %	Nutzfläche (Hektar)	in %
1-10	2.122.000	84.0	7.650.000	39
10-50	357.000	14.5	6.980.000	36
mehr als 50	33.840	1.5	4.826.000	25

Auf den ersten Blick können die Tabellen miteinander unvergleichbar erscheinen. Wir können sie in bestimmter Hinsicht dennoch miteinander vergleichen und daraus Schlußfolgerungen ziehen*). Die obigen Tabellen gruppieren die Bauernschaft nach der Größe des Eigentums an Boden. Wir sehen, jedesmal sind unterschiedliche Limit-Größen als Kriterium angesetzt. Trotzdem besitzen diese Tabellen bestimmende Gemeinsamkeiten. Es ist hier für uns wichtig, gerade diese Gemeinsamkeiten herauszufinden. Nach diesen Tabellen können wir die Bauernschaft in drei Hauptgruppen zusammenfassen: Großgrundbesitzer, Mittelbauernschaft und Kleinbauernschaft.

Demnach halten 33.000 Familien bei der ersten Tabelle (3% aller Familien) 36% des Bodens, und als reiche Bauernschaft angegebene Bauernfamilien (ich nenne sie Mittelbauernschaft) machen 21% der gesamten Bauernschaft aus und verfügen über 30,6% des Bodens. Die dritte Gruppe – die Kleinbodenbesitzer – die arme Bauernschaft – bildet dagegen 76% der gesamten Bauernfamilien, kontrolliert aber nur 7,3% des Bodens.

Die erste Tabelle weist daraufhin, daß der größte Teil des Bodens, also 66,6% des Bodens, in den Händen von 24% der Bauernfamilien konzentriert ist, und daß die erdrückende Mehrheit der Bauern, also 76% der Bauernschaft, nur über 7,3% des Bodens verfügt. Hier sehen wir die Konzentration des Bodens in wenigen Händen.

Die durchschnittliche Größe des in den Händen von 33.000 Familien befindlichen Bodens beträgt 262, des in den Händen von 230.000 Familien befindlichen Bodens 31 Hektar. Dagegen aber beträgt die durchschnittliche Größe bei den 837.000 Familien nur oder kaum 2 Hektar.

Bei der zweiten Tabelle hat man für die Gruppierung der Bauernschaft eine andere Größe angesetzt. Demnach kontrolliert nur eine winzige Schicht der Bauernschaft, also 0,24% der Bauern, ca. 14% des Bodens. Dagegen verfügt die erdrückende Mehrheit der Bauernfamilien (99,75%) über 86% des Bodens. Hier beläuft sich die durchschnittliche Größe des Bodenanteils bei der 0,1% der Familien 1.500, bei der 0,23% der Familien 300 und bei der 99,1% der Familien aber 60 Hektar. Auch diese Angaben machen die Konzentrationstendenz am Boden deutlich: Einerseits besitzen wenige Familien umfangreiche Ländereien und andererseits verfügen die Mehrheit der Bauernfamilien über nur wenig Bodenanteil.

Auch die dritte Tabelle führt uns zum gleichen Resultat. Wir können im allgemeinen die Bauerngruppen bei dieser Tabelle wie folgt charakterisieren: Kleinbauernschaft mit 1 - 10 Hektar Bodenanteil; mittlere Bauernschaft mit 10 - 15 Hektar Bodenanteil und die großen Bodenbesitzer ab 50 Hektar Bodenanteil. Demnach kontrolliert nur 1,5% der Bauernfamilien 25% des Bodens. 14,5% der Bauernfamilien verfügt über 36% des Bodens. Dagegen aber besitzt 84% der Bauernfamilien nur 39% des Bodens. Die durchschnittliche Bodengröße sieht dann so aus: bei den 1,5% der Familien (33.840 Familien) 142, bei den 14,5% der Familien (357.000 Familien) 19 und bei den 84% der Familien (2.122.000 Familien) nur 3 Hektar.

Folgende Schlußfolgerungen können wir aus diesen Tabellen ziehen:

a) Die Konzentration des Bodens in wenigen Händen ist eindeutig.
b) Die erdrückende Mehrheit der Bauernschaft verfügt über wenig Land.
c) Ein beträchtlicher Teil des Bodens wird durch die Bauernschaft kontrolliert, die man als Mittelbauern bezeichnen kann.

*) Auch die Statistik ist eine Wissenschaft. Entwicklung und Genauigkeit in dieser Wissenschaft bedeuten gleichzeitig ökonomische, gesellschaftlich-kulturelle Entwicklungen des Landes. Die Oberflächlichkeit bei diesen und anderen Tabellen zeigt, wie diese Wissenschaft bei uns auf die leichte Schulter genommen wird!

Diese Teilung des Bodens hat folgende soziale Bedeutung, oder anders gesagt, wir haben es in der Landwirtschaft mit folgenden sozialen Gruppen zu tun:

1. Großgrundbesitzer
2. Reiche, mittlere Bauernschaft
3. Kleinbauernschaft (Landlose und Pächter ausgeschlossen).

Diese Tabellen machen auch deutlich, bei welchen dieser Gruppen sich die maschinelle Landwirtschaft zu betreiben lohnt. Es ist die erste Gruppe, also die großen Bodenbesitzer. Nach der durchschnittlichen Bodengröße kann auch die mittlere Gruppe maschinelle Landwirtschaft treiben. Der Bodenanteil der Kleinbauernschaft ist für die maschinelle Bewirtschaftung nicht geeignet, weil diese Ländereien in winzige Parzellen zerstückelt sind.

Abgesehen von der Ergiebigkeit und Lage des Bodens – mit der Lage ist die Verkehrsbedingung und die Entfernung von Städten gemeint – kann theoretisch nach der durchschnittlichen Größe des Bodenanteils bei der ersten Tabelle 60,6%, bei der zweiten Tabelle ca. 14% und bei der dritten Tabelle 61% des Bodens für die maschinelle Bewirtschaftung als geeignet gelten.

Die folgenden Tabellen machen die Eigentumsverhältnisse auf dem Lande noch deutlicher:

Eigentumsverhältnisse nach der Landwirtschaftszählung von 1950[154]

	Zahl der Familien	Zahl der Familien in %
Landbesitzer	1.686.143	72.60
Halbbesitzer	498.838	21.48
Pächter	14.815	0.64
Halbpächter	74.879	3.22
Nur Viehzüchter	47.716	2.06
Insgesamt	2.322.391	100.00

Aus der Tabelle sehen wir, daß 72,6% der Bauernschaft Eigentümer an Grund und Boden sind. Das täuscht aber, denn Familien, die mehr als 50 Hektar Land besitzen, machen kaum 1,5% der gesamten Bauernfamilien aus und verfügen aber über 24,8% des bebauten Bodens. Familien, die mit ihrem Bodenanteil kaum auskommen, machen 75,5% der gesamten Bauernfamilien aus und verfügen über 29,4% des bebauten Bodens.

Die folgende Tabelle weist detailliert die Teilung des Bodens unter den Bauernfamilien nach.

Teilung des Bodens unter den Bauernfamilien 1950[155]

Größe (Hektar)	Zahl d. Höfe	in %	bebauter Boden (Hektar)	in %
1-2	773.000	30.6	836.000	4.3
2-5	797.000	31.5	2.790.000	14.3
5-7,5	336.000	13.3	2.097.000	10.8
7,6-10	216.000	8.6	1.915.000	9.9
10-15	168.000	6.7	2.108.000	10.8
15-20	92.000	3.6	1.648.000	8.5
20-30	68.000	2.7	1.712.000	8.8
30-50	39.000	1.5	1.520.000	7.8
50-70	17.000	0.7	1.015.000	5.2
70 und mehr	21.000	0.8	3.811.000	19.6

Die Entwicklungstendenz bei der Urbarmachung des Bodens wird durch die folgende Tabelle veranschaulicht:[156]

Jahr	bebauter Boden (Hektar)	Anteil in % der gesamten Landesfläche
1887	3.878.000	-
1907	4.500.000	-
1923/24	2.885.000	-
1925	5.000.000	-
1927	4.363.774	4.86
1944	12.984.000	10.4
1950	16.398.330	21.09

Wir sehen hier eine Ausdehnung der Nutzfläche. Diese Ausdehnung der Nutzfläche kommt daher, daß der Staat den Emigranten und landlosen Bauern Boden gegeben hat. Jedoch bekamen die Großgrundbesitzer und die Feudalen bei und nach dieser Bodenverteilungs„operation“ den Löwenanteil. Bis 1947 bekamen die Emigranten vom Staat insgesamt 460.605 Hektar Boden. Im gleichen Zeitraum gingen die Staatsländereien – hauptsächlich Weiden – um 796.100 Hektar zurück. Diese große Differenz zwischen diesen beiden Zahlen, etwa 335.495 Hektar, wurde von Großgrundbesitzern und reichen Bauern angeeignet.[157]

Anhand all dieser Angaben stellen wir fest, daß der größte Teil des bebauten Bodens trotz der Macht der Nationabourgeoisie immer mehr in den Händen einer winzigen Minderheit, der Feudalen und Großgrundbesitzer konzentriert ist.

Besaßen im Jahre 1938 2.492.000 Familien, die über weniger als 50 Hektar Land verfügten, also 86% des bebauten Bodens und 90, 25% der Bauernfamilien ausmachten, so verfügten im Jahre 1950 2.489.000 Familien, d.h. 98,50% der Familien, die weniger als 50 Hektar Land hatten, nur über 75% des bebauten Bodens. Diese Differenz von 11% entstand zwischen 1938 und 1950 und ging in den Besitz der Großgrundbesitzer und reichen Bauernschaft. Die Expropriation der Bauern erfolgte in den östlichen und südlichen Regionen des Landes, wo die Feudalen immer noch herrschten, durch die Vertreibung der Bauern von ihrem Boden oder durch die Verschuldung und in westlichen Teilen des Landes durch die „normale" Entwicklung des Kapitalismus oder auf zivilisierte Weise. Das Neben- und Miteinanderbestehen der Eigentumsverhältnisse in diesem Teil des Landes wirkte auf die kapitalistische Entwicklung der Landwirtschaft fördernd. Hier entstanden die kapialistisch betriebenen Höfe, besonders reiche Bauernhöfe und Großgrundbesitzerhöfe, zu einem frühen Zeitpunkt.[158]

2. Die Warenproduktion und kapitalistische Verhältnisse in der türkischen Landwirtschaft

Die kemalistische Bourgeoisie hatte die Revolution nur auf den antiimperialistischen Kampf begrenzt. Die Bourgeoisie versuchte nicht einmal, den Feudalismus zu beseitigen. Für die Verwirklichung der demokratischen Forderungen unternahm sie keine radikalen Schritte. Deswegen konnten die Feudalen im Lande weiterexistieren.

Die durch die Entwicklung des Fremdkapitals früh entstandenen kapitalistischen Verhältnisse führten jedoch zur weiteren Entwicklung der Waren-Geldverhältnisse in der Landwirtschaft und versetzten dem Feudalismus Schläge. Ferner wirkten die von der kemalistischen Bourgeoisie getroffenen Maßnahmen auf den Feudalismus unvermeidlich zersetzend.

Im Hinblick auf die Entwicklung der Landwirtschaft können wir die damalige Türkei hauptsächlich in drei Regionen teilen. Diese Teilung wird uns zeigen, daß die türkische Landwirtschaft sich je nach Regionen unterschiedlich entwickelt hat.[159]

Die Teilung beruht auf den Bewirtschaftungsformen des Bodens im Osmanischen Reich. Die Einwirkung des Fremdkapitals auf die Landwirtschaft, also die Mechanisierung der Landwirtschaft in einigen Teilen des Landes führte zur Erhöhung der Produktion und der Produktivität, ermöglichte die soziale Differenzierung in der Landwirtschaft und entwickelte die Infrastruktur.

Gruppe 1 (West- und Südanatolien): Bei der Entwicklung der Landwirtschaft in diesen Regionen – Izmir, Eskisehir, Adana – spielte das englische Kapital eine sehr wichtige Rolle. England importierte seit dem 18. Jhd. aus dieser Gegend eine beträchtliche Menge Baumwolle, um den Rohstoffbedarf der Textilfabriken in England decken zu können. Bevor wir weiter gehen, veranschaulichen wir die aus dem Osmanischen Reich importierte Baumwollmenge. Diese betrug im Jahre 1725 667.279 Pfund, 1755 738.412 Pfund, 1775 2.175.132 Pfund, 1785 2.190.027 Pfund, 1787 3.227.964 Pfund und 1789 4.406.892 Pfund.[160]

Um die Produktion der Baumwolle steigern zu können, vergrößerte England die Baumwollfelder einerseits und mechanisierte sie andererseits für die extensive Bewirtschaftung.[161]

Viele Ausländer kauften in diesen Regionen Boden von zehntausenden Hektar und gründeten kapitalistisch bewirtschaftete Höfe und landwirtschaftliche Gesellschaften. Die Zahl dieser Ausländer ging über die Zehntausende.[*)162] Somit änderte das Fremdkapital die Agrarstruktur dieser Regionen. Die größten kapitalistische Landwirtschaftsbetriebe der Türkei, die über zehntausend Hektar Boden verfügten, entstanden in diesen Regionen. Die Landwirtschaftsgeräte, die Produktionsmittel, waren nicht primitiv. Hunderte von Menschen arbeiteten hier als Pächter und Tage-

löhner.*) In diesem Zusammenhang schreibt Dr. Sefik Hüsnü folgendes: „Die Agrargeräte entsprachen dem Entwicklungsstand der Technik. Traktoren und Dampfmaschinen fanden breite Anwendung. Die Rohstoffe und der Anbau einiger Produkte für den Export – Wolle, Tabak, Oliven, Weintrauben, Flachs, Opium usw. – waren bevorzugt. Die für die Verarbeitung dieser Produkte gegründeten Fabriken waren nicht selten anzutreffen. Eine landwirtschaftliche Arbeitskräftearmee war vorhanden und verrichtete schwere Feldarbeit."[163] Nach Sefik Hüsnü sind die Kleinbetriebe in diesen Regionen weniger von Bedeutung als die in Mittelanatolien. Denn die Anwendung der modernen Produktionsmittel hier führte dazu, daß die konkurrenzunfähigen Kleinbetriebe zugrundegingen. Das ist diese Entwicklung, die ich oben mit der „normalen" sozialen Differenzierung meinte.
Wir sehen in diesen Regionen zwei Formen der Expropriation der Bauernschaft; erstens richtete die Konkurrenz unzählige Bauernhöfe zugrunde und zweitens konnten die Bauern ihren Verpflichtungen nicht nachkommen. Auf diese Weise wurden sie legal gezwungen, ihre Felder zu verlassen. Ihre Ländereien gingen auf „zivilisierte" Weise in die Hände der Großgrundbesitzer und Agrarkapitalisten.
Die Mechanisierung der Landwirtschaft, folglich die Steigerung der Produktion und der verbreiterte Handel führten unvermeidlich zur weiteren sozialen Auflösung der Bevölkerung und zur weiteren Akkumulation des Kapitals.
Gruppe 2 (Ostanatolien): In dieser Region der Türkei herrschte der Feudalismus. Nach Angaben von Sefik Hüsnü hielten eine Handvoll feudale Gewaltherrscher bestehend aus Begs, Wucherern, Stammesführern über 1 oder 2 Millionen unter ihrer Kontrolle. Alle Reichtümer, Boden, Viehbestand und Menschen gehörten ihnen. Sie behandelten, gestützt auf die Religion, das unwissende Volk grausam.[164] In dieser Region dominierte die geschlossene, feudale Ökonomie, eine Ökonomie auf ihrer niedrigsten Entwicklungsstufe. Diese Region der Türkei war und ist immer benachteiligt, weil hier hauptsächlich die kurdische Minderheit lebt.
Die schlechten Verkehrsverbindungen führten zur weiteren Isolation dieser Region. Es bestanden nicht viele, teils sogar keine Möglichkeiten, den Produktenüberschuß oder sonstiges zum Markt in die Zentren zu bringen. Deshalb wurde ein Teil des Bodens überhaupt nicht bestellt.
Gruppe 3 (Nord- und Mittelanatolien): In diesen Regionen des Landes ist die Kleinbauernschaft dominierend. Die Agrarreform aus der osmanischen Zeit wurde hier voll in die Tat umgesetzt. „Viele arme Bauern", schreibt Dr. Sefik Hüsnü, „die nicht einmal wußten, ob sie Eigentümer des ihrerseits bebauten Bodens waren, profitierten von den Reformmaßnahmen und wurden durch Gesetzeskraft legitime Eigentümer des Bodens. Dies hatte zur Folge, daß der Boden zum größten Teil in kleine Parzellen zerteilt wurde. Seitdem ist die Kleinbauernschaft in dieser Region Regelerscheinung. Und die Masse der Klein-, Mittel- und Großbauern bildet den größten Teil der dortigen Bevölkerung."[165]
Die Produktionsmittel der Bauern in diesen Regionen waren primitiv. Deswegen konnten sie keinen intensiven Ackerbau betreiben und waren gezwungen, einen Teil der Ländereien der umliegenden Großgrundbesitzerhöfe zu pachten, um eben ihren Unterhalt bestreiten zu können. Dieser Zustand zwang sie, ununterbrochen Darlehen aufzunehmen. Auf diese Weise fielen sie in die Hände der Wucherer, und so verloren sie das Eigentumsrecht auf ihren Boden, weil sie ihren Verpflichtungen bei den Wucherern nicht nachkommen konnten. Dies beschleunigte den Prozeß ihrer Expropriation und ihrer Auflösung. In diesen Regionen bestimmten die expro-

*) Siehe: Die Rolle des englischen Kapitals in Westanatolien.

priierten Bauern, Kleinproduzenten einerseits und die Großbauern andererseits das Bild der Landwirtschaft.
Nach einer Bodenumfrage aus dem Jahre 1907 stand das Bodenverhältnis im europäischen Teil der Türkei wie folgt: 34% der bebauten Ländereien waren weniger als 1 Hektar. 47% zwischen 1 und 5 Hektar und 19% mehr als 5 Hektar.[166]
Diese Region ist eine der Regionen, in denen das Fremdkapital in der Landwirtschaft breite Anwendung fand. Die obigen Angaben zeigen, daß ein großer Teil des Bodens in winzige Parzellen zerteilt war. Sie weisen auch auf den Auflösungsstand der Bauernschaft in dieser Region um die Wende zum 20. Jhd. hin.
Alle bisher angeführten Angaben zeigen eindeutig, daß sich die sozio-ökonomische Struktur in der Landwirtschaft oder der Prozeß der Auflösung der Bauernschaft in unterschiedlichen Entwicklungsstadien befanden.

2.1. Förderungsmaßnahmen in der Landwirtschaft und die Rolle des Wucherkapitals

Die Anwendung der Maschinen gibt uns ein Bild über den Entwicklungsstand des Kapitalismus in der Landwirtschaft. Leider haben wir keine detaillierten Angaben darüber. Wir müssen uns mit den Zahlen begnügen, die nur von allgemeiner Bedeutung sind. Im Jahre 1927 gab es 1.751.239 Bauernhöfe, dagegen nur 118.700 Holz- und 210.794 Eisenpflüge.[167] Auf die Zahl der Landwirtschaftsmaschinen zwischen 1923 und 1952 weist die folgende Tabelle hin.

Zahl der Landwirtschaftsmaschinen[168]

Jahr	Eisenpflug	Traktor	Traktorpflug	Mähdrescher	Sämaschine	Dreschmasch.
1923/29	-	2500-3000	-	-	-	-
1927	Landwirtschaftsmaschinen (alle Arten)		11.711	-	-	-
1936	-	961	-	104	-	-
1940	-	1066	-	57	-	-
1944	419.932	956	1900	103	6515	2096
1948	771.258	1750	3323	994	14.796	16.248
1952	858.846	31.415	30.776	3222	30.203	22.033

Die Tabelle zeigt, daß die Mechanisierung der Landwirtschaft sich bis 1952 sehr langsam entwickelt hat. In dieser Periode hatten nur die Großgrudbesitzer und Angehörige des Führungskreises des Staates die Möglichkeit, Maschinen anzuschaffen und moderne Landwirtschaftsbetriebe zu gründen. M. Kemal, der große Fabrikant und Agrarkapitalist war dafür selbst ein Beispiel.[169]
Um die Landwirtschaft zu fördern, wurden Landwirtschaftsgenossenschaften gegründet. Man stellte im Budget Kreditfonds für die Lasndwirtschaft bereit. Z.B. wurden im Jahre 1923 8. Mio. TL., 1936 26 Mio. TL., 1938 35 Mio. TL., 1940 50 Mio. TL., 1942 112 Mio TL. und 1950 412 Mio. TL. im Haushalt für die Landwirtschaft bereitgestellt.[170]
Diese Kredite sind im Zusammenhang mit den für die Förderung der Landwirtschaft getroffenen Maßnahmen des Staates zu betrachten. Um die Landwirtschaft voranzutreiben und zu mechanisieren, gründete der Staat einerseits selbst moderne Landwirtschaftsbetriebe und gewährte andererseits denjenigen Bauern, die mechanisierte Landwirtschaft betreiben wollten, Zollvergünstigungen, verkaufte ihnen

die importierten Maschinen und gab Kredite durch die Ziraat Bank (Agrarbank). Von diesen Begünstigungen konnten sich jedoch nur die Großgrundbesitzer Nutzen ziehen.
Die Steigerung der landwirtschaftlichen Produktion bildet ein anderes Beispiel für die Entwicklungstendenz in der Landwirtschaft. Wir veranschaulichen die Produktion einiger landwirtschaftlicher Kulturen wie folgt:

Produktion einiger landwirtschaftlicher Kulturen[171]

Produkte	Jahr	Summe
Tabak	1923	26.000 t
"	1926	54.000 t
"	1939	65.000 t
"	1940	71.000 t
"	1945	70.000 t
"	1950	93.000 t
Baumwolle	in Kriegszeit	150.000 Ballen
"	1923	90.000 Ballen
"	1925/26	110.000 Ballen
"	1939	64.000 t.
"	1940	77.000 t
"	1945	54.000 t
"	1950	118.000 t
Opium	in Kriegszeit	10.000 Kisten
"	1923	2.200 Kisten
"	1926	4.400 Kisten
getrocknete Weintraube	1920	18.000 t
"	1923	36.000 t
"	1926	36.000 t
getrocknete Feige	in Kriegszeit	20.000 t
"	1922	6.200 t
"	1926	27.000 t
"	1939	41.920 t
"	1940	40.670 t
"	1945	21.890 t
"	1950	38.720 t
Haselnuß	1925	50.000 t
"	1926	16.000 t
Weizen	1928	1,5 Mill.t
"	1933	2,5 Mill.t
"	1939	4,2 Mill.t
"	1940	4,1 Mill.t
"	1945	2,2 Mill.t
"	1950	3,9,Mill.t
Reis	1939	51.000 t
"	1940	61.000 t
"	1945	32.000 t
"	1950	51.000 t

Die ungleichmäßige, wellenartige Zunahme der Produktion der obigen landwirtschaftlichen Produkte können wir jedoch nicht nur durch die Mechanisierung der Landwirtschaft erklären. In dieser Periode, also zwischen 1923 und 1950, spielte neben der Mechanisierung die Urbarmachung des Bodens für die Zunahme der Produktion eine große Rolle.
Die nachstehende Tabelle zeigt die Entwicklungstendenz in der Urbarmachung des Bodens.[172]

Jahr	bebautes Land	Jahr	Weidefläche
1928	6.628	1928	46.298
1937	11.538	1938	42.370
1948	13.900	1948	38.330
1952	17.361	1952	34.789

(in 1000 Hektar)

Wir sehen hier eine relative Zunahme der Nutzfläche zuungunsten der Weiden.
Die Entwicklung des Verkehrswesens wirkt auf die Landwirtschaft fördernd. Ein kleines Beispiel hierfür ist der Eisenbahnbau zwischen Sivas und Samsun. Im Jahre 1934 produzierte man in Erzurum 78.000 t und in Kars 67.000 t Getreide. Nach der Inbetriebnahme der genannten Eisenbahnlinie im Jahre 1938 stieg die Getreideproduktion in Erzurum auf 372.000 t und in Kars auf 264.000 t.[173]
Es gibt noch andere Anhaltspunkte. woran wir die Bemühungen zur kapitalistischen Entwicklung der Landwirtschaft erkennen können; z.B. die Agrarindustrie. Vor dem Krieg gab es Industrie – pflanzenverarbeitende Betriebe. Die Inhaber dieser Betriebe waren meistens Griechen. Bevor sie flüchteten, haben sie diese vollständig demoliert. Nach dem Krieg gingen diese Betriebe in die Hände der Nationalbourgeoisie über. Sie wurden repariert und in Betrieb genommen. Es handelte sich um 91 Oliven-, 32 Seifen-, 18 Spiritus- und 90 andere Fabriken.[174]
Die Anwendung von Kunstdüngemitteln und Know-how in der Landwirtschaft geben uns Aufschluß über den Charakter der landwirtschaftlichen Produktion. Hier geht es hauptsächlich darum, ob und wie die Landwirtschaft intensiv betrieben wird. Zwei Beispiel: Im Jahre 1923 betrug die Tabakproduktion pro Hektar 740 kg. 1938 stieg diese auf 840 kg pro Hektar. 1938 konnte man in der Landwirtschaft nur von 1.376 t künstlichen Düngemitteln Gebrauch machen. Dieser stieg 1950 auf 42.103 t.
Die Bildung des inneren Marktes ist der aufschlußreichste Hinweis auf den Entwicklungsstand der Landwirtschaft und umgekehrt: Die Bildung des inneren Marktes ist der Gradmesser für die Entwicklung des Kapitalismus überhaupt.
Die landwirtschaftliche Warenproduktion, Produktion für den inneren Markt, hat es auch im Osmanischen Reich gegeben. Sie war in den letzten Jahrzehnten des Reiches sogar „ein bißchen“ entwickelt. Die dafür getroffenen ökonomischen Maßnahmen, der dazu notwendige Ausbau der Infrastruktur, besonders der des Verkehrswesens, trugen sehr viel zur Entwicklung des inneren Marktes bei. In bezug auf diese Entwicklung schrieb I. Hüsrev folgendes: „Es ist heute in der Türkei, in der Dorfökonomie unmöglich, nur die einfache Warenproduktion, die typische ideale Ökonomie, die für den persönlichen Verbrauch produziert, anzutreffen ...

Auch das rückständigste Dorf in der Türkei steht mehr oder weniger mit dem Markt in Verbindung ...“[175] Auch Hatipoğlu weist auf die gleiche Entwicklung hin: „Den größten Teil der Konsumenten der Produktion aus dem Dorf bildeten die industriell entwickelten europäischen Länder. Zwischen 1923 und 1934 betrug der Anteil der landwirtschaftlichen Erzeugnisse mehr als 80% des gesamten Exports des Landes ...“[176] Das Exportvolumen stieg von 618.000 t im Jahre 1929 auf 1.447.000 t im Jahre 1938, davon 91,2% landwirtschaftliche Produkte. Den Anteil einiger landwirtschaftlicher Produkte am Export zeigt folgende Tabelle.

Anteil einiger landwirtschaftlicher Produkte am Export[177]

Produkte	Perioden	
	1930 (in %)	1938 (in %)
Tabak	28,50	27,50
Feige	17,94	23,90
Baumwolle	11,00	7,00
Getreide	3,72	9,00
Tierische Produkte	1,02	5,00

I. Hüsrevs Angaben zufolge war in der Nordregion des Landes die Arbeitsteilung in der Produktion ziemlich weit entwickelt. In Trabzon und Umgebung waren die Milchwirtschaft und die Viehzucht sehr verbreitet. Jede Woche wurden aus dieser Region 80 Fässer nach Istanbul und 20 Fässer nach Izmir geschickt. Das galt auch für Kars und Ardahan. Die Händler kauften von den Bauern Milch, daraus stellten sie Butter her und verkauften sie in anderen Regionen.
In den Regionen wie West-Südwest- und Mittelanatolien war die Produktion am weitesten entwickelt, überall gab es kapitalistische Landwirtschaftsbetriebe und die Viehzucht bildete einen untrennbaren Bestandteil der Ökonomie. 1930 erreichte in Mittelanatolien die jährliche Wollproduktion 650.000 t. 200.000 t wurden in Ankara verarbeitet und der Rest wurde exportiert.
Die Städte wie Mugla, Burdur, Kirklareli aus diesen Regionen brachten 80% ihrer Erzeugnisse auf den Markt. Das zeigt, wie sehr der Markt in diesen Regionen von Bedeutung war. Die Städte wie Izmir, Denizli, Aydin, Manisa, Balikesir, Adana und Nazilli aus diesen Regionen waren Zentren der industriellen Pflanzenproduktion. Die Waren der Produzenten wurden von einheimischen und ausländischen Gesellschaften entweder direkt oder durch ihre Vermittler gekauft. Aus den obigen Angaben stellen wir zwei Punkte heraus: 1. Der Warenaustausch, die Landwirtschaft für den Markt ist überall im Lande verbreitet und führt in nicht wenigen Regionen zur Entstehung und weiteren Entwicklung kapitalistischer Verhältnisse. 2. Die Regionen spezialisierten sich auf die Produktion bestimmter landwirtschaftlicher Produkte; z.B in Adana Baumwolle, Textilien in Aydin, Izmir Oliven, in Konya Getreide usw. Diese Spezialisierung bedeutet gleichzeitig regionale Arbeitsteilung. Man deckte seinen Bedarf an landwirtschaftlichen oder sonstigen Produkten durch gegenseitigen Warenaustausch. Der Ausbau des Verkehrsnetzes spielte dabei eine entscheidende Rolle.
Die Ausbeutungsmethoden charakterisieren auch die Produktionsverhältnisse in der Landwirtschaft. Besonders in Ost- und Südanatolien, wo der Feudalismus herrschte, eigneten sich die Feudalen das Mehrprodukt der Bauern an. Die Bauern

samt ihren Familien lebten und arbeiteten hauptsächlich auf den Feldern der Feudalen. Der Bauer war ein beschränktes Eigentum der Feudalherren.
Die Pachtverhältnisse waren überall in der türkischen Landwirtschaft anzutreffen. Was an diesen Pachtverhältnissen wichtig ist, ist, daß die Eigentümer des Bodens und anderer Produktionsmittel ihren Anteil als Produktenrente bekamen. Es war oft die Regel, daß die als Pächter auftretenden Bauern mehr als die Hälfte des gesamten Produkts den Großgrundbesitzern abgeben mußten. Alle diese feudalen Verhältnisse verwandelten sich dort in kapitalistische Verhältnisse, wo die Landwirtschaft mechanisiert war.
Die ökonomische Struktur der türkischen Landwirtschaft führte die Entwicklung des Wuchertums herbei: Das gleichzeitige Bestehen der feudalen Ökonomie, der Waren-Geldverhältnisse und des nackten Kapitalismus weisen auf zwei wichtige Funktionen des Wucherers hin. Der Wucherer bestimmte den Umfang des Zinsfußes selbst. Je nach den Umständen stieg dieser in Anatolien bis auf 50%, sogar auf 100%. Die Rolle des Wucherers muß unter diesem Gesichtspunkt betrachtet werden, also Wucherer und Zinsen sind nun untrennbar.

1) Wo die Naturalökonomie herrschte und die Produktion für den Markt nicht charakteristisch war, bekam der Wucherer sein geliehenes Geld und den Zins in Form von Produktenrente zurück. In diesem Fall ließen die Bauern ihren Eigentumsbestand – Boden, Haus, Vieh usw. – hypothekarisch belasten. Auf diese Weise in die Klauen des Wucherers geratene Bauern verloren ihr Eigentum, falls sie ihren Vepflichtungen nicht nachkamen. So wurden die Bauern in Anatolien von den Wucherern expropriiert.
   In Ost- und Südostanatolien waren die Wucherer gleichzeitig die Feudalherren. Die Feudalen als Wucherer expropriierten zwar nicht die Bauern, die auf ihren Feldern arbeiteten. Die hatten sowieso nichts. Hier ging es hauptsächlich um die „unabhängigen" Bauern, um die Kleinproduzenten, die gewagt hatten, neben den Herren, aber unabhängig von ihnen, durch eigenen Boden ihren Unterhalt zu bestreiten. Am Ende wurden sie von den feudalen Wucherern samt der Familie „gekauft".

2) In Mittel-, Nordwest- und Südanatolien, wo für den Markt produziert wurde, die kleinen und kleinsten Parzellen und kapitalistische Landwirtschaftsbetriebe nebeneinander existierten, war das Wuchertum ziemlich verbreitet. Die Wucherer waren in diesen Regionen „modern" und traten gleichzeitig auch als Händler und Kapitalisten auf. Die Charakteristik, warum sie Wucherer genannt wurden, kommt daher, daß sie mit den Kleinproduzenten in, dem Wuchererturn entsprechenden, Verhältnissen standen. Diese Elemente kauften die Produkte der Bauern häufig nicht auf dem Markt. Denn der Bauer brauchte Geld, und, um dieses Geld zu bekommen, hat er zwei Wege: Erstens gehen die Kleinproduzenten aus Not zu diesen Wucherer-Händler-Kapitalisten, nehmen Geld gegen hypothekarische Belastung ihres für das kommende Jahr bestimmten Produktes auf. Die Kleinproduzenten wissen, was das bedeutet, haben aber keine andere Wahl. Der kluge Händler-Wucherer nutzt diese Notlage der Kleinproduzenten aus. Wenn der Wucherer-Händler sieht, daß der Kleinproduzent in der Lage ist, seine Schulden zurückzuzahlen, so versucht er diesmal sein Produkt unter dem Wert des Marktes zu kaufen. Der Bauer muß seine Produkte an ihn verkaufen. Sonst gibt es niemanden, der sein Produkt kauft. Der zweite Weg: Diesmal sind die Händler-Wucherer sehr bedacht auf die Nöte der Kleinproduzenten und geben ihnen Vorschuß. Obwohl der Bauer selbst nicht weiß, was er säen wird, wird dieses noch nicht gesäte Produkt unter hypothekarische Belastung gestellt, und

er verpflichtet sich außerdem sein Produkt dem Händler zu verkaufen, von dem er Geld bekommt.

Wir sehen hier zwei Ausbeutungs- und Expropriationsformen der Bauern in verschiedenen Stufen der ökonomischen Entwicklung. Wo die geschlossene feudale Ökonomie herrscht, treiben die Feudalen die Bauern in die Ecke und zwingen sie, sich zu beugen. Es geschieht also in feudalen Verhältnissen.

In Regionen, wo die Waren-Geldverhältnisse, die kapitalistischen Verhältnisse herrschen, werden die Bauern auf kapitalistische Weise ausgebeutet und expropriiert.

Beim ersten Fall verwandeln die Wucherer ihre Geldreichtümer selten in Kapital. Häufig bleibt das Geld in ihren Händen als „Schatzanhäufung", eben als Wucherkapital. Beim zweiten Fall gehen diese Geldreichtümer in Handel und Industrie und verwandeln sich somit in Handels- und Industriekapital.

Das Steuer- und Kreditwesen wirkt sich unmittelbar auf die Eigentumsverhältnisse aus: Der Staat hat Aşar (Zehntel), das Steuersystem in der Landwirtschaft bis 1925 nicht außer Kraft setzen können. Aşar bedeutet die Einrichtung der Steuer als Produkt. Ob der Bauer Produktenüberschuß hat oder nicht, das interessiert niemanden. Die Hauptsache war, daß der Bauer ein Zehntel seines Produktes an den Staat abgeben mußte. Nicht immer hatten die Bauern Überschüsse. Trotzdem mußten sie Aşar zahlen. Wenn sie nicht zahlten, wurden sie gepeitscht, schikaniert, ins Gefängnis gesteckt usw. Dieses System ließ den Bauern keinen Bewegungsraum. Da es als Produkt entrichtet wurde, brauchten die Bauern nicht ihre Produkte zu verkaufen, d.h. ihr Weg zum Markt wurde abgeschnitten. Das bedeutete die Verhinderung der Entwicklung der Ware-Geldverhältnisse und die Aufrechterhaltung der feudalistischen ökonomischen Verhältnisse.

Kredite für die Landwirtschaft spielten verschiedene Rollen: Nur die Großgrundbesitzer und kapitalistischen Agrarbetriebe konnten sich Kredite leisten. Diese Kredite trugen zur Mechanisierung der Landwirtschaft bei, aber sie waren gleichzeitig in den Händen der Großgrundbesitzer und Wucherer ein Faktor zur Unterdrückung und weiteren Ausbeutung der Bauern. Obwohl die Kredite billig zu haben waren, machte die zuständige Bank die hypothekarische Belastung eines bestimmten Teils des Bodens zur Bedingung. Wegen dieser Bedingung kamen die Kredite meistens den genannten Kreisen zugute. Oder die Kleinproduzenten, die Kredite aufnehmen wollten, ließen die Großgrundbesitzer oder Wucherer für sich bürgen. Wenn sie aber ihre Schulden nicht zahlten, eigneten sich diese Garanten ihre Eigentümer an.

Die Bauernschaft nahm 1925 Kredite in Höhe von 2 und 1931 in Höhe von 12,7 Mill. Lira auf Bürgschaft und 1931 12,9 Mill. Lira auf hypothekarische Belastung auf. Nur 5,8 Mill. dieser Gesamtsumme wurden von den Bauern aufgenommen, die gegen die hypothekarische Belastung ihres Bodens bei der Bank bis 500 Lira Schulden machten.[178]

Die Bedingungen der Kreditaufnahme führten zur weiteren Konzentration des Bodens in den Händen der Großgrundbesitzer, der Wucherer und zum weiteren Bestehen des Wuchertums, folglich zur weiteren Expropriation der Bauern. Diese Entwicklung bedeutete die weitere Auflösung der Bauernschaft.

Schlußfolgerungen aus diesem Kapitel

1) In der türkischen Landwirtschaft herrschten im allgemeinen die Verhältnisse der Warenproduktion. Die Warenproduktion entwickelte sich in Ost- und Südostanatolien langsam, in anderen Teilen des Landes relativ schnell. In Ost- und Südostanatolien dominierte die geschlossene, die Feudalökonomie und die feu-

dalistischen Verhältnisse; die Verhältnisse zwischen den Bauern und den Feudalherren verzeichneten einen langsamen Zerfall. In anderen Teilen des Landes herrschten dagegen kapitalistische Verhältnisse.

2) Während in West-, Nord-, Mittel- und Südanatolien das Handels- und Wucherkapital die Entwicklung des Kapitalismus und folglich die Auflösung der Bauernschaft förderte, geschah im Osten des Landes das Gegenteil. Hier blieb das Wucherkapital als „Schatzanhäufung" bestehen. Die feudalen Verhältnisse waren wichtige Gründe, die die Auflösung der Bauernschaft verhinderten.

3) In allen Teilen des Landes, wo die kapitalistischen Verhältnisse oder der nackte Kapitalismus herrschten, entstanden bestimmte gesellschaftliche Klassen in der Landwirtschaft. Ich nenne hier zwei Klassen: einerseits die Landbourgeoisie und das Landproletariat andererseits.

Kapitel II: Die Entwicklung der Industrie und der Prozeß der Bildung des inneren Marktes

1. Die übernommene Erbschaft

Um die Jahrhundertwende vom 19. ins 20. Jhd. hielten die Imperialisten ihre Absichten, ihre Kolonialpolitik gegenüber dem Osmanischen Reich nicht mehr geheim. Man redete offen: Das Reich sollte in eine Kornkammer für den Westen verwandelt werden. Das Reich sollte bei einer Eskalation der Widersprüche zwischen den imperialistischen Staaten als Vorposten, als Verhandlungsgebiet oder als Bedrohungsfaktor fungieren. Die Imperialisten handelten entsprechend ihrer Politik und machten aus dem Land eine Halbkolonie.

Die vorhandene Industrie stützte sich auf das Fremdkapital, befand sich im allgemeinen in den Händen der Minderheiten. Der Markt war von ausländischen Produkten beherrscht.

Da wir die Außenfaktoren im ersten Teil genügend behandelt haben, illustriere ich hier den Stand des Fremdkapitals und der Industrie vor und während des Krieges mit folgenden Tabellen.

Die folgende Tabelle zeigt die Summe des Fremdkapitals zwischen 1910 und 1914:[179]

-1000 englische Pfund-

Periode	Nominalwert der neuen Anleihen	Nettosumme des eingeführten Kapitals	rücktransferiertes Grundkapital	Als Zinsen zurückgezahlte Summe	Zurückzahlung insgesamt
1910-1914	6.192	5.426	1.570	4.302	5.872
1854-1875	9.051	4.672	676	2.432	3.108
1882-1914	2.810	2.237	873	2.886	3.759
1854-1914 (insgesamt)	296.850	180.619	44.047	152.390	196.437

Das Fremdkapital kam auf verschiedenen Wegen ins Land. Die obige Tabelle zeigt die Summe des Fremdkapitals, das zwischen 1910 und 1914 als Auslandsschulden aufgenommen wurde. Ein Teil dieses Kapitals wurde als Stammkapital und als Zurückzahlung der Zinsen rücktransferiert.

Das französische Kapital bildete bis 1910 20,3% des gesamten Auslandskapitals. Es stieg zwischen 1910 und 1913 auf 55,8%. Das englische Kapital belief sich bis 1880 auf 84,7% des gesamten Fremdkapitals. Zwischen 1910 und 1930 ging es auf 6% zurück. Bis 1885 kam aus Deutschland kein Kapital. Das deutsche Kapital machte aber zwischen 1910 - 1913 30,4% des gesamten Fremdkapitals aus.[180]

Im Jahre 1919 betrugen die gesamten Investitionsschulden an Frankreich 39,7 Mill. türkische Goldpfund, also 53,55%, an England 10,2 Mill türk. Goldpfund (13,66%), und an Deutschland 24,3 Mill türkische Goldpfund (32,77%).[181]

Kommen wir zur Industrie.

Man führte im Jahre 1915 eine Industriezählung durch, von der die Hausindustrie und das Handwerk ausgeschlossen waren. Die Zählung umfaßte die Städte wie Istanbul, Izmit, Izmir, Bursa, Bandirma, Usak und Manisa, wo also die Industrie mehr oder weniger konzentriert war.

Die folgende Tabelle weist auf die Ergebnisse dieser Zählung hin.[182]

Industriezweige	Zahl der Betriebe	Staatlich	Aktiengesellsch.	Privatpersonen
1) Lebensmittel	75	1	8	66
2) Agrar	17	1	5	11
3) Leder	13	1	1	11
4) Holz	24	-	-	24
5) Textil	73	18	10	45
6) Papier	51	1	-	50
7) Chemie	11	-	4	7
Insgesamt	264	22	28	214

Die Textil- und Lebensmittelbetriebe machten 54,4% der gesamten Betriebe aus. 81% der gesamten Betriebe gehörten Privatpersonen. 22 Betriebe (darunter 19 Textilbetriebe), also 8,3% aller Betriebe waren staatlich. Die übrigen 28 Betriebe, 10,7%, gehörten Aktiengesellschaften.

Wenn wir uns die Zahl der Firmen vor Augen halten, so sehen wir, daß die Mehrzahl der Firmen in der Lebensmittelindustrie konzentriert war. Dann kamen die Textilindustrie mit 73 und die Papierindustrie mit 51 Firmen. Die Sektoren der Lebensmittelindustrie bestanden hauptsächlich aus Mühlen, Süßigkeiten, Konservierung, Teigwaren, Bier usw.

Antriebskraft der Industriebetriebe von 1915[183]

Industriezweige	Antriebskraft		Antriebskraft in %		
	Zahl d. Motoren	PS	nach Zahl	nach PS	durchschnittlich
1) Lebensmittel	110	7.893	29.4	37.6	71.7
2) Agrar	22	3.837	5.9	18.2	174.1
3) Leder	27	961	7.2	4.6	35.5
4) Holz	25	513	6.7	2.4	20.5
5) Textil	102	6.247	27.2	29.8	61.2
6) Papier	75	705	20.0	3.4	9.4
7) Chemie	13	821	3.5	3.9	63.0
Insgesamt	374	20.9777	99.9	99.9	56.1

Sowohl von der Zahl der benutzten Motoren als auch von der PS-Kapazität aus betrachtet, scheint die Lebensmittelindustrie entwickelter als die anderen Industriezweige. Der zweitentwickelte Industriezweig ist die Textilindustrie. In den Regionen, wo diese Zählung durchgeführt wurde, wurden 27,2% der Motoren und 29,8% der PS-Kapazitäten in diesem Industriezweig angewandt.
Aus der Tabelle ist zu entnehmen, daß alle Betriebe nur durchschnittlich mit einer PS-Kapazität von 65% ausgestattet waren. Wenn wir uns vor Augen halten, daß die Anwendung von PS unter anderem eines der wichtigsten Kriterien für die Modernisierung und Vergrößerung der Industrieunternehmung ist, so sehen wir, daß die damalige Industrie sehr schwach entwickelt war.

Zahl der Arbeiter in der Industrie von 1915[184]

Industriezweige	Gesamtzahl der Arbeitenden		Arbeitende in %	
	1913	1915	1913	1915
1) Lebensmittel	4.281	3.916	25.2	27.8
2) Agrar	980	336	5.8	2.4
3) Leder	930	1.270	5.4	9.0
4) Holz	705	377	4.1	2.8
5) Textil	7.765	6.763	45.8	48.0
6) Papier	1.897	1.267	11.2	9.0
7) Chemie	417	131	2.4	0.9
Insgesamt	16.975	14.060	99.9	99.9

Die obige Tabelle zeigt, daß die Mehrzahl der Arbeiter sowohl 1913 als auch 1915 der Reihe nach bei der Lebensmittel-, Textil- und Papierindustrie konzentriert war. Daß die Zahl der Arbeiter 1915 im Vergleich zu 1913 geringer wurde, ist auf den Ersten Weltkrieg zurückzuführen.
Produktionswert: Der größte Teil der Produktion stammte sowohl 1913 als auch 1915 aus der Lebensmittelindustrie (68,2% in 1913 und 70,3% in 1915) und aus der Textilindustrie (14,3% in 1913 und 11,9% in 1915). An dritter Stelle stand die Papierindustrie und an vierter die Lederindustrie.
Der gesamte Produktionswert belief sich im Jahre 1913 auf 670.817.000 und im Jahre 1915 auf 757.047.000 Kurusch.[185]
Das Ergebnis der Industriezählung, die außer in den oben genannten Provinzen durchgeführt wurde:*) / Stand 1913/1915[186]

Industriezweige	Zahl der Betriebe		Antriebskraft (1000 PS)	Personal (10.000)		Produktionswert (Mill.Kurusch)	
	1913	1915	1915	1913	1915	1913	1915
1) Lebensmittel	153	161	2.9	4.6	4.2	396	523
2) Agrar	10	11	1.6	0.8	0.7	9	10
3) Leder	8	8	0.4	0.6	0.7	19	24
4) Holz	4	5	0.1	0.7	0.6	8	8
5) Textil	55	56	2.2	2.7	2.4	38	33
6) Papier	6	6	0.1	0.2	0.2	4	5
7) Chemie	5	5	0.1	0.1	0.1	4	5
8) Metallwaren	8	7	0.8	0.9	0.5	33	32
Insgesamt	248	259	8.2	10.6	7.9	511	640

Dieses Schaubild zeigt, daß auch in diesen Gebieten die Lebensmittel- und Textilindustrie entwickelter waren als die anderen Industriezweige. Die Zahl der Firmen, die Kapazität der Antriebskraft, der Produktionswert und die Zahl der Arbeiter weisen auf diese Tendenz hin.

Die industrielle Produktion war sehr unzureichend. Ob die Produktion den Markt deckt oder nicht, ist ein sehr wichtiger Hinweis dafür, wie die industrielle Produktion entwickelt ist. Wenn wir die gesamte Produktion eines Industriezweiges mit der Konsumtion desselben Industriesektors vergleichen, so kommen wir zu dem Schluß, inwieweit der betreffende Industriezweig entwickelt ist; bei der Nahrungsmittelindustrie deckte die ganze Kapazität der Mühlen 89,4%, der Teigwarenproduktion 93,0%, der Produktion von Süßigkeiten 131,3% und der von Bier 94,6% der Nachfrage.

Bei der Textilindustrie deckten die vorhandenen Kapazitäten der Wollgarnproduktion 82,5%, der Wollgewebeproduktion 41,3% und der Produktion von Baumwollgewebe 20,6% der Nachfrage.[187]

Wir sehen, daß nur bei den Süßigkeiten mehr produziert wurde, als das Land selbst konsumieren konnte. Und die Produktion bei den anderen Industriezweigen war weit davon entfernt, die Nachfrage zu befriedigen.

Folgendes können wir daraus schlußfolgern:

1. Die obigen Angaben zeigen, daß im Osmanischen Reich keine Schwerindustrie existierte,
2. die Produktion der Industrie war nicht in der Lage, den inneren Markt zu dekken,
3. die Kapazität der Antriebskraft der Betriebe war sehr niedrig.

*) Syrien und die auf Seite 55 genannten Städte wie Istanbul, Izmir, Izmit, Bursa, Bandarma, Usak, Manisa ausgeschlossen. Diese Angaben sind aus den unveröffentlichten Teilen der Zählung zu entnehmen.

Die Herkunft der Kapitalisten und Arbeiter in der osmanischen Industrie:
Die Kapitalisten und Arbeiter im Osmanischen Reich bestanden aus folgenden Nationalitäten: 15% der osmanischen Kapitalisten waren Türken, 50% Griechen, 20% Armenier, 5% Juden und 10% Ausländer. Arbeiter: 15% waren Türken, 60% Griechen, 15% Armenier und 10% Juden.[188] Diese Zahlen zeigen: die Türken bildeten sowohl unter den Kapitalisten als auch unter den Arbeitern die Minderheit. Die Armenier und Griechen waren sowohl unter der Kapitalistenklasse als auch unter der Arbeiterklasse in der Mehrheit.*)

Die Produktion der bedeutendsten Erze zwischen 1900-1914/ 1000 t:

Jahr	Kohle (1)	Kupfer (2)	Blei (3)	Chrom	Borak (4)
1910	764.4	0.7	12.3	17.0	11.4
1911	904.4	1.1	11.5	17.5	13.4
1912	810.0	1.0	12.5	20.1	14.1
1913	826.8	-	13.9	29.1	21.5
1914	651.2	-	-	9.8	10.5

1) Produktion vom Kohlewerk/Zonguldak

2) Produktion vom Kupferwerk/Ergani

3) Produktion von Balya/Karaaydin

4) Produktion von Borax-Consolidated Ltd.

*) Im Osmanischen Reich und bei seinen Beziehungen mit der westlichen Welt spielten die nationalen Minderheiten (besonders Armenier und Griechen) sowohl als Kapitalisten als auch als Arbeiter eine große Rolle. Sie förderten die Abhängigkeit und profitierten davon, z.B. von den Kapitulationen; eine nicht geringere Zahl von Händlern, die nicht mohammedanisch waren, ließen sich ausbürgern und nahmen die französische oder englische Staatsangehörigkeit durch das Konsulat im Reich an, um von den für die Ausländer gedachten Vorteilen der Kapitulationen für sich Nutzen ziehen zu können.

Der Bergbau stand größtenteils unter der Kontrolle des Fremdkapitals. Insbesondere war der Anteil des französischen Kapitals relativ hoch. Die folgende Tabelle gibt einen Überblick darüber.

Anteile des ausländischen Kapitals am Bergbau[190]

-Mill. Kurusch-

Fremdkapital	Gründungsjahr	Erzarten	Kapital	Investitionen
Französisches Kapital				
Balya Karaaydin-Gesell.	1892	Blei	29.0	49.2
Kesendere Bergwerke	1893	Mangan usw.	19.8	25.0
Eregli-Gellschaft	1896	Steinkohle	138.6	186.0
Seniçer/Bergbau	1891	Pech	3.5	5.0
Karasu/Bergbau	1900	Blei,Zink	22.0	25.0
Englisches Kapital				
Boraks-Gesellschaft	1887	Borazit	27.5	39.5
Paterson und Co.	1885	Chrom	-	10.0
Deutsches Kapital				
Sarica und Co. (1900)	1913	Steinkohle	10.0	13.5
Krupp, Rochling usw.	1911	Chrom	-	7.5
Italien. u. griech. Kapital				
Kozlu-Kohlenwerke	1913	Steinkohle	3.0	6.0
Russisches Kapital				
Maadin Os. Aktiengesell.	1910	Steinkohle	6.0	4.0
Insgesamt			259.4	370.7

Nach Angaben von V. Eldem waren 30.000 Personen im Bergbau beschäftigt, und die Hälfte davon dürften Arbeiter gewesen sein.[191]

2. Die Entwicklungsstadien des Kapitalismus in der türkischen Industrie

Was für mich wichtig ist, ist die Feststellung der Entwicklungsetappen, der Entwicklungstendenzen der türkischen Industrie. Der Gegenstand dieser Untersuchung ist also erstens das Handwerkertum, zweitens die einfache kapitalistische Kooperation, drittens die Manufaktur und viertens die maschinelle Industrie. Ohne die Untersuchung dieser Kategorien würden wir höchstens die Stationen der

türkischen Geschichte festgestellt haben und das nur dann, wenn wir verstehen, Geschichte zu schreiben.
Ob ein Land kapitalistisch ist oder nicht, können wir nicht nur nach moderner maschineller Industrie beurteilen. In diesem Zusammenhang können wir die Türkei mit den imperialistischen Staaten nicht vergleichen. Der Kapitalismus ist ein Prozeß und kann sich nicht von heute auf morgen entwickeln. Bestimmte Voraussetzungen können seine Entwicklung verhindern oder auch fördern. Bis der europäische Kapitalismus seinen jetzigen Entwicklungsstand erreicht hatte, machte er einige systembedingte „Operationen" durch. Beginnend mit dem einfachen Kapitalismus, mit der Scheidung des Handwerks von der Landwirtschaft, hat er sein höchstes Stadium in Ländern des Westens erreicht. Dieser Entwicklungsprozeß erfolgte aber in manchen Ländern später. Die Türkei ist in dieser Hinsicht ein verspätetes Land.
Der Entwicklungsprozeß des Kapitalismus in der Industrie besteht aus aufeinanderfolgenden Stadien. Behandeln wir jetzt diese Stadien der Reihe nach:

2.1. Der Übergang zu einfacher kapitalistischer Kooperation – Handwerk und Hausindustrie

Nach Lenin ist die Hausindustrie die Industrie, wo die Rohstoffe in derselben Wirtschaft – der Bauernfamilie – die sie gewinnt, verarbeitet werden.[192] Leider gibt es keine Zählung über die Hausindustrie in der Türkei. Das hindert uns aber nicht, die Behauptung aufzustellen, daß die Hausindustrie in der Türkei relativ verbreitet war. Jegliche wissenschaftliche Untersuchung über das Osmanische Reich weist auf die verbreitete Form der Hausindustrie hin. Nicht nur zwischen 1923 und 1950, sondern auch im Osmanischen Reich stellten die Bauern den größten Teil der Produkte zur Befriedigung ihrer Bedürfnisse selbst her. In den ersten Jahren der Republik hat sich an dieser Tatsache nichts geändert. Nach der Industriezählung von 1927 stellte man insgesamt mehr als 1,7 Millionen Bauernhöfe – Familien – fest. Es ist keine Übertreibung, wenn wir demnach behaupten, daß es auf dem Lande mindestens 1,7 Mill. hausindustriell produzierende Einheiten gab.
Wie für die Hausindustrie gab es auch für das Handwerk keine Zählung. Auch das Handwerk war wie die Hausindustrie sowohl im Osmanischen Reich als auch in der genannten Periode der Republik ziemlich verbreitet. Daß das Handwerk zur sozialen Differenzierung des Volkes führte und den Anfang der Industrie bildete, entnehmen wir aus den unzähligen Untersuchungen. Im 1. Teil habe ich dieses Thema bereits berührt. Das Handwerk, z.B. von der Schuhmacherei, der Herstellung von Kutschen und Ochsenkarren bis hin zur Färberei waren untrennbare Bestandteile der Ökonomie des Osmanischen Reiches und der Türkei. Das Handwerk trug keinen zufälligen Charakter. Man arbeitete auch auf Bestellung. Die Handwerker waren in den Städten ansässig und wanderten durch das Land, sie stellten auf dem Lande landwirtschaftliche und Hausgeräte, welche die Bauern selbst nicht anfertigen konnten, her. Als Entgelt bekamen sie je nach der sozialen Stellung der Bauern Getreide oder Geld. Daß die Bauern ihre Schulden „von Ernte zu Ernte" zahlten, war eine sehr verbreitete, allgemeine Zahlungsmethode.
Hier bleibt mir nichts übrig, als das Handwerk als erste Form der Industrie mit einem Zitat von Lenin zu definieren: „Die erste Form der Industrie, die sich von der patriarchalischen Landwirtschaft löst, ist das Handwerk, d.h. die Erzeugung von Gegenständen auf Bestellung des Verbrauchers. Das Material kann hierbei dem Verbraucher, der die Bestellung gemacht hat, oder dem Handwerker gehören, die Arbeit des Handwerkers wird entweder in Geld oder in natura bezahlt (Wohnung und Unterhalt für den Handwerker, Vergütung mit einem Teil des Produkts, z.B. Mehl

usw.) Obgleich notwendiger Bestandteil des städtischen Lebens, ist das Handwerk in bedeutendem Maße auch auf dem Land verbreitet, wo es eine Ergänzung der bäuerlichen Wirtschaft darstellt. Ein gewisser Prozentsatz der Landbevölkerung besteht aus Handwerkern, beruflich spezialisierten Leuten, die sich (manchmal ausschließlich, manchmal in Verbindung mit der Landwirtschaft) mit Gerberei, der Herstellung von Schuhwerk und Kleidern, mit Schmiedearbeiten, mit dem Färben von Hausgeweben, der Erzeugung von Bauerntuchen, dem Mahlen von Getreide usw. befassen."[193]

2.2. Der Übergang zur einfachen kapitalistischen Kooperation – die Warenproduktion und die Kleinwarenproduzenten

In seinem Buch über die „Entwicklung des Kapitalismus in Rußland" schreibt Lenin folgendes: „Der Handwerker erscheint auf dem Markt ... es ist nur natürlich, daß er, einmal mit dem Markt in Berührung gekommen, mit der Zeit auch zur Produktion für den Markt übergeht; d.h. zum *Warenproduzenten* wird. Dieser Übergang vollzieht sich allmählich, zuerst als Versuch: Verkauft werden Erzeugnisse, die zufällig nicht abgenommen oder in Zeiten mangelnder Beschäftigung hergestellt wurden. Die Allmählichkeit des Übergangs wird noch dadurch gefördert, daß der Markt für diese Erzeugnisse zunächst äußerst begrenzt ist, so daß der Weg vom Produzenten zum Konsumenten nur um ein geringes länger wird und das Produkt nach wie vor aus der Hand des Produzenten unmittelbar in die Hand des Konsumenten übergeht, wobei bisweilen dem Verkauf des Produkts sein Tausch gegen landwirtschaftliche Erzeugnisse vorausgeht. Die weitere Entwicklung der Warenwirtschaft wird durch Erweiterung des Handels, durch Auftreten berufsmäßiger Händler und Ankäufer gekennzeichnet: Als Absatzmarkt für die Erzeugnisse dienen nicht der kleine Dorfbasar oder Jahrmarkt, sondern ein ganzes Gebiet, dann das Land, bisweilen sogar andere Länder. Die Produktion industrieller Erzeugnisse in Warenform legt den ersten Grund zur Scheidung der Industrie von der Landwirtschaft und zu deren wechselseitigem Austausch."[194]
Die kleine Warenproduktion, die erste Stufe des Kapitalismus können wir in zwei Stufen, die sich ergänzen, trennen. Die Charakteristik der beiden Stufen ist die, daß die Produktion keinen zufälligen Charakter trägt, daß die Kleinproduzenten für den Markt produzieren und daß unter ihnen Konkurrenz entsteht. In der ersten Stufe der Warenproduktion ist der Zunftgeist als Überbleibsel noch nicht verschwunden. Die Regel des Zunftsystems – Geheimhaltung der beruflichen Kenntnisse, längere Dauer des Lernprozesses für die Lehrlinge usw. – bleiben bestehen. In der zweiten Stufe der Warenproduktion werden die Verbindung mit dem Markt und die Konkurrenz zu allgemeingültigen Bestandteilen der Ökonomie. Wer klug ist und Kapital besitzt, kann sich behaupten. Das ist das kapitalistische Intaktsein, der Kapitalismus selbst.
Die Trennung der Warenproduktion in zwei Stufen hängt von der Entwicklung der Ökonomie des Landes ab. Z.B. war die erste Form oder Stufe der Warenproduktion im Osmanischen Reich sehr verbreitet und die zweite Form wurde erst durch die Maßnahmen der Nationalbourgeoisie gefördert und blieb bis heute noch bestehen.
Die Verbreitung der Warenproduktion nach der Gründung der Republik ist hauptsächlich auf die folgenden Gründe zurückzuführen.

a) Die Maßnahmen der jungen Nationalbourgeoisie nach dem antiimperialistischen Kampf gegen das Fremdkapital und ausländische Waren wirkten auf dem Markt für bestimmte Waren nachfragesteigernd. Folglich wurden Dutzende von Handwerksarten, die im Osmanischen Reich zum „Tode" verurteilt waren, wiederbelebt.

b) Die Auswanderung der Handwerker aus den Regionen, wo die Ökonomie kapitalistisch entwickelt war und die Industrie eine bestimmte Stufe erreicht hatte, in die zurückgebliebenen Regionen, wo die Industrie im Dunkeln tappte und es keine Konkurrenz gab. Die auswandernden Handwerker förderten somit in ökonomisch zurückgebliebenen Regionen die Entwicklung der Warenproduktion.
c) Die Beziehungen zwischen Händlern und Kleinproduzenten förderten in bestimmten Regionen der Türkei die Warenproduktion. Die horizontale Entwicklung der Teppich-Weberei in Isparta, Usak, Gördes usw. ist hierfür ein Beispiel. Die Kleinproduzenten webten hier auf Bestellung der Händler.

Nach der Industriezählung von 1921 in den befreiten Gebieten gab es insgesamt 33.058 Betriebe und 76.216 Beschäftigte. Es ist unmöglich nach dieser Zählung die Besonderheiten dieser Betriebe festzustellen. Denn ohne den geringsten Unterschied wurden alle Produktionseinheiten von Kleingewerbe bis Fabrik in einen Topf geworfen und als Industriebetriebe bezeichnet. Man hat sich nicht einmal die Mühe gemacht zu registrieren, wer Arbeiter, Kapitalist oder Kleinproduzent war.

Folgende Tabelle gibt uns einen Überblick über die Zahl der Arbeiter und Betriebe nach Industriezweigen/Stand 1921*[195]

Industriezweige	Zahl der Betriebe	in %	Zahl der Arbeiter	in % der Gesamtzahl der Arbeiter
Textil	20.057	61.0	35.316	46.5
Leder	5.347	16.2	17.964	23.7
Metallverarbeitung	3.273	9.9	8.021	10.6
Holz	2.067	6.3	6.007	7.2
Nahrungsmittel	1.273	3.8	4.493	6.0
Keramik	704	2.1	3.612	4.7
Chemie	337	1.0	803	1.3
Summe	33.058	100	76.216	100

Wir sehen, daß die Textil-, Leder- und Metallbetriebe in den befreiten Gebieten von 1921 hinsichtlich der Zahl der Betriebe und der Arbeiter den Charakter der Industrie bestimmten.

Aus der Tabelle ist zu entnehmen, daß in jedem Betrieb durchschnittlich 2 oder 3 Personen beschäftigt waren und größtenteils keine fremde Arbeitskraft gebraucht wurde. Diese Betriebe bestanden aus Produktionseinheiten wie Schuhmacher, Eisenwaren, Webereien usw. Eine andere Zählung von 1922*) kommt ungefähr zum gleichen Schluß; im Jahre 1922 arbeiteten bei 32.721 Betrieben insgesamt 75.411 Arbeiter.[196]

*) Diese Zählung wurde von Kemalisten (von der Ankaraer Regierung) angeordnet und schloß nur die Gebiete ein, die von dieser Regierung kontrolliert wurden. Z.B. Westanatolien war damals besetzt und von der Zählung ausgeschlossen.

Mit Hilfe der nachstehenden Tabelle*) stellen wir den Charakter der Betriebe fest/ Stand 1927[197]

Industriezweig	1 Person (a)	in %	2-3 Pers. (b)	in %	4-10 Pers. (c)	in %	11-20 Pers. (d)	in %	21-50 Pers. (e)	in %	51-100 Pers. (f)	in %	mehr als 100 Pers. (g)	in %	Gesamtzahl der Betriebe
Bergbau	131	23.5	86	15.4	187	33.6	59	10.6	42	7.3	18	3.2	33	6.0	556
Agrar	11.755	41.3	10.429	36.6	5421	19.0	523	1.9	213	0.7	62	0.2	36	0.1	28.439
Textil	3.559	37.8	3.335	35.6	2.024	21.1	232	2.5	116	1.2	36	0.3	60	0.6	9.353
Holz	3.923	49.6	2621	33.2	1.142	14.4	111	1.4	70	0.9	21	0.2	8	0.1	7.896
Papier	67	19.2	105	30.1	107	30.7	35	10.0	27	7.7	6	1.7	1	0.2	348
Metall	7.596	51.4	5.619	38.0	1418	9.6	93	0.6	37	0.3	9	0.06	7	0.04	14.752
Bau	837	29.0	795	27.6	1120	38.9	92	3.2	20	0.6	11	0.3	2	0.6	2.877
Chemie	241	34.5	259	37.1	143	20.5	39	5.5	12	2.7	1	0.1	2	0.2	697
Sonstige	148	45.2	83	25.3	61	18.6	13	4.0	14	4.2	2	0.6	6	1.8	327
Summe	28.257	43.3	23.332	35.7	11.623	17.8	1197	1.8	551	0.8	166	0.2	155	0.2	65.245

*) Diese Tabelle wurde teilweise von mir zusammengstellt

Ferner gibt diese Zählung auch die Zahl der Aktiengesellschaften an. Danach gab es 26 Aktiengesellschaften, darunter 12 in Konya und 2 in Ankara.
Die Industriezählung von 1927 gibt uns über die Entwicklungstendenz des Kapitalismus weiteren Aufschluß. Nach dieser Zählung können wir die entwickelte Form der Warenproduktion und ihre fördernde Wirkung auf die kapitalistische Kooperation konstatieren. Wir können ferner die Zahl der Fabriken, kapitalistischer Manufakturen und der Arbeiter feststellen. Außerdem können wir den Charakter der Betriebe durch die Zahl der Arbeiter bestimmen. Diese Zählung macht keine Angaben über die Charakteristik der Produktionsmittel.
Ich gruppiere die Betriebe nach der Zahl der Arbeiter (diese Zählung läßt uns nur diese Methode voll benutzen. In diesem Sinne ist sie die einzige Methode, womit wir den Charakter unserer „Industrie"betriebe feststellen können).

(a) Produktionseinheiten, in denen eine Person oder ein Familienmitglied arbeitet, bilden die kleinsten und primitivsten Produktionsstätten.
(b) In Produktionseinheiten, in denen eine oder zwei Personen arbeiten, werden fremde Arbeitskräfte gebraucht und diese tragen mehr oder weniger offen kapitalistischen Charakter. Die Inhaber solcher Produktionsstätten arbeiten selbst mit, um mehr Gewinn erzielen zu können und befinden sich im Scheidungsprozeß von ihren Verbindungen mit der Landwirtschaft als Nebenerwerbsquelle.
(c) Betriebe, in denen 4 - 10 Personen arbeiten, bilden den entwickelten Teil der Kleinproduktion. Die gesamte Produktion beruht auf der Ausbeutung fremder Arbeitskraft. Der Inhaber ist reiner Kapitalist und hat die Aufgabe, den Produktionsprozeß zu kontrollieren, Rohstoffe zu besorgen und das Produkt zu verkaufen. Diese Betriebe entsprechen der einfachen kapitalistischen Kooperation.
(d) Betriebe, in denen 11 - 20 Arbeiter arbeiten, sind kapitalistische Manufakturbetriebe. Der Produktionsprozeß beruht auf der Arbeitsteilung. Der Inhaber hat nurmehr die Aufgabe, Rohstoffe zu besorgen und Produkte zu verkaufen. Er hat seinen Vermittler im Betrieb, der den Produktionsprozeß kontrolliert (meistens Meister).
(e) Betriebe, in denen 21 - 50 Personen arbeiten, tragen den Charakter entwickelter kapitalistischer Manufaktur und der Fabrik.

Nach dieser Einteilung können wir folgendes feststellen:
Produktionseinheiten, in denen eine Person arbeitet und keine fremde Arbeitskraft gebraucht wird, tragen den Charakter der Kleinproduktion und bilden 43,3% aller Betriebe.
Produktionseinheiten, in denen 2 - 3 Personen und auch fremde Arbeitskräfte arbeiten, tragen kapitalistischen Charakter und bilden 35,7% aller Betriebe. Produktionseinheiten, in denen 4 - 10 Arbeiter arbeiten, sind kapitalistische Betriebe und machen 17,8% aller Betriebe aus.
Produktionseinheiten, in denen 11 und mehr Arbeiter beschäftigt sind, sind kapitalistische Betriebe und bilden 3,2% aller Betriebe. Die Volkszählung von 1927 registrierte 299.000 Arbeiter. Aber nach den Angaben der Industriezählung vom gleichen Jahr gab es 256.000 Arbeiter[198] und davon arbeiteten schätzungsweise 80 - 90.000 in Betrieben, in denen 2 - 3 Personen beschäftigt waren. Die gleiche Schätzung gilt auch für Betriebe, in denen 4 - 20 Arbeiter arbeiten. Wenn wir diese Zahlen von der gesamten Arbeiterzahl subtrahieren, so sehen wir, daß es in der damaligen Türkei schätzungsweise 76.000 - 96.000 Fabrikarbeiter gab.

Im Jahre 1927 registrierte man insgesamt 1.300 Fabriken mit 4.850 Motoren, darunter 4.412 Dampfmaschinen. Die Stärke dieser Motoren belief sich insgesamt auf 163.500 PS.
Die Industriezählung von 1932 gibt insgesamt 1.473 Fabriken mit 12.951 mechanischen Motoren an.[199] Diese Zählung wurde unter dem Gesichtspunkt des „Industrieförderungsgesetzes“ durchgeführt und schloß die Kleinbetriebe aus.
Die obige Tabelle gab uns die Zahl der Betriebe nach Industriezweigen. Die nachstehende Tabelle von 1930 zeigt uns die Zahl der Arbeiter nach Industriezweigen. Mit Hilfe dieser Tabelle können wir die Stärke der Betriebe nach Zahl der Arbeiter feststellen.

Zahl der Arbeiter nach Industriezweigen[200]

Industriezweige	Zahl der Arbeiter einschl. "Arbeiter" unter 12 Jahren	in % der gesamten Arbeiteranzahl
Verarbeitung der Agrarprodukte	63.701	43
Textil	31.096	21
Bergbau	17.738	12
Holzverarbeitung	11.398	9
Metallurgie u. Maschinenreparatur	9.627	6
Bau	7.819	5
Papier	1.946	1
Chemie	1.797	1
Gemischt	1.627	1
Sonstige	1.605	1
Summe	148.353	100

Wir sehen, daß 43% der Arbeiter in landwirtschaftlichen Betrieben, 21% in Textilfabriken, 12% im Bergbau, 9% in der holzverarbeitenden Industrie, 6% in der Metallurgie und Maschinenreparatur oder in Wartungswerkstätten arbeitet.
Einen anderen Hinweis auf den Entwicklungsprozeß des Kapitalismus in der Industrie und Landwirtschaft liefern uns die Aktiengesellschaften. Ihre zahlenmäßige Vermehrung und die Entwicklungstendenzen ihres Kapitalvolumens bedeuten zugleich die Entwicklung des Handels, des inneren Marktes und folglich des Kapitalismus.
Im Jahre 1905 gab es insgesamt 5 nationale Aktiengesellschaften. Ihre Zahl stieg im Jahre 1918 auf 66. In den Jahren zwischen 1920 und 30 wurden insgesamt 97 Aktiengesellschaften gegründet.
Folgende Tabelle gibt uns einen Überblick über ihre Anzahl, ihre Aktivitätsbereiche und ihr Kapital.[201]

Gesellschaften	Zahl	Kapital (Mill. Lira)
Industrie (verarbeitende Ind.)	48	25,5
Industrie (Bergbau)	18	28,7
Handel	60	13,0
Bankwesen (außer Osmanli Bank)	37	79,6
Insgesamt	163	146,8

3. Einfache kapitalistische Kooperation und die türkische Industrie

Historisch entsteht die einfache kapitalistische Kooperation aus den Kleinproduktionseinheiten, d.h. aus den Kleingewerben, von denen im vorangegangenen Abschnitt die Rede war.

Nach Marx „... beginnt die kapitalistische Produktion ... in der Tat erst, wo dasselbe individuelle Kapital eine größere Anzahl Arbeiter gleichzeitig beschäftigt, der Arbeitsprozeß also seinen Umfang erweitert und Produkt auf größerer quantitativer Stufenleiter liefert. Das Wirken einer größeren Arbeiteranzahl zur selben Zeit, in demselben Raum (oder, wenn man will, auf demselben Arbeitsfeld), zur Produktion derselben Warensorte, unter dem Kommando desselben Kapitalisten, bildet historisch und begrifflich den Ausgangspunkt der kapitalistischen Produktion. Mit Bezug auf die Produktionsweise selbst unterschiedet sich z.B. die Manufaktur in ihren Anfängen kaum anders von der zünftigen Handwerksindustrie als durch die größere Zahl der gleichzeitig von demselben Kapital beschäftigten Arbeiter. Die Werkstatt des Zunftmeisters ist nur erweitert. Der Unterschied ist also zunächst bloß quantitativ."[202] „Auch bei gleichbleibender Arbeitsweise bewirkt die gleichzeitige Anwendung einer größeren Arbeiteranzahl eine Revolution in den gegenständlichen Bedingungen des Arbeitsprozesses. Baulichkeiten, worin viele Arbeiten, Lager für Rohmaterial usw., Gefäße, Instrumente, Apparate usw., die vielen gleichzeitig oder abwechselnd dienen, kurz ein Teil der Produktionsmittel wird jetzt gemeinsam im Arbeitsprozeß konsumiert."[203] „Aber die Produktion einer Werkstatt für 20 Personen kostet weniger Arbeit als die von 10 Werkstätten für je zwei Personen, und so wächst überhaupt der Wert massenweise konzentrierter und gemeinsamer Produktionsmittel nicht verhältnismäßig mit ihrem Umfang und ihrem Nutzeffekt. Gemeinsam benutzte Produktionsmittel geben geringren Wertbestandteil an das einzelne Produkt ab, teils weil der Gesamtwert, den sie abgeben, sich gleichzeitig auf eine größre Produktionsmasse verteilt, teils weil sie, im Vergleich zu vereinzelten Produktionsmitteln, zwar mit absolut größrem, aber ihren Wirkungskreis betrachtet, mit relativ kleinrem Wert in den Produktionsprozeß eintreten. Damit sinkt ein Wertbestandteil des konstanten Kapitals, also proportionell zu seiner Größe auch der Gesamtwert der Ware."[204]

„Wie die durch die Kooperation entwickelte gesellschaftliche Produktivkraft der Arbeit als Produktivkraft des Kapitals erscheint, so die Kooperation selbst als eine spezifische Form des kapitalistischen Produktionsprozesses im Gegensatz zum Produktionsprozeß vereinzelter, unabhängiger Arbeiter oder auch Kleinmeister. Es ist die erste Änderung, welche der wirkliche Arbeitsprozeß durch seine Subsumtion unter das Kapital erfährt. Diese Änderung geht naturwüchsig vor sich. Ihre Voraussetzung, gleichzeitige Beschäftigung einer größeren Anzahl von Lohnarbeitern in demselben Arbeitsprozeß, bildet den Ausgangspunkt der kapitalistischen Produktion. Dieser fällt mit dem Dasein des Kapitals selbst zusammen. Wenn sich

die kapitalistische Produktionsweise daher einerseits als historische Notwendigkeit für die Verwandlung des Arbeitsprozesses in einen gesellschaftlichen Prozeß darstellt, so andererseits diese gesellschaftliche Form des Arbeitsprozesses als eine vom Kapital angewandte Methode, um ihn durch Steigerung seiner Produktivkraft profitlicher auszubeuten.
In ihrer bisher betrachteten einfachen Gestalt fällt die Kooperation zusammen mit der Produktion auf größerer Stufenleiter, bildet aber keine feste charakteristische Form einer besonderen Entwicklungsepoche der kapitalistischen Produktionsweise. Höchstens erscheint sie annähernd so in den noch handwerksmäßigen Anfängen der Manufaktur und in jeder Art großer Agrikultur, welche der Manufakturperiode entspricht und sich wesentlich durch die Masse der gleichzeitig angewandten Arbeiter und den Umfang der konzentrierten Produktionsmittel von der Bauernwirtschaft unterscheidet. Die einfache Kooperation ist die stets noch vorherrschende Form solcher Produktionsweise, worin das Kapital auf großer Stufenleiter operiert, ohne daß Teilung der Arbeit oder Maschinerie eine bedeutende Rolle spielt. Die Kooperation bleibt die Grundform der kapitalistischen Produktionsweise, obgleich ihre einfache Gestalt selbst als besondere Form neben ihren weiterentwickelten Formen erscheint."[205]

„Die Form der Arbeit vieler, die in demselben Produktionsprozeß oder in verschiedenen, aber zusammenhängenden Produktionsprozessen planmäßig neben- und miteinander arbeiten, heißt Kooperation."[206] „... der Kapitalist wird zunächst von der Handarbeit entbunden, sobald sein Kapital jene Minimalgröße erreicht hat, womit die eigentlich kapitalistische Produktion erst beginnt, so tritt er jetzt die Funktion unmittelbarer und fortwährender Beaufsichtigung der einzelnen Arbeiter und Arbeitergruppen selbst wieder ab an eine besondere Sorte von Lohnarbeitern."[207]

Wie aus den vorhergehenden Zitaten zu entnehmen ist, entspricht die einfache kapitalistische Kooperation einem besonderen Stadium des Entwicklungsprozesses des Kapitalismus. Sie ist, historisch gesehen, fortschrittlicher als das Kleingewerbe, entsteht aus dessen Entwicklung und ist ein notwendiger Schritt der kapitalistischen Produktionsweise. Der Kapitalismus in diesem Entwicklungsstadium zeigt seinen wahren Charakter.

Schon im Osmanischen Reich hat es solche Produktionsstätten gegeben. Die entwickelten sich jedoch insbesondere nach dem antiimperialistischen Kampf. Die Produktion in vielen Industriezweigen erfolgte überall in diesem Stadium des Kapitalismus. Noch heute gibt es Industriezweige wie Textil- (Teppichweberei, Garnherstellung, Seidengarn), Nahrungsmittelindustrie, Seifenproduktion, Schuhmacherei, Eisenwaren, Holzverarbeitung usw., in denen entsprechend der einfachen kapitalistischen Kooperation produziert wird. Teil c) der Tabelle S. 100 entspricht mehr oder weniger der einfachen kapitalistischen Kooperation.

Nehmen wir die Textilindustrie hierfür als Beispiel: Leider gibt es keine genauen statistischen Angaben über die Entwicklung der manuellen Weberei. Mit Hilfe der vorhandenen Statistiken und Studien können wir folgende Entwicklungstendenzen in der manuellen Weberei feststellen. Nach der Industriezählung von 1927 gab es in der Textilindustrie insgesamt 9.353 Betriebe mit 48.025 Arbeitern. Ein Teil von diesen Arbeitern – ca. 15.000 – arbeiteten in Produktionseinheiten, die der kapitalistischen Kooperation entsprachen.

Aus den Statistiken von 1927 geht hervor, daß die Teppichweberei in bestimmten Regionen der Türkei sehr verbreitet war. Z.B. waren in Isparta 12.500, in Uşak 8.000, in Bergama 2.000 und in Gördes 6.500 Arbeiter in der Teppichweberei beschäftigt.

Der Industriekongreß von 1930 stellte fest, daß es in Kastamonu, Denizli, Gaziantep und in Istanbul schätzungsweise 20.000 Webstühle gab.[208]
Die Sowjetexperten, die sich zum Zwecke der Erforschung der Gründungsmöglichkeiten der Textilindustrie in der Türkei aufhielten, gingen davon aus, daß die offiziellen Angaben über die Zahl der Webstühle fehlerhaft und niedrig gehalten waren.*)
In einem uns von diesem Experten zusammengestellten Bericht stand folgendes: „In Kastamonu ist jedes Haus eine Werkstatt. In der ganzen Stadt gibt es 2.500 Webstühle, darunter 500 Hanfwebstühle. Insgesamt 6.200 Arbeiter, darunter 4.200 Frauen und Mädel, waren in diesem Industriezweig beschäftigt. Die Weber produzierten jährlich außer der heimischen Wolle noch aus 500.000 kg Baumwollgarn und 200.000 kg Rohbaumwolle Baumwoll-Textilwaren, deren Menge nicht zu unterschätzen war. Alle Weber produzierten jährlich 6 Mill. Meter Leinenstoff, Vorhänge, Handtücher, Decken usw.[210]
90% der Produktion aus der Baumwolle war im Jahre 1930 manuell produziert. Nach Angaben der englischen Handelsvertreter wurden 1932 60 Mill. Meter Textilwaren von insgesamt 74,7 Mill. Meter manuell produziert.[211]
Verschiedenen Studien und offiziellen Angaben zufolge, wurde die Hälfte der Textilproduktion der Türkei in der Nachkriegszeit des 2. Weltkrieges manuell produziert. Zwischen 1945 – 1955 wurden 80 Mill. Meter Gewebe – ein Viertel der gesamten Produktion – manuell produziert.[212]
Zwischen 1949 und 1950 gab es in Kreisen mit einer Einwohnerzahl von über 2.000, dreitausend Webstühle mit 11.240 Beschäftigten (darunter 8.220 Arbeiter, 3.040 Inhaber). In den Dörfern arbeiteten insgesamt 34.403 Familien in der Textilindustrie und es gab 5.267 Webstühle mit mehr als 7.000 Beschäftigten.[213]
Auch die Teppichweberei können wir in dieser Kategorie betrachten. Wir haben bemerkt, daß dieser Industriezweig relativ verbreitet war. Die folgende Tabelle zeigt die regionale Stärke der Teppichweberei.[214]

Ortschaften	Jahr	
	1921	1924
Gördes	700	900
Uşak	280	350
Demirci	36	158
Simav	30	48
Isparta	12	80
Burdur	5	55
Kula	25	50

(in 1000 m^2)

*) Diese Annahme der Sowjetexperten scheint mir richtig zu sein. Denn eine Zählung von 1910 - 1914 gibt uns einen Überblick über den Entwicklungsstand der Teppich-Knüpferei; in der Region von Usak/Kula gab es insgesamt 4.455 Webstühle mit 14.476 Arbeitern, in Isparta und Umgebung 3.710 Webstühle mit 10.781 Arbeitern, in der Region Kayseri/Bünlan 6.470 Webstühle mit 18.800 Arbeitern. Nach dieser Zählung gab es also insgesamt 19.145 Webstühle mit 60.082 Arbeitern.[209]

Yavuz Akdevelioğlus Angaben zufolge gab es 1951 in der Türkei insgesamt 11.650 Teppichwebstühle. Diese stiegen im Jahre 1955 auf 40.433 und im Jahre 1958 auf 57.515. 1958 gab es in der Türkei insgesamt 147.693 Teppichweber, darunter 144.206 Frauen und Mädel."[215]

3.1. Handelskapital und Genossenschaften im Prozeß der Kleinproduktion

Der Entwicklungsprozeß der Kleingewerbe und ihre Verbreitung brachte aus ihren Produktionsverhältnissen unvermeidlich Händler hervor. Diese Händler im Produktionsprozeß und im Handelswesen waren einerseits selbst Eigentümer der kleinen Produktionseinheiten und übernahmen andererseits die Handelsangelegenheiten anderer Kleinproduzenten. D.h. sie standen ständig mit anderen Kleinproduzenten in Handelsbeziehungen, kauften Rohstoffe und verkauften Fertigwaren.
Dieses Kleingewerbe in seinem ersten Stadium, in der Periode der Isolation von den großen Zentren, verkaufte seine Produkte auf den umliegenden Märkten und kaufte gleichzeitig seine notwendigen Rohstoffe. Die Entwicklung der Warenproduktion zerschlug jedoch diese Isolation und öffnete den Weg zu größeren Märkten. Die Kleinproduzenten hatten nun verstärkt die Möglichkeit, mehr zu produzieren und zu verkaufen. Zugang zu größeren Märkten, mehr Produktion und mehr Verkauf bedeutete zugleich Konkurrenz unter den Kleinproduzenten. Diejenigen, die nicht nur verkauften, sondern auch in Marktzentren mit anderen in Handelsbeziehungen traten, d.h. die Fähigkeit besaßen, in bestimmte Handelsbeziehungen einzutreten und gleichzeitig mehr Kapital hatten, übernahmen den Verkauf von Fertigwaren und Kauf von Rohstoffen anderer Kleinproduzenten. Somit machten diese „klugen" und fähigen Händler die anderen von sich abhängig.
Die Kontrolle der Händler über die Kleinproduzenten erfolgte auf verschiedene Weise. Das können wir in zwei Punkten zusammenfassen:

a) In der ersten Periode der Kleinproduktion fehlten den Kleinproduzenten die Möglichkeiten, ihre Produkte auf den großen Märkten zu verkaufen. Deswegen waren sie gezwungen, ihre Produkte den wandernden Händlern zu verkaufen, mit ihnen bestimmte ökonomische Beziehungen einzugehen, und die Händler, die in dieser Periode noch Wuchercharakter trugen, nutzten die Notlage der Kleinproduzenten – Geldleihen, Rohstoffe besorgen usw. – aus und machten sie von sich abhängig.
b) In der zweiten, entwickelten Periode der Kleinproduktion besaßen die etablierten Händler in den Zentren Läden für den Rohstoffverkauf an Kleinproduzenten und für den Kauf der Fertigwaren der Kleinproduzenten. Somit bildeten diese Händler zwischen den Zentren und den Kleinproduzenten den Verbindungs- oder Knotenpunkt. Dadurch wurden die Kleinproduzenten, ob sie wollten oder nicht, von diesen Händlern abhängig. Die Entwicklung dieses Prozesses bedeutete für manche Kleinproduzenten, ihre Existenz aufzugeben, und für manche, im Interesse dieser Händler zu arbeiten.

Die Kleinproduktion war ein wichtiger Bestandteil unserer Ökonomie, folglich waren die oben geschilderten Beziehungen zwischen den Kleinproduzenten und den Händlern sehr verbreitet und von großer Bedeutung. Die Kleinproduktion in der Türkei rief die Entstehung eines mächtigen Wucherer-Handelskapitals hervor. In diesem Bereich der Ökonomie, wo außerordentlich hohe Profite zu erzielen waren, war das Schicksal der Kleinproduzenten der Gnade des Handelskapitals überlassen.
H. Cilov, der die Weberei in Denizli untersuchte, schrieb folgendes: „... Kleinproduzenten, die die Akkumulation des Kapitals nicht schaffen konnten, wurden von den kapitalistisch gewordenen Händlern abhängig."[216] Er stellt weiter fest, daß in

den vierziger Jahren dieses Jahrhunderts 98% der Weber von den kapitalistischen Händlern abhängig waren.[217]
Es wäre unwissenschaftlich zu behaupten, daß alle Händler zu Kapitalisten wurden. Nein, einer der Gründe, warum sich das Handelskapital in der Türkei nicht in Industriekapital verwandeln konnte, war die Verbreitung der Kleinproduktion. Denn sie ermöglichte dem Handelskapital außergewöhnliche Profite und ließ somit das Handelskapital eben als Handelskapital bestehen. Ein kleines Beispiel hierfür: Während im Jahre 1927 299.000 Personen in der Industrie und im Kleingewerbe arbeiteten, waren im gleichen Jahr 257.000 Personen im Handel beschäftigt.[218]
Die ausgedehnte Form der Kleinproduktion in unserem Land führte zur Entstehung der Genossenschaften, und die Beziehungen zwischen dem Handels- und Industriekapital und den Kleinproduzenten wurden über diese Genossenschaften geregelt. Nach Angaben von Nusret Uzgören gab es zwischen 1943/1944 über Hundert von Kleinproduzentengenossenschaften mit 33.000 Mitgliedern.[219]
F. Findikoğlu macht über die Entwicklung der Webergenossenschaften folgende Angaben:[220]

Zahl der Genossenschaften und der Mitglieder

Jahr	Genossenschaft	Mitglieder (in 1000)
1939	10	11,5
1940	19	18,9
1941	40	34,6
1942	116	49,5
1943	121	50,8
1944	125	50,9
1945	137	51,6
1946	145	52,4
1947	166	53,3

Obwohl dic Kleinproduzenten Mitglieder dieser Genossenschaften waren, konnten sie ihre Interessen nicht durchsetzen. Eigentlich banden diese Genossenschaften, an deren Gründung das Handels- und Industriekapital durch die Förderung des Staates beteiligt waren, die Kleinproduzenten noch disziplinierter und organisierter an das Rad des Kapitalismus.
Die Kleinproduktion ist noch heute in der Türkei verbreitet, hat aber ihre Bedeutung in Industriezweigen, in denen die maschinelle Produktion herrscht, verloren. Während ein Teil der Kleinproduzenten zu Proletariern wurde, bildete ein anderer Teil das Fundament der Hausindustrie.

4. Kapitalistische Manufaktur und die Hausindustrie in der türkischen Industrie

Die Manufaktur geht aus der entwickelten Form der kapitalistischen Kooperation hervor und basiert hauptsächlich auf der Arbeitsteilung der manuellen Technik. Die Warenproduktion führt auf zwei Wegen zur Entstehung der Manufaktur: erstens werden mehrere Handwerker von verschiedenen Berufen von einem Kapitali-

sten unter ein Dach gebracht; zweitens werden Handwerker von einem Beruf von einem Kapitalisten in eine Produktionsstätte zusammengebracht.
Im Rahmen des Entwicklungsprozesses des Kapitalismus besitzt die Manufaktur große Bedeutung. Sie bildet zwischen der Kleinproduktion und der maschinellen Industrie den Verbindungspunkt; die Manufaktur steht mit der Kleinproduktion in Verbindung, weil sie auf der manuellen Arbeit beruht. Die Manufaktur steht mit der Großindustrie in Verbindung, weil sie auf der Arbeitsteilung basiert und für einen großen Markt produziert.
Die Manufaktur ist in der türkischen Industrie nicht neu. Leder-, Seiden-, Teppich- und Baumwollmanufakturen waren schon im Osmanischen Reich entwickelt. Nach 1850 war die manufakturmäßige Produktion – mit ausländischer Beteiligung – in Städten wie Bursa, Adana, Samsun, Tarsus, Ankara, Damaskus, Aleppo und Diyarbakır und in Provinzen wie Agäis, Mittelmeeranatolien und Thrazien verhältnismäßig weit verbreitet. Nach einer Studie von F. Dalsar gab es im Jahre 1838 in Bursa 50 manufakturmäßige Seidenbetriebe. Diese Manufakturen förderten die Entwicklung der Hausindustrie und waren in der Lage, 4.500 Arbeiter zu beschäftigen, wenn sie mit voller Kapazität funktionierten."[221]
Savlos zufolge gab es in Seidenindustriezentren wie Bursa, Izmir, Gemlik, Mudanya, Bandirma, Bilecik usw. 16.500 Seidenspinnereien mit insgesamt 9.200 Spinnstühlen. In diesen Betrieben wurden 1906 insgesamt ca. 750.000 kg Seidengarn produziert und waren 19.000 Arbeiter beschäftigt. Nach Savlos Angaben „besaßen die Handwerker nur einen Webstuhl. Aber es gab auch Handwerker, die Eigentümer von 5 - 12 Webstühlen waren. In solchen Produktionsstätten erfolgte die Seidenverarbeitung nach Bestellung von Seidenfabrikanten. Auf diese Weise wurden diese Produktionseinheiten zu einem Anhängsel von Fabriken."[222]
Das gleiche gilt auch für die Teppichknüpferei. Nach Untersuchungen von Ö.C. Sarc über die Teppichknüpferei in den letzten Jahrzehnten des Osmanischen Reiches bildete die Hausindustrie für die Teppichproduktion die Grundlage. Sie (die Rohstoffe) wurden von den Kapitalisten besorgt. Die Löhne wurden entweder nach Knotenzahl oder nach einem regional gültigen System bezahlt. Es gab auch Manufakturen, die aus dem Zusammenschluß der Kleinproduzenten entstanden waren.[223]
Nachdem die Nationalbourgeoisie an die Macht kam, entwickelten sich Weberei und Hausindustrie durch die Förderung der Kemalisten noch mehr. Die Kemalisten änderten an der Ausbeutung der Kleinproduzenten gar nichts. Ganz im Gegenteil: sie haben sie gefördert. Denn „einheimische Kapitalisten erzeugen" – die Politik der Kemalisten – bedeutet schließlich die Ausbeutung der Arbeitenden.
Wir sehen die obige Entwicklung auch hier. Ich nehme einen Zeitungsbericht als Beispiel: die Bursaer Arbeiter schrieben unter anderem folgendes: „Wir weben Leinen. Die Händler verkaufen dies auf dem Markt. Unsere Produkte verkaufen wir den Händlern kiloweise."[224] Diesen Brief kommentiert der Journalist wie folgt: „Wie wir sehen, bekommen diese Weber die notwendigen Produktionsmittel, Garn und andere Rohstoffe von dem als Verteiler auftretenden Händler und verkaufen ihm die Fertigwaren."[225]
In seiner Studie stellt T. Esberk folgende Entwicklung fest: Ein Teil der Kleinproduzenten konnte seine Existenz ohne Vermittler weiter behaupten und vom Händler unabhängig handeln. Ein anderer Teil der Weber wurden Arbeiter und fast der ganze Produktionsprozeß wurde von Händlern geregelt.[226]
Hier bestimmt der nackte Kapitalismus den Produktionsprozeß. Wir sehen einerseits Kleinproduzenten, expropiiert und Arbeiter werden und andererseits Händler-Kapitalisten.

Besonders in der Weberei operiert das Kapital des Händler-Kapitalisten in völliger Übereinstimmung mit dem Wucherkapital. Aus dieser Beziehung oder Übereinstimmung gingen eine Reihe von Vermittler-Spekulanten hervor. Dieser Kreis von Vermittler-Spekulanten-Wucherern erfüllte die unvermeidlichen Bedürfnisse der Kleinproduzenten und machte sie von sich abhängig. Diese Beziehungen führten dazu, daß die Kleinproduzenten zu Hausindustriearbeitern wurden.[227] Wir sehen in jeder Entwicklungsstufe der Kleinproduktion diesen Prozeß. Doch das ist kein Teufelskreis, sondern eine Spirale, die je nach dem Umfang und der Entwicklung der Warenproduktion immer deutlicher und bestimmter soziale und ökonomische Erscheinung wird.

Nach Y. Develioğlu gehörten 1958 in Isparta 8.820 Webstühle von insgesamt 14.910 Webstühlen den Kapitalisten, in Kayseri 6.775 von insgesamt 7.445 Webstühlen. In diesen Zentren wurde die Mehrzahl der Weber zu Hausindustriearbeitern und geriet somit unter die Kontrolle der Händler-Kapitalisten.

Außer Isparta und Kayseri gab es noch in Nidge (6.097 Webstühle), in Gördes (5.060 Webstühle), Corum, Sivas, Cankiri, Konya, Burdur, Bursa, Orhangazi, Kula, Iznik, Hereke, Demirci usw. Teppichmanufakturen.[228]

Sadri Aksoy, der die Teppichknüpferei in den wichtigsten Zentren untersuchte, schrieb, daß die Hausindustriearbeiter mit den Händler-Kapitalisten in unzeitgemäßen Verbindungen standen. Wieder die gleiche Entwicklung: der Patron gibt den Hausarbeitern Vorschuß, die Arbeiter bekommen ihre Löhne, nachdem der Patron die Produkte verkauft hat. In diesen primitiven Produktionsverhältnissen bleibt der Hausarbeiter dem Patron immer verschuldet und somit abhängig von ihm.[229]

Nicht nur in Bereichen der Weberei, sondern auch in anderen Bereichen der Industrie erfolgte die Produktion manufakturmäßig. Die Stadt Izmir, eine der wichtigsten Industrie- und Handelszentren der Türkei, ist ein Beispiel hierfür: 1920 gab es in dieser Stadt 24 Obsttrocknerbetriebe, 15 Seifen- und 13 Textilbetriebe, die Manufakturcharakter trugen. Zwischen 1920 und 1930 gab es in Istanbul viele Gummi-, Leder-, Textil- und Nahrungsmittelbetriebe, die in Manufakturverhältnissen produzierten. M. Etes zufolge waren einige dieser Betriebe so entwickelt, daß sie maschinell betrieben wurden.[230]

4.1. Die Rolle des Handels- und Industriekapitals in der entwickelten Manufaktur und die Beziehungen zwischen Aufkäufern und Fabrikanten

Die manufakturmäßige Produktion wird, wenn dafür Voraussetzungen bestehen, in die fabrikmäßige Produktion übergehen.

Das Handelskapital, das in enger Beziehung mit der Manufakturproduktion stand, führte zur Entstehung von Fabrikanten-Aufkäufern. Diese Entwicklung weist uns auf die enge Beziehung zwischen dem Handels- und dem Industriekapital in der Manufakturperiode hin.

Wir haben hier eine Periode der türkischen Industrie vor uns, in der die Kleinproduktion, Manufaktur und die Großindustrie nebeneinander bestehen. Das ist natürlich nicht spezifisch türkisch. Das ist die allgemeine Erscheinung des Entwicklungsprozesses des Kapitalismus. Was ich für wichtig halte, ist die Verbindung zwischen den Großbetrieben und den vielen kleinen Produktionseinheiten und die Rolle des Handels- und Industriekapitals in der Manufakturperiode. Nach der Untersuchung dieser Verbindung kann man den Entwicklungsstand des Handels- und Industriekapitals, oder die Voraussetzungen dieser Entwicklung und ihre behindernde und fördernde Rolle auf den Entwicklungsprozeß des Kapitalismus deutlich erkennen. Bevor ich darauf eingehe, möchte ich die Bewegung des Großkapi-

tals und seiner Charakteristik in der türkischen Manufaktur anhand einiger Beispiele untersuchen.
Als Folge der „partnerschaftlichen" Bewegung oder Operation des Handelskapitals mit dem Industriekapital wurde 1926 in Bursa „Mensucat Türk Anomin Sirketi" – Türkische Aktiengesellschaft – gegründet. Sie war aus dem Zusammenschluß von 12 Gewerbebetrieben entstanden.[231] An der Gründung dieser Aktiengesellschaft waren auch Handels- und Industriekapitalisten, die Seidenraupenzucht und Seidenhandel trieben, beteiligt.
In der Textilindustrie in Izmir wurde 1925 „Sark Sanayi Türk Anonim Sirketi" – Türkische Sark Industrie-Aktiengesellschaft – gegründet. Diese Aktiengesellschaft war Inhaberin einer großen Fabrik, in der 600 Arbeiter arbeiteten. Die Produkte dieser Fabrik, Baumwollgarn, wurden durch die Vermittlung der Handels- und Industriekapitalisten an die Hausindustriearbeiter zum Zwecke des Webens weitergegeben. Die Maden Sanayi Bank, ein staatliches Unternehmen, gründete im Jahre 1926 in Isparta eine Wollgarnfabrik mit 400 Beschäftigten. Die Produktion dieser Fabrik wurde an die Hausarbeiter, die sich unter dem Namen „Türk-Hali" (türkischer Teppich) genossenschaftlich organisiert hatten, geschickt und somit wurde ihr Bedarf an Garn gedeckt. Einer der größten Teppich-Fabrikanten in den Kreisen von Izmir und Usak war die Familie Pilancizade. Neben ihren Fabrikbeschäftigungen trieb sie auch An- und Verkauf von Teppichen. Diese Familie war zugleich Fabrikant und Händler.
Cumali Yusuf war Inhaber von drei Seidenbetrieben mit insgesamt 400 Beschäftigten. Ferit Beg besaß eine Seidenfabrik, in der 45 Arbeiter arbeiteten.
Eine Reihe von solchen Fabrikanten-Händlern verkauften nicht nur die Produkte ihrer Fabriken, sondern trieben zugleich Handel mit Fertigwaren.[232]
Solche Fabriken und Fabrikanten-Händler gab es auch in Balikesir, Gördes, Bergame, Usak und Kula. Z.B. die Familie Colakzade, die als einer der größten Fabrikanten der Türkei vor 1950 galt. Diese Familie trieb gleichzeitig Handel mit Leder, Ziegenwolle und anderen Fertigwaren. Sie war ein Fabrikanten-Händler.[233] Diese Familie besaß unter anderem eine Baumwollgarnfabrik. Die Produktion dieser Fabrik – jährlich über 250.000 kg Baumwollgarn – wurde an Weber verteilt. Im Jahre 1950 war diese Fabrik mit 10.400 Spindeln ausgerüstet. Diese Familie schloß sich 1953 mit den anderen Kapitalisten zusammen und gründete die größte Privatunternehmung der Türkei in der Textilindustrie; „Kula Mensucat TAS" – Türk. Kula-Textilaktiengesellschaft.[234]
Mehrere Garnfabrikanten-Händler produzierten je nach der Kapazität der Weber. Die Produktion, das Garn, verteilten sie selbst an die Hausarbeiter zum Zweck des Webens und sammelten wieder selbst die Gewebe, die Produktion der Hausarbeiter. Auf diese Weise wurden die Kleinproduzenten zum Anhängsel der Manufakturen und die Manufakturen ihrerseits abhängig von diesen Kleinproduzenten und Hausarbeitern. Diese gegenseitige Abhängigkeit verhinderte die maschinelle Entwicklung der Industrie.
In den türkischen Manufakturen, insbesondere in den Bereichen der Teppichknüpferei, Seidenverarbeitung und Gewebe, darf die Rolle des Fremdkapitals nicht unterschätzt werden. In diesen Bereichen waren die englische „Oriental Karpit Manifaktüring Co" und „Istern Karpit Ltd." ziemlich einflußreich. Die Aktivitäten dieser Gesellschaften waren folgendermaßen organisiert: The Istern Karpit Ltd. besaß eine Garnfabrik – jährliche Produktion 1 Mill. kg. Ihre Produktion ging über diese Aktiengesellschaften an ihre Tochtergesellschaft Oriental Karpit Manifaktüring. Diese Gesellschaft verteilte ihrerseits durch ihre Vermittler und Aufkäufer an die Kleinproduzenten und Hausarbeiter. Damit war es nicht genug. Sie versorgte über

dieselben Kanäle die Kleinproduzenten und Hausarbeiter mit Farben, Ersatzteilen, Reparaturen und natürlich mit verzinstem Geld. Und die Produzenten sahen sich somit gezwungen, wieder über dieselben Kanäle ihre Produkte an dieselbe Gesellschaft zu liefern bzw. zu verkaufen. Nach Angaben von H. Tahsin und R. Saka war der Wert der Teppiche, die von diesen Gesellschaften gekauft wurden, doppelt so hoch wie die Produktion der Türk-Wollfabrik in Feshane/Istanbul. Die Kaufkapazität der türkischen Gesellschaften in diesem Bereich war zu niedrig, so daß man sie mit den ausländischen nicht vergleichen konnte.[235] Das perfekt organisierte Netz dieser ausländischen Gesellschaften war in Izmir und Umgebung, in Isparta, in Istanbul, Eskisehir und in Burdur ein Monopol.
Natürlich begrenzte das Großkapital seine Aktivitäten in der Manufaktur nicht nur auf die Garnproduktion und Gewebe. Es war auch in anderen Bereichen wie der Verarbeitung der Industriepflanzen, der tierischen Produktion (Käse, Leder usw.) aktiv. Es war aber nur in der Textilindustrie ziemlich verbreitet.
Folgende Schlüsse können wir daraus ziehen:

a) In der Manufakturperiode bestehen – neben zahlenmäßig wenigen aber relativ großen Manufakturbetrieben – ziemlich viele Kleinproduktionseinheiten. Diese Produktionseinheiten produzieren Produkte, welche die Manufakturen nicht produzieren, oder für nicht rentabel zu produzieren halten, und sind ein Anhängsel der Großbetriebe.
   Die Großbetriebe entstehen entweder aus dem Zusammenschluß mehrerer Betriebe oder aus der weiteren Entwicklung der Kleingewerbe.
b) Die Verbindung zwischen diesen Kleinproduktionseinheiten wird meistens durch das Handelskapital hergestellt. Wie aus den obigen Angaben hervorgeht, gehört dieses Handelskapital meistens den Eigentümern der Großbetriebe. Halten wir uns die Entwicklung der Weberei vor Augen: das Großkapital verkauft den Produzenten Farben, halbfertige Waren, Rohstoffe, Ersatzteile usw. entweder direkt oder über ihre Vermittler und kauft die Produkte auf demselben Wege. In dieser Beziehung enststeht die Beziehung der Abhängigkeit. Der Manufakturist gibt den Kleinproduzenten oder den Hausarbeitern Geld und Rohstoffe auf Kredit. An diesem Punkt aber verwandelt das Handelskapital sich in Wucherkapital, d.h. es trägt zugleich auch Wuchercharakter. Außerdem treten die Wucherer, die im Namen der Manufakturisten arbeiten oder vermitteln, mit den zerstreuten kleinen Produktionseinheiten direkt in ökonomische Beziehungen. Auf jeden Fall aber blieben diese Beziehungen nicht nur auf die Ökonomie begrenzt. Sie verwandeln sich in soziale, in sklavenähnliche Beziehungen. Es ist keine Übertreibung, wenn ich von Sklavenbeziehungen spreche. Die Kleinproduzenten und die Hausarbeiter werden ja von allen Seiten vom Großkapital umzingelt.

Die Punkte a) und b) zeigen, daß es hier einerseits um die Manufakturen und andererseits um die Kleinproduktionseinheiten und außerdem um das Handelskapital, das zwischen diesen beiden ökonomischen Einheiten die Verbindung herstellt, geht. Die meisten Manufakturisten übernahmen die Aufgabe der Vermittler, Aufkäufer und Wucherer selbst. Daß es in der Manufakturperiode zwischen dem Handels- und dem Industriekapital eine enge Verbindung gibt und die Manufaktur die Entstehung dieser Verbindung fördert, ist eine der Charakteristiken der Manufaktur überhaupt. Diese Verbindung führte dazu, daß die Manufakturisten über die Arbeiter in ihren Betrieben als Industriekapitalisten und über die Kleinproduzenten und Hausarbeiter als Aufkäufer das Kommando hatten. Dies war in der türkischen Weberei-Manufaktur relativ verbreitet.

Aus dem, was wir oben festzustellen versuchten, geht eindeutig hervor, daß das Handelskapital die bestehende Produktion und die Produktionsverhältnisse unter seiner Kontrolle hielt. D.h., daß das Handelskapital, verglichen mit dem Industriekapital relativ entwickelt war und es zeigt ferner das Verhältnis zwischen dem Handels- und dem Industriekapital, das in der Entwicklung des Kapitalismus in der Türkei eine sehr wichtige Rolle spielte. Dazu schrieb Marx folgendes: „Je unentwickelter die Produktion, um so mehr wird sich daher das Geldvermögen konzentrieren in den Händen der Kaufleute ..." und „vor dem Gesetz, daß die selbständige Entwicklung des Kaufmannskapitals im umgekehrten Verhältnis zum Entwicklungsgrad der kapitalistischen Produktion steht ..."[236]

Die obigen Angaben weisen darauf hin, daß die kapitalistische Hausarbeit in der Türkei recht weit entwickelt war. Festzustellen ist, daß die kapitalistische Hausarbeit in jedem Stadium des Kapitalismus besteht. Jedoch ist die kapitalistische Hausarbeit außerhalb der Manufakturperiode des Kapitalismus, also in der Kleinproduktion und in der Großindustrie nicht von großer Bedeutung. Denn erstens macht die unentwickelte Form und zweitens die entwickelte Form der kapitalistischen Produktionsweise die Hausarbeit bedeutungslos, d.h., daß die kapitalistische Hausarbeit eine der Charakteristiken der Manufaktur in der kapitalistischen Entwicklung ist.

In der Manufakturperiode erzielten die oben genannten Kreise des Kapitals außerordentlich hohe Profite. Auch der Staat selbst hat das Handelskapital an diesem Punkt gefördert. Denn ohne die Garn-Farbenproduktion der staatlichen Fabriken in den großen Zentren, hätte es in Anatolien nicht so viele Hausarbeiter und Aufkäufer gegeben.

Die regionale Arbeitsteilung bildet eine weitere Charakteristik der Manufakturperiode. Die Manufakturarbeiter sind an bestimmte Berufe und Ortschaften gebunden. Als Folge dieser Verbundenheit spezialisieren sich einige Regionen in bestimmten Berufen und Industriezweigen. So entstehen zwischen diesen Regionen Produkt- und Arbeiteraustausch und die Manufaktur fördert eine solche Entwicklung. Diese territoriale Arbeitsteilung, die erst von der Großindustrie beseitigt wird, entwickelt sich nicht nach Rohstoffquellen. Das kann nur in der ersten Periode der kapitalistischen Entwicklung der Fall sein. Denn in dieser Periode sind die regionalen Schranken noch nicht beseitigt. Das Gegenteil ist in der Manufakturperiode der Fall.

Neben der Entwicklung der territorialen Arbeitsteilung in der Manufakturperiode wird die Scheidung der Industrie von der Landwirtschaft noch stärker. Während sich einerseits ein Teil der arbeitsfähigen Bevölkerung mit der Hausarbeit und an Manufakturen verbundenen Arbeiten beschäftigt, mit einem Ausdruck von Lenin „untauglich für die Landwirtschaft" wird, wird andererseits ein Teil der arbeitenden Bevölkerung „untauglich für die Industrie".

Obwohl der Scheidungsprozeß der Industrie von der Landwirtschaft erst in der maschinellen Industrie vollendet wird, ist er doch auch in der Manufakturperiode schon relativ fortgeschritten.

Zum Schluß ziehen wir Marx über das Handelskapital zu Rate: „In den Vorstufen der kapitalistischen Gesellschaft beherrscht der Handel die Industrie; in der modernen Gesellschaft umgekehrt. Der Handel wird natürlich mehr oder weniger zurückwirken auf die Gemeinwesen, zwischen denen er getrieben wird; er wird die Produktion mehr und mehr dem Tauschwert unterwerfen, indem er Genüsse und Subsistenz mehr abhängig macht vom Verlauf als vom unmittelbaren Gebrauch des Produkts. Er löst dadurch die alten Verhältnisse auf. Er vermehrt die Geldzirkulation.

Er ergreift nicht mehr bloß den Überschuß der Produktion, sondern frißt nach und nach diese selbst an und macht die ganze Produktionsweise von sich abhängig. Indes hängt diese auflösende Wirkung sehr ab von der Natur des produzierenden Gemeinwesens."

„Der Übergang aus der feudalen Produktionsweise macht sich doppelt. Der Produzent wird Kaufmann und Kapitalist, im Gegensatz zur agrikolen Naturalwirtschaft und zum zünftig gebundenen Handwerk der mittelalterlichen städtischen Industrie. Dies ist der wirklich revolutionierende Weg. Oder aber der Kaufmann bemächtigt sich der Produktion unmittelbar. Sosehr der letzte Weg historisch als Übergang wirkt ... sowenig bringt er es an und für sich zur Umwälzung der alten Produktionsweise, die er vielmehr konserviert und als seine Voraussetzung beibehält. So z.B. war größtenteils noch bis in die Mitte des Jahrhunderts der Fabrikant in der französischen Seidenindustrie, der englischen Strumpfwaren- und Spitzenindustrie bloß Fabrikant, in Wirklichkeit bloßer Kaufmann, der die Weber in ihrer alten zersplitterten Weise fortarbeiten läßt und nur die Herrschaft des Kaufmanns ausübt, für den sie in der Tat arbeiten. Diese Manier steht überall der wirklichen kapitalistischen Produktionsweise im Wege und geht unter mit deren Entwicklung. Ohne die Produktionsweise umzuwälzen, verschlechtert sie nur die Lage der unmittelbaren Produzenten, verwandelt sie in bloße Lohnarbeiter und Proletarier unter schlechteren Bedingungen als die direkt unter das Kapital subsumierten und eignet sich ihre Mehrheit auf Basis der alten Produktionsweise an."

„Es findet also ein dreifacher Übergang statt: Erstens, der Kaufmann wird direkt Industrieller; dies ist der Fall bei den auf den Handel gegründeten Gewerben, namentlich bei Luxusindustrien, welche von den Kaufleuten mitsamt den Rohstoffen und den Arbeitern aus der Fremde eingeführt werden, wie im Fünfzehnten Jahrhundert in Italien aus Konstantinopel. Zweitens, der Kaufmann macht die kleinen Meister zu seinen Zwischenschiebern (middleman) oder kauft auch direkt vom Selbstproduzierenden; er läßt ihn nominell selbständig und läßt seine Produktionsweise unverändert. Drittens, der Industrielle wird Kaufmann und produziert direkt im großen für den Handel ... der Kaufmann wird Industrieller oder vielmehr läßt die handwerksmäßige, besonders die ländliche Industrie für sich arbeiten."[237]

Nun, das Handelskapital spielte in der Türkei bei der Nicht-Entwicklung oder langsamen Entwicklung des Kapitalismus, folglich beim nicht erfolgten Übergang der Manufaktur in ihrem natürlichen Entwicklungsprozeß zur maschinellen Industrie, eine entscheidende Rolle. Erstens erzielte – wie bemerkt – das Handelskapital außerordentlich hohe Profite in der Manufakturperiode und zog auch das Industriekapital in seinen Bereich. Zweitens schloß das Handelskapital sich mit dem Wucherkapital zusammen und wurde reaktionär in dem Sinne, in dem es das gesellschaftliche Geldvermögen auf den zurückgelegten Zustand zurückwirft. Drittens tat sich das Handelskapital mit dem Fremdkapital zusammen und tendierte dazu, die Rolle der „Zwischenschieber" für ausländische Fertigwaren zu spielen. Dies alles bedeutet, daß das Handelskapital geneigt war, den für sich günstigen Entwicklungsstand der Ökonomie zu verewigen.

5. Die Entwicklung der maschinellen Industrie in der türkischen Ökonomie

Das auffälligste Charakteristikum jeder jungen, nationalen Bourgeoisie ist es, den gesamten Reichtum des Landes allein für sich in Anspruch zu nehmen. Dafür kann sie erbitterte, harte Kämpfe liefern. Die historischen Bedingungen, die Charakteristik der Epoche und die soziale Stärke der Bourgeoisie in einem Land können bestimmen, ob der Kampf der Bourgeoisie von langer oder kurzer Dauer sein wird. Die türkische Bourgeoisie blieb von dieser Regel natürlich nicht ausgeschlossen.

Die an die Macht gelangte türkische Nationalbourgeoisie versuchte den vom Osmanischen Reich übernommenen Ruin zu modernisieren und das Land zu entwikkeln. Die Auffassung der türkischen Nationalbourgeoisie über die Modernisierung und über den Aufbau des Landes bestand darin, das Land in allen Lebensbereichen zu verwestlichen, zu europäisieren. Um dieses Ziel erreichen zu können, versuchte sie zwei Wege: Erstens förderte der Staat in den Jahren zwischen 1923 und 1929 die einheimische Bourgeoisie, das Privatunternehmertum. Zweitens beteiligte er sich ab 1929 selbst an der Ökonomie und versuchte über den Staatskapitalismus das Land zu industrialisieren.

Sehen wir jetzt, welche Schritte in diese beiden Richtungen getan wurden:

Schon während des antiimperialistischen Kampfes traf die Ankaraer Regierung Maßnahmen, die in befreiten und nicht besetzten Gebieten des Landes die Industrie und Landwirtschaft fördern sollten. Diese Maßnahmen wurden auf dem Izmirer Wirtschaftskongreß von 1923 noch einmal zur Debatte gestellt.*) Die ernsthafte Förderung der Industrialisierung des Landes mit Hilfe des Staates und des Privatkapitals erfolgte jedoch erst 1927. Dieses Industrieförderungsgesetz sah für die Industriebourgeoisie folgende Vergünstigungen vor:

1) Für die Gründung jeder Industrieanlage stellt der Staat kostenlos bis zu 10 Hektar Boden zur Verfügung.
2) Die entstehende Fabrik, ihre Maschinen usw. sind von der Ertragssteuer und von allen örtlichen Amtssteuern frei.
3) Die für die Errichtung von Industrieanlagen notwendigen Investitionsgüter können ohne Importzölle eingeführt werden.
4) Beim Transport der benötigten Baumaterialien und Investitionsgüter zur Errichtung einer Fabrik mit Eisenbahnen und Schiffen werden die normalen Transportkosten um 30% gesenkt.
5) Die Industriebetriebe erhalten nach einem Beschluß des Kabinetts eine Prämie bis zu 10% ihrer jährlichen Produktion.
6) Die staatlichen Institutionen kaufen die einheimischen Industrieprodukte auf, selbst wenn sie bis zu 10% teurer als die ausländischen Erzeugnisse sind.
7) Derjenige, der mit Privatinvestitionen einen im Land noch nicht vorhandenen Industriezweig aufbaut und sich verpflichtet, den Bedarf einer bestimmten Region an einem Produkt zu decken, erhält auf 25 Jahre das Herstellungsmonopol.[238]

Dieser erste (auch der letzte) ernsthafte Beschluß der Nationalbourgeoisie schloß gleichzeitig die Industriebetriebe und den Bergbau in bestimmten Kategorien zusammen.

Die erste Kategorie bildeten Betriebe, die als Fabrik bezeichnet wurden. Sie sollten mindestens mit 10 PS betrieben werden und jährlich 1.500 Arbeitstage angewandt haben. Die zweite Kategorie schloß die Betriebe ein, die als Halb-Fabrik, Halb-Manufaktur zu betrachten waren. Sie sollten mit weniger als 10 PS betrieben und mindestens 10 Arbeiter und jährlich 1.500 Arbeitstage angewandt haben. Die dritte Kategorie bildeten Betriebe, die, mit weniger als 10 PS betrieben, jährlich 750 Arbeitstage angewandt haben mußten. Diese waren im allgemeinen kapitalistisch entwikkelte Manufakturen. Die vierte umfaßte die reinen Manufakturen und Betriebe mit manueller Arbeit in Textilien, Teppichknüpferei usw.

*) Die ersten Maßnahmen für die Förderung der privaten Unternehmungen in der Türkei wurden schon 1913 getroffen. Nach der Gründung der Republik blieben diese Maßnahmen gültig. Durch diese Maßnahmen wurden 1923 342 und 1927 470 Firmen unterstützt. Das im Jahre 1927 erlassene Gesetz zur Förderung der Industrie ist die detaillierte Kopie von dem im Jahre 1913 verabschiedeten Gesetz.

Im Bergbau bildeten Unternehmungen mit mehr als 250.000 Lira Kapital die erste Gruppe und Unternehmungen mit einem Kapital von weniger als 250.000 Lira die zweite Gruppe.
Die Weltwirtschaftskrise von 1929/1933 zwang den Staat, am ökonomischen Leben noch aktiver teilzunehmen. Neben einigen Maßnahmen, die die Bourgeoisie zum Schutz der Ökonomie und nicht zuletzt zur Bekräftigung ihrer Lage selbst getroffen hatte, versuchte der Staat den Import mancher Waren einzuschränken und den Zolltarif zu erhöhen. Mit einem 1931 erlassenen „Schutzgesetz der nationalen Ökonomie" machte er die Grenzen noch dichter und schränkte den Import solcher Waren, die auch in der Türkei produziert wurden, weiter ein.
Die Etatismuspolitik der Bourgeoisie wurde während der Krisenzeit noch deutlicher. Sie wurde jedoch erst ab 1933 zur offiziellen Politik der Bourgeoisie erklärt. Demnach sollte der Staat den Aufbau der Industrie selbst in die Hand nehmen.

5.1. Das Bankwesen

Die Funktionen der Banken im Osmanischen Reich und in der Periode der Republik unterschieden sich mehr und mehr voneinander. Dieser Unterschied ist mit der Entwicklung des Kapitalismus zu erklären. Die Entwicklung des Bankwesens im Osmanischen Reich: Die erste Bank im Reich wurde im Jahre 1847 in Istanbul gegründet. Bis dahin wurden die Funktionen der Banken von Geldbesitzern erfüllt. Früher bestanden die Aufgaben der Banken darin, verschiedene Währungen gegeneinander zu wechseln, Kredite zu gewähren, die Wechselangelegenheiten zu erledigen, die Einkünfte der wichtigsten Staatsmänner zu kassieren und in ihrem Namen auszuzahlen. Die Bankiers waren gleichzeitig Garanten der Mültezims (Pächter) beim Staat. Auch durch diese Funktion gelangten die Bankiers an einen stattlichen Teil der Einkünfte der Mültezims.
Die Bankiers im Reiche stammten aus den armenischen, griechischen und jüdischen Minderheiten und wohnten hauptsächlich in Istanbul (im Stadtviertel Galata). Daher wurden sie die Bankiers von Galata genannt. Ihre Funktion war mit der Zeit so gewachsen, daß sie in der zweiten Hälfte des 19. Jhd. imstande waren, dem osmanischen Staat Kredite zu gewähren.
Bis zur Periode der Republik entstanden im Osmanischen Reich mehrere Banken. Da ein Teil von ihnen auf spekulativer Grundlage gegründet wurde, erlitten viele nach kurzer Zeit Bankrott oder schlossen sich mächtigen Banken an.
Die aus einheimischer Quelle, mit dem einheimischen Kapital gegründeten Banken beschäftigten sich nur mit der Kreditvergabe an den Staat, mit der Sammlung der Einkünfte. Dagegen waren Banken, an denen ausländisches Kapital beteiligt war oder direkt mit ihm gegründet wurde, in infrastrukturellen Bereichen wie Eisenbahnen, Bergbau, Telephon-, Elektrizität- und Wasserwerken usw. beschäftigt. Diese Banken waren westliche Banken und Vertreter des Finanzkapitals im Osmanischen Reich.[239]
Die Aktivitäten der Banken in der Periode der Republik waren nicht nur durch die Kreditvergabe begrenzt. Die Banken entwickelten sich parallel zu der Entwicklung des Kapitalismus.
Die Entwicklung der türkischen Ökonomie in den Jahren von 1923 bis heute zu untersuchen, heißt in erster Linie das Studium der Bank„geschichte" in unserem Land zu betreiben. Ohne Bank waren in dieser Periode nur wenige Unternehmen vorstellbar. Industrie und Banken sind untrennbar. Aus diesem Grund ziehe ich es vor, die Aktivitäten einiger wichtiger Banken zu untersuchen. Dadurch werden wir den Interessenkonflikt innerhalb der Bourgeoisie noch deutlicher sehen.

Besonders in den Jahren zwischen 1910 und 1923 wurden mehrere Nationalbanken gegründet, die in verschiedenen Regionen des Landes regional aktiv waren. Banken in Istanbul, Adapaziari, Karaman, Eskişehir sind von dieser Art.
Die Nationalbourgeoisie an der Macht begünstigte die Banken. Als Produkt dieser Politik wurden in den ersten Jahren der Republik eine Reihe von Nationalbanken gegründet. Das Gesetz von 1926 in bezug auf die Banken macht noch deutlicher, was die Regierung unter der Förderung des Bankwesens verstand. Es förderte die Konzentration des Bankkapitals. Es förderte im allgemeinen die Entwicklung des Bankwesens und im besonderen die der Großbanken.
Iş-Bank, Ziraat-Bank, Iller-Bank, Sümer-Bank, Vakiflar-Bank und Eti-Bank, also die mächtigsten Banken der Türkei profitierten reichlich von dieser Politik der Bourgeoisie. Sie waren Banken, die nach einer Rechnung von 1936 jeweils ein Kapital von mindestens 6 Mill. türkischen Lira besaßen.[240]
Nach offiziellen Angaben gab es 1929 in der Türkei insgesamt 38 Bankgründungen. Die Gesamtsumme der Aktiva der wichtigsten Nationalbanken betrug im Jahre 1928 über 420 Mill. Lira. 259 Mill. davon gehörten der staatlichen Ziraat-Bank und 63 Mill. der Iş-Bank (der mächtigsten Privatbank der Türkei).[241] Die Gesamtsumme der Aktiva dieser beiden Banken überstieg 322 Mill. TL (türk. Lira), d.h. sie besaßen 3/4 der gesamten Aktiva.
Die Periode nach 1930 war die Periode, in der der Konzentrationsprozeß des Bankkapitals beschleunigt wurde und die Banken die türkische Ökonomie zu beherrschen begannen. Dieser Prozeß sicherte gleichzeitig sowohl die Entwicklung als auch die Stärkung der staatlichen Gesellschaften (Aktiengesellschaften).
Folgende Tabelle zeigt uns die Entwicklungstendenz des Depositenvolumens dieser beiden Banken nach der Krise.[242]

Jahr	Ziraat-Bank in % (staatlich)	Iş-Bank in % (privat)	insgesamt
1933	27.5	33.8	61.3
1934	28.0	35.3	63.3
1935	31.0	35.5	65.5
1936	36.0	36.3	72.3

Wie aus der Tabelle zu entnehmen ist, nehmen die Depositenbeträge der beiden Banken große Dimensionen an. Die beiden Banken bestimmten die türkische Ökonomie von Tag zu Tag mehr.

5.2. Die Iş-Bank und das Privatunternehmertum

Diese Bank wurde im Jahre 1924 gegründet. Obwohl ihr Gründungskapital mit 1 Mill. TL angegeben wurde, betrug ihr verfügbares Kapital 250.000 TL. Die Gründer dieser Bank waren Politiker, Händler, Feudalherren und Industrielle. Ihre Gründung bildete den ersten Schritt der Nationalbourgeoisie zur Förderung des Privatunternehmertums.
Der kluge Teil der Bourgeoisie, der sich in dieser Bank zusammengeschlossen hatte, verstand die Förderung und die Maßnahmen des Staates zur Förderung des Privatunternehmertums voll auszunutzen. Die Depositen dieser Bank stiegen von 1

Mill. im Jahre 1924 auf 22,7 Mill. im Jahre 1927.[243] Der Interessenkreis um diese Bank war ziemlich entschlossen, die Ökonomie des Landes in seine Hände zu nehmen.
Zunächst zwang die Iş-Bank die nationale Kreditbank durch Konkurrenz, sich mit ihr zu vereinigen. Sie erreichte ihr Ziel. Diese Gruppe zwang auch die „Akhisar Tütüncüler-Bank", eine der mächtigsten Banken der damaligen Türkei, zur Vereinigung. Doch diesmal scheiterte sie.
Nach der Vereinigung mit der nationalen Kreditbank stieg ihr Gewicht in der türkischen Ökonomie. Ihr Kapital belief sich von 4 Mill. auf 5 Mill. im Jahre 1929. Dutzende von Industrie- und Handelsgesellschaften gerieten unter ihre Kontrolle. Ihre Aktiva betrugen im Jahre 1929 mehr als 76,5 Mill. TL, ihre Depositen erreichten 41,2 Mill. TL und ihr Netto-Gewinn war im gleichen Jahr 1,8 Mill. TL. In den Jahren zwischen 1924 und 1928 hatte sie einen durchschnittlichen Gewinnanteil von 15% und während der Krisenjahre von 10%.[244]
Ab 1929 begann sie Kredite zu vergeben, um die Kleinproduzenten und besonders die Manufakturisten an sich zu binden.[245]
Folgende Aktiengesellschaften sind die, an deren Gründung diese Bank beteiligt war oder die sie selbst gegründet hatte:
- Türk. Versicherungsaktiengesellaft/Anatolien
- Nationale Ressurans-Aktiengesellschaft– Aktiengesellschaft für Kozluer Bergbau (die größte ihresgleichen)
- Aktiengesellschaft für Steinkohle
- Aktiengesellschaft für Kilimlier Kohlebergbau
- Aktiengesellschaft für Erganier Kupfer
- Aktiengesellschaft für Bulgardag Bergbau

Außer der obengenannten und der Aktiengesellschaft für türk. Streichholz, für Zuckerfabriken von Istanbul und Trakya, für Istanbuler Funk und Telephon und der Aktiengesellschaft der Bursaer Weberei gab es noch andere Gesellschaften, an denen sie entweder beteiligt war oder die sie selbst gründete.[246]
Nachdem C. Bayar 1932 Wirtschaftsminister wurde, wurde diese Bank noch mächtiger. C. Bayar, führender Vertreter der Reaktion und des Faschismus in der Türkei, war einer der Gründer dieser Bank und ihr erster Direktor. In den 30er Jahren hatte der Staat die Tendenz, den Etatismus zu stärken. Aber daß C. Bayar in dieser Situation Wirtschaftsminister wurde, zeigt uns, wie einflußreich der rechte Flügel der Bourgeoisie schon in den 30er Jahren war. Die Benennung dieser Person als Wirtschaftsminister bedeutete die Änderung der vom Staat getroffenen Maßnahmen und Beschlüsse, von denen oben die Rede war, zugunsten der Iş-Bank, des Privatkapitals und des Imperialismus. Z.B. wurde die Planung der Errichtung der staatlichen Zuckerfabriken mit Hilfe der Sowjetunion zugunsten des deutschen Kapitals geändert.
Die Aktivitäten der Iş-Bank umfaßten somit neben der Kreditbewegung, noch einige Industriebereiche wie Kohle, Textil und Zucker.

Bergbau und Iş-Bank
Die Iş-Bank beteiligte sich an der Ergani-Kupfer TAS (Türkisch. Aktiengesellschaft) mit einem Kapital von 500 Tausend TL. Das Gesamtkapital dieser Aktiengesellschaft betrug 3 Mill. TL. Davon gehörten 1,5 Mill. der Deutschen Bank und 1 Mill. dem Staat.[247]
Diese Bank gründete 4 Kohle-Aktiengesellschaften, die in Kozlu, Zonguldak, Kirecli und Kilimli tätig waren. Das gesamte Gründungskapital dieser Aktiengesellschaften belief sich auf 5 Mill. TL. Die Iş-Bank schloß sich mit einer französischen

Aktiengesellschaft, die die Kohleproduktion in Kozlu kontrollierte, zusammen und gründete mit ihr die Kozluer Kohlebergbau TAS. Später kaufte sie den Anteil der französischen Aktiengesellschaft und wurde damit die einzige Inhaberin.
Diese Bank errichtete 1935 in Zonguldak einen Koksofen und eine Brikettfabrik im Jahre 1937.
46,4% der Kohleproduktion der Türkei vor dem 2. Weltkrieg kam aus den Gruben dieser Bank.[248*)]

Zuckerindustrie und Iş-Bank
Sie gründete die Zuckerfabrik von Alpullu, die 1926 die Produktion aufnahm, und beteiligte sich an der oben genannten Aktiengesellschaft für Zuckerfabriken/Istanbul-Trakya mit einem Betrag von 68% des gesamten Kapitals.
Das Gesamtkapital von „Anadolu Zuckerfabrik TAS", die die Eskişehirer Zuckerfabrik gründete (Produktionsaufnahme 1933), betrug 3 Mill. TL. 51% davon gehörte der Iş-Bank.
Das Gründungskapital der Turhaler Zuckerfabrik, gegründet von der „Turhal Zukkerfabrik TAS", belief sich auf 3 Mill. TL. 51% davon gehörten der Iş-Bank, der Rest der Ziraat-Bank. Diese Fabrik nahm die Produktion 1934 auf.[249]
Diese Zuckerfabriken deckten den größten Teil des Zuckerbedarfs des Landes. Z.B. betrug im Jahre 1923 der Zuckerbedarf 50 Tausend Tonnen. Dies stieg 1930 auf 75 Tausend Tonnen. 63 Tausend Tonnen davon wurden importiert. Der Bedarf an Zukker war 1939 120 Tausend Tonnen. 25 Tausend Tonnen davon wurden importiert und 75 Tausend Tonnen wurden im Land produziert.[250]
Im Jahre 1935 schlossen sich die Zucker-Aktiengesellschaften und folglich auch die Zuckerfabriken zusammen und gründeten die „Türkische Aktiengesellschaften der Zuckerfabriken der Türkei". Dies war die erste monopolistische Bewegung in der Türkei. Das konzentrierte Kapital belief sich auf 22 Mill. TL. An diesem Monopol hatten die Iş-Bank einerseits und die Ziraat-Bank und Sümerbank andererseits den gleichen Anteil.
Die obigen Angaben weisen daraufhin, daß diese Bank ihre Aktivitäten, gestützt auf den Staat, verbreiterte und der Staat sie unterstützte, indem er sich an ihren Unternehmungen beteiligte.

Textilindustrie und Iş-Bank
Folgende Textilgesellschaften sind die, die entweder von dieser Bank gegründet wurden oder unter ihrer Kontrolle standen:
- Yünis/Ankara: Wollgarn und Teppichfabrik mit 40 Webstühlen,
- Ipekis, Mensucat und Tirikotaj TAS/Bursa: Seidengarn und Seidengewebefabrik mit 50 Seidengarn- und mit 15 Seidengewebestühlen,
- Ipekis/Istanbul: Wollgarnfabrik mit 85 Webstühlen,
- Malatya Stoff und Seiden TAS/Malatya: an dieser Fabrik waren beteiligt: Sümerbank 34%, Ziraat-Bank 33% und Iş-Bank 33%. Jährlich wurden 2 Mill. Meter Gewebe und 53 Tausend Tonnen Garn produziert. Die staatliche Sümerbank nahm später diese Fabrik in ihr Monopol auf.[251]

Die Aktivitäten dieser Bank im Textilbereich führten dazu, daß die Kleinproduzenten und die Manufakturen Bankrott erlitten und einige entwickelte Manufakturen sahen sich gezwungen, sich der Iş-Bank anzuschließen.

*) Während des zweiten Weltkrieges kaufte der Staat die Gruben dieser Bank. Das bedeutete aber nicht, daß der Staat die Aktivitäten des Privatkapitals bremste. Das Gegenteil war der Fall, und dieser Verkauf war für die Bank sehr günstig.

Die Aktivitäten der Iş-Bank in Bereichen des Bankwesens, des Handels und der Versicherung

Die Iş-Bank unterstützte jeden Schritt des Staates in Bereichen der Versicherung, des Handels und des Bankwesens und verstand sehr gut, davon für sich Nutzen zu ziehen. Auf diese Weise brachte sie eine Reihe von Gesellschaften unter ihre Kontrolle. Einige von diesen nationalen Versicherungsgesellschaften waren:

- Ittihadi Milli TAS: gegründet 1918, Kapital 1 Mill. TL.
- Anadolu Türk TAS: gegründet 1925, Kapital 1,5 Mill. TL.
- Milli Ressürens TAS: gegründet 1929, Kapital 1 Mill. TL.[252]

Im Jahre 1937 wurde die türkische „Aktiengesellschaft für allgemeine Großgeschäfte" gegründet. Die Tätigkeit dieser Gesellschaft bestand darin, das Eigentum der staatlichen und privaten Gesellschaft zu versichern, zu transportieren, zu verkaufen usw. Die Iş-Bank beteiligte sich an dieser Gesellschaft mit einem Kapital von 400 Tausend TL, also 20% des Gesamtkapitals der Gesellschaft und schickte ihren Vertreter in den Vorstand dieser Gesellschaft.[253]

In den 30er Jahren schickte sich der Staat an, die Händler, die von verschiedenen Banken kontrolliert wurden, zu vereinigen. Damit wurden auch die Exporteure und Importeure gezwungen, um überhaupt Handel treiben zu dürfen, sich zu vereinigen, und sich nach bestimmten Regeln zu richten. Ein entsprechendes Gesetz wurde 1936 verabschiedet. Nach 7 Jahren gründete die Bank in verschiedenen Provinzen der Türkei eine Reihe von Import- und Exportverbänden, z.B. der Exportverband von lebendigen Tieren wurde in Kars von dieser Bank zusammen mit der Ziraat-Bank gegründet. Im Laufe der Zeit integrierte dieser Verband den Export der lebendigen Tiere in sein Monopol.

Folgende Exportverbände sind die, die von der Iş-Bank und Ziraat-Bank zusammen gegründet wurden:

- Weintrauben-Exportverband: Kapital 1 Mill. TL.
- Haselnuß-Exportverband: Kapital 1 Mill. TL.
- Feigen-Exportverband: Kapital 1 Mill. TL.
- Baumwolle-Exportverband: Kapital 200 Tausend TL.

Im Jahre 1939 gründeten die Iş-Bank und die Ziraat-Bank zusammen die „Tokas-Aktiengesellschaft", die die Außenhandelsangelegenheiten in Ordnung bringen sollte. Ihr Gründungskapital betrug 1 Mill. TL.[254]

Im Bankwesen kontrollierte sie die „Türk Ticaret Bankası" (Türkische Handelsbank). Diese Bank war eine Art von Tochterunternehmen der Iş-Bank. Die Iş-Bank beteiligte sich durch diese Bank an anderen Gesellschaften wie den „Ziegenwolleexporteurverband".

Eine der wichtigsten Export-Importgesellschaften, an denen die türkische Handelsbank beteiligt war, war Titas (Türkische Handels-Aktiengesellschaft). Sie wurde 1936 mit einem Kapital von 100 Tausend TL gegründet. Ihr Kapital wurde nach einer kurzen Zeit auf 300 Tausend TL erhöht.

Die Iş-Bank kontrollierte auch die Halk-Bank (Volksbank), die ihrerseits auf die Kleinproduzenten Einfluß zu nehmen versuchte.[255]

Die Iş-Bank gründete im Jahre 1935 eine Aktiengesellschaft für eine Flaschen- und Glasfabrik, die im Bereich der Leichtindustrie die Pasabahce-Glasfabrik gründen sollte. Die Bank hat für den Bau dieser Fabrik 7 Mill. TL investiert. Diese Fabrik deckte 70% des Bedarfs der Türkei an Glas. „Die Aktiengesellschaft für Türk. Rosenöl", die die Rosenölproduktion in Isparta unter ihrer Kontrolle hatte, wurde 1934 von der Iş-Bank zusammen mit der Ziraat-Bank und Sümerbank mit einem Kapital von 100 Tausend TL gegründet. Der Anteil der Iş-Bank belief sich auf 33%. Diese Gesellschaft wurde 1945 verstaatlicht.[256]

In den Jahren zwischen 1930 und 1945 hat sich diese Bank kräftig entwickelt. Die Summe ihrer gesamten Aktiva stieg von 67,4 Mill. im Jahre 1934 auf 216,5 Mill. TL im Jahre 1944. In der gleichen Periode steigerten sich ihre Devisenreserven von 3,9 Mill. auf 23. Mill. und ihre Depositen von 52,7 Mill. auf 170,3 Mill. TL.[257]

5.3. Staatliche Investitionen und Staatskapitalismus

Daß der Staat de facto und de jure Eigentümer der kapitalistischen Unternehmungen ist oder daß er selbst Kapitalist ist, ist nicht neu und auch nicht türkisch-spezifisch. Jedoch war und ist dieses Thema einer der heißesten Diskussionsstoffe in der Türkei.

Eine Reihe von bürgerlichen Schriftstellern, fortschrittlich-demokratisch gesinnten Intellektuellen, bezeichneten und bezeichnen diesen Etatismus, den die türkische Bourgeoisie in der Türkei durchführte, als türkisch-spezifisch und als etwas, was die Welt bis dahin nicht gesehen hat. Man hat sogar behauptet, daß es keine Klassen geben wird und daß der Staat übergesellschaftlich wäre. Die Bourgeoisie versuchte, aus ihrem „übervergesellschafteten“ Staat ein Monstrum zu machen.

Wir können den Staatskapitalismus in der Türkei nicht erklären, wenn wir uns die sozio-ökonomische Struktur des Landes und die Lage der Bourgeoisie nicht vor Augen halten:

1. Das Land war ökonomisch ziemlich rückständig und es bestanden verschiedene Strukturen. Neben dem Kapitalismus existierte der Feudalismus sowohl in der Ökonomie als auch im Überbau.
2. Die Bourgeoisie an der Macht war politisch und ökonomisch unerfahren, nicht genügend organisiert und stark.

In einer solchen Situation unternahm die türkische Bourgeoisie verzweifelte Versuche. Das einzige Ziel der Kemalisten war, die zögernde türkische Industriebourgeoisie für die Industrieunternehmungen zu fördern. Denn die Industriebourgeoisie war ziemlich schwach und die relativ einflußreiche Handelsbourgeoisie und das Wucherkapital waren nicht gewillt, in der Industrie zu investieren. Denn sie wollten kein Risiko eingehen, wo sie keine Erfahrungen hatten und keine ermutigenden Profitaussichten sahen. Es konzentrierte sich im Handel, wo doch leicht hohe Profite zu erzielen waren. Dies verhinderte die Industrialisierung des Landes und machte den Boden frei, das Land wieder zum Absatzgebiet des Imperialismus zu machen. Das wollte der kemalistische, der radikale Teil der Bourgeoisie nicht. Um das Land industrialisieren zu können, versuchten die Kemalisten „echte türkische Kapitalisten zu erzeugen“. Selbst Mustafa Kemal stellte mehrmals die Frage, „wieviele Kapitalisten haben wir!“ Um diese ihre Auffassung in die Tat umsetzen zu können, gründete der Staat selbst beispielhafte Landwirtschafts- und Industriebetriebe und unterstützte Schritte in diese Richtung. Das Ziel der Bourgeoisie bestand darin, die Staatsunternehmungen, nachdem sie sich entwickelt hatten, dem Privatsektor zu überlassen. Das war das Wesen des Staatskapitalismus in der Turkei.

Der Staatskapitalismus in der Türkei brachte objektiv auch andere Faktoren mit sich:

a) Der Staatskapitalismus in der damaligen Türkei trug eine gewisse Haltung gegen den Imperialismus in sich. Nicht deswegen, weil die Bourgeoisie überhaupt gegen den Imperialismus war, sondern deswegen, weil sie die Reichtümer des Landes mit niemanden teilen wollte. Aus diesem Grund entwickelte sie den Staatskapitalismus. In diesem Sinne bedeutete der Staatskapitalismus eine gewisse Entfernung vom Imperialismus. Diese Haltung der Bourgeoisie gegen den Imperialismus war objektiv positiv.

b) Der Staatskapitalismus verhüllte zu einem bestimmten Grad die Ausbeutung und gab Anlaß zu Demagogien.
c) Der Staatskapitalismus in der Türkei spielte objektiv eine positive Rolle in der Entwicklung des Kapitalismus.

Jedoch war der türkische Staatskapitalismus nichts anderes als „der Kapitalismus, der zugunsten der Bourgeoisie, zuungunsten des Proletariats war und vom Staat akzeptiert wurde.“[258]

Um die Industrialisierung des Landes in die richtigen Wege leiten zu können, versuchte die Bourgeoisie in den Jahren zwischen 1923 und 1929 den Privatsektor primär zu fördern, d.h. der Staat sollte den Privatsektor nur unterstützen. Da dies nicht zum Erfolg führte, versuchte die Bourgeoisie diesmal ab 1933 den Etatismus in den Vordergrund zu stellen und gleichzeitig den Privatsektor zu fördern.

Betrachten wir diese Stadien näher:

Die Staatsinvestitionen in der ersten Periode (1923 - 1933); der Staat beschränkte seine ökonomischen Aktivitäten hauptsächlich auf die Gründung der Maden-Bank (Bergbau). Diese Bank war Staat im Staat, bis die anderen Staatsunternehmungen Bedeutung erlangten. Diese Bank sollte die dem Privatsektor nicht angehörenden Unternehmungen solange verwalten, bis die Privatpersonen sie übernahmen. Die Bank durfte zusammen mit dem Privatsektor investieren, den Industriellen und sonstigen Investoren Kredite geben und die staatlichen Betriebe in Gesellschaften umwandeln. Sie durfte jedoch allein keine Gesellschaft gründen. Somit wurde diese Bank zu einem offiziellen Lenker der türkischen Ökonomie. Ihr Kapital stieg von 1,3 Mill. TL. im Jahre 1925 auf 8,9 Mill. TL. im Jahre 1932. Allein 1926 erzielte sie aus ihren Unternehmungen einen Profit in Höhe von 2 Mill. TL. Die Gesamtsumme ihrer Aktiva stieg in 4 Jahren (1925 - 1929) von 4,8 Mill. TL. auf 24,4 Mill. TL.[259]

Diese Bank beteiligte sich an 16 Gesellschaften, gewährte ihnen Kredite. Folgende Gesellschaften sind einige, die von ihr mitgegründet wurden:

- „Usak Teakki Ziraat TAS“: Diese Gesellschaft wurde 1923 von Privatunternehmern mit einem Kapital von 600 Tausend TL. gegründet. An dieser ersten Zukker-Gesellschaft beteiligte sich die Maden-Bank über das Finanzministerium mit einem Kapital von 200 Tausend TL.
- „Ankara Milli Mensucat AS“: (Ankara Nationale Textil-Aktiengesellschaft). Sie wurde 1924 mit einem Kapital von 150 Tausend TL. gegründet. Die Bank beteiligte sich an ihr über das Handelsministerium mit einem Kapital von 23,4 Tausend TL. Sie gewährte Kredite in Höhe von 70 Tausend TL.
- „Malatya Tesebbüsati TAS“: (Aktiengesellschaft für Industrieunternehmungen). Sie wurde im Jahre 1925 mit einem Kapital von 400 Tausend TL gegründet. 1/3 des gesamten Kapitals gehörte der Bank.
- „Isparta Garnfabrik TAS“: Im Jahre 1925 wurde diese Gesellschaft von Privatunternehmern mit einem Kapital von 175 Tausend TL. gegründet. Der Anteil der Bank belief sich auf 102,3 Tausend TL.
- „Kayseri/Bünyan Garnfabrik TAS“: Sie wurde 1925 mit Hilfe des Handelsministeriums von Privatunternehmern gegründet. Ihr Kapital stieg von 175 Tausend TL. im Jahre 1925 auf 350 Tausend TL. im Jahre 1927. Die Beteiligung der Bank betrug 175 Tausend TL.
- „Eskişehir Lüle TAS“: Das Gründungskapital der Gesellschaft belief sich auf 100 Tausend TL. Der Anteil der Bank war 25 Tausend TL.
- „Trabzon Elektrizität TAS“: Das Gründungskapital betrug 160 Tausend TL. Die Bank war mit einem Kapital von 50 Tausend TL. an ihr beteiligt.
- „Kilimli Kohle-Bergbau TAS“: Das Gesamtkapital der Gesellschaft betrug 400 Tausend TL. Der Anteil der Bank belief sich auf 40 Tausend TL.

- „Aksaray Azmi Milli TAS“: (Aktiengesellschaft für Mehl, Textil und Stromerzeugung). Sie wurde im Jahre 1924 mit einem Kapital von 250 Tausend TL. gegründet. 10% davon gehörte der Bank.
- „Kütahya Keramikverarbeitung TAS“: Das Gründungskapital belief sich auf 100 Tausend TL. 50% davon gehörte der Bank.
- „Yalvac Industrie und Handel TAS“: 130 Tausend TL. betrug das Gründungskapital. Die Bank beteiligte sich an ihr durch das Handelsministerium mit einem Kapital von 50 Tausend TL. Außerdem war die Bank an den Reis-Selektionsfabriken in Maraş und Tosya beteiligt.

Fast alle diese Unternehmungen erlitten Schaden. Ihre aus dem Osmanischen Reich stammenden Fabriken wie Garn- und Wollegewebefabriken in Hereke, Textilfabriken in Feshane/Bahirköy (Istanbul) arbeiteten jedoch profitabel. Nach einer Angabe von 1931 investierte die Bank für diese Staatsunternehmungen insgesamt 4,89 Mill. TL. und erzielte einen Profit in Höhe von 3,877 Mill. TL. Sonstige Ausgaben der Bank für diese Gesellschaften beliefen sich auf 4,3 Mill. TL.[260]

Da die Bank den Erwartungen nicht gewachsen war und folglich ihre Mission nicht richtig erfüllte, wurde sie im Jahre 1932 aufgelöst.

An ihrer Stelle wurden die Industrie-Kredit-Bank und das staatliche Industrieamt gegründet. Diese beiden Institutionen sollten die gleichen Aufgaben noch disziplinierter und umfangreicher in kollektiven Operationen in die Tat umsetzen. Der Erfolg blieb aus, und sie wurden auch aufgelöst.

Staatsaktivitäten in der zweiten Periode: die Aktivitäten des Staates in der Ökonomie begannen hauptsächlich mit der Sümer-Bank. Diese Bank übernahm die Aufgaben der geschlossenen Banken. Diese Bank wurde Leiterin des Staatskapitalismus. Sie sollte von Beteiligung an Gesellschaften, von der Kontrolle des Anteils des Staates am Privatsektor bis Rohstoffbesorgung und Verkauf der Fertigwaren funktionsfähig sein. Ihr Gründungskapital betrug 20 Mill. TL. Es stieg von 62 Mill. TL im Jahre 1934 auf 80,5 Mill. TL. im Jahre 1937 und auf 100 Mill. TL. im Jahre 1939.

Die Sümer-Bank beteiligte sich anfänglich an einigen Gesellschaften mit folgendem Kapital.

Beteiligungen der Sümer-Bank an einigen Gesellschaften[261]

Gesellschaften	Anteil der Bank (1000 Lira)	Das Gesamtkapital der Gesellschaften (1000 Lira)
Feshane Textil-Aktiengesell.	750	1.500
Usak Terakki Agrar-Aktiengesell.	318,5	600
Kayseri/Bünyan Teppich-Garn TAŞ	160,8	350
Maraş Reis-Selektionsfabrik TAŞ	145,2	160
Malytya Teşebbüsati-Industrie TAŞ	133,3	400
Isparta Wollgarn und Teppich TAŞ	100,0	125
Trabzon Elektritzitäts-Aktiengesell.	57,2	160
Yalvaç Industrie und Handel TAŞ	50,0	130
Aksaray Azmi Milli TAS	25,0	250
Kütahya Keramikfabrik-Aktiengesell.	25,0	100

Andere Aktivitäten der Bank:

- „Wolle-Textil und Garnfabrik der Türkei-TAS": sie entstand 1937 aus dem Zusammenschluß der Textil-TAS/Feshane und der Garnfabrik/Bünyan. Das gesamte Kapital der neugegründeten Gesellschaft belief sich auf 3,3 Mill. TL. Das ganze Kapital gehörte der Sümer-Bank.
- „Baumwolle-Gewebe und Baumwollgarn-Fabriken-TAS der Türkei": sie entstand 1935 aus dem Zusammenschluß der Textilfabriken in Defterdar/Istanbul, in Kayseri, Eregli und Nazilli.
- „Schwamm-Fischerei-TAS": sie wurde im Jahre 1934 mit einem Kapital von 100.000 TL. gegründet. Ihre Beteiligung belief sich auf 49%.
- „Textilfabrik TAS/Malatya": sie wurde 1936 mit einem Kapital von 3 Mill. TL gegründet. Der Anteil der Bank belief sich auf 997.000 TL. Nach der Erhöhung des Gründungskapitals stieg ihr Anteil auf 1,7 Mill. TL.[262]

Ihre Beteiligung an Versicherungen und Banken:[263]

Name	Gründungsjahr	Kapital	Anteil der Sümer-Bank
Türk. Handels-Bank-Aktiengesellschaft	1934	1.200.000 TL	100.000 TL
Halk-Bank TAŞ	1938	1.200.000 TL	50.000 TL
Güven türk. Versicherung TAŞ	1935	500.000 TL	250.000 TL
Umumi Magzalar TAŞ	1937	2.000.000 TL	150.000 TL
Ankara Zement-Industrie	1943	400.000 TL	200.000 TL
Emlak und Kredi-Bank der Türkei	1946	10.000.000 TL	1.000.000 TL

Die wichtigste Stütze des Staates im Bereich der Industrie war die Etibank. Diese Bank wurde 1935 gegründet, um die Bergbauindustrie und die Staatsunternehmungen zu kontrollieren und ihnen Kredite zu gewähren. Ihr Gründungskapital stieg von 20 Mill. TL auf 100 Mill. TL im Jahre 1942 und auf 500 Mill. TL im Jahre 1953.[264] Diese Bank übernahm die Verwaltung folgender Bergbauunternehmungen: Staatliche Eisen- und Chromgruben, Kohlengrube bei Ereğli, Schwefelgruben in Keciborlu, Kupfergruben in Ergani und Murgul.

Die Bank kontrollierte einige Elektrizitätswerke und leitete die Bergbau-Forschungs- und Schürfinstitutionen. Außerdem war sie an der Versicherungsaktiengesellschaft/Ankara und der Halk-Bank beteiligt. In ihren Betrieben waren 1942 27,7 und 1950 35,6 Tausend Arbeiter beschäftigt.[265]

6. Der Fünfjahresplan und die Mobilmachung der Bourgeoisie zur Industrialisierung des Landes

Die Überlegungen zur geplanten Ökonomie entwickelten sich in der Türkei parallel zur etatistischen Politik. Dieser Gedanke war sozusagen ein Teil der etatistischen Politik. Die erste Planung wurde im Jahre 1930 in Angriff genommen. Der erste Fünfjahresplan konnte 1932 angefertigt und 1934 in die Tat umgesetzt werden. Der zweite Fünfjahresplan wurde 1936/37 gebilligt und ab 1938 durchgeführt. Wegen des Zweiten Weltkrieges konnte jedoch dieser Plan nicht ganz verwirklicht werden. Mit der geplanten Ökonomie setzte sich die kemalistische Bourgeoisie das Ziel, die Industrialisierung des Landes Schritt für Schritt zu verwirklichen. Im ersten Fünfjahresplan räumte die Bourgeoisie sowohl der Leicht- als auch der Schwerindustrie

den gleichen Vorrang ein. Nach diesem Plan sollten ca. 20 Fabriken in Bereichen wie Glas, Zement, Zucker, Papier, Schwefel, Textil, Eisen-Stahl und Zellstoff installiert werden. In erster Linie sollte durch den Plan erreicht werden, daß in der Produktion die einheimischen Rohstoffe gebraucht, verschiedene Konsumartikel genügend produziert und die Industriekomplexe überall im Land gleichmäßig verteilt und gegründet wurden. Wie wir unten sehen werden, wurde der erste Plan außer der gleichmäßigen Verteilung der Industriekomplexe, voll verwirklicht.
Mit dem zweiten Fünfjahresplan sollte die Schwerindustrie im Lande gleichmäßig verteilt und gegründet werden. Die Überlegungen über die Finanzierung des zweiten Fünfjahresplanes machten die evolutionäre Entwicklung der kemalistischen Bourgeoisie deutlich; im ersten Plan war die Finanzierung durch die Sowjetunion in den Vordergrund gestellt. Im zweiten Plan ging es darum, von England finanziell und technisch unterstützt zu werden.
Am ersten Plan beteiligten sich die Iş-Bank im Namen des Privatsektors und die Sümer-Bank im Namen des Staates. Der Gesamtbetrag der Investitionen belief sich auf 44 Mio. TL.
Die folgende Tabelle weist auf die Investitionen und Industriezweige im ersten Fünfjahresplan von 1934 - 1938 hin:[266]

Industriezweige	Summe des investierten Kapitals (1000 TL)
Textil:	18.538
Baumwollgewebe	18.538
Hanfverarbeitung	1.700
Wollgewebe	1.650
Papier:	10.000
Chemie;	3.790
Schwefelsäure-Produktion	550
Superphospat-Produktion	400
Kaustikum und Chlorproduktion	1.410
Zellstoff- und Kustfaser-Produktion	1.515
Porzellan	800
Kupfervearbeitung	550
Sonstige	3.050
Summe	43.953

Die Leistung der Sowjetunion bei der Verwirklichung des ersten Fünfjahresplanes war unschätzbar. Wir können ohne weiteres sagen, daß der erste Fünfjahresplan ohne die Kapital- und Planungsleistung der Sowjetunion nicht zu verwirklichen war. Im Rahmen diese Planes haben folgende Betriebe 1939 die Produktion aufgenommen:[267]

Betriebe	jährliche Produktion		Zahl der Arbeiter
Textil-Kombinat/Kayseri	30 Mill. m	Baumwollstoff	3000
" " /Nazilli	20.000 m	Gewebe	2000
Flachsfabrik/Eregli	3 Mill. m 6.000.000 t	Gewebe und Garn	800
Textilfabrik-Baumwolle (Bakirköy/Istanbul)	5 Mill m 1.000 t	Flachs und Garn	800
Schwefelfabrik/Keciborlu	4.000 t	Schwefel	165
2 Papierfabriken/Izmit	24.000 t	Papier	1.200
Paşabahçe Glasfabrik/Ist.	60.000 t	Glas	500
Anthrazit-Fabrik/Zongul.	60.000 t	Koks	600
Kunstseidenfabrik/Gemlik	300.000 t	Kunstseide	500
Wollgarn-Fabrik/Bursa	1.000	Garn	1.000
Hüttenwerke (ein Teil)	180.000	Stahl	3.000
Rosenöl-Fabrik (Isparta)	100 kg	Öl	80

Außerhalb dieses Planes wurden andere Fabriken wie Schwefelsäure, Pulver, Gasmasken, Giftgas für Militärzwecke und eine Papierfabrik in Izmit und ein Hüttenwerk in Karabük von deutschen Firmen gebaut. Die Beteiligung der Iş-Bank an diesen Unternehmungen belief sich auf 24. Mill. TL. Diese Zahl zeigt, daß der Privatsektor zwar immer noch zögernd investiert, aber er investiert, wenn der Staat auch dabei ist und ihn unterstützt.

Diese Mobilmachung führte zur Entwicklung des Staatskapitalismus; die Sümer-Bank kontrollierte 55% der Wollproduktion, 60% der Baumwollproduktion, 100% der Produktion von künstlichen Fasern und die Etibank kontrollierte den größten Teil der Elektrizitätswerke, mehr als 50% der Schwefel- und Chromproduktion, 70% der Braunkohlenproduktion, 90% der Eisenproduktion und fast die gesamte Produktion von Kupfer und Kohle.

Der zweite Fünfjahresplan konnte wegen des Zweiten Weltkrieges nicht verwirklicht werden. In dieser Periode wurden früher im Bau befindliche Fabriken fertiggestellt und einige ausgebaut. Die aktive Teilnahme des Staates an der Ökonomie und seine Maßnahmen führten dazu, daß einerseits die Zahl der staatlichen Unternehmungen stieg und andererseits umfangreiches Kapital akkumuliert und die Technologie erneuert wurde.

Das im Jahre 1927 verabschiedete „Industrieförderungsgesetz" wurde 1928 um einige neue Paragraphen erweitert. Diese Bestrebungen der Bourgeoisie machen deutlich, daß ihr Ziel, die Konzentration des Kapitals zu verwirklichen, erfolgreich war: 1932 gab es 1.473 Firmen, die im Rahmen des oben genannten Gesetzes zu betrachten waren. Diese Zahl ging im Jahre 1941 auf 1.052 zurück. Also in neun Jahren verringerten sie sich um 20%.

Im Jahre 1932 gab es nur 31 staatliche Betriebe. Ihre Zahl stieg im Jahre 1935 auf 56, 1937 auf 89, 1938 auf 104 und 1939 auf 111. Also eine Zunahme von 260%.

Während die Zahl der Gesellschaften stieg, ging die Zahl der Firmen, die zu einer Person gehörten, zurück. Ihre Zahl verringerte sich im Jahre 1939 auf 522. Also eine Abnahme von 37%.

Im Jahre 1932 betrug das konstante Kapital pro Firma ca. 60%. Dies stieg im Jahre 1939 auf 147%. Mit anderen Worten: Im Jahre 1932 belief sich das konstante Kapital

von insgesamt 1.432 Firmen auf 89.379.000 TL. Dies stieg im Jahre 1939 für 1.144 Firmen auf 168.316.000 TL. Also eine Zunahme von 188%. Wenn wir im Auge behalten, daß es in diesen Jahren keine Teuerungen gab, so sehen wir, daß diese Schritte der Bourgeoisie zur Konzentration des Kapitals nicht zu unterschätzen waren. Die Kapazität der Antriebskraft der Firmen betrug 1927 pro Firma durchschnittlich 57 PS. Dies stieg im Jahre 1932 auf 79, und im Jahre 1939 auf 309. Also eine Zunahme von 542% im Vergleich zu 1927.[268]
Nach der Verwirklichung des ersten Fünfjahresplanes stieg die Produktion stark an.
Die folgende Tabelle macht die Tendenz deutlich:[269]

Jahr	Roheisen	in %	Stahl	in %	Super	Phosphat	Amonium Sulphat	in %
1938	-	-	-	-	-	-	-	-
1940	-	-	-	-	-	-	-	-
1945	5539	-	5349	-	447	-	186	-
1950	9268	167,3	7566	141,4	1094	234,6	230	123,6

Index: 1945=100

1938=100[270]

Jahr	Zement (100 t)	in%	Papier (t)	in%	Baumwollgarn (t)	in%	Wollgarn (t)	in%
1938	24	-	756	-	1293	-	394	-
1940	22	91.6	790	104.4	2324	166.8	721	182.9
1945	25	113.6	1201	152.0	2341	100.7	601	83.3
1950	33	132.0	1516	126.2	2606	111.3	622	103.4

1923=100/ton.[271]

Jahr	1923	in %	1939	in %	1945	in %	1950	in %
Steinkohle	597.0	-	2296.0	384.5	3719.7	168.0	4360.0	117.2
Braunkohle	0.3	-	160.8	536.0	725.3	451.0	1214.4	167.4
Chrom	3.4	-	183.3	5391.1	148.1	80.7	422.5	285.2
Kupfer	0.2	-	5.92	29.6	9.86	166.5	11.70	118.6
Eisen	-	-	143.3	-	125.7	87.7	233.6	185.8
Bormineralien	-	-	15.0	-	5.03	33.5	9.76	194.0

7. Die Entwicklung des Handels (Außenhandel), des Verkehrswesens und die Zunahme der Bevölkerungszahl

Vor der politischen Macht der Nationalbourgeoisie und auch in den ersten Jahren ihrer Macht befanden sich fast der gesamte Außenhandel und zum Teil der Binnenhandel in den Händen der Monopole und der Minderheiten. Diese Elemente waren in Großzentren wie Istanbul und Izmir wohnhaft und konnten nur dank ihrer Verbindung mit den Imperialisten existieren. Sowohl im ökonomischen als auch im politischen Sinne waren sie direkte Agenten der Imperialisten.
Die Maßnahmen der Kemalisten zum Schutz der Kleinproduzenten, der türkischen Industrie und der Händler, zur Förderung des Handels und der Industrie des Landes trugen jedoch dazu bei, daß die Handelsbourgeoisie den Binnenhandel zu kontrollieren begann. Aber durch den Außenhandel durften die Imperialisten bis 1930 jede Ware ohne Schwierigkeiten ins Land bringen, weil trotz aller Bemühungen und Maßnahmen die Zollfragen mit anderen Staaten noch nicht geklärt waren. Ferner paßten die aus den Minderheiten stammenden Importeure und Exporteure der in dieser Periode Mode gewordenen „Nationalisierungs"welle sich an und ließen sich „türkisieren", d.h. sie gaben ihren Firmen türkische Namen oder schoben einen Türken als Inhaber – Strohmann – vor und hielten auf diese Weise den Ex- und Import weiterhin in ihren Händen.
Der rechte Flügel der Bourgeoisie tat sich mit diesen Elementen zusammen, war bereit, sich mit den Imperialisten zu versöhnen. Denn sie wußten zu gut, wie durch Handel, Wucher, Spekulation in Verbindung mit den Imperialisten an das große Geld zu kommen war.
Folgende Tabellen weisen auf die Entwicklungstendenz des Außenhandels der Türkei in den Jahren 1923 - 1950 hin.[272]

Mill.TL

Periode	Einfuhr	Ausfuhr	Saldo	Gesamtvolumen
1923	144.8	84.7	- 60.1	139.5
1924	193.6	158.9	- 34.7	352.5
1925	241.6	192.4	- 49.2	434.0
1926	234.7	186.4	- 48.3	421.1
1927	211.4	158.4	- 53.0	369.8
1928	223.5	173.5	- 50.0	397.0
1929	256.3	155.2	- 101.1	411.5

Wie aus der Tabelle zu entnehmen ist, ist das Gesamtvolumen des Außenhandels gewachsen. Jedoch zeigt die Tabelle eine aus folgenden Gründen negative Bilanz: Die kemalistische Bourgeoisie konnte sich erst im Jahre 1929 von den aus der osmanischen Zeit übernommenen niedrigen Zolltarifen befreien. Bis 1929 war die einheimische Produktion nicht in der Lage, sich gegen billig importierte Waren zu behaupten. Diese Situation verhinderte auch die Industrialisierung des Landes. Denn gegen die billigen Waren aus dem Ausland hatten die mit der rückständigen Technik teuer hergestellten einheimischen Waren keine Chance.

Der Stand des Außenhandels zwischen 1930 und 1939[273]

Mill. TL

Periode	Einfuhr	Ausfuhr	Saldo	Gesamtvolumen
1930	147.6	151.5	+ 3.9	299.1
1931	126.7	127.3	+ 0.6	254.0
1932	86.0	101.3	+ 15.3	187.3
1933	75.7	96.2	+ 21.5	170.9
1934	86.8	92.1	+ 5.3	178.9
1935	88.8	96.0	+ 7.2	184.8
1936	92.5	117.7	+ 25.2	210.2
1937	114.4	138.0	+ 23.6	254.4
1938	149.8	144.0	+ 4.9	293.8
1939	118.2	127.4	+ 9.2	245.6

Daß die Differenz zugunsten des Exports ausfiel, beweist nicht, daß der Export im Vergleich zu den Jahren 1923 - 1929 gewachsen ist. Im Gegenteil: Die Tabelle zeigt, daß der Export im Vergleich zu den Jahren zwischen 1923 und 1929 zurückging. Die positive Differenz ist hauptsächlich auf das Zurückgehen des Imports zurückzuführen. Durch den Einfluß der Weltwirtschaftskrise von 1929 und durch die Aufhebung der Zollverpflichtungen im gleichen Jahr konnte der Außenhandel positive Entwicklungen verzeichnen.
Wir sehen, daß der Export gesunken ist, denn damals bestand der Export der Türkei aus der landwirtschaftlichen Produktion und die Preis- und Produktionslage auf der internationalen Ebene beeinflußte den türkischen Export. Ferner hatte die Bourgeoisie für die Kontrolle des Imports strenge Maßnahmen getroffen und durchgeführt. Nur Waren, die in der Türkei nicht produziert werden konnten, durften eingeführt werden. Dadurch sank auch das Volumen des Imports. Durch diese Maßnahmen wurde verhindert, daß das Kapital ins Ausland floß. Gleichzeitig begünstigte die Bourgeoisie durch diese Maßnahmen die Entwicklung der Industrie, der Kleinproduzenten usw.

Der Stand des Außenhandels zwischen 1940 und 1945[274]

1940=100/Mill. TL

Jahr	Einfuhr	Ausfuhr	Saldo	Gesamtvolumen
1940	68.9	111.4	+ 42.5	180.3
1941	74.8-108	123.1-110	+ 48.3	197.9-109
1942	147.7	165.0	+ 17.3	312.7
1943	203.0-294	257.2-230	+ 54.3	460.2-255
1944	164.9	232.5	+ 67.6	397.4
1945	126.2-183	118.9-106	+ 92.2	245.1-135

Wir sehen, es hat sich am Gesamtvolumen des Außenhandels im Vergleich zu vorhergehenden Jahren nicht viel geändert.

Der Stand des Außenhandels zwischen 1946-1950[275]

1946=100/Mill. TL

Jahr	Einfuhr	Ausfuhr	Saldo	Gesamtvolumen
1946	223.9	432.1	+ 208.2	656.0
1947	685.0	625.2	- 59.8	1310.2
1948	770.1-345	551.0-127	- 219.1	1321.1-201
1949	812.3	693.9	- 118.4	1506.2
1950	799.9-358	737.6-170	- 62.3	1537.5-234

Die Zunahme des Exports kommt daher, daß in den Nachkriegsjahren die Nachfrage nach Lebensmitteln, Industriepflanzen und nach bestimmten Erzen groß war, und der Import stieg deswegen, weil die Türkei sich ab 1946 bestimmten internationalen ökonomischen Organisationen anschloß. Das bedeutet, daß die Türkei Verpflichtungen einging und dem Imperialismus die Türen des Landes öffnete. Die Außenhandelsbeziehungen in dieser Periode waren der Reihe nach besonders gut mit Frankreich, England, Deutschland, den USA und der SU entwickelt. In den Jahren 1936 - 1939 war Deutschland der wichtigste Handelspartner der Türkei; 51% des türkischen Exports ging 1936 nach Deutschland und 51% des türkischen Imports kam aus Deutschland. Der deutsche Anteil am türkischen Export betrug aber 1925 nur 14,5% und am Import 11,3%[276]

7.1. Die Entwicklung des Verkehrswesens zwischen 1923 und 1950

Für die Entwicklung des Kapitalismus ist auch das Verkehrswesen ein Kriterium. Deswegen zeigt der Entwicklungsstand des Verkehrswesens den Entwicklungsstand der bestehenden ökonomischen Gesellschaftsformation, bzw. des inneren Marktes. Ein gewachsener, ausgedehnter Markt ist mit einem schwachen Verkehrswesen nicht zu erreichen. Schon während der osmanischen Periode hat man versucht, diese Frage nach den Interessen der ausländischen Mächte zu lösen. Der Bau von Eisenbahnen und Hafenanlagen durch das ausländische Kapital sind dafür Beispiele. Jede Region des Landes sollte für die ausländischen Mächte rasch erreichbar werden. Ferner spielte die strategische Lage des Landes beim Ausbau des Verkehrswesens eine wichtige Rolle. Hier gibt es zwei interessante Beispiele: Die Engländer haben dem Bau der Eisenbahnen in Westanatolien große Bedeutung beigemessen, um die Reichtümer dieser Region zügig ausbeuten zu können. Und die Deutschen haben um den Bau der Bagdad-Bahn gekämpft, weil sie den mittleren Osten kolonialisieren, oder wenigstens kontrollieren wollten.
Die Eisenbahnlinien, die fast ausschließlich von Ausländern gebaut wurden, sind in den 30er Jahren verstaatlicht worden.
Die Eisenbahnlänge betrug im Jahre 1923 3.756 km, 1930 5.639 km, 1940 7.381 km und 1950 7.671 km.[277] Im Vergleich zu 1923 war die Eisenbahnlinie 1950 204% länger geworden. Die Länge der Landstraßen war 1923 18.335 km, 1930 24.636 km, 1940 41.582 km und 1950 47.080.[278] Verglichen mit dem Jahr 1923 wuchs das Landstraßennetz bis zum Jahre 1950 um 256%.

Die Nationalbourgeoisie hat den Ausbau des Verkehrswesens als eine sehr wichtige „Staatsangelegenheit" betrachtet und in diese Richtung positive Schritte getan. Jedoch waren die Bestrebungen der Bourgeoisie nicht ausreichend. Verzeichnete man beim Eisenbahn- und Straßenverkehr eine bestimmte Entwicklung, so war die Lage beim Luft- und Seeverkehr sehr schlecht. Der Seeverkehr war gänzlich von ausländischen Staaten abhängig. Dies verminderte die Warenzirkulation auf den Seewegen und machte die Verbindung der Landesteile miteinander schwer. Dies wirkte sich somit auf die weitere Entwicklung des Handels, der Industrie und der Landwirtschaft negativ aus.

7.2. Die Zunahme der Bevölkerungszahl

Die Abnahme der ländlichen Bevölkerungszahl, die allgemeine Zunahme der städtischen Bevölkerungszahl und die Bevölkerungszunahme in bestimmten Zentren weisen auf die Entwicklungstendenz des Ausscheidungsprozesses der Industrie von der Landwirtschaft bzw. auf die Entwicklung des Kapitalismus hin. Folgende Tabellen geben uns darüber einen Überblick:[279]

Jahr	Einwohnerzahl (insges.)(Mill.)	in %	Landbevölkerung (Mill.)	in %	Stadtbevölkerung (Mill.)	in %
1927	13.648	100	11.412	83.6	2.236	16.4
1935	16.158	118,4	13.473	83.4	2.684	16.6
1940	17.822	110.1	14.586	81.9	3.234	18.1
1945	18.790	105.1	15.348	81.7	3.441	18.3
1950	20.947	111.5	17.063	81.5	3.883	18.5

Jahr	Einwohnerzahl (insges)(Mill.)	Orte mit mehr als 10.000 Einwohnern	in %	Orte mit weniger 10.000 Einwohnern	in %
1927	13.648	2.218	16.3	11.430	83,7
1935	16.158	2.683	16.6	13.474	83,4
1940	17.821	3.215	18.0	14.604	82.0
1945	18.790	3.466	19.4	15.324	81.6
1950	20.947	3.923	18.7	17.023	81.3

Wie aus den Tabellen zu sehen ist, weist die Entwicklungsdifferenz zwischen der ländlichen und städtischen Bevölkerungszahl auf eine langsame Aufwärtstendenz zugunsten der städtischen Bevölkerung hin.

8. Das Fremdkapital zwischen 1923 und 1950

Einer der Prüfsteine der politischen und ökonomischen Stärke einer jungen Bourgeoisie ist ihre Haltung gegenüber dem Fremdkapital und gegenüber dem Imperialismus überhaupt.
Die türkische Nationalbourgeoisie an der Macht handelte nicht immer einheitlich, zeigte ihre Zerrissenheit auf Schritt und Tritt. Ihr rechter Flügel tendierte schon während des Befreiungskampfes dazu, sich mit den Kompradoren, den Kollaborateuren der Imperialisten zu verständigen und sich folglich mit den Imperialisten zu versöhnen. Dieser Flügel ging während des Kampfes sogar soweit, den Kampf in Frage zu stellen; sie hätten wohl gern festgestellt, unter wessen Hegemonie (gemeint sind die imperialistischen Mächte) die Türkei ihre Unabhängigkeit erreichen konnte.
Diese politische Situation innerhalb des Lagers der Bourgeoisie spielte bei der Bestimmung der Politik gegenüber dem Fremdkapital eine gewichtige Rolle. Die öko-

nomische Unabhängigkeit wurde nicht gleich nach dem Krieg errungen. Das Fremdkapital hatte bis 1929 die Möglichkeit, sich im Lande relativ frei zu bewegen. Jedoch ging die kemalistische Bourgeoisie im Kampf gegen den rechten Flügel als „kurzfristiger" Sieger hervor. Daraufhin wurden harte Maßnahmen gegen das Fremdkapital und den Imperialismus getroffen. Die Ernennung von C. Bayar als Regierungsmitglied aber zeigte, wie der rechte Flügel an Einfluß gewann. Ab 1933 hat man keine wichtigen Maßnahmen mehr gegen die ausländischen Mächte getroffen.

Vor dem Zweiten Weltkrieg waren die Beziehungen mit den Imperialisten soweit entwickelt, daß man nach dem Krieg zu kollaborieren bereit war. Die „plötzliche" und „schnelle" Veränderung im politischen Leben der Türkei ab 1950 war der Ausgang des seit 1908 andauernden Kampfes zwischen den Flügeln der Bourgeoisie zugunsten der Imperialisten und ihrer einheimischen Verbündeten.

Die Beziehungen mit dem Imperialismus, die Frage des Fremdkapitals und der Verschuldung in dieser Periode muß man als bestimmte Stationen des oben genannten Prozesses betrachten.

S. Brike schreibt in seiner Schrift von 1924 über den oben genannten Fragen-Interessen-Komplex folgendes:

„Insbesondere in der Konzessionenfrage für den Bau von Eisenbahnen zeigten sich die imperialistischen Interessenkonflikte über die Türkei sehr verschärft. Am Anfang des Krieges betrug das im Eisenbahnbau investierte Kapital wie folgt:

Frankreich:	530.238.000 Franc
England:	114.683.675 Franc
Deutschland:	436.078.000 Franc

Nach dem Ende des imperialistischen Krieges wurde das deutsche Erbe in Anatolien beseitigt und die Position der Franzosen im Eisenbahnbau gestärkt.

Frankreich nahm in den Industriebetrieben, im Bergbau, im Hafenbau, in städtischen Betrieben, kurz gesagt überall, die erste Stelle ein. Wenn wir die Bilanz der ökonomischen Interessen Frankreichs in der Türkei ziehen, so sehen wir, daß die Summe des investierten Kapitals auf 3,5 Mill. Goldfranc stieg ...

Jetzt untersuchen wir, welche Banken ... die französische Kommission in Lausanne unter Druck setzen wollten, um ihre Vorrechte in der Türkei zu sichern. Welche Banken exportierten in der Türkei französisches Kapital? Ihren Kunden gewährten die ‚Discount-Gesellschaft' 400 Mill. Franc, die ‚Marseille-Gesellschaft' 80 Mill., die ‚Credit Lyonnaise' 250 Mill. Franc, die ‚Osmanische Bank' 290 Mill., die ‚Französische Handelsbank' 100 Mill., die „Perrier-Bank' 100 Mill., die „Pariser Bank' 50 Mill., ... „Rothschild', ‚Pariser Verband' usw. 10 - 20 Mill. Franc Kredite ... England war im finanziellen Leben der Türkei nur durch die ‚English Orient-Bank' und die ‚Türkish National Bank' vertreten.

Die Änderung der englischen und französischen Anteile am türkischen Verschuldungsvolumen ist sehr interessant:

	1881	1898	1914
Frankreich	38,9%	35,0%	60,0%
England	28,9%	8,5%	14,0%

England hielt seine Position in der Türkei so aufrecht, wie die militärisch-strategischen Interessen Großbritanniens im Nahen Osten es notwendig machten.

Nur aus diesem Grund war die Verteilung der Rollen in Lausanne weder zufällig noch künstlich erfolgt. Dies wurde durch die sich entwickelnden Interessen des französischen und englischen Kapitals in der Türkei bestimmt."[280]

Durch die Machtergreifung der Nationalbourgeoisie wurden die Hegemoniebestrebungen der ausländischen Mächte verhindert. Lausanne war die letzte Station der aktiven Einmischungsversuche der Imperialisten. Sie haben aber niemals auf die Türkei verzichtet. Für sie bildete das kemalistische Regime ein Übergangs- oder Zwischenregime. Sie betrachteten ihre alten Beziehungen nur für eine Weile als eingefroren. Denn die ökonomischen, politischen und militärischen Entwicklungen ab 1954 deuteten darauf hin, daß sie ihre Hoffnungen auf die Türkei nicht aufgegeben hatten.

Als das Lausanner Abkommen unterzeichnet wurde, war die Lage des Fremdkapitals in der Türkei wie folgt:

Fremdkapital in der Türkei nach Abschluß des Lausanner-Vertrags

– 1000 englische Pfund –[281]

Investitions-bereiche	Englisch		Franz.		Italien.		Deutsch		USA		Holländ.		Belg.		Summe
	Zahl der Betriebe	Kapital	Zahl der Betriebe	Kapital	Zahl der Betriebe	Kapital	Zahl der Betriebe	Kapital	Zahl der Betriebe	Kapital	Zahl der Betriebe	Kapital	Zahl der Betriebe	Kapital	
Eisenbahn	1	4587	1	6002	-	-	3	26421	-	-	1	153	-	2000	739133
Bergbau	1	200	2	2333	1	380	2	135	-	-	-	-	-	-	63048
Bankwesen	3	690	6	6020	4	300	2	2251	1	100	1	100	5	350	2310210
Städt. Betriebe	2	1897	2	1142	-	-	-	-	-	-	6	1934	1	10	114983
Industrieunternehm.	4	1850	5	269	-	-	-	-	-	-	1	81	2	244	122447
Handel	10	1480	6	4621	4	65	-	-	5	500	3	107	2	65	353593
Summe	21	10704	22	20387	9	745	7	28807	6	600	12	2375	10	2669	9463414

Wie auch die Tabelle zeigt, war das ausländische Kapital in den wichtigen Sektoren der Ökonomie des Landes immer noch aktiv. In den Jahren zwischen 1922 und 1930 wurden insgesamt 201 Gesellschaften gegründet. An 66 von ihnen war das Fremdkapital beteiligt.[282] Man kann sich die Frage stellen, ob das Vorhandensein des Fremdkapitals oder dessen Beteiligungen dem Charakter des anti-imperialistischen Kampfes oder dem Charakter der nationalen Bourgeoisie überhaupt zuwiderläuft oder nicht fremd war? Richtig, es widerspricht sich, wenn man einerseits die Fähigkeit besitzt, die Millionen zu organisieren, die Besatzer durch einen ruhmreichen Kampf aus dem Land zu jagen und andererseits ihr Kapital im Land beläßt. Selbstverständlich scheint dies widersprüchlich zu sein. Es gibt aber Gründe, warum dies so war; erstens erlebte die Bourgeoisie wegen ihrer inneren Widersprüche eine Zerreißprobe. Obwohl sie im allgemeinen gegen den Imperialismus eine strikte Haltung einnahm, konnte sie diese Haltung im ökonomischen Sinne nicht bewahren. Denn der rechte Flügel war geneigt, mit dem Imperialismus zusammenzuarbeiten. Zweitens war die kemalistische Bourgeoisie nicht gewillt, die Revolution zusammen mit dem Volk weiterzuführen. Denn in diesem Fall würde das revolutionäre Volkspotential die demokratischen Aufgaben der Revolution in den Vordergrund stellen. Gerade diese Entwicklung wollte die gesamte Bourgeoisie verhindern.*) Die Haltung der kemalistischen Bourgeoisie auf der Lausanne-Konferenz war von oben genannter objektiver Lage bestimmt. Deswegen war man in Lausanne im Kampf gegen das Fremdkapital nicht erfolgreich. Jedoch hat die Bourgeoisie, da sie den inneren Markt allein kontrollieren wollte, den Aktivitäten des Fremdkapitals und der Gesellschaften eine Grenze gesetzt; sie hat die abgeschlossenen Tätigkeitsverträge nicht verlängert. Ferner hatten das Fremdkapital und die Gesellschaften keine Vorteile wie im Osmanischen Reich. Da das Land vom Imperialismus politisch unabhängig war oder diese Unabhängigkeit erkämpft hatte, wollte man nicht von Neuem mit den Kapitulationen anfangen. Die Bourgeoisie versuchte Schritt für Schritt, alle dem Fremdkapital früher gewährten Sonderrechte abzuschaffen.

Die Bourgeoisie verfolgte eine Politik der friedlichen Koexistenz. Ökonomische Beziehungen auf der Ebene der Gleichheit, der Wahrung gegenseitiger Interessen usw. war ihre Politik. Die Bourgeoisie versuchte ab 1925 nicht, die ausländischen Gesellschaften zu verstaatlichen, sondern sie gründete neue einheimische Monopole.

Die Haltung der Kemalisten gegen den Imperialismus unterscheidet sich von der Haltung einer vom Imperialismus abhängigen Bourgeoisie von Grund auf.

Eine der Besonderheiten der Kemalisten war, daß sie nicht grundsätzlich gegen das Fremdkapital waren. Sie sagten: „Fremdkapital ja, aber unter der Voraussetzung, daß es unsere Bedingungen akzeptiert, nicht wir seine Bedingungen." Das ist ein gewaltiger Unterschied zu dem, was die Osmanen gemacht hatten.

Das Fremdkapital durfte sich bis 1929 in der Türkei relativ frei bewegen. Das bedeutete nicht, daß das Fremdkapital sich „alles erlauben durfte". Es konnte die ökonomische Zukunft des Landes nicht mehr beeinflussen.

*) Schon während des anti-imperialistischen Kampfes ließ M. Kemal 15 hervorragende Kommunisten der Türkei, darunter den 1. Sekretär der KP der Türkei M. Süphi und den 2. Sekretär derselben Partei Ethem Nejat auf dem Schwarzen Meer ermorden. Die Sympathie für die russische Revolution war in Anatolien zu groß. Die Kemalisten fürchteten sich davor. Selbst M. Kemal ließ eine Schein-KP gründen, um eben diese Sympathie und das vorhandene Potential in seine Kanäle zu leiten. Insbesondere ab 1923 führte die kemalistische Bourgeoisie gegen die KP der Türkei einen erbarmungslosen Kampf.[283]

Wenn wir das Fremdkapital und die ausländischen Gesellschaften zwischen 1923 und 1929 mit denen im Osmanischen Reich vergleichen, so sehen wir, daß sie unter verschiedenen Bedingungen tätig waren. Ihre ökonomische Stärke und ihr politischer Einfluß war in der Periode des Reiches bestimmend, in der Periode der Republik aber gleich Null.
Zwischen 1928 und 1944 herrschte in der Türkei eine „Nationalisierungs"welle. Mehr als 29 der wichtigsten ausländischen Gesellschaften in Bereichen wie Eisenbahn, Elektrizitäts-, Wasser- und Telephon-Werke wurden nach und nach gegen gute Bezahlung nationalisiert. Ja, man zahlte unheimlich große Beträge und nannte dies dann Nationalisierung. Allein diese Nationalisierungswelle zeigt, was aus den Kemalisten geworden war.[284]
Diese Verstaatlichung in der Türkei scheint kompliziert zu sein. Nach Meinung der Kemalisten war die Verstaatlichung eine Antwort gegen das Fremdkapital. Jedoch war diese Meinung sekundär und zugleich falsch. Denn bei der Verstaatlichung gingen die Kemalisten nicht revolutionär oder anti-imperialistisch vor. Wie wir oben sagten, die Haltung der Kemalisten gegen das Fremdkapital war eindeutig. Sie waren prinzipiell nie gegen das ausländische Kapital. Sie wollten nur auf keinen Fall zulassen, daß das Fremdkapital sich in die inneren Angelegenheiten des Landes einmischt. In der Tat haben sie dieses Ziel mit Erfolg verfolgt.
Da die ökonomische Politik der Kemalisten zwischen 1923 und 1929 erfolglos war (diese Periode wird auch als liberale Periode bezeichnet), versuchten sie ab 1929 das Land durch staatskapitalistische Maßnahmen zu industrialisieren. Die Auswirkungen der Weltwirtschaftskrise von 1929 auf das Land spielten auch dabei eine Rolle. Es mußte alles unabhängig geplant, programmiert und durchgeführt werden. Aus diesem Grund oder als eine Voraussetzung des Staatskapitalismus haben sie über 29 der wichtigsten ausländischen Gesellschaften verstaatlicht oder wie man bei uns sagt: „Nationalisiert". Das war aber keine Nationalisierung. Sie haben sie gekauft, dafür viel Geld gegeben. Nach meiner Meinung hatte die Nationalisierung eine andere Bedeutung; nationalisieren heißt doch das Fremdkapital (in unserem Fall) beschlagnahmen, als Gegenleistung nichts zu zahlen. Eine solche Nationalisierung setzt ja eine besondere Politik voraus. Diese Politik fehlte den Kemalisten. Der Kauf der ausländischen Gesellschaften mit der Propaganda „Nationalisierung" war einer der hauptsächlichsten Fehler der Kemalisten.

Verschuldungen: Die Auswirkungen der Weltwirtschaftskrise von 1929 hatten in der Türkei zur Folge, daß der Staat Devisenkontrollen durchführen mußte. Durch ein im Jahre 1929 verabschiedetes Gesetz wurde der Kauf und Verkauf von Devisen geregelt. Damit wurde diesem Geschäft eine Grenze gesetzt. So wurde z.B. nach diesem Gesetz der Kauf und Verkauf von Devisen auf dem freien Markt verboten. Ohne eine Genehmigung des Finanzministeriums war in dieser Sache nichts zu machen. Diese Maßnahmen des Staates engte noch mehr die Bewegungsmöglichkeiten des Fremdkapitals ein. Dank dieser Maßnahmen kam bis zum Ende des Zweiten Weltkrieges kein Investitionskapital ins Land.
Die Bourgeoisie bekam bis 1946 lediglich im Jahre 1930 von einer US-Gesellschaft einen Kredit in Höhe von 10 Mio. Dollar, 1938 von England 16 Mio. Pfund, 1934 von der SU 8 Mio. Dollar. Im Jahre 1939 wurde ein Kreditvertrag mit England (31,2 Mio. Pfund) und mit Frankreich (28,18 Mio. Pfund) unterzeichnet. Man verpflichtete sich, mit diesem Kredit Militärgeräte zu kaufen. Ein ähnlicher Vertrag wurde 1942 mit Deutschland (100 Mio. Mark) unterzeichnet. Eine sehr geringe Summe aus dieser Quelle floß in die Türkei.

Im Jahre 1946 hat man einen „Zusammenarbeits“vertrag mit den USA unterzeichnet. Diese angebliche „Hilfe“ oder „Zusammenarbeit“ bedeutete eine Verschuldung in Höhe von 95 Mio. Dollar.[285]
Nachdem die Türen der Türkei für die Imperialisten ab 1946 offengehalten wurden, bekam man als Gegenleistung folgende Anleihen und „Hilfen“: Aus den USA (unter dem Marshall-Plan) bekam die Türkei 1946 10 Mio., 1948 24 Mio. Dollar, vom IMF 5 Mio. Dollar (1947). Von der BRD und IDA erhielt sie 1950 25,4 und von der EPU 55 Mio. Dollar.[286]

9. Zusammenfassung

Aufgrund der obigen Fakten und Angaben kann festgestellt werden, daß sich der Kapitalismus in der Türkei bis 1950 in folgenden verschiedenen Entwicklungsstadien befand. Es sind:
a) Kleingewerbe/einfache Kooperation
b) Kapitalistische Manufaktur
c) Großindustrie.
Diese Gliederungen entsprechen der technischen Entwicklung.
Die manuelle „Technik“ bildet die Grundlage für die Kleinproduktion. Die der manuellen Technik entsprechenden Produktionsmittel können ohne Veränderung jahrhundertelang bestehen. In der heutigen Türkei, besonders in den abgelegenen Gebieten, gibt es sie immer noch.
Auch die kapitalistische Manufaktur beruht auf manueller Technik. Für dieses Stadium der kapitalistischen Entwicklung ist jedoch auch die Arbeitsteilung charakteristisch.
Die radikale Veränderung der Produktionsmittel kann und wird nur in der Periode der maschinellen Industrie verwirklicht werden. Deswegen bedeutet die maschinelle Industrie die Veränderung und Erneuerung der Produktionsmittel entsprechend der Notwendigkeit der Entwicklung und der Wissenschaft. „Die Umwälzung der Produktionsweise nimmt in der Manufaktur die Arbeitskraft zum Ausgangspunkt, in der großen Industrie das Arbeitsmittel.“[287]
„Als Maschinerie erhält das Arbeitsmittel eine materielle Existenzweise, welche der Menschenkraft durch Naturkräfte und erfahrungsmäßiger Routine durch bewußte Anwendung der Naturwissenschaft bedingt. In der Manufaktur ist die Gliederung des gesellschaftlichen Arbeitsprozesses rein subjektiv, Kombination von Teilarbeitern; im Maschinensystem besitzt die große Industrie einen ganz objektiven Produktionsorganismus, den der Arbeiter als fertige materielle Produktionsbedingung vorfindet. In der einfachen und selbst in der durch Teilung der Arbeit spezifischen Kooperation erscheint die Veränderung des vereinzelten Arbeiters durch den vergesellschafteten immer noch mehr oder minder zufällig.“[288]
Die Steigerung der Produktion ist charakteristisch für die Entwicklung des Kapitalismus; die Kleinproduktion entspricht hauptsächlich der geschlossenen Ökonomie, der Dorfökonomie. Die Dimensionen des Marktes sind in dieser Periode begrenzt, die Kapazität der Produktion wird nach der persönlichen und regionalen Nachfrage geregelt. In diesem Stadium der Technik, der Produktion kann nicht von der Bildung des inneren Marktes die Rede sein.
Die völlige Scheidung der Industrie von der Landwirtschaft, die Herausbildung einer neuen Klasse, die sich von der Bauernschaft in ideologischer und ökonomischer Weise unterscheidet, entsprechen der Periode der maschinellen Industrie.
Veranschaulichen wir uns jetzt den Entwicklungsstand des Kapitalismus in der Türkei in den Jahren zwischen 1923 und 1950 mit folgenden statistischen Fakten:

Anteile der Landwirtschaft und der Industrie am Nationaleionkommen in %[289]

	1927 in %	1938 in %	1950 in %
Industrie	10	16	16
Landwirtschaft	67	48	52
Dienstleistungen	23	36	32

Wir sehen, daß der Anteil der Industrie am Nationaleinkommen erst in den 30er Jahren stieg.

Anteile der Betriebe an der Industrieproduktion in %[290]

		Grossbetriebe	
Jahr	Kleingewerbe in %	Staatlich in %	Privatsektor in %
1939	40,0	26,0	34,0
1945	32,8	24,1	43,1
1950	29,3	26,9	43,8

Wir sehen, daß der Anteil der Kleinbetriebe zurückgeht, während der Anteil der Großbetriebe stieg.
Folgende Tabelle macht die Stellung der Großbetriebe in der türkischen Industrie noch deutlicher:

Der Brutto-Produktionswert der verarbeitenden Industrie und die Zahl der Beschäftigten nach Angaben von 1939[291]

Warengruppe nach jährlicher Produktion (Wert 1000 Lira)	Zahl der Betriebe	Zahl der Betriebe nach Gesamtzahl in %	Wert in%	Produktionswert der Waren in % des Gesamtproduktionswertes	Zahl der Arbeitstage	In % der gesamten Arbeitstage
weniger als 10	207	18,1	994	0,3	303	1,13
10-25	174	15,2	2.859	0,86	418	1,58
25-50	173	13,2	6.143	1,85	545	2,04
50-100	177	15,47	12.805	3,86	1.123	4,22
100-200	162	14,16	32.255	6,82	2.310	8,75
200-300	70	6,12	17.019	5,17	961	3,63
300-400	37	3,24	12.238	3,70	770	2,53
400-500	31	2,72	13.916	4,21	867	3,41
mehr als 500	113	9,88	242.456	73,23	19.499	72,75
Insgesamt	1.144	-	340.685	-	26.796	-

Die Tabelle ist wichtig, denn sie zeigt, wo hauptsächlich produziert wird. Wir sehen, daß 113 Großbetriebe, Betriebe, deren Produktionswert mehr als 500 Lira macht, für die türkische Industrie bestimmend waren. Es wurde also hauptsächlich in Großbetrieben produziert.
Der Wert der gesamten Industrieproduktion stieg in den ausgewählten Jahren wie folgt:
Der Wert der gesamten Industrieproduktion stieg von 184 Mio. TL. im Jahre 1933 auf 331 Mio. TL im Jahre 1939 und auf 502 Mio. TL. im Jahre 1941.[292]
Die folgende Tabelle macht die wirtschaftliche Entwicklung des Landes zwischen 1923 und 1939 deutlich.[293]

(Jaehrlicher Wachstumsdurchschnitt in %)

	1923-1929	1930-1932	1933-39
Nationaleinkommen	10,9	1,5	9,1
Wachstum der Industrie	8,5	14,8	10,2
Anteil der Industrie am Nationaleinkommen	11,4	13,6	16,9
Anteil der Investition am Nationaleinkommen	9,1	9,7	10,7
Anteil des Imports am Nationaleinkommen	14,5	8,9	6,6
Aussenhandel (in Mio.TL.)	-56,6	+6,6	+12,4

Diese Zahlen stellen eine gewisse Zusammenfassung der Bestrebungen der türkischen Bourgeoisie für die Industrialisierung des Landes dar und brauchen daher keine Erklärung. Die Jahre von 1929 bis 1940 sind die umwälzenden Jahre in der Industrie. Es sind Übergangsjahre von der Manufaktur in die Großindustrie; Konzentration und Zentralisation des Kapitals und der Betriebe haben erst in dieser Periode ihren Anfang.
Die Angaben zeigen, daß der Wert der Produktion steigt. Ungefähr im gleichen Zeitraum ging die Zahl der Betriebe – nach Industrieförderungsgesetz Großbetriebe – von 1.473 im Jahre 1927 auf 1.052 im Jahre 1941 zurück. Der Zuwachs der Produktion bei gleichzeitiger zahlenmäßiger Abnahme der Betriebe heißt ja die eigentliche Zentralisation und Konzentration. Die Produktion wird nunmehr von zahlenmäßig wenigen Betrieben beherrscht.
Folgende Vergleichstabelle weist auf den Zuwachs der Produktion in einigen Industriezweigen hin:

Zunahme der Produktion in einigen Industriezweigen[294]

Produktionszweige	1929	1939	Zuwachs in %
Garnproduktion (in 1000 t)	23	90•)	42
Zuckerproduktion (in 1000 t)	8	95	1.008
Zementproduktion (in 1000 t)	65	284	337
Chromförderung (in 1000 t)	16	183	1.044
Steinkohlförderung (in 1000 t)	1.451	2.696	86
Kupferförderung (in 1000 t)	-	561	-
Glaserzeugung (in 1000 t)	-	419	-
Papierproduktion (in t)	-	745	-

•) 1938

Die Bemühungen der Bourgeoisie, das Land zu industrialisieren, machten sich bemerkbar; das Land deckte den Bedarf an Zucker, Zement, Gummi, Holzwaren, Kupfer, Leder mit eigener Produktion. Auch den größten Teil des Bedarfs an Textil-, Erde-, Keramik-, Papier- und Zellstoffwaren produzierte es selbst.[295]
Die Aktivität im Bereich der Ökonomie, und die Frage, ob diese Aktivität erfolgreich ist, hängt in erste Linie vom Charakter der Klasse, die die politische Macht in ihren Händen hält, ab. Deswegen kann die erneute Umgestaltung der Ökonomie der Türkei, d.h. die Industrialisierung des Landes vom klassischen Charakter der türkischen Bourgeoisie nicht getrennt betrachtet werden. Die türkische Nationalbourgeoisie versuchte, wie oben vermerkt, die Industrialisierung des Landes auf zwei Wegen, die zum gleichen Punkt führen, zu verwirklichen; der erste Weg war der Versuch, mit Hilfe des Staates Kapitalisten zu „erzeugen", d.h. den Privatsektor zu fördern. Das Ergebnis war gleich Null. Der zweite Weg war der Versuch, den Staatskapitalismus und den Privatsektor gleichzeitig zu fördern. Daß dieser Weg relativ erfolgreich war, sprechen wir der Bourgeoisie nicht ab.
Die türkische Bourgeoisie formte und entwickelte das Land ihrem klassischen Charakter entsprechend, solange sie sich gegen die Hegemoniebestrebungen des Imperialismus zur Wehr setzte und die Initiative in ihren Händen hielt, was sie trotz der inneren Zerrissenheit bis 1940 auch getan hat.
Die türkische Bourgeoisie war gegen die imperialistischen Mächte generell vorsichtig eingestellt – trotz ihrer schwankenden Haltung in Lausanne, ihrer versöhnlerischen Haltung gegenüber dem Fremdkapital. Diese Haltung, außerhalb der imperialistischen Kette zu bleiben, trug zur Entwicklung des Kapitalismus bei. Die mit statistischen Fakten beweisbare Entwicklung zeigt diese Tendenz. Als die Nationalbourgeoisie an die Macht kam – sogar bis 1927 – waren die türkische Industrie und Landwirtschaft (außer einiger Großbetriebe) von kleinen Produktionseinheiten beherrscht. Dies änderte sich um 1938. Während die Industrie bis 1939 auf kleinen Produktionseinheiten, in erster Linie auf der Manufaktur beruhte, stützte sie sich ab 1939 auf die Großindustrie.
Wenn wir über Erfolg und Fortschritt der türkischen Nationalbourgeoisie nach dem antiimperialistischen Kampf sprechen, so sehen wir ihren Erfolg und Fortschritt im „Hinüberwachsen aus der niedrigen Form des Kapitalismus in eine höhere Form."
Da verschiedene politische Bewegungen und Gruppierungen den Charakter der Bourgeoisie und ihre evolutionäre Entwicklung nicht richtig verstehen, begreifen sie auch nicht, was dieses Hinüberwachsen bedeutet. Diese Organisationen sind der Meinung, daß die Kemalisten die politische Freiheit eingeengt, das Volk unterdrückt, und folglich ihre eigene Demokratie nicht durchgeführt haben. Das ist richtig. Aber es geht hier nicht darum. Hier ist es wichtig festzustellen, was die Bourgeoisie für die Entwicklung des Kapitalismus, für die Entwicklung des inneren Marktes bzw. für die Entwicklung der Produktivkräfte gemacht hat. Gerade das, was sie in dieser Richtung gemacht hat, ist in erster Linie zu bewerten. Ich kann nicht behaupten, daß die türkische Bourgeoisie zur Beseitigung des Feudalismus radikal gehandelt hat. Jedoch hat sie für die Entwicklung der Landwirtschaft Maßnahmen getroffen und sie gefördert. Eben diese Politik der Bourgeoisie trug zur Beseitigung des Feudalismus bei. Eben diese Politik bahnte den Weg für die kapitalistische Entwicklung der Landwirtschaft.
Gleichzeitig versuchte die Bourgeoisie den Produktionsprozeß zu vergrößern und die Produktionsmethoden zu erneuern. Das ist doch ein Kampf gegen die alten, gegen die veralteten Produktionsmittel und Methoden. In all diesen Kämpfen war die Bourgeoisie erfolgreich. Wir können ohne weiteres behaupten, daß die Kemalisten

sich um die weitere Entwicklung der Produktivkräfte sehr ernsthaft bemüht haben und dabei Erfolg hatten. Es gibt hier zwischen den Produktivkräften und Produktionsverhältnissen eine Übereinstimmung und es war so, daß die Produktionsverhältnisse die Produktivkräfte zur Entwicklung förderten. Ich versuche hier zu erklären, daß in der kemalistischen Periode zwischen den Produktivkräften und den Produktionsverhältnissen eine Übereinstimmung herrschte, und diese Übereinstimmung kommt daher, daß die Produktionsverhältnisse dem Entwicklungsstand der Produktivkräfte entsprachen. Dadurch war es möglich, daß die Produktivkräfte der Gesellschaft sich ungehindert entwickeln konnten.

Das hauptsächliche Kriterium in bezug auf die Entwicklung überhaupt ist ja die Entwicklung der Produktivkräfte. Das ist entscheidend. Daß sie, die Kemalisten, politisch mit ihren Demokratieauffassungen abgewirtschaftet hatten, reaktionär wurden, ändert nichts an dieser Tatsache, daß sie objektiv fortschrittlich waren, indem sie den Produktivkräften zur Entwicklung verhalfen. Wollen wir objektiv bleiben, so können wir ihre Leistung zur Förderung der Entwicklung der Produktivkräfte nicht leugnen. Eine soziale Klasse vertritt nur ihre Klasseninteressen, nicht die der anderen. Und die Periode zwischen 1923 und 1940 kann nur richtig analysiert werden, wenn wir an die Probleme des betreffenden Zeitraums von diesem Gesichtspunkt ausgehend herangehen.

Kapital III: Entstehungs- und Entwicklungsprozeß der (kemalistischen) Nationalbourgeoisie

Bis jetzt war hauptsächlich von ökonomischen Fragen die Rede. In diesem Kapitel möchte ich den Entstehungs- und Entwicklungsprozeß der Nationalbourgeoisie zusammenfassend analysieren. Denn ihre Periode war in unserer Geschichte von großer Bedeutung.
Natürlich kann man die Ökonomie von den sozialen und politischen Fragen nicht trennen. Deswegen war es unvermeidlich, in den vorhergehenden Kapiteln auch auf die politischen Entwicklungen einzugehen. Ich werde versuchen, in diesem Kapitel Wiederholungen zu vermeiden.
Im ersten Teil habe ich festgestellt, daß drei politische Kräfte das Geschick des Osmanischen Reiches bestimmten; die Osmanen, die russische Reaktion und das kapitalistische Europa. Jede politische Macht versuchte, den Status quo im Reich entsprechend ihren Interessen aufrechtzuerhalten. Standen die Osmanen auf der Seite der Russen, so profitierte davon die russische Reaktion und die Osmanen, und standen die Osmanen auf der europäischen Seite, profitierte davon der europäische Kapitalismus und wieder die Osmanen. Die paradoxe Rolle des europäischen Kapitalismus im Osmanischen Reich, nämlich die reaktionäre Rolle, den Status quo aufrechtzuerhalten und die forschrittliche Rolle, objektiv die sozio-ökonomische Entwicklung hervorzurufen, war bedeutsamer als die Rolle der russischen Reaktion. Die ökonomischen „Neuerungen" des europäischen Kapitalismus führten unvermeidlich zur weiteren Bildung von Klassen, zu weiteren sozialen Veränderungen.
Wir sehen im Osmanischen Reich des letzten Jahrhunderts Reformbewegungen, Bestrebungen zum Parlamentarismus. Die evolutionäre Entwicklung zwang dem Osmanischen Reich solche Maßnahmen auf. Wir sehen ferner die weitere Entwicklung der Arbeiterklasse, ihr bewußtes, anfängliches Handeln zusammen mit manchen reformistischen Intellektuellen. Erst in den 60er Jahren des vorigen Jahrhunderts gründeten die Arbeiter ihre Berufsorganisationen. Nach Angaben von 1910 gab es 50.000 Fabrikarbeiter und insgesamt 125.000 bis 150.000 organisierte Arbeiter.[296]
Die Streiks damals gingen nicht über ökonomische Forderungen hinaus. Man streikte erstmals 1872 und es ging um die Auszahlung der Löhne. Alle Kämpfe der Arbeiterklasse bis 1900 blieben im Rahmen der ökonomischen Forderungen und trugen mehr oder weniger spontanen Charakter.[297]
Erst ab 1900, insbesondere aber ab 1908 sehen wir neben den ökonomischen Forderungen auch die politischen, hauptsächlich nationalistisch geprägten Forderungen. Um diese Zeit hatten sowohl die nationalistischen als auch „linken" Strömungen weder ein ausgearbeitetes Programm noch eine richtige Kampfauffassung. Daß die oppositionell eingestellten politischen Strömungen keinen klaren Kopf besaßen, zeigt der Verlauf der Arbeiterbewegung in seinem Auf- und Abwärtstendenzen. Die Bewegung der Unterdrückten blieb bis zum Befreiungskampf für die soziale Entwicklung bedeutungslos.
In den letzten Jahrzehnten des Reiches, also in der Periode, in der sich die Arbeiterbewegung zu entwickeln begann, spielten die Minderheiten eine sehr wichtige Rolle. Besonders im europäischen Teil des Reiches führten sie nationale Befeiungskämpfe. Die Angehörigen dieser Minderheiten, die Arbeiter, gründeten mit anderen zusammen Organisationen, die mehr politischen Charakter trugen.

1. Die Jung-Türken-Bewegung von 1908[298]

Die Führer dieser Bewegung waren Offiziere und Intellektuelle, die in Europa studierten oder studiert hatten. Diese erste Bewegung der jungen Bourgeoisie trug jedoch keinen einheitlichen Charakter. Es existierten Fraktionen. Schon auf der ersten Versammlung im Jahre 1902 in Paris machten sich der nationalistische und der versöhnlerische Flügel bemerkbar. Nach Meinung der Versöhnler würde eine Bewegung gegen die ausländische Einmischung keine Chance haben. Der andere Flügel behauptete das Gegenteil. Der Kampf zwischen diesen nationalistischen und versöhnlerischen Strömungen innerhalb der Bourgeoisie war, sowohl für den Ausgang der Bewegung von 1908, als auch für den Befreiungskampf und danach von entscheidender Bedeutung.

Diese Bewegung stand hauptsächlich unter dem Einfluß der demokratischen Bewegung in Europa und der russischen bürgerlich-demokratischen Revolution von 1905 - 1907.

Die Volksaufstände in verschiedenen Regionen des Reiches und die allgemeine politische Krise führten zum Ausbruch dieser Bewegung, die auch von Anfang an vom Volk unterstützt wurde. Diese Bewegung, auch als die Revolution von „oben" bezeichnet, konnte, obwohl sie im begrenzten Umfang Rechte und Freiheiten einführte, nicht die der bürgerlich-demokratischen Revolution entsprechende Umwandlung verwirklichen. Sie blieb ein schwacher, begrenzter, bürgerlich-demokratischer Schritt.

Aus folgenden Gründen ist sie gescheitert: Erstens, die Führer dieser Bewegung, organisiert in den 1889 gegründeten Ittihat und Terakki, waren weit davon entfernt, die Volksmassen zu organisieren, mit ihnen zusammenzuarbeiten. Sie begnügten sich damit, den Kampf der Volksopposition gegen die Macht der Osmanen unter ihre Kontrolle zu bringen. Zweitens, die Bourgeoisie verfügte über keine gesunde ökonomische Grundlage. Drittens, der Kampf war nur gegen das osmanische System gerichtet. Man hat gegen die ausländischen Mächte, gegen die ausländischen Verbündeten der Osmanen nichts unternommen.

Jedoch waren die nationalistisch-fortschrittlich geprägten Kräfte in dieser Bewegung für die europäisch-imperialistische und für die russische Reaktion ein Dorn im Auge. Denn sie wußten, daß, wenn diese Kräfte die Oberhand gewinnen, die Revolution vorantreiben, nach radikalen Lösungen streben würden, ihre Interessen im Osmanischen Reich und in der gesamten Region überhaupt verloren gingen. Womöglich waren es diese Kräfte der Revolution, die die russische Reaktion und die europäischen Imperialisten zu einer unerwünschten Koalition zwangen.

Die ausländischen Mächte haben versucht, das Blatt zu ihren Gunsten zu wenden und haben ihre Beziehungen aufrechterhalten.

Der rechte Flügel der Bourgeoisie gewann in relativ kurzer Zeit die Oberhand. Alle Errungenschaften gingen verloren. Die ohnehin schon gemäßigten Enver und Talat Paschas wurden noch gemäßigter, nachdem sie ihre Macht gefestigt hatten. Die Beziehungen mit dem Ausland wurden noch mehr intensiviert. Insbesondere auf die Beziehungen mit Deutschland hat man großen Wert gelegt, und schließlich hat das Osmanische Reich auf der deutschen Seite im Ersten Weltkrieg gekämpft.

2. Die Haltung der Klassen im anti-imperialistischen Kampf und die führende Rolle der Nationalbourgeoisie in der Revolution

Als das Land von Frankreich, Italien, England und von den griechischen Streitkräften besetzt wurde, schwieg die Sultan-Regierung in Istanbul. Die politische Zukunft des Sultans hing ja von den das Land besetzenden Imperialisten ab. Er wußte, daß die politische Macht ohne diese ausländischen Besatzer nicht zu halten war.

Der Herrscher war nicht allein: die Minderheiten, die Kompradoren-Bourgeoisie, ein Teil der Feudalherren, Wucherer handelten mit ihm zusammen. Denn auch sie wußten, daß ihre Zukunft ohne diese Besatzer düster aussehen würde. Die Triebkräfte des anti-imperialistischen Kampfes bildeten die breiten Volksmassen, ein Teil der anatolischen Geschäftsleute, ja sogar ein Teil der Feudalen, Offiziere und Soldaten, die von der regulären Armee geflohen waren, Intellektuelle und nicht zuletzt die Handelsbourgeoisie. Die Widerstandskräfte, die schon während des Ersten Weltkrieges von der Armee und den Kriegsschauplätzen geflohen waren, weil sie mit der bestehenden Ordnung unzufrieden waren, bildeten den Kern des nach der imperialistischen Besatzung sich entfaltenden anti-imperialistischen Kampfes. Während der Besatzung wurden in verschiedenen Regionen des Landes anti-imperialistisch geprägte patriotisch-nationale Organisationen gegründet. Die einzige gemeinsame Plattform dieser Organisationen, die aus der Nationalbourgeoisie, der Bauernschaft, Intellektuellen und aus den anatolischen Geschäftsleuten bestanden, war der Kampf gegen die imperialistische Besatzung. Diese regional entstandenen Organisationen waren Folgen des sich spontan entwickelnden Kampfes, d.h., die Nationalbourgeoisie war nicht von Anfang an Organisator und Führer des Kampfes. Die Kemalisten haben die Führung des Kampfes erst später in ihre Hände genommen. Das hatte folgende Gründe: Erstens waren damals die Volksmassen nicht auf Landesebene organisiert. Das einzige, was sie taten, war, gegen den Feind dort zu kämpfen, wo sie waren. Zweitens war die kommunistische Partei der Türkei, die TKP erst während des antiimperialistischen Kampfes gegründet worden und nicht in der Lage, die Führung des Kampfes zu übernehmen.
Es handelt sich hier um zwei Klassen, die eine bürgerlich-demokratische Revolution führen könnten: die Nationalbourgeoisie und die Arbeiterklasse. Warum die Arbeiterklasse die Führung des Kampfes nicht übernehmen konnte, wissen wir schon. Die Nationalbourgeoisie aber, die Erfahrung besaß, war dann in der Lage, die regional gegründeten Widerstandsorganisationen miteinander zu verbinden und unter ihre Kontrolle zu bringen.
Obwohl die breiten Volksmassen an dem Kampf enthusiastisch beteiligt waren, blieb ihnen der Weg zu weiteren Entscheidungen versperrt. Die Revolution blieb die Revolution der „oberen Schichten". Die Bourgeoisie hatte mit den Volksmassen zusammen den ersten Schritt getan, nämlich die Besatzer und ihre Kollaborateure aus dem Land gejagt. Aber der zweite Schritt, nämlich die Versprechungen einzuhalten, mehr Freiheit, demokratische Rechte usw., blieben aus.

3. Die kemalistische Bourgeoisie und der Wirtschaftskongreß von 1923 in Izmir

Stellen wir nochmal die Komposition aller Klassen vor. Nach dem anti-imperialistischen Kampf, sowohl vor als auch nach dem Befreiungskampf standen sich zwei Lager gegenüber: Einerseits die Imperialisten und ihre einheimischen Verbündeten und andererseits die unterdrückten Volksmassen und die Nationalbourgeoisie. Die ersteren wollten ihre verlorene Ordnung wiederherstellen und die zweiten wollten die Ordnung „erneuern".
Für eine Nationalbourgeoisie ist ihr Kampf gegen den Imperialismus und den Feudalismus charakteristisch. Sie kann sich nur dann entwickeln, wenn sie diese Kräfte beseitigt. Aber wie man diese Kräfte beseitigt, hängt von Umständen ab, die man unbedingt in Betracht ziehen muß. Das war bei uns recht kompliziert: erstens, die Nationalbourgeoisie war selbst unter sich nicht einig. Zweitens, ein Teil der Feudalherren und Geschäftsleute aus Anatolien kämpften auf der Seite der Kemalisten. Die Arbeiterklasse trat nunmehr organisiert auf und stellte demokratische Forde-

rungen. Alle sozialen Klassen und Schichten des Volkes wollten ihre Erwartungen erfüllt sehen. Unter solchen Umständen hatten die Kemalisten weder die Kraft noch den Willen, den Kampf weiterzuführen. Der Izmirer Wirtschaftskongreß, der in einer solchen Situation stattfand, war nun ein Schauplatz der Kämpfe der Klassen, die ihre Forderungen laut machten.
Dieser Kongreß war zwar für die Regierung nicht bindend. Die Politik, die die Kemalisten betrieben, entsprach jedoch dann den Beschlüssen dieses Kongresses. Dieser Kongreß zeigte einerseits der Regierung, „wo es lang gehen sollte", und andererseits das Verhältnis der Kräfte der Klassen in der Gesellschaft. An diesem Kongreß war demokratisch, daß die Arbeiterklasse und die Bauernschaft vertreten waren und ihre Forderungen stellten.
Nach manchmal scharfen, manchmal brüderlichen Diskussionen entstand folgendes Tableau: Einerseits sehen wir eine Arbeiterklasse, die für die Weiterführung der Revolution eintritt und durchführbare politisch-ökonomische Forderungen stellt. Andererseits sehen wir die Feudalherren und Großgrundbesitzer, deren Interessen seitens der Bourgeoisie unterstützt werden und wir sehen noch die junge Bourgeoisie, gespalten in zwei Lager, mit versteckt geballten Fäusten gegeneinander angehen. Der Kongreß wurde schließlich zu einer Arena, wo die Flügel der Bourgeoisie gegeneinander Wortgefechte führten. Der rechte Flügel, der die Politik von 1908 vertreten wollte und bereit war, sich mit den Imperialisten zu versöhnen, war die Istanbuler Handelsbourgeoisie. Als Klasse war sie sehr klug, paßte sich sofort den Umständen an, von heute auf morgen wurde sie „nationalistisch" und war sehr gut organisiert. Dieser Flügel der Bourgeoisie setzte seine Forderungen durch.
Ich fasse die wichtigsten Beschlüsse des Kongresses wie folgt zusammen:

1. Die Rolle, welche die ausländischen und nicht-türkischen Unternehmer bisher in der türkischen Wirtschaft gespielt haben, soll die Nationalbourgeoisie selbst übernehmen. Da sie für diese Aufgabe zu schwach ist, soll sie vom Staat geschützt und unterstützt werden.
2. Der übergang von Manufaktur und Kleingewerbe zur maschinellen Industrie soll beschleunigt werden.
3. Die Position des ausländischen Kapitals soll geschwächt werden und überhaupt nur soweit zugelassen werden, wie es den neuen Gesetzen gehorcht und den nationalen Interessen entspricht.
4. Die Produktivität in der Landwirtschaft muß erhöht werden. Die landwirtschaftlichen Produzenten sollen vom Staat mit Krediten und steuerlichen Erleichterungen unterstützt werden.
5. Das einheimische Gewerbe soll gestärkt und vor der ausländischen Konkurrenz seitens des Staates geschützt werden.
6. Der Außenhandel soll vom Staat kontrolliert werden.[299]

Aus diesen Beschlüssen können wir folgendes schlußfolgern:

- Die Versprechungen der Kemalisten, auch im Interesse der Arbeiterklasse und der Bauernschaft zu handeln, wurde für immer auf die lange Bank geschoben.
- Die Feudalherren und Großgrundbesitzer verteidigten ihre Interessen, die Bodenreform wurde nicht durchgeführt.

4. Die „Revolutionen" und einige Prinzipien des Kemalismus

In den vorhergehenden Kapiteln, also im zweiten Teil, habe ich versucht, die politische Ökonomie der Nationalbourgeoisie, ihre Praxis zu erklären. Ich möchte hier kurz die Reformen der kemalistischen Bourgeoisie im Bereich des Überbaus und einige dem Kemalismus eigene Prinzipien zusammenfassend wiedergeben. Der Kemalismus ist in der Türkei ein Rettungsring für die Bourgeoisie und für die Armee.

Jedesmal, wenn sie sich in Schwierigkeiten befinden, berufen sie sich auf Mustafa Kemal und erklären, daß sie Kemalisten sind und seinen Weg gehen. Z.B. die türkische Armee: Sie hat dreimal – 1960, 1971 und 1980 – interveniert und die politische Macht an sich gerissen. Bei jeder Machtergreifung hat sie erklärt, daß sie im Sinne des Kemalismus gehandelt hat. Auch die politischen Parteien haben sich die Ideen des Kemalismus in Worten zu eigen gemacht, allerdings nur dann, wenn es für sie politisch notwendig schien. Das krasseste Beispiel dafür sind die heute in der Türkei die Macht ausübenden Generäle und die von ihnen für die politische Tätigkeit zugelassenen Parteien. Sie, die Generäle, schwören, angefangen vom ersten Tag ihrer Machtergreifung bis heute auf den Kemalismus, und die Parteien mußten offiziell erklären, daß sie im Sinne des Kemalismus handeln.
Lebte M. Kemal und erlebte alle diese Erklärungen, so hätte er alle diese Kräfte zur Hölle gejagt. Denn das, was die türkische Bourgeoisie seit den 50er Jahren macht, ist mit der Politik der kemalistischen Nationabourgeoisie seit dem Befreiungskampf bis zu den 40er Jahren nicht zu vereinbaren. Worin der Unterschied besteht, brauche ich hier nicht zu erklären. Denn eben um diesen Unterschied deutlich zu machen, habe ich die politisch-ökonomische Entwicklung der Türkei vom Untergang des Osmanischen Reiches bis zur Gegenwart in zwei Teilen untersucht.
Der Kemalismus ist heute in der Türkei in den Händen der türkischen Bourgeoisie ein Propagandamittel, mehr nicht. Die türkische Bourgeoisie seit den 50er Jahren ist mit der Nationalbourgeoisie geistig-politisch nicht identisch. Sie kann es auch nicht sein, weil das, was sie tut, dem widerspricht, was die kemalistische Nationalbourgeoisie machte.

Eine Nationalbourgeoisie kann nicht immer und ewig national bleiben. Ihre Entwicklung hängt von der Entwicklung ihrer ökonomischen Voraussetzungen, also von der Entwicklung des Kapitalismus ab. In diesem Sinne trägt die Nationalbourgeoisie einen vorübergehenden, sich entwickelnden Nationalcharakter. Das war auch der Fall bei der kemalistischen Bourgeoisie. Ihre vollendete Entwicklung ist die heutige Bourgeoisie. Um es kurz zu sagen:
Jede ökonomische Struktur schafft sich den ihrem Wesen entsprechenden Überbau. Um bestehen zu können, wird sie ihn ununterbrochen befestigen und ausbauen. Mit anderen Worten: Jede politische Kraft, jede Klasse, wenn sie an die Macht kommt, wird die Überbau-Institutionen entsprechend ihren Interessen ausbauen und befestigen. Als Klasse handelten auch die Kemalisten so. Sie haben nichts anderes gemacht, als das, was eine nationale Bourgeoisie machen konnte. Die Kemalisten wußten, daß sie mit einem feudalistischen Überbau die kapitalistische Entwicklung nicht vorantreiben konnten. Deswegen haben sie für die Zerschlagung des Feudalismus im Überbau gekämpft. Sie haben um ihre eigene Existenz gekämpft. Obwohl sie dabei nicht so radikal handelten, wie sie gegen den Imperialismus und gegen einheimische Kollaborateure einst gekämpft hatten, haben sie immerhin Schritte getan, die zur Befestigung ihrer Macht dienten.
Die Bourgeoisie verbreitet die Reformen der Kemalisten unter dem Volk als „die Revolutionen des Kemalismus". Die Kemalisten führten ihre Reformen durch, aber nicht deswegen, weil sie Revolutionäre waren. Die objektive Lage, ihr Klasseninteresse machten es unvermeidbar, Reformen durchzuführen. Ganz im Gegensatz zur jetzigen Bourgeoisie meinten es die Kemalisten mit ihren Reformen ernst. Die Bestrebungen der Kemalisten, Reformen durchzuführen, waren objektiv fortschrittlich, weil diese Bestrebungen antifeudalistisch waren und der weiteren Entwicklung der Gesellschaft dienten.
Hier sind einige von diesen „Revolutionen":

a) Ausrufung der Republik (29. Oktober 1923)
b) Abschaffung des Kalifats (9. März 1924)
c) Verkündung der neuen Verfassung (20. April 1924)
d) Rechtliche Gleichstellung der Frauen
e) Einführung des lateinischen Alphabets (1928)
f) Verbot der Kopfbedeckung der Männer und Gesichtsbedeckung der Frauen. Also, die Einführung der Verwestlichung der Kleidung (1926).

Wir sehen, es sind antifeudalistische Schritte. Das war das Mindeste, was die Kemalisten entsprechend ihren Klasseninteressen auf diesem Gebiet unternehmen mußten.

Nun zu den Prinzipien: Da im ganzen dritten Kapitel von der Entstehung und Entwicklung der kemalistischen Bourgeoisie die Rede ist und wir im weiteren nochmal darauf zurückkommen werden, möchte ich hier nur drei charakteristische Merkmale oder Prinzipien des Kemalismus in Thesenform wiedergeben.

Die damaligen allgemeinen Bedingungen und der Klassencharakter der Kemalisten bildeten die Voraussetzungen zur Herauskristallisierung des Kemalismus, zur Prinzipialisierung seiner politischen und ökonomischen Auffassungen. Diese Bedingungen machten die Ansichten der Kemalisten zu einer Ideologie, die bei uns „kemalistische Ideologie" genannt wird und einer nationalen Bourgeoisie eigen ist.

a) Die anti-imperialistische Haltung der kemalistischen Bourgeoisie kommt daher, daß sie sich das Ziel gesetzt hat, den inneren Markt allein für sich zu haben, ihn mit dem Imperialismus nicht zu teilen. Die Kemalisten bezeichneten diese Politik als die Politik der „Verteidigungsökonomie". Wie gesagt, bestanden die Grundlagen dieser „Verteidigungsökonomie" in der ablehnenden Haltung gegenüber dem Imperialismus. Da die türkische Bourgeoisie einsah, daß diese Politik allein durch die Förderung des privaten Sektors nicht zu erreichen war, machte sie daraufhin die Industrialisierung des Landes zu einer direkten Aufgabe des Staates. Die staatlichen Unternehmungen sollten aber nach und nach privatisiert werden.

   Diese anti-imperialistische Auffassung der Kemalisten hat noch eine andere Bedeutung: Der Anti-Imperialismus, die Besorgnis und Vorsicht gegen das Fremdkapital führte zur Förderung der Opferbereitschaft, zum national-disziplinierten Gebrauch der einheimischen Ressourcen. Die Kemalisten waren lediglich bereit, an keine Bedingungen geknüpfte Auslandshilfe anzunehmen.

   Die Auffassung der Kemalisten über den Etatismus war zugleich eine anti-„Laisser-Faire"-Auffassung. Eine solche ökonomische Laisser-Faire Auffassung beruht auf der freien, uneingeschränkten Konkurrenz. Eine solche Politik durchzuführen, hieße, sich selbst zu töten. Denn die rückständige ökonomische Struktur der Türkei durfte und konnte sich nicht „Laisser-Faire" leiten lassen. Das wußten die Kemalisten nur zu gut und sie versuchten meisterhaft, den Außenhandel und die Aktivitäten des ausländischen Kapitals zu kontrollieren. Die Kemalisten waren in dieser Sache erfolgreich. Auch diese Haltung zwang sie, sich objektiv gegen den Imperialismus zu stellen.

b) Nach Auffassung der Kemalisten mußte alles den nationalen Interessen untergeordnet werden. Die in den Kriegsjahren entstandene Idee, nationale Einheit und Geschlossenheit, führte dazu, daß sie, die Kemalisten, nach und nach zu leugnen begannen, daß die Gesellschaft aus Klassen besteht. M. Kemal akzeptierte zwar das Bestehen der Klassen, betonte aber jedoch, daß diese Klassen nicht antagonistisch wären, daß sie, die Klassen, sich zu einer Einheit ergänzten. Er war der Meinung, daß es unvermeidlich ist, diese Klassen in einer Partei zu sammeln. Er propagierte, daß die politische Stabilität der Türkei dadurch erreicht würde.

Geleitet von solchen Überlegungen warf man Thesen auf, die zur Schaffung einer klassenlosen Gesellschaft führen sollten. Deswegen war es von großer Bedeutung, die Idee von einem „populistischen“ Staat zu entwickeln. Die Kemalisten meinten diesen Staatstyp, wenn sie sagten: „Unser Staat ist weder sozialistisch noch kapitalistisch.“ In diesem Punkt waren sie ziemlich banal und vielleicht noch mehr illusionär. Ihre Praxis, die Schaffung eines populistischen Staates oder einer klassenlosen Gesellschaft, führte sie ganz in die entgegengesetzte Richtung. Sie haben zum Entstehen einer Gesellschaft, die aber auf Klassen beruht, und nichts anderes ist als die kapitalistische, kräftig beigetragen. (Siehe auch Kapitel III, 7.)

c) Unabhängigkeit oder der Kampf um die Unabhängigkeit war für die Kemalisten eine ehrenhafte Sache. Darüber hinaus wollten sie eine friedliche Außenpolitik betreiben, was sie auch getan haben. Diese Friedlichkeit und Achtung vor den für die Freiheit kämpfenden Völkern galt leider nicht für die inländischen politischen Bewegungen. Sie haben z.B. die Existenz der kurdischen nationalen Minderheit geleugnet, sie brutal unterdrückt.[300]

5. Die kemalistische Bourgeoisie kann man von ihrem Klassencharakter und evolutionärer Entwicklung nicht getrennt analysieren

Die Bourgeoisie-Klasse ist nicht homogen. Innerhalb dieser Klasse gibt es immer Interessenkonflikte, die auf ökonomische und politische Meinungsverschiedenheiten zurückzuführen sind. Bei allen diesen Konflikten geht es um die Methoden der Aufrechterhaltung der bestehenden bürgerlichen Ordnung, der Ausbeutung und Unterdrückung der Werktätigen und auch darum, wer (welcher Teil der Bourgeoisie) den Löwenanteil bekommt.

Diese Charakterzüge der Bourgeoisie bestimmten das Schicksal der Türkei seit 1908. Die Formen und Ursachen dieser Konflikte können verschieden sein. Der Kern der Sache aber bestimmte die oben genannte Charakteristik; beim Konflikt innerhalb der Bourgeoisie zwischen 1923 und 1940 ging es hauptsächlich um den Liberalismus und den Etatismus. Die Befürworter des Etatismus waren diejenigen, die gegen das Fremdkapital die Unterstützung des Staates brauchten, und folglich nicht in der Lage waren, konkurrenzfähig zu bleiben. Ihr politischer Vertreter war die Regierungspartei CHP (Republikanische Volkspartei), d.h. die Kemalisten. Die Vertreter des Liberalismus waren der Meinung, daß man mit dem Fremdkapital zusammenarbeiten und der Staat diese Zusammenarbeit unterstützen sollte. Ihr Sprecher war die Iş-Bank-Gruppe.

Der Interessenkonflikt innerhalb der Bourgeoisie verschärfte sich gegen 1930. Die Liberalisten gründeten ihre eigene politische Organisation. Diese Partei wandte sich gegen die Aktivitäten des Staates in Bereichen der Industrie, war überhaupt gegen die Einmischung des Staates in die Ökonomie und sprach sich für einen freien Außenhandel und enge Beziehungen mit den Imperialisten aus.

Die Gründung dieser Partei ist sehr wichtig. Man sagt zwar, daß M. Kemal selbst diese Partei gründen ließ, um eben zu sehen, wie einflußreich seine Gegner sind. Es ist aber unwichtig, ob diese Partei künstlich gegründet wurde oder nicht. Wichtig ist, daß sich ein Teil der Bourgeoisie stark fühlte, denn sie bekam mehr Interesse und Unterstützung, als die Kemalisten glaubten.[301]

Ein Teil der anatolischen Bourgeoisie, die einst die Unterstützung des Staates genoß, entwickelte sich soweit, daß sie die Unterstützung des Staates nicht mehr brauchte, und die oberen Schichten der Industrie und Handelsbourgeoisie aus Anatolien waren ebenso entwickelt. Sie alle haben sich mit der Istanbuler Bourgeoisie, mit den Liberalisten zusammengeschlossen.

Das ist die evolutionäre Entwicklung der Nationalbourgeoisie. Diese Entwicklung machte sie zur kollaborierenden Bourgeoisie. Es durfte auch nicht anders sein. Den Kemalisten blieben nur die Kleinbourgeoisie, die Kleinproduzenten, die immer noch den Schutz des Staates brauchten, übrig.
Insbesondere nach 1935 bestimmte die kollaborierende Bourgeoisie das ökonomische und politische Leben des Landes. Die ökonomischen Auffassungen der Kemalisten bildeten vor der weiteren Entwicklung der kollaborierenden Bourgeoisie kein Hindernis mehr. Ganz im Gegenteil: Die evolutionäre Entwicklung machte aus den Kemalisten richtige und tüchtige Kollaborateure.
Gesellschaftliche Entwicklungen können natürlich nicht entsprechend der Wunschgedanken erklärt werden, und ein Gedanke ohne materielle Grundlage kann sich nicht entwickeln und sich zu einer Waffe in den Händen der Massen verwandeln. In diesem Sinne haben die Kemalisten geträumt, haben nicht einmal ihre eigene Veränderung erkannt.
Es wäre jedoch dumm, die Rolle von Mustafa Kemal in der türkischen Geschichte zu leugnen, ihn nur als ein negatives Beispiel, sogar als einen Faschisten – wie manche meinen – darzustellen. Ihn zu bewerten, bedeutet nicht, eine Persönlichkeit zu bewerten. Ihn und seine Rolle in der türkischen Geschichte objektiv zu bewerten, ist nur dann möglich, wenn wir den Charakter seiner Klasse und ihren Umwandlungsprozeß richtig analysieren. Welche Klasse vertrat er? Er war nicht der Vertreter der türkischen Nation, der Arbeiterklasse und der armen Werktätigen. Er war, bevor er „Atatürk" (Vater der Türken) genannt wurde, Vertreter und Führer der türkischen National- bzw. Handelsbourgeosie. Jede Nation, jedes Land schafft auf diese oder jene Weise ihre eigenen M. Kemals. Das ist nicht türkisch-spezifisch. Ebenso verhält es sich mit seiner Ideologie. Während des Befreiungskampfes versprach er der Arbeiterklasse und den Werktätigen Demokratie und Freiheit, um sie für den Kampf gewinnen zu können. Alle Lasten des Kampfes trugen die Werktätigen. Ohne sie wäre er nie an die politische Macht gekommen. Als er aber an der Macht war, hatte er sie und seine Versprechungen vergessen. Besser gesagt: Er hat entsprechend den Interessen seiner Klasse gehandelt, und aus dem Revolutionär des anti-imperialistischen Kampfes wurde später ein Bonaparte des 20. Jahrhunderts, nicht mehr und nicht weniger.

6. Die weitere Verschärfung des Interessenskonflikts zwischen den Teilen der Bourgeoisie 1940 - 1950

Die etatistische Politik der Kemalisten war auch während des Zweiten Weltkrieges die offizielle Politik des Staates, hatte jedoch ihre Bedeutung gänzlich verloren. Sie wurde während der Kriegszeit zu einer Fessel für die weitere Entwicklung der Bourgeoisie. Man tat im Namen dieser Politik, also im Namen des Etatismus alles, was in der Tat dieser Politik widersprach. Die für jedermann bekannten Kriegsbedingungen ermöglichten anormale Bereicherung bestimmter Kreise. Wucherer, Hamsterer, Spekulanten waren am Werk. Viel Kapital floß in diese Hände. Ferner befreite das Steuergesetz die Kapitalbesitzer von hohen Steuern. Auch ermöglichte dies die weitere Bereicherung der oben genannten Kreise. Der Staat versuchte, dagegen zu „kämpfen", und erließ 1943 ein neues Steuergesetz, das auf die weitere Besteuerung der Reichen, Spekulanten, Hamsterer, Importeure usw. abzielte. Diejenigen, die ihre Steuern innerhalb von zwei Wochen nicht entrichteten, wurden nach Anatolien zur Zwangsarbeit geschickt. Von diesem Gesetz wurde auch ein Teil der Industriebourgeoisie, die bis dahin in der CHP organisiert war, betroffen. Dieser Teil der Bourgeoisie verließ daraufhin die CHP und wechselte die Front.

Auch die Agrarpolitik der Regierungspartei, der CHP, die Herabsetzung der Preise, neue Besteuerungen usw. und nicht zuletzt die Agrarreformpolitik zwangen Teile der Feudalen und Großgrundbesitzer, die in der CHP organisiert waren, zum Frontwechsel. Alle diese mit der Politik der CHP unzufriedenen Kreise waren für die Liberalisten willkommene Verbündete.
Die politischen Geschehnisse dieser Zeit können wir in zwei Punkten zusammenfassen:

1. Die kritische, vorsichtige Haltung der Bourgeoisie gegen das Fremdkapital und gegen die Imperialisten hat man gänzlich vergessen. Man hat erneut Schulden aufgenommen. Der zweite Fünfjahresplan wurde nicht verwirklicht. Eine der Prinzipien der Kemalisten, die nationale Industrie zu schützen und zu entwikkeln, ging nicht so erfolgreich in Erfüllung, wie man es sich vorgestellt hatte.
2. Die durch die Kriegszeit neuentstandenen Bedingungen setzten scharfe Auseinandersetzungen auf die Tagesordnung. Die größte Illusion der Kemalisten, eine klassenlose Gesellschaft zu gründen, zerbrach. Die Bourgeoisie, die bis 1946 gezwungen war, unter einem Dach organisiert zu bleiben, war nicht mehr zu halten, d.h., die Kollaborateure forderten die Kemalisten zum Kampf heraus und gründeten eine zweite Partei. Sie wurden von den in der CHP gebliebenen Feudalen, Großgrundbesitzern und von Teilen der Handelsbourgeoisie unterstützt. Ferner terrorisierte die profaschistische, reaktionäre Politik der CHP unter Führung von Ismet Inönü die Volksmassen und auch die Intellektuellen. Sie wandten sich von der CHP ab und unterstützen die neue Partei.

Die Grundideen der neuen Partei waren wie folgt:

- Der Staat sollte den privaten Sektor noch mehr und intensiver unterstützen. Diese Unterstützung durfte mit keiner Bedingung verknüpft werden. Die Steuer für die privaten Unternehmer durfte nicht hoch angesetzt werden. Der Staat durfte sich in die Ökonomie nicht einmischen. Er sollte dann und dort aktiv werden, wo für den privaten Sektor kein lohnender Profit zu erwarten war.
- Es sollte keine Bodenreform geben. Das Privateigentum an Grund und Boden durfte nicht eingeschränkt werden, und das Privileg der Feudalen und Großgrundbesitzer nicht eingeschränkt werden.

Es ist offenkundig, daß man mit dem Punkt a) die Interessen der Großbourgeoisie und mit dem Punkt b) die Interessen der Großgrundbesitzer zur Sprache brachte.
Die größten Großgrundbesitzer und Halb-Industriellen der Türkei wie Adnan Menderes, Cavit Oral, Sadik Giz, die Feudalen aus Ost- und Südostanatolien, einige Banken und Bankiers, andere einflußreiche Persönlichkeiten wie Celal Bayar, Ziya Önis, die Kompradoren der nationalen Minderheiten, die Großhändler und Industriellen waren die Gründer dieser Partei. Diesmal war die Großbourgeoisie ihrer Sache sicher und wollte an die Macht kommen. Neben der massiven auf Demokratie und Freiheit ausgerichteten Propaganda gründeten sie in Istanbul noch den Händler-Verein. Sein Organ, das „Türkische Wirtschaftsblatt", war das Sprachrohr dieses Kreises. Der Chefredakteur dieses Blattes war Ahmet Hamdi Basar, der 1923 auf dem Izmirer Wirtschaftskongreß die Interessen des „Istanbuler nationaltürkischen Händlerverbandes" vertrat. Dieser Verein berief 1948 den „Wirtschaftskongreß der Türkei" ein, um eben die Ansichten der neuen Partei verbreiten zu können. (Eine ähnliche Initiative ergriff die Istanbuler Handelsbourgeoisie vor dem Izmirer Wirtschaftskongreß. Auf Wunsch der Regierung hatte man dann aber darauf verzichtet und zusammen mit der Regierung den Kongreß von Izmir organisiert.)
Hier sind die wichtigsten Beschlüsse dieses Kongresses:

1. Das einheimische und ausländische Kapital soll zusammenarbeiten.

2. Der Staat soll den privaten Sektor intensiv unterstützen.
3. Der Staat soll die ökonomische Entwicklung des Landes planen und verwalten, darf aber die Initiative der privaten Gesellschaften und Personen in Bereichen der Industrie und des Handels nicht behindern.

Dieser Meinung war auch die neue Partei.

Auf der anderen Seite wurde die evolutionäre Entwicklung der CHP noch deutlicher. Beeinflußt von diesem politischen Klima beschlossen die entarteten „Kemalisten“ auf ihrem Parteikongreß folgendes:

1. Anstelle des Staates sollte der private Sektor noch mehr unterstützt werden.
2. Man sollte dem Fremdkapital noch mehr „entgegenkommen“, ihm noch mehr Glaubwürdigkeit zeigen.

In diesem Zusammenhang steht im Programm der CHP von 1947 folgendes: Der Staat soll in infrastrukturellen Bereichen, wie Post, Telephon, Elektrizität, Sicherheit und Rüstungsindustrie die Initiative ergreifen. Die anderen Industriezweige sollten dem privaten Sektor überlassen werden.

Wie wir sehen, blieb der Nationalbourgeoisie nicht viel anderes übrig als etwas „Nationales“.

7. Der Charakter der sich entwickelnden ökonomischen Gesellschaftsformation unter der Führung der kemalistischen Bourgeoisie

Die Entstellung und Idealisierung der Geschichte:

Die sozio-ökonomischen Entwicklungen in der Periode zwischen 1923 und 1950 machen den Charakter der herrschenden Produktionsweise und den dieser Produktionsweise entsprechenden Überbauinstitutionen in der Türkei genug deutlich. Die Kemalisten aber verstanden darunter etwas anderes.

In der Periode der Nationalbourgeoisie war die Türkei Zeugin von zwei Prozessen: Den ersten Prozeß bildeten die ökonomischen und sozialen Entwicklungen, die ich analysiert habe, also die objektive Lage. Den zweiten Prozeß aber bildete der Versuch einer Illusion, der Versuch zum Aufbau einer bis dahin nicht existierenden Gesellschaftsordnung. Was für eine Gesellschaft diese sein sollte, machen die folgenden Zitate von Mustafa Kemal deutlich:

„Meine Herren, unsere Regierung ist keine demokratische Regierung, auch keine sozialistische Regierung. Jedoch ist sie die einzige Regierung, die die nationale Souveränität, den nationalen Willen repräsentiert.“[302] „Ich stelle mir so eine Parteiorganisation vor, daß sie ein Programm hat, das das Wohlergehen aller Klassen der Nation zu gewährleisten bestrebt ist.“[303] „Die Parteien wurden (und werden) in anderen Ländern sicherlich auf der Grundlage von ökonomischen Zwecken gegründet. Denn in diesen Ländern gibt es verschiedene Klassen. Gegen eine politische Partei, die für den Schutz der Interessen einer Klasse gegründet wurde, wird eine andere Partei gegründet, die die Interessen einer anderen Klasse vertritt. Das ist selbstverständlich. Wir sind Zeugen der Folgen, die wegen der Gründung der Parteien – als ob es in unserem Lande verschiedene Klassen gäbe – entstanden waren. Die Volkspartei umfaßt nicht nur einen Teil, die ganze Nation; die Grundbesitzer sollen geschützt werden ... dann kommen die Handwerker, Kleinhändler, natürlich müssen wir auch ihre Interessen schützen ... wieviele Millionäre haben wir? ... Wir werden dafür sorgen, daß unser Land viele Millionäre, sogar Milliardäre hat ... dann kommen die Arbeiter ... es ist notwendig auch die Arbeiter zu schützen ... dann sind die Intellektuellen an der Reihe ... da die Interessen derjenigen, die verschiedene Berufe ausüben ineinander vermischt sind, ist es unmöglich, sie in Klassen zu gruppieren.“[304] „... In diesem Moment bestehen meine Zuhörer aus Bauern, Handwerkern, Händlern und Arbeitern. Welcher von ihnen kann Gegner der anderen sein?“[305]

Die Ansichten von M. Kemal über eine Regierung sind darauf zurückzuführen, wie er die Gesellschaft und die Klassen im Lande bewertete. Für ihn war die Regierung eine über den Klassen stehende Regierung, und es herrschte im Land die Harmonie der Klassen.

Die Ideen von M. Kemal wurden durch die Zeitschrift „Kadro" – auf Deutsch Kader – systematisch entwickelt. Die Intellektuellen um diese Zeitschrift glaubten, eine neue Ordnung entwickelt zu haben; nach ihnen sollte diese Ordnung in der Türkei auf der Harmonie der Klassen beruhen, und der Staat sollte eine über den Klassen stehende Besonderheit haben. Eine solche Ordnung heißt für sie „Nationalordnung".[306]

Im Zusammenhang mit dem Etatismus vertrat M. Kemal folgende Ansichten: „Der in der Türkei praktizierte Etatismus ist nicht das System, das ... aus den Ansichten der sozialistischen Theoretiker ... besteht. Dies entstand aus der Notwendigkeit der Türkei und ist ein Türkei-spezifisches System. Der Etatismus hat nach unserer Meinung folgende Bedeutung: Die privaten Unternehmungen, private Aktivitäten der Personen stehen im Vordergrund. Die Wirtschaft des Landes wird durch den Staat geführt, weil wir alle Bedürfnisse eines breiten Landes und einer großen Nation und vieles, was noch nicht gemacht wurde, im Auge behalten.

„... Der Weg, dem wir folgen, ... ist etwas anderes als der Liberalismus."[307]

Die Auffassungen von M. Kemal über Klassen, Gesellschaft, Etatismus usw. wurden von der Gruppe um die Zeitschrift Kadro intensiv verbreitet. Auch die Führungskräfte des Staates haben darüber in Kadro geschrieben.

Jedoch war die objektive Entwicklung, die tatsächliche Lage nicht so, wie man es sich vorzustellen versuchte: Wie aus den bisherigen Kapiteln hervorgeht, hat die Bourgeoisie Schritt für Schritt nur die besitzenden Klassen unterstützt. Die erlassenen Gesetze, die Maßnahmen im Bereich der Landwirtschaft, der Industrie und des Handels, waren zugunsten der Kapitalbesitzenden; profitiert haben Großgrundbesitzer, Agrarkapitalisten, Industrielle, Großhändler usw. Z.B. waren die Subventionisierung der landwirtschaftlichen Produkte, die Förderung der maschinellen Landwirtschaft, die Landwirtschaftskredite nicht für die arme Bauernschaft bestimmt. Die Privatunternehmungen in allen Bereichen der Ökonomie wurden unterstützt. Schon auf dem Izmirer Wirtschaftskongreß von 1923 wurden eine Reihe von Maßnahmen zugunsten der Industriebourgeoisie getroffen. Wenn M. Kemal von Millionären, sogar von Milliardären spricht, so hatte er bestimmt nicht die Arbeiter in Istanbul oder anatolische Bauern im Auge.

Alle Möglichkeiten des Staates sowohl in der ersten Periode (1923 - 1929) als auch in der zweiten Periode (ab 1929) wurden für die Entwicklung und weitere Stärkung der Kapitalistenklasse, der herrschenden Klasse mobilisiert.

In der kemalistischen Periode sind alle fortschrittlich-demokratischen Bewegungen, alle oppositionellen Meinungsäußerungen brutal unterdrückt worden. Im Gegensatz zu den Behauptungen der Bourgeoisie zeigte die objektive Lage, daß keine Harmonie der Klassen, kein Staat über den Klassen und der Gesellschaft bestand. Die Bourgeoisie formierte die Ökonomie und die Gesellschaft entsprechend ihren Klasseninteressen. Sie hat den Versuch unternommen, das kapitalistische System zur herrschenden Produktionsweise zu machen und das, was die Bourgeoisie im sozialen und ökonomischen Leben der Gesellschaft bewerkstelligte oder zu bewerkstelligen versuchte, war ein Kampf gegen alle, die ihre „Überlebenschance" irgendwie beeinträchtigen, streitig machen könnten.

Wir können die kemalistische Bourgeoisie nicht danach beurteilen, was sie dachte, sondern nach den objektiven Gegebenheiten. Abgesehen von illusionären Gedanken über Regierung, Klasse, Staat, neue Ordnung usw. hat sie bewiesen, daß ein

Land, solange es außerhalb der imperialistischen Kette bleibt, sich durch die innere Dynamik, durch eigene Bestrebungen kapitalistisch entwickeln kann.
Die Türkei hat sich, solange sie ihre distanzierten Beziehungen mit den imperialistischen Staaten aufrechterhielt, d.h., solange die Nationalbourgeoisie ihren nationalen Charakter bewahrte, unabhängig entwickelt. Dank dieser Entwicklung wurden in der Türkei Grundsteine der kapitalistischen Produktionsweise und einer bürgerlichen Gesellschaft richtig gelegt.

3. TEIL: DIE WEITERE ENTWICKLUNG DES SOZIO-ÖKONOMISCHEN PROZESSES AB 1950

(Der Charakter der ökonomischen Gesellschaftsformation nach 1950 – Fortsetzung des II. Teils –

Einleitung

In diesem Teil der Arbeit wird ein neuer Prozeß analysiert. Im zweiten Teil war vom politisch-ökonomischen Unabhängigkeitsprozeß die Rede. Hier werde ich zeigen, wie sich der Kapitalismus im Lande entwickelte, was für eine Entwicklung diese ist und welche Beziehungen die Türkei mit dem Ausland aufgenommen hat. Analysiert wird also eine Türkei im kapitalistischen Weltsystem. Aufgrund dieser Analysen werde ich dann den Charakter der ökonomischen Gesellschaftsformation der heutigen Türkei feststellen können.
Erst wollen wir aber auf das letzte Entwicklungsstadium des Kolonialismus, also den Neokolonialismus eingehen und vor Augen führen, wie dieses System in der Türkei seit 1950 praktiziert wird.

1. Wesen und strategisches Hauptziel des Neokolonialismus

Der Neokolonialismus ist die Politik der imperialistischen Staaten, wodurch sie die abhängigen Länder einerseits ausbeuten und andererseits im kapitalistischen Weltsystem zu behalten versuchen. Es geht hier um neue Methoden und Mittel zur Ausbeutung und Aufrechterhaltung der Abhängigkeitsverhältnisse. Daß die imperialistischen Staaten für die Durchsetzung ihrer Neokolonialpolitik neue Methoden und Mittel einsetzen, kann nicht als ein Willkürakt von ihnen erklärt werden. Es kann sich also hier nicht um eine „bevorzugte" Politik handeln. Die Tatsache ist die, daß die Bedingungen auf der internationalen Ebene sich geändert haben, daß sich die Produktivkräfte entwickelt haben und die Völker politisch noch wacher und empfindlicher geworden sind. Die neuen Methoden und Mittel der imperialistischen Politik sind also ein Produkt der obigen Entwicklung. Die Imperialisten mußten sich der veränderten Weltsituation anpassen. Diese Anpassung ist ein Ausdruck der Anwendung von neuen Methoden und Mitteln in Bereichen der Politik, Wirtschaft, Militär, Kultur usw.
Selbstverständlich bestehen zwischen dem klassischen Kolonialismus und dem Neokolonialismus keine qualitativen Unterschiede. Es geht in beiden Fällen um die Ausnutzung der abhängigen Länder und um die Verhinderung des Ausscheidens dieser Länder aus dem kapitalistischen Weltsystem. Die Realisierung der imperialistischen Ausbeutung und die Verhinderung der Ausscheidung der abhängigen Länder aus dem kapitalistischen Weltsystem ist also nach wie vor das oberste Ziel der Imperialisten. Dies bildet das Wesen und die Hauptstrategie des Neokolonialismus.

2. Hauptformen und Methoden des Neokolonialismus

Die Methoden und Mittel des Neokolonialismus als seine Erscheinungsformen sind ziemlich verschieden. Diese Verschiedenheit hängt von den Verhältnissen in den Zielländern oder Regionen ab, z.B. vom Grad der sozio-ökonomischen Entwicklungen. Es hängt weiter davon ab, ob diese Länder für die Imperialisten von Lebensbedeutung sind, ob sie im Besitz von strategischen Rohstoffen wie Erdöl sind, ob sie einen viel Gewinn versprechenden Markt bilden, oder ob sie für die imperialistische Weltpolitik von militärisch-strategischer Bedeutung sind. Dazu kommt noch der Entwicklungsstand der Klassenkämpfe in diesen Ländern. Alle diese Faktoren bestimmen also, welche Methoden die Imperialisten in ihren Beziehungen mit den abhängigen Ländern anwenden.

Wir können aber die Ursachen dieser Verschiedenheit der oben genannten Faktoren in drei Punkten zusammenfassen:

a) Die Erfordernisse der imperialistischen Länder
b) Die Wichtigkeit der abhängigen Staaten bei diesen Erfordernissen
c) Die Dimensionen des Klassenkampfes in abhängigen Ländern einerseits und imperialistischen Staaten andererseits. Ferner können wir noch die politische Wachsamkeit der Weltöffentlichkeit mitzählen.

Je nach der Kombination aus den Erfordernissen, der Wichtigkeit und der politischen Situation (Punkte a, b, c,), also je nach der Wechselwirkung und primären Stellung der obigen Punkte werden die Erscheinungsformen und Methoden des Neokolonialismus unterschiedlich sein. Einige Beispiele:

Für die Aufrechterhaltung der Abhängigkeitsverhältnisse kann der Neokolonialismus intervenieren, militärische Gewalt anwenden. Damit schafft er ein geeignetes politisch-ökonomisches Klima für die Interessen des Kapitals, der Monopole. Die Machtergreifung der chilenischen Militärs von 1973 ist dafür nur eines von vielen Beispielen.

Eine andere typische Methode des Neokolonialismus ist der Beitritt der abhängigen Länder in ökonomische, politische, militärische und sonstige Organisationen, die unter der Kontrolle der imperialistischen Länder stehen. Solche Organisationen oder Kooperationsverträge sind Mittel zur Unterdrückung und Erpressung. Z.B. die bilateralen Verträge zwischen der Türkei und den USA nach 1950 im Bereich der Ökonomie, Politik, militärischen Angelegenheiten usw. Z.B. die Mitgliedschaft der Türkei in der NATO.

Um seine Ziele erreichen und ein stabiles Herrschaftsverhältnis schaffen zu können, unterstützt der Neokolonialismus seine Verbündeten, die herrschenden Klassen in den abhängigen Ländern materiell (staatliche Kapitalhilfe, Korruption usw.). Auf diese Weise versucht er, die politische Macht seiner Verbündeten zu festigen. Dabei legt er auch auf die Kontrolle und Korruption des Offizierkorps großen Wert. Z.B. während der Intervention der türkischen Armee von 1960 haben die Offiziere, die reformistische, demokratische, gerechte Ansichten hatten, auf einen reformistisch-gerechten Kurs gedrängt. Auf diese Gefahr hin hat man eine Reihe von Maßnahmen getroffen, um die Armee gänzlich proimperialistisch formieren zu können. Z.B. wurde durch OYAK*) der Offizierskorps, insbesondere die hohen Militärs materiell gesättigt. Die Armee wurde nach und nach eine unverzichtbare, sichere Stütze der Imperialisten. Man kann die Erscheinungsformen des Neokolo-

*) OYAK ist der Konzern, an dem auch die türkische Armee beteiligt ist. Die imperialistischen Staaten, in erster Linie die USA, lassen auch die türkische Armee sich an ihrem Kapital beteiligen, um sie dann für die Bewahrung ihrer Interessen einsetzen zu können. Der Gewinn der türkischen Armee aus diesen Beteiligungen geht in die Milliarden TL. und wird unter dem Offizierskorps – insbesondere unter den Generälen – verteilt. OYAK ist in fast allen Sektoren der türkischen Industrie aktiv.[308]

nialismus auf dem Gebiet der Ökonomie nicht vollständig aufzählen. Das ist eine recht komplizierte Angelegenheit. Ich werde hier nur einige Beispiele anführen; Entwicklungshilfe, Wirtschaftsblockade, Sperrung von Krediten, Sperrung von Ersatzteillieferung, Destabilisierung der Wirtschaft usw.
Wichtig ist, daß die imperialistischen Staaten die Ökonomie der betreffenden abhängigen Länder von sich abhängig lenkten und das Land sich, je nach den Interessen der Monopole „entwickelt“; z.B. Montageindustrie, umweltschädigende Industrie, arbeits- und energieintensive Industrien usw.
Außerdem werden die Steigerung der Zahlungsdefizite durch den Import von Halberzeugnissen, Rohmaterial, Zulieferteilen, von anderen Ausrüstungen wie Maschinen durch sonstige Möglichkeiten wie Know-how, Patent, Lizenz usw. die Ressourcen der abhängigen Länder verschlingen. Auch dies sind Erscheinungsformen des Neokolonialismus.
Die Politik des Neokolonialismus kann man nicht nur als einen Einzelakt einzelner imperialistischer Staaten und Monopole betrachten. Bestimmte internationale Organisationen wie IMF, Weltbank-IBRD, OECD, EWG usw. betreiben ebenfalls neokolonialistische Politik.
Nun, die Türkei nach 1950 ist ein Land, das sich in oben geschilderten Beziehungen befindet. Diese Beziehungen sind, mit anderen Worten, Metropol-Peripherie-Beziehungen. Im weiteren werden wir sehen, wie diese Metropol-Peripherie-Beziehungen die ökonomische Gesellschaftsformation der Türkei seit 1950 beeinflussen und gestalten.
Die sozio-ökonomische, militärische und kulturelle Zukunft der Türkei, oder das Schicksal der Türkei, wurde insbesondere nach 1950 den Fremden überlassen. Die kemalistische Politik wurde nach und nach über Bord geworfen, entartet. Die einst revolutionären Kemalisten des anti-imperialistischen Kampfes haben durch ihre evolutionäre Entwicklung ihre einer nationalen Bourgeoisie entsprechende Besonderheit verloren und wurden entartet. Der schon aus der Bewegung von 1908 stammende innerbürgerliche Konflikt war in den 40er Jahren nicht mehr zu verheimlichen, nicht mehr zu unterdrücken. Die im Jahre 1946 gegründete zweite bürgerliche Partei beweist diese Spaltung. Durch den Wahlsieg dieser neuen Partei von 1950 wurde eine neue Seite in der Geschichte der Türkei aufgeschlagen. Diesmal kamen endlich die einheimische Großbourgeoisie und Großgrundbesitzer an die politische Macht. Mit diesem Machtwechsel verließ man den Weg der seit 1923 dauernden relativ unabhängigen Entwicklung.
Trotz aller Widersprüche der Kemalisten war das Land zwischen 1923 und 1950 vom Imperialismus unabhängig. Man hat mehr oder weniger die nationalen Interessen und Werte wahrgenommen. Ab 1950 wurden diese mit Füßen getreten. Man hat begonnen, das Land nach und nach den Interessen der ausländischen Mächte zu unterwerfen.
Die ausländischen Machthaber, die alten Herren des Finanzkapitals durften sich Jahrzehnte lang im Lande nicht so bewegen, wie sie sich gewünscht hatten. Sie hatten keine Chance gehabt, das Land ökonomisch, politisch und militärisch für ihre Interessen auszunutzen.
Die sozio-ökonomische Entwicklung des Landes nach 1950 ist ein Ausdruck dessen, was den Interessen des Imperialismus, in erster Linie denen des US-Imperialismus entsprach.
Die politische Ökonomie der Bayar-Menderes-Regierung*):

*) Der Ministerpäsident Adnan Menderes (1950 - 1960) wurde nach der Machtübernahme der Armee von 1960 vor Gericht gestellt und hingerichtet. Der Staatspräsident Celal Bayar konnte wegen seines hohen Alters der Hinrichtung entkommen.

Die Regierung der Großbourgeoisie und Großgrundbesitzer zwischen 1950 und 1960 vertrat eine ganz andere Politik als ihre Vorgängerregierungen.
Die DP (Demokratische Partei) hatte sich den Entwicklungsplan des Imperialismus über die Türkei zu eigen gemacht. Demnach sollte die Türkei als ein Agrarland entwickelt werden. Diese Politik war auch ein Ausdruck der imperialistischen Arbeitsteilung auf der internationalen Ebene. Was man unter dieser Arbeitsteilung verstehen sollte, brachte Max Veston Thornburg*) in seinem Bericht „Kritik an der heutigen ökonomischen Lage der Türkei" ganz klar und unhöflich zum Ausdruck.
Nach Meinung von Thornburg wäre:

a) die Schwerindustrie nicht nötig: nach Meinung dieser Person sollte der Eisen-Stahl-Industriekomplex von Karabük stillgelegt werden: „Es wird ein Prüfstein für die US-Hilfe sein, ob die zuständigen Behörden der Türkei den Mut zeigen können und bereit sein werden, die notwendigen Änderungen zu machen; ob sie Karabük für die wahren Interessen des türkischen Volkes hingeben wollen oder nicht". „Ein Agrarland, das für seine Landwirtschaft nötige ... Produktionsmittel noch nicht herstellen kann, kann nicht den Wunsch haben, Lokomotiven zu produzieren. Es wäre besser, daß unsere Dollar und Fabrikwerkzeuge ... in unserem Land bleiben, solange die türkischen Verantwortlichen die (obige) Meinung vertreten."[309] „Auch die Gründung einer Motorenfabrik für Flugzeuge, Dieselmaschinen soll abgelehnt werden ... diejenigen, die an solches Vorhaben denken ... werden von den Amerikanern als keine guten Freunde betrachtet und es kann nicht behauptet werden, daß eine Regierung, die die Ressourcen des Landes für solche Projekte bereitstellt, den ausländischen Investoren glaubhaft erscheint."[310]
b) Die Montageindustrie soll ausgebaut werden: „Um ernten zu können ... braucht man viel Arbeitsmittel. Ein Teil davon kann in der Türkei hergestellt werden (und) ein Teil davon in der Türkei montiert werden ... diejenigen, die in Amerika mit der Produktion von Agrarwerkzeugen beschäftigt sind, wissen sehr gut, was in der Türkei hergestellt, was montiert und was importiert werden sollte."[311]
c) Der Staatskapitalismus soll abgelehnt, die Zusammenarbeit zwischen dem einheimischen und ausländischen Privatkapital gefördert werden: „Es wäre falsch, der türkischen Regierung für den Kauf von Schiffen Dollar-Kredite zu gewähren. Denn dies würde dem privaten Sektor, der für die Entwicklung der Seeindustrie von Nutzen sein werden dürfte, Schaden zufügen."[312] „Die Garantie der türkischen Regierung, wonach der Privatsektor nicht willkürlich und benachteiligt behandelt werden wird, dürfte absichtlich mit den Kapitulationen in Verbindung gebracht werden."[313] Es handelt sich hier um die gleiche Garantie für das einheimische und ausländische Kapital.
d) Im Kulturbereich: „Gut ausgewählte amerikanische Bücher und Illustrierte ... werden die Nachfrage befriedigen. Amerikanische Romane sind ... im Hinblick auf die Schaffung oder Vermittlung neuer nationalistischen Charakter tragender Ideen nützlich. Obwohl alle in Büchern und Illustrierten vertretenen Ideen auch in Amerika nicht von Nutzen sind, werden in einer gesunden Gesellschaft die guten Ideen den schlechteren überlegen sein."[314]

Außerdem hatte die türkische Regierung auch eine Delegation der Weltbank in die Türkei eingeladen. Diese Delegation sollte in der Türkei Forschungen unternehmen und zur Entwicklungspolitik des Landes beitragen. Im Bericht dieser Delegation

*) Dieser Bericht wurde angefertigt, damit die USA wissen, ob und wie sie der Türkei helfen oder nicht helfen sollten.

stand folgendes: „Wir schlagen nicht vor, daß die Türkei ihr Industrialisierungsziel aufgibt. Jedoch schlagen wir vor, daß man, um auf dem kürzesten Weg das Ziel erreichen zu können, auf die Entwicklung der Landwirtschaft mehr Wert legt."[315]
Es ist nicht rätselhaft, was in beiden Berichten gemeint ist; die Türkei soll ein Agrarland sein. Sie soll sich mit der Montageindustrie zufrieden geben. Sowohl dem privaten Auslandskapital als auch dem einheimischen privaten Kapital soll mehr Möglichkeit eingeräumt, neue Rechte gewährt werden.
Diese Auffassungen bildeten die Grundlagen der ökonomischen Politik der DP-Regierung. Und auf diese Weise wurde die Unabhängigkeit der Türkei Schritt für Schritt den ausländischen Interessen preisgegeben.
Als Folge dieser Politik wurde die Landwirtschaft gefördert (Kredit- und Steuererleichterungen, Preispolitik usw.). Umfangreiche Ländereien wurden in den Händen der Agrarkapitalisten und Großgrundbesitzer konzentriert, die Auflösung der Bauernschaft beschleunigt. Diese Jahre, insbesondere zwischen 1950 und 1954 waren goldene Zeiten für die Großgrundbesitzer und Agrarkapitalisten.
Ferner hat sich die Großbourgeoisie im Industrie- und Handelssektor auf den Schultern des Staates entwickelt. In ihren Händen wurde in großem Ausmaß Kapital akkumuliert. Dabei hat die Großbourgeoisie mit dem Fremdkapital zusammengearbeitet. Parallel zu dieser Entwicklung wurden die Kleinproduzenten, die Kleingewerbe vernachlässigt, beiseitegeschoben.

Kapitel 1: Die Entwicklung der Landwirtschaft und der Auflösungsprozeß der Bauernschaft

1.1. Die Teilung des Bodens nach Regionen

Beginnen wir erst mit der Teilung des Bodens, damit wir ein allgemeines Bild über die Entwicklungstendenzen des bebauten Bodens haben. Die folgende Tabelle gibt uns einen Überblick darüber:[316]

- 1000 Hektar -

Jahr	bebaut	Brachland	Gemüse	Weinbau	Obst	Oliven	Wald
1950	9.868	4.674	-	561	608	297	10.418
1955	14.205	6.793	-	707	660	443	10.418
1960	15.305	7.959	-	782	730	548	10.584
1965	15.294	8.262		800	862	643	10.584
1970	15.591	8.706	448	845	1.019	731	18.273
1975	16.230	8.177	490	790	1.163	801	20.170
1980	16.380	8.189	786	820	1.492	813	20.199

Wir sehen, daß sich die Fläche des Bodens für jegliche Landwirtschaftskulturen ausdehnt. Das kommt daher, daß der nicht bebaute Boden urbar gemacht wurde. Wir sehen noch, daß insbesondere die Fläche der Äcker gewachsen ist. Diese Vergrößerung der Äcker erfolgte hauptsächlich in den Jahren 1950 - 1960. Nach 1960 wurde diese Zunahme bedeutungslos. Die Anwendung der Traktoren in der Landwirtschaft führte zur Urbarmachung des Bodens. Der Grund, warum die Flächenvergrößerung des bebauten Bodens ab 1960 unbedeutend wurde, ist, daß man unter anderem die Produktivität der landwirtschaftlichen Erzeugnisse nicht immer durch die Vergrößerug des Bodens steigern kann. Aus der Tabelle sehen wir noch, daß die Fläche des brachgelegten Bodens unbedeutend wächst. Das kommt daher, daß die Anwendung der Düngemittel in der Landwirtschaft stieg. Aber proportional wächst das Brachland schneller als das bebaute Land.

1.2. Die Teilung des Bodens nach Eigentumsverhältnissen

Die Landwirtschaftszählungen in der Türkei sind für eine weitgehende, allseitige Untersuchung der Agrarstruktur unzureichend. Häufig kommt man nur zu allgemeinen Schlußfolgerungen. Folgende Untersuchungen liegen den Landwirtschaftszählungen von 1950, 1952 (Umfrage), 1963, den Studien des Ministeriums für Dorfgemeindeangelegenheiten zwischen 1963 und 1970, 1970, 1980 und anderen offiziellen und wissenschaftlichen Angaben und Dokumenten zugrunde.

a) Die Landwirtschaftszählung von 1950: Diese Zählung umfaßt 38.104 Dorfgemeinden und 3.138.986 Familien (Höfe). Nach dieser Zählung waren 72,6% von insgesamt 3.898.986 Familien Landbesitzer und 27,2% landlos. Dieser Zählung zufolge war die Verteilung der landlosen Familien nach Regionen wie folgt:[317]

Regionen	Landlose Höfe in %
Südostanatolien	30.88
Mittelmeer	24.48
Mittelsüdanatolien	17.98
Mittelostanatolien	13.44
Ägäis	13.13
Nordostanatolien	11.87
Mittelnordanatolien	6.49
Schwarzmeer	4.35
Marmara	7.62

Wir sehen, daß es in Südostanatolien und in der Mittelmeerregion mehr landlose Familien gibt, als in anderen Regionen. Für die letzten drei Regionen ist die Kleinproduktion charakteristisch. Für die anderen Regionen sind die Konzentration des Bodens in wenigen Händen und die Anwendung der Arbeitskraft charakteristisch.
b) Die Herbstumfrage von 1952: Diese Zählung macht Angaben über die Verteilung des Bodens unter Familien nach Regionen.

Zahl der Höfe, die weniger als 20 Hektar Boden bebauen, in % der gesamten Höfe:[318]

Regionen	in %
Schwarzmeer	48.85
Nordost	44.25
Mittelost	34.45

Wir sehen, daß es in den ersten zwei Regionen mehr Kleinbetriebe gab und in der dritten Region ist die Tendenz zum Großbetrieb vorherrschend.
Regionale Verteilung der Familie, die zwischen 1 und 5 Hektar Land bewirtschaften.[319]

Region	Zahl der Höfe, die weniger als 5 Hektar bebauen (in %)	Nutzfläche in %
Mittel-Süd	53.92	11.91
Ägäis	65.50	21.63
Marmara	51.14	19.30
Mittelmeer	53.24	9.20
Nord-Ost	74.66	27.98
Schwarzmeer	81.37	48.60
Mittel-Ost	67.20	23.75

Auch diese Tabelle zeigt, daß es in Regionen wie der Ägäis, dem Schwarzen Meer, Nordost und Mittelost, mehr Familien gab, die Kleinbetriebe besaßen.

Regionale Verteilung der Familien nach Größe der Betriebe:[320]

Region	Zahl der Höfe in %	Nutzfläche in %	Größe der Nutzfläche (Hektar)
Mittelnord	9.50	39.80	15+ (und mehr)
Ägäis	6.00	45.05	10+
Marmara	8.12	33.41	10+
Mittelmeer	8.66	63.90	20+
Nordost	8.11	43.92	10+
Südost	6.87	45.58	15+
Schwarzmeer	9.59	34.35	5+
Mittelost	5.55	40.37	10+
Mittelsüd	8.82	44.15	15+

Diese Tabelle zeigt, daß wenige Familien über einen wichtigen Teil des bebauten Bodens verfügen. Wir sehen, daß für die Regionen wie Mittelmeer, Ägäis, Südost und Nordost, Großbetriebe, für die Regionen wie Schwarzmeer, Marmara und Mittelnord, Kleinbetriebe charakteristisch sind.
Folgende Tabelle können wir für die obige Tabelle ergänzend betrachten. Hier sehen wir die Konzentrationstendenz des Bodens nach Regionen und Familienzahl in %. Die Tabelle umfaßt erstens Familien, die über 50 Hektar Land bewirtschaften, und zweitens zeigt sie das Verhältnis zwischen dem von diesen Familien bebauten und dem gesamten bebauten Boden in %.[321]

	Ägäis	Südostanatolien	Mittelost-anatolien	Mittelsüd-anatolien	Mittelmeer
Familien in %	1.8	2.4	0.7	2.4	4.8
Bebaute Fläche in %	29.2	32.7	22.1	24.2	54.3

Auch diese Tabelle zeigt, daß die Großbetriebe in Regionen wie Mittelmeer, Südostanatolien und Ägäis dominierten. Dagegen waren am Mittelmeer 24,48%, in Südostanatolien 30,88%, in der Agäis 13,13%, in Mittelostanatolien 13,44% und in Mittelsüdanatolien 17,98% der Familien landlos.
c) Herbstumfrage von 1962 und die Landwirtschaftszählung von 1963: Nach dieser Umfrage gab es insgesamt 3.514.476 Höfe, die 17.142.777 Hektar Land bebauten. Die folgende Tabelle zeigt die Verteilung des Bodens nach Besitzverhältnissen:[322]

Besitzverhältnisse	Nutzfläche (Hektar)	in %	Zahl der Höfe	in %
Gesamtfläche in Besitz	16.969.119	98.9	3.069.921	87.3
Gepachteter Boden	713.058	4.1	293.518	8.3
Halb-Pacht-Fläche	1.532.312	8.9	521.176	14.8
Sonst. gepachteter Boden	224.015	1.3	115.703	3.2
Verpachteter Boden	2.294.727	13.3	-	-

Zwischen dem in Besitz befindlichen und dem bebauten Boden gibt es eine Differenz von 174.658 Hektar. Man weiß nicht (auch die offiziellen Quellen wissen nicht!), woher diese Differenz kommt. Höchst wahrscheinlich ist diese Differenz durch Aneignung von Staatsländereien entstanden.
Aus der Tabelle ist zu ersehen, daß 87,3% der Höfe Land besitzen. Höfe, die Land pachten, machen 14,8% der gesamten Höfe aus, und 65% der Höfe verpachten ihre Ländereien in verschiedenen Formen. Wir sehen, daß der Boden in winzige Parzellen zerstückelt ist. Dies macht immerhin 87,3% aus. Diese Zerstückelung, diese winzigen Parzellen verhindern einerseits eine rationelle Bewirtschaftung des Bodens und andererseits zeigen sie, welche Dimension die Armut bei den Kleinproduzenten angenommen hat. Denn wir sehen ja, daß 65% der Familien ihre Ländereien verpachten, d.h. daß 65% der Familien mit ihrem Boden ihren Unterhalt nicht bestreiten können.
Folgende Tabelle zeigt diese Tendenz sehr deutlich:[323]

Größe der Höfe (Hektar)	Zahl der Höfe	in %	Besitzland (Hektar)	in %	
0,1-0,5	373.743	12.17	474.909	2.80	
0,6-1	360.161	11.73	523.028	3.08	
1,0-2	471.885	15.37	814.371	4.80	I. Gruppe
2,0-3	336.551	10.96	850.087	5.01	
3,0-4	281.385	9.17	1.002.465	5.90	
4,0-5	214.593	6.99	967.974	5.70	
5,0-10	536.570	17.49	3.546.951	20.90	II. Gruppe
10,0-20	280.104	9.12	3.546.351	20.90	
20,0-50	94.296	3.07	2.533.225	14.93	
50,0-99	11.566	0.38	662.165	3.90	III. Gruppe
100,0-250	2.894	0.09	353.914	2.09	
250,1-499	973	0.03	315.987	1.86	
Mehr als 500	482	0.02	370.379	2.18	
Staatl. Landwirtschaftsbetriebe	96	0.00	398.209	2.35	
Kleinhöfe, die ihren Anteilboden ganz oder z.T. verpachten	104.347	3.40	531.965	3.15	
Großbetriebe, die ihren Anteilboden ganz oder z.T. verpachten	275	0.01	76.139	0.45	
Summe	3.069.921	100.00	16.968.119	100.00	

Wie aus der Tabelle zu entnehmen ist, besitzen 2.038.318 Höfe Boden in Größe von 1 bis 5 Hektar und machen 66,9% aller Boden besitzenden Familien aus. Aber der Boden, den sie besitzen, macht insgesamt 4.632.834 Hektar, d.h. 27,29% aller in Besitz befindlichen Ländereien aus.
Das berichtigt seinerseits die obigen Angaben. Sie weisen daraufhin, daß der größte Teil der Höfe einen kleinen Teil des bebauten Bodens unter sich zu teilen hatten.

Es ist offenkundig, daß diese erdrückende Mehrheit der Höfe, also die armen Familien, um ihren Unterhalt bestreiten zu können, entweder Land pachten, in bestimmten Zeiten ihre Arbeitskraft verkaufen, oder ihren Boden verpachten und eine andere Arbeit suchen müssen. Das ist die erste Gruppe.

Die zweite Gruppe bilden die Mittelbauern. Sie besitzen insgesamt 3.546.951 Hektar Boden. Das macht 20,90% aller in Besitz befindlichen Ländereien aus. Die Zahl dieser Bauern belief sich auf 536.570, also 17,49% aller landbesitzenden Höfe.

Die dritte Gruppe bilden die reichen Bauern, Großgrundbesitzer, Agrarkapitalisten und Feudalherren. Sie zählen insgesamt 390.421 Höfe, also 12,71% der gesamten Höfe. Das Land, das sie besitzen, ist jedoch 7.782.021 Hektar groß. Das macht 45,86% aller in Besitz befindlichen Ländereien aus.

Nur 3,59% der Höfe besitzen 66,9% des bebauten Bodens. Mit anderen Worten: es besitzen 87,3% aller Höfe Kleinparzellen, die 52,6% aller Ländereien ausmachen, so verfügen dagegen 12,7% aller Höfe über 46% des Bodens. Somit sehen wir, daß die erdrückende Mehrheit der Höfe die Hälfte des Bodens, der aus winzigen Parzellen besteht, besitzt oder bearbeitet und der kleinste Teil der Höfe über die andere Hälfte des Bodens, der aus größeren Parzellen besteht, verfügt. Diese Teilung des Bodens oder der Bodenverhältnisse zeigt ganz eindeutig, daß eine rationelle Landwirtschaft nur auf der aus den großen Parzellen bestehenden Hälfte des Bodens möglich sein kann, und daß die Konzentration des Bodens ziemlich entwickelt ist.

Ferner spielt die Pachtung und Verpachtung des Bodens in der türkischen Landwirtschaft bei der sozialen Struktur der Bauernschaft eine große Rolle. Nach Zählung von 1963 wurde insgesamt 1.420.839 Hektar Boden verpachtet. Das macht mehr als 8% des bebauten Bodens aus. Höfe, die zwischen 5 - 20 Hektar Land besitzen, pachten mehr Boden als die anderen. Sie bewirtschaften 47,4% des gepachteten Bodens und bebauen noch 46% des Bodens, der in partnerschaftlichen Bedingungen gepachtet ist (Halb-Pacht-Bedingungen usw.).

Wenn wir die Höfe, die zwischen 5 und 50 Hektar Land besitzen, als ein Ganzes betrachten, so sehen wir die gleiche Tendenz; sie bewirtschaften 66% des gepachteten Bodens und wieder 66% des unter partnerschaftlichen Bedingungen gepachteten Bodens. Sie verpachten dagegen nur 19,7% ihres Bodens.[324]

Diese Zahlen in der türkischen Landwirtschaft weisen auf eine andere Tendenz hin; während ein Teil der Höfe ihren Boden nicht bewirtschaften können und anderer Arbeit nachgehen müssen, entsteht aufgrund der Pachtung dieses von ihren Besitzern nicht bebauten Bodens die Mittel- und Großbauernschaft.

Die nächste Tabelle auf Seite 163 oben berichtigt diese Tendenz.

Wir sehen, daß fast alle Kleinhöfe ihre Ländereien verpachten. Die Größe der gepachteten und verpachteten Ländereien nimmt ab oder gleicht sich an, wenn die Höfe größer werden.

Um rationelle Landwirtschaft zu treiben oder für den Markt zu erzeugen, findet man sich mit den bestehenden Besitzverhältnissen nicht ab, d.h. Konkurrenz und Spekulation werden Bestandteile der Bodenbewirtschaftung.

d) Die Studien des Ministeriums der Dorfgemeindeangelegenheiten: Diese Studie besteht aus statistischen Daten von 65 Provinzen und umfaßt die gesamte Bauernschaft der Türkei. Sie ist gesammelt und periodisch veröffentlicht von 1963 bis 1971. Ich beziehe mich hier auf die Studien über 56 Provinzen.

Das wichtigste an dieser Studie ist, daß sie über die Bodenanteile nähere Angaben macht. Nach dieser Studie bewirtschafteten 2.288.868 Höfe 11.035.354 Hektar Land. Folgende Tabelle zeigt die Bodenanteile der Höfe in 56 Provinzen.[326]

Landwirtschaftszählung von 1963 (in Hektar)[325]

Größe der Bodenanteile	In Besitz befindliches Land	gepachtetes Land (direkte Pachtung oder sonst. Pachtbedingungen)	in %	verpachtetes Land (direkte Verpachtung oder sonst. Verpacht.beding.)	in %
0,1-0,5	474.909	11.828	2.4	372.553	78.4
0,6-1,0	360.161	27.903	7.7	233.959	64.9
1,1-2.0	814.371	92.182	11.3	161.786	19.8
2,1-3,0	850.087	118.926	13.9	99.250	11.6
3,1-4,0	1.002.465	124.858	12.4	103.039	10.2
4,1-5,0	967.974	136.031	14.0	96.142	9.9
5,1-10,0	3.546.951	611.695	17.2	163.335	4.6
10,1-20,0	4.166.613	610.044	14.6	173.319	4.1
20,1-50,0	2.533.225	426.154	16.8	117.252	4.6
50,1-99,9	662.165	154.571	23.3	61.578	9.2
100,0-250,0	353.914	61.821	17.4	45.812	12.9
250,1-499,9	315.987	13.346	4.2	15.591	4.9
500,0-	370.379	64.520	17.4	29.288	7.9

Größe der Höfe (Hektar)	Höfe in %	Zahl der Höfe (in 1000)	Anteil in % des bebauten Bodens
0-1	24.92	572.1	3.14
1,1-2,5	25.30	572.2	9.55
2,6-5	23.51	537.8	16.40
5,1-7,5	10.02	228.8	12.56
7,6-10	6.02	177.3	11.21
10,1-20	7.21	160.2	21.25
20 -	2.50	57.2	23.92

Die Tabelle zeigt, daß 24,92% der Höfe in 56 Provinzen nur 3,14% des Bodens bebauen und 2,50% der Höfe bewirtschaften dagegen 23,92% des Bodens. Wir sehen noch, daß 50% der Höfe kaum 12,69% des Bodens bewirtschaften. 90% der Höfe bebauen Bodenanteile, die 10 und weniger Hektar groß sind. Das macht 54,86% des bebauten Bodens aus. Nur 9,71% der Höfe bewirtschaften dagegen 45,17% des Bodens.

Das bedeutet, daß der Konzentrationsprozeß des Bodens sich entwickelt. Die erdrückende Mehrheit der Höfe kann nicht rationelle Landwirtschaft treiben.

Familiengruppen nach Bodenverhältnissen[327]

Provinzen	0-10 (Dekar) Familien	0-10 (Dekar) Boden	11-25 (Dekar) Familien	11-25 (Dekar) Boden	26-50 (Dekar) Familien	26-50 (Dekar) Boden	51-75 (Dekar) Familien	51-75 (Dekar) Boden	76-100 (Dekar) Familien	76-100 (Dekar) Boden	101-200 (Dekar) Familien	101-200 (Dekar) Boden	200 (Dekar) Familien	200 (Dekar) Boden
1. Gruppe	46.14	3.71	20.06	6.31	12.74	8.35	5.28	5.82	4.44	7.30	6.46	10.91	4.22	51.56
2. Gruppe	32.39	3.00	22.82	6.37	17.22	11.03	7.10	7.55	5.55	8.58	9.48	24.57	5.41	38.33
3. Gruppe	22.72	2.64	26.06	8.64	23.42	16.93	11.27	13.39	6.87	11.85	8.79	23.61	3.45	22.92
4. Gruppe	21.69	3.92	28.05	14.01	28.18	27.97	10.57	16.21	5.45	12.82	4.41	16.05	1.51	3.98

Provinzen der I. Gruppe: Hakkari, Siirt, Diyarbakir, Adiyaman, Mardin und Billis.

Provinzen der 2. Gruppe: Gaziantep, Urfa, Konya, Haray, Maras, Bingöl. Malatya und Adana.

Provinzen der 3. Gruppe: Analya, Erzurum, Agri, Icel, Tunceli, Van, Ankara, Mus, Eskisehir, Sivas-Elazig, Nevsehir, Cankiri, Kayseri, Yozgat, Burdur, Denizli, Gümüshane, Corum, Amasya und Afyon.

Provinzen der 4. Gruppe: Tekirdag, Kars, Erzincan, Isparta, Usak, Bolu, Kütahya, Bilecik, Sakraya, Samsun, Kocaeli, Korsehir, Edirne, Korklareli, Bursa, Canakkale, Istanbul, Balikesir und Kastamonu.

1. Gruppe: 4,32% der Familien bebauen 51,56% des Bodens. Dagegen verfügen 95,12% der Familien kaum über 42,4% des Bodens. Mit anderen Worten: Während die erdrückende Mehrheit der Familien (annähernd 96%) kaum 42,4% des Bodens bebauen, verfügt die winzige Minderheit der Familien – annähernd 4,3% – über die Hälfte des Bodens. Diese Provinzen liegen in der Südost-Region, wo die Großgrundbesitzer und der Rest des Feudalismus existieren.
46,14% der Familien bewirtschaften nur 3,4% des Bodens, d.h., daß ein ziemlich großer Teil der Familien in dieser Region entweder bei den Großgrundbesitzern arbeitet oder seinen Unterhalt durch Halb-Pacht oder sonstigen Bedingungen bestreitet. 41% der Familien in Gruppe 1 und 33,62% der Familien in Gruppe 2 besitzen kein Land.
Andere Gruppen: Die Gruppe 2 unterschiedet sich kaum von der ersten Gruppe. Wir sehen, daß sich in Gruppe 2 und 3 eine Konzentration der Mittel- und Kleinhöfe vollzieht. Annähernd 41,56% der Familien in Gruppe 3 bewirtschaften ca. 41% des Bodens (Bodenanteile zwischen 2,6 und 10 Dekar), und ca. 44% der Familien in Gruppe 4 bebauen 57% des Bodens. Außerdem bebauen 46% der Höfe in Gruppe 3 nur 11% des Bodens (Bodenanteile zwischen 0 und 25 Dekar) und 50% der Familien in Gruppe 4 bewirtschaften 17,9% des Bodens.
Wir sehen: In Gruppe 1 und 2 stehen hauptsächlich zwei soziale Klassen gegeneinander, nämlich die arme Bauernschaft einerseits und die Großgrundbesitzer und die Feudalen andererseits. Dagegen bestehen in Gruppe 3 und 4 die arme Bauernschaft, Mittel- und Groß- oder reiche Bauernschaft miteinander und nebeneinander.
Nach Angaben dieser Studie leben 228.263 Höfe (6,8%) in Städten, besitzen aber 20,7% des Bodens. Diese Ländereien werden von ihren Besitzern oder durch Verpachtung bewirtschaftet. Folgende Tabelle weist auf diese Verhältnisse in 56 Provinzen nach Gruppen hin:[328]

Provinzen	Zahl der Familien	Gesamter Boden (in Dekar)	Boden, der den Stadtbewohnern gehört (in Dekar)	in %
1. Gruppe	7.350	7.419.717	4.021.160	54.2
2. Gruppe	41.644	20.941.426	8.707.843	41.5
3. Gruppe	97.046	51.266.767	6.758.005	13.1
4. Gruppe	82.223	30.725.631	3.372.525	10.9
Insgesamt	228.263	110.353.541	22.859.533	20.7

Aus der Tabelle können wir folgendes schlußfolgern:
1) Obwohl 6,8% der Dorffamilien in Städten wohnen und anderen Beschäftigungen nachgehen, behalten diese immerhin 20,7% des Bodens in ihren Händen. Dieses Besitzverhältnis führt dazu, daß der Proletarisierungsprozeß dieser Familien erschwert wird, weil sie eben Eigentümer einerseits und Arbeitende andererseits sind. Sie spielen aber auch eine positive Rolle, indem sie als Träger von Bewußtsein Einfluß auf die Bewohner ihrer Dörfer nehmen. Denn sie wohnen ja in Städten, dort, wo die Welt auf jeden Fall größer ist, als auf dem Land.
2) Die Mehrzahl solcher Familien in Gruppe 1 oder 2 verlassen jedoch ihre Dörfer nicht aus Not. Unter diesen Familien in Gruppe 1 und 2 gibt es Großgrundbesitzer und Feudale und zwar zahlenmäßig nicht wenige. Sie wohnen in Städten und lassen ihre Felder bestellen und gehen in den Städten anderen Beschäftigungen nach. Sie

treiben Handel, machen Geschäfte auf und nicht zuletzt beschäftigen sie sich mit der Politik und sind nicht mehr Großgrundbesitzer und Feudale im eigentlichen Sinne des Wortes.

Die Bodenverhältnisse in Ost und Südostanatolien als Sonderfall:
Es ist hier angebracht, die sozio-ökonomische Struktur von Ost- und Südostanatolien gesondert zu untersuchen, weil die Situation in diesen Teilen der Türkei zu politisch unterschiedlichen Schlußfolgerungen, die die Bewertung der gesamten sozio-ökonomischen Struktur der Türkei betreffen, führt. Daß in diesen Provinzen feudale Verhältnisse anzutreffen sind und die Türkei deswegen ein halb-feudales Land sei, wird es von einigen demokratischen und revolutionären Bewegungen in der Türkei als etwas Natürliches betrachtet. Diese Meinung, wonach die Türkei halb-feudalistisch sei, entbehrt jeder wissenschaftlichen Grundlage. Das ist nichts anderes als eine schablonenhafte Meinungsbildung.
Wir können nicht die heutige Türkei oder die betroffenen Gebiete des Landes so bewerten, als lebten wir vor 40 oder 50 Jahren. Um so weniger, als schon die revolutionäre Bewegung vor 40 oder 50 Jahren nicht vom Halb-Feudalismus sondern von Resten des Feudalismus sprach.
Um die Frage des Feudalismus in diesen Regionen zu klären, können wir folgendes machen; wir untersuchen erst die Entwicklung der Eigentumsverhältnisse an Grund und Boden und versuchten zum Schluß festzustellen, inwieweit diese Eigentumsverhältnisse sich entwickelt haben und inwieweit sie für die gesamte Landwirtschaft der Türkei oder für die Landwirtschaft dieser Regionen von Bedeutung sind.
Eigentumsverhältnisse an Grund und Boden:
Nach Angaben der Studie des genannten Ministeriums gibt es in diesen 56 Provinzen insgesamt 29.976 Dörfer. Der Boden von nur 202 Dörfern gehört zu einem Stamm (das macht nicht einmal 1%). In 255 Dörfern gehört der Boden einer Familie und in 245 Dörfern gehört der Boden einer Person.
Folgende Tabelle zeigt, daß es in den Gruppen 1 und 2 mehr solche Dörfer gibt, als im restlichen Teil der Türkei.[329]

Zählung des genannten Ministeriums für 56 Provinzen von 1969

Provinzgruppe	Zahl der zu einer Person gehörenden Dörfer	Zahl der zu einer Familie gehörenden Dörfer	Zahl der zu einem Stamm gehörenden Dörfer
1. Gruppe	71	94	34
2. Gruppe	99	104	85
3. Gruppe	71	55	79
4. Gruppe	4	2	4

Nachdem wir festgestellt haben, wieviele Dörfer in der Türkei zu einer Person, einer Familie oder zu einem Stamm gehören, können wir untersuchen, wie es in den betreffenden Regionen aussieht.
Die Ost- und Südostregionen der Türkei haben 18 zentrale Provinzstädte. In diesen Regionen der Türkei gehören 6.716 Dörfer zu 13 Provinzstädten (es sind: Erürum, Erzincan, Kars, Agri, Tunceli, Bingöl, Mus, Bitlis, Van, Adiyaman, Malatya, Elaziğ und Şiirt). 6.474 Dörfer von diesen sind „unabhängig“, 82 gehören zu einer Person, 71 zu einer Familie und 81 zu einem Stamm. Das sind insgesamt 234 Dörfer, oder

3,4% der gesamten Dörfer dieser Regionen. Von den insgesamt 2.587 Dörfern der 4 Provinzstädte dieser Region (Gaziantep, Urfa, Mardin und Diyarbakır) sind 2.207 Dörfer „unabhängig", 146 gehören zu einer Person, 142 zu einer Familie und 92 zu einem Stamm. Das sind insgesamt 380 Dörfer, oder 14,6% aller Dörfer dieser 4 Provinzstädte.

Ferner sind 119 Dörfer von insgesamt 133 Dörfern der Provinzstadt Hakkarı „unabhängig". Von den übrigen gehören 6 zu einer Person, 2 zu einer Familie und 6 zu einem Stamm. Das sind insgesamt 14 oder 10,5% aller Dörfer dieser Provinzstadt.

Von insgesamt 9.436 Dörfern der 18 Provinzstädte dieser Regionen sind 8.799 „unabhängig". 234 davon gehören zu einer Person, 215 zu einer Familie und 176 zu einem Stamm. Das sind insgesamt 618 Dörfer oder 6,5% aller Dörfer der genannten Regionen.[330]

Im Hinblick auf die oben genannten Eigentumsverhältnisse in diesen Regionen können wir sagen, daß die Reste des Feudalismus in diesen Regionen unterschiedlich verbreitet oder beseitigt sind. Demnach sind 14,6% der Dörfer der 13 Provinzstädte, 10,5% der Dörfer der 4 Provinzstädte und 6,5% der Dörfer der Provinzstadt Hakkarı immerhin feudalistisch beeinflußt.

In den ersten 13 Provinzstädten sind 65% der 550.000 Familien Bodenbesitzer. 35% sind landlos. In 4 Provinzstädten sind 55% der insgesamt 223.000 Familien Bodenbesitzer. 45% davon landlos. Von insgesamt 15.000 Familien in Hakkarı sind 55% Bodenbesitzer und 45% davon landlos.

Von insgesamt 788.000 Familien dieser gesamten Regionen sind 62% Bodenbesitzer und 38% landlos.[231]

Nach diesen Zahlen ist der Boden in den letzten 5 Provinzen mehr monopolisiert als in den übrigen Provinzstädten.

Wie groß ist der Bodenanteil der Familien in diesen Regionen? In den ersten 13 Provinzen verfügen 76% aller Familien über 31% des Bodens. Nur 2,7% der Familien in 13 Provinzen verfügen über 38% des Bodens. Nur 1% der Familien in Hakkarı verfügen über 38% des Bodens. Wir sehen, daß der Boden in den letzten 5 Provinzen in weniger Händen, aber dafür mehr konzentriert ist als in den übrigen 13 Provinzen.[332]

Die nachfolgende Tabellen (Tabelle I und Tabelle II) weisen auf die Familien hin, die in Städten wohnen aber auf dem Land Boden besitzen.

Hier wird eine Tendenz deutlich: Die Auflösung des Rest-Feudalismus aufgrund der Umsiedlung in die Städte erfolgt in diesen Provinzen unterschiedlich. Die Tatsache, daß diese Umsiedlung die Auflösung des Rest-Feudalismus beschleunigt, ist nicht zu leugnen. Die Tabelle 79/II macht deutlich, daß der Boden in großem Umfang von den in Städten wohnenden Familien kontrolliert wird. 88% der Bodenbesitzer in der Provinz Diyarbakır wohnen in der Stadt Urfa. Familien, die in der Provinz Diyarbakır auf dem Land wohnen, verfügen über 12% des Bodens und in Urfa über 23%. Insgesamt 70% des Bodens wird von den in Städten wohnenden Familien aus 4 Provinzen kontrolliert. In 18 Provinzen sind es 30%.

Was machen diese „Rest-Feudalen" des „Rest-Feudalismus" in den Städten? Sie lassen ihre Felder durch Verwalter bestellen. Sie investieren in Städten. Sie sind Inhaber von Hausblöcken, Kinos, Läden usw., sind Aufkäufer, Großhändler für Industrieprodukte. Und das Geschäft mit dem Kredit und der Politik sind ihre bevorzugten Beschäftigungen.

Diese Großgrundbesitzer befinden sich nicht in feudalistischen sondern in kapitalistischen Produktionsverhältnissen. Sie werden auf diese Weise zur Bourgeoisie, zu Mitgliedern der Kapitalistenklasse. Selbstverständlich können wir die evolutio-

Familien, die in Städten wohnen und auf dem Land Boden besitzen[323]

	Gesamtfläche (1000 Dekar)	Zahl der Familien, die in Städten wohnen (1000)	Boden, den die Familien, die auf dem Land wohnen kontrollieren (1000 Dk)	Familien, die auf dem Land Boden besitzen und in Städten wohnen: Zahl der Familien	Familien, die auf dem Land Boden besitzen und in Städten wohnen: deren kontrollierter Boden (1000 Dekar)	Familien, die auf dem Land wohnen und in Städten und Dörfern Boden besitzen (1000 Dekar)
Erzincan	875	46	679	2.640	196	49
Erzurum	3.149	90	3.001	2.680	418	93
Kars	3.733	92	3.593	2.820	140	95
Agri	2.083	32	1.947	610	136	33
Tunceli	514	27	342	1.130	172	28
Bingöl	310	27	280	710	30	28
Mus	1.677	31	1.466	1.270	211	32
Bitlis	568	19	452	1.590	116	21
Van	1.457	31	1.310	570	147	32
Adiyaman	1.050	43	679	1.050	371	44
Malatya	1.201	60	989	2.000	212	62
Elazig	971	41	708	2.750	263	44
Siirt	964	38	760	670	204	39
Durchschnitt 13 Provinzen	18.822	550	16.206	20.490	2.616	600
Gaziantep	1.741	51	859	6.380	982	58
Urfa	4.290	55	1.024	3.920	3.266	59
Diyarbakir	2.642	58	356	1.740	2.284	60
Mardin	2.058	59	964	6.220	1.094	65
Durchschnitt 4 Provinzen	10.731	223	3.205	18.260	7.536	242
Hakkari	139	12	131	229	8	12,2
Durchschnitt 18 Provinzen	29.533	773	19.411	38.750	10.152	842

Tabelle I: 70% des bebauten Bodens gehört den Familien, die auf dem Land wohnen. Sie verfügen über 19.411.000 Dekar Land. Der Rest des Bodens (30%) gehört den in Städten wohnenden Familien. Demnach wohnen 95,5% der Familien auf dem Land und verfügen über 70% des Bodens, und nur 4,5% der Familien wohnen in Städten, verfügen aber über 30% des Bodens. Das ist nicht wenig; wenige Familien und viel Land.

näre Entwicklung der Produktionsverhältnisse in diesen Regionen der Türkei nicht nur durch die obigen Zahlen erklären. Man muß sich auch andere Kriterien vor Augen halten. Z.B. die Situation ökonomischer Beziehungen der landlosen Bauern in diesen Regionen. Es ist hier festzustellen, unter welchen Verhältnissen diese Bauern arbeiten. Z. B. die „Halb-Pacht-Bedingungen“. Es ist aber hier zu vermeiden, die Halb-Pacht-Arbeit mit dem Pachten zu verwechseln. Denn jedes Pachtverhältnis muß nicht immer feudalistischen Charakter tragen. Hier gibt der Pächter dem Bodenbesitzer eine Rente, die nicht von der gesamten Summe des Ertrages abhängig ist. Diese Rente ist dafür da, daß der Pächter den Boden des Bodenbesitzers pachtet. Das ist doch ein durchaus kapitalistisches Verhältnis!
Außerdem können wir auch nicht jede Halb-Pacht-Beziehung als feudalistisch bezeichnen; z.B. gibt es bei uns ein überall verbreitetes ökonomisches Verhältnis, dessen Entwicklung noch nicht genau untersucht worden ist. Es handelt sich hier um die in die Stadt umgesiedelten, aber ihre Beziehungen mit dem Land (Dorf) noch

	Boden-anteil pro Familie	Boden in Dekar durchschnittl. kontrolliert von: in den Städten wohnenden Familien	Boden in Dekar durchschnittl. kontrolliert von: auf dem Lande wohnenden Familien	Prozent des gesamten Ackerlandes kontrolliert von: in den Städten wohnenden Familien	Prozent des gesamten Ackerlandes kontrolliert von: auf dem Lande wohnenden Familien	Prozent der städtischen Bodenbesitzer den ländl.	Städt. Bodenbesitzer in % der Gesamtfamilien	Ländl. Bodenbesitzer in % der Gesamtfami. lien
Erzincan	18	74	14	23	77	6	5	95
Erzurum	37	156	33	12	88	3	2	98
Kars	39	50	39	4	96	5	3	97
Agri	63	222	60	6	94	2	2	98
Tunceli	18	115	12	35	65	3	4	96
Bingöl	11	42	10	9	91	2	2	96
Mus	52	166	47	12	88	4	4	96
Bitlis	27	196	29	20	80	8	7	93
Van	46	257	42	10	90	2	2	98
Adiyaman	24	36	15	36	66	3	2	98
Malatya	19	106	16	18	82	3	3	97
Elazig	22	96	17	28	72	6	6	94
Siirt	25	31	20	22	78	2	2	98
Durchschnitt 13 Provinzen	31	128	29	14	86	3,7	3	97
Gaziantep	30	140	16	52	48	12	11	89
Urfa	73	833	8	77	23	7	6	94
Diyarbakir	44	13	6	88	12	3	3	97
Mardin	32	175	16	53	47	11	10	90
Durchschnitt 4 Provinzen	44	413	14	70	30	8	7.5	92,5
Hakkari	11	36	10	7	91	2	1,8	98.2
Durchschnitt 18 Provinzen	35	216	24	30	70	5	4,5	95,5

Tabelle II: Sie zeigt, daß sich der Auflösungsprozeß des Feudalismus in Provinzen und Provinzgruppen unterschiedlich vollzieht. Wir sehen: der durchschnittliche Bodenanteil der auf dem Land wohnenden Familien macht in 13 Provinzen 29 Dekar, dagegen in 4 Provinzen 14 Dekar. Die in Städten wohnenden Familien aus 13 Provinzen verfügen durchschnittlich über 128 Dekar Land, in 4 Provinzen dagegen über 413 Dekar Land. In Prozenten ausgedrückt besitzen die in Städten wohnenden Familien aus 13 Provinzen 14% des Bodens, in 4 Provinzen dagegen 70%. Die auf dem Land seßhaften Familien aus 13 Provinzen verfügen über 86% des Bodens, in 4 Provinzen dagegen 30%. In 13 Provinzen wohnen 37% der Bodenbesitzer in Städten, in 4 Provinzen dagegen nur 8%.

aufrechterhaltenden Bauern. Sie lassen ihre Felder von Leuten (meistens Freunden oder Verwandten) unter Halb-Pacht-Bedingungen bestellen. (Nicht alle solche Familien gehen diesen Weg. Aber es sind nicht wenige Familien, die so handeln.) Auf diese Weise entsteht zwischen den Umgesiedelten und den Bauern, die bereit sind, unter obengenannten Bedingungen zu arbeiten, ein ökonomisches Verhältnis, das auf der Warenproduktion basiert.
Die Halb-Pacht-Arbeit aber erfolgt in diesen Regionen der Türkei auch unter anderen Bedingungen; diejenigen Bauern, die dieses Arbeitsverhältnis akzeptieren, geben den Bodenbesitzern einen bestimmten Teil des Produktes. Also, man pachtet das Stück Land nicht unabhängig vom Ertrag. Im Gegenteil; diese den Bodenbesitzern gegebene Teilsumme ist im gesamten Ertrag enthalten. Der Unterschied zwi-

schen dem Pachtverhältnis und dem Halb-Pacht-Verhältnis besteht darin, daß die Pachtsumme im ersten Fall davon abhängig ist, wo der Boden liegt (z.B. in der Nähe von Verkehrsknotenpunkten und wie ergiebig der Boden ist), im zweiten Fall vom gesamten Ertrag (z.B. wie hoch die Teil-Summe für den Bodenbesitzer sein wird, hängt davon ab, wie hoch der Gesamtbetrag ist).
Außerdem führt dieses Halb-Pacht-Verhältnis zur persönlichen Abhängigkeit. In den beiden letzten Fällen ist etwas Feudalistisches dabei, und solche Halb-Pacht-Arbeit ist nur in Ost- und Südostanatolien anzutreffen.
Die Bedingungen der Halb-Pacht-Arbeit können je nach Region oder Provinz unterschiedlich sein, was in der Türkei auch der Fall ist. Es ist aber im Allgemeinen gültig, daß der Bodenbesitzer bei solchen Arbeitsverhältnissen Samen und Arbeitsmittel bereitstellt. Manchmal besorgen beide Seiten die Arbeitsmittel. In diesen Fällen sind jedoch immer die Bauern unterdrückt. Denn die Bedingungen werden von den Bodenbesitzern bestimmt.
Es gibt aber Situationen, die dazu führen, daß nicht die Bodenbesitzer, sondern die Bauern die Bedingungen stellen (z.B. wenn die Zahl solcher Bauern knapp wird und der Bodenbesitzer nicht immer solche Bauern finden kann).
Wie werden solche Bauern von Bodenbesitzern unterdrückt und zur persönlichen Abhängigkeit gezwungen? Erstens: Da die Teilsumme des Bodenbesitzers vom Ertrag abhängig ist, kontrolliert der Bodenbesitzer durch seine Vermittler oder Mittelsmänner die Bauern, zwingt sie noch mehr zu arbeiten, damit der gesamte Betrag höher ausfällt und folglich auch der Teil des Bodenbesitzers. Zweitens erhielten die über Dörfer verfügenden Personen, Familien oder Stämme ihre soziale Stellung dadurch, daß sie religiöse, altertümliche Beziehungen, Traditionen usw. ausnutzten. Aufgrund dieser sozialen Stellung halten sie die Bauern, die auf ihren Feldern arbeiten, unter Kontrolle.
Die oben genannten Beziehungen sind jedoch nun wieder nicht vollständig feudalistisch. Sie wären jedoch gänzlich feudalistisch, wenn die Bauern den Feudalherrn Abarbeit leisteten und der Feudalherr einen Teil des Ertrages der Bauern aus ihren eigenen Feldern für sich in Anspruch nähme. Zu behaupten, daß eine solche Beziehung in der Türkei anzutreffen und von Bedeutung sei, ist unwissenschaftlich, rein subjektivistisch.
Diese Verhältnisse, von denen oben die Rede war, sind bestenfalls halb-feudalistische Verhältnisse. Nun, die Frage ist, ob und inwieweit diese Verhältnisse für die türkische Landwirtschaft von Bedeutung sind?
In den Studien des oben genannten Ministeriums wurden auch die Zahl der landlosen und die der unter Halb-Pacht-Bedingungen arbeitenden Bauern festgehalten. Demnach machten diese Familien 2,6% der gesamten Familien von 43 Provinzstädten der Türkei aus. Da wir aber nicht alle Halb-Pacht-Beziehungen als halb-feudalistisch bezeichnen können, müssen wir hier eine der Größe des Bodenanteiles entsprechende Grenze ziehen. D.h. Bodenanteile, die 50 oder über 50 Hektar groß sind, dürften für die oben genannten Verhältnisse von Bedeutung (oder geeignet) sein. Demnach beläuft sich die Zahl der Bodenbesitzer, die 50 oder über 50 Hektar Land besitzen und es ganz oder teilweise für die Halb-Pacht-Arbeit zur Verfügung stellen, auf 5.855. Das sind aber nur 0,02% aller Bauernfamilien. Die Größe des auf diese Weise bestellten Bodens macht 6,5% des gesamten bebaubaren Bodens aus. Das sind ca. 230.000 Hektar.
Nehmen wir an, die Beziehungen der Bauernfamilien, die zu einer Person, zu einer Familie oder zu einem Stamm gehören, und Bauern, die kein Land oder wenig Land besitzen und unter Halb-Pacht-Bedingungen arbeiten und dadurch mit den Bodenbesitzern ökonomische Beziehungen eingehen, wären halb-feudalistisch oder so-

gar feudalistisch. Die Zahl derer, die unter solchen Bedingungen arbeiten, beträgt 2,6% aller Bauernfamilien der 43 Provinzstädte. Dadurch, daß nur so wenige Familien unter solchen Bedingungen arbeiten, können wir das Land nicht als halb-feudalistisch bezeichnen.

e) Die Landwirtschaftszählung von 1970: Nach Angaben dieser Zählung gab es 3.058.905 Höfe und 17.064.994 Hektar bebauten Boden. Diese Zählung gibt uns die Möglichkeit, die Höfe nach Größe ihrer Bodenanteile zu gruppieren und bestimmte Tendenzen festzustellen. Folgende Tabelle gibt uns ein Beispiel.

Bodenverhältnisse – Hektar –[334]

	Größe der Höfe	Zahl der Höfe	Bodenfläche	Boden besitzenden Höfe				Landlose Höfe	
				Zahl der Höfe	in %	Größe der Fläche	in %	Zahl	Größe
	Summe	3.058.905	17.064.994	2.957.879		16.489.272		101.226	575.722
	0,0-0,5	351.069	175.186	339.395		169.092		11.674	6.094
	0,5-1	405.257	404.852	391.812		390.773		13.445	14.079
	1 -2	594.221	1.187.848	543	72.8	1.146.524	27.3	19.678	41.324
	2 -3	400.786	1.001.965	387.531		967.098		13.255	34.667
1	3 -4	276.513	967.796	267.376		934.121		9.137	33.675
	4 -5	200.521	802.345	193.892		870.945		6.629	31.400
2	5 -10	478.375	3.587.812	462.576	15.6	3.462.956	21	15.799	124.856
	10 -20	239.150	3.587.250	231.245		3.462.420		7.905	124.830
	20 -50	95.539	3.343.865	92.367		3.227.534		3.172	116.331
	50 -100	15.190	1.139.250	14.682		1.089.622		508	39.628
3	100 -250	1.350	203.588	1.336	3.6	201.469	30.7	14	2.099
	250 -500	546	184.481	541		182.578		5	1.903
	500 -	388	376.756	383		374.120		5	4.636

Aus der Tabelle ist ersichtlich, daß 96% der Höfe Bodenbesitzer sind. Dieses Verhältnis war 1950 72,6%, 1963 87,3%. Im Jahre 1950 waren 28%, 1963 12,7% und 1970 nur noch 4% der Höfe landlos.[335] Wir sehen, daß 14% der Höfe Boden pachten. 11% von diesen 14% sind selbst Bodenbesitzer. D.h. nur 3% der Höfe, die kein Land besitzen, pachten Boden.

Beim ersten Blick kann das Verhältnis zwischen Bodenbesitzenden und Nicht-Besitzenden – 96%/4% – täuschen. Denn statistisch gesehen, sind die landlosen Familien sehr wenig. Wichtig ist aber, daß wir die Höfe nach Größe ihrer Bodenanteile analysieren und daraus den Auflösungsprozeß der Bauernschaft, die Konzentrationstendenz des Bodens zeigen. Somit können wir sehen, wo, in welcher Hofgruppe, der Boden mehr in kleinen Parzellen zerstückelt ist und wo nicht. Die Tabelle zeigt, daß die Höfe, die 0 - 5 Hektar Bodenanteil besitzen, 72,8% der gesamten Boden besitzenden Höfe ausmachen. Sie verfügen jedoch über nur 4.478.553 Hektar Land, d.h. 27,3% des in Besitz befindlichen Bodens. Diese Gruppe (1) hat sich im Vergleich zu 1963 um 5,9% vermehrt, also von 66,9% auf 72,8% und der in ihrem Besitz befindliche Boden hat sich im gleichen Zeitraum um 0,19% verringert. Wir

sehen, daß die Bodentanteile in Gruppe 1 immer kleiner werden. Diese Familien gehen entweder in die Städte oder arbeiten in Großlandwirtschaftsbetrieben.[336]
Die Gruppe 2 besteht aus Mittelbauern. Sie machen 15,6% aller bodenbesitzenden Höfe aus, und verfügen über 3.587.812 Hektar Land, also 21% des in Besitz befindlichen Bodens. Unter dieser Gruppe gibt es 15.799 landlose Höfe. 3,4% dieser Höfe, die 124.856 Hektar gepachteten Boden bewirtschaften.[337]
Die Bodenanteile ab 10 Hektar werden von reichen (Groß)Bauern, Großgrundbesitzern und den Restfeudalen kontrolliert. Sie machen 11,5% aller Boden besitzenden Höfe (340.554) aus. Sie verfügen insgesamt über 8.547.763 Hektar Boden. Das macht 51,8% aller in Besitz befindlichen Ländereien aus.
Um die Bodenkonzentration noch deutlicher zeigen zu können, nehmen wir die Zahlen ab 20 Hektar. In dieser Kategorie gibt es 109.369 Höfe, die Boden besitzen. Sie verfügen aber über insgesamt 5.075.343 Hektar Boden, also 30,7% des in Besitz befindlichen Bodens und 29,7% aller bebauten Ländereien. D.h. nur 1% dieser Höfe pachten Boden. Es sind 3.704 Höfe mit 164.597 Hektar gepachteten Boden.[338]

1.3. Zusammenfassung der Landwirtschaftszählung

Veranschaulichen wir die Entwicklungstendenzen der Landwirtschaft mit folgender Tabelle:[339]

	Hektar	Teilung der Höfe in %				Teilung der Nutzfläche in %			
		1952	1963	1970	1973	1952	1963	1970	1973
I	1-5	62.15	68.8	75.1	72.9	18.64	24.4	29.6	26.3
II	5,1-10	21.83	18.1	14.1	16.7	20.62	23.9	23.2	22.6
III	10,1-20	10.27	9.4	7.1	7.0	19.32	23.7	21.8	19.5
IV	20,1-50	4.24	3.2	2.6	2.6	16.61	17.0	14.3	16.2
V	50,1-100	1.51	0.5	0.5	0.8	24.81	10.0	11.1	15.4
VI	100 -	100.00	100.0	100.0	100.0	100.00	100.0	100.0	100.0

Wir sehen, daß die Höfe in Gruppe I bis 1970 zunahmen und ab 1970 abnahmen. Diese Gruppe machte 1970 75,1% aller Höfe aus und verfügte nur über 29,6% aller Ländereien. Die Zahlen sind aufschlußreich:

a) Der größte Teil des bebauten Bodens in der Türkei gehört den Mittel- und Großbauern, den Großgrundbesitzern und kapitalistischen Landwirten. Die Zahl dieser Höfe ist gering.
b) Die arme Bauernschaft bildet die erdrückende Mehrheit der Bauernschaft und besitzt so kleine Parzellen, daß man damit keine Landwirtschaft treiben kann.
c) Das Bestehen der kleinen Parzellen verhindert die rationelle Nutzung des Bodens. Die Anwendung von Düngemitteln und landwirtschaftlichen Geräten ist damit auf diesen Feldern unmöglich oder lohnt sich nicht.
d) Durch die Bodenpachtung bekommen besonders die Mittel- und Großbauern die Möglichkeit, kapitalistische Landwirtschaft zu betreiben.

Um die Entwicklungstendenz in der türkischen Landwirtschaft feststellen zu können, gibt es noch andere Kriterien, die unbedingt behandelt werden müssen. Z.B. die Anwendung von Düngemitteln, Maschinen, Bewässerung usw. führen zur Steigerung der Produktivität, zur Auflösung der Bauernschaft. Untersuchen wir also die türkische Landwirtschaft diesmal unter diesen Gesichtspunkten.

2. Die Bedeutung der Maschinen und ihre Anwendung in der türkischen Landwirtschaft

Die folgenden Tabellen geben uns einen Überblick über die Zahl einiger Landwirtschaftsmaschinen und darüber, in welchen Regionen sie mehr oder weniger gebraucht werden.

Zahl einiger Landwirtschaftsmaschinen nach Jahren[340]

Jahr	Traktor		Dreschmaschine		Mähdrescher		Zerstäuber	
1953	35.670 =	100	1.171 =	100	4.458 =	100	-	-
1955	40.000	113	1.329	117	5.618	127	-	-
1960	42.136	118	2.536	217	5.554	125	-	-
1965	42.600	119	4.300	367	6.540	147	-	-
1970	105.865	297	14.044	1200	8.568	193	-	-
1975	243.066	681	41.220	3520	13.147	295	50.467 =	100
1979	402.777	1204	86.666	7401	12.994	929	63.316	126
1980	436.369	1242	92.840	7928	13.667	306	68.505	136
	Motorpumpe		Drescher		Reinigungstrommel f. Saatgut		Flugzeuge f. Schädlingsbekämpfung	
1953	5.389 =	100	-	-	890 =	100	-	-
1955	10.010	186	-	-	1.163	131	-	-
1960	22.557	419	-	-	1.415	159	-	-
1965	49.980	927	-	-	2.050	230	-	-
1970	78.912	1464	-	-	3.196	360	-	-
1975	125.683	2332	17.667 =	100	3.022	340	44 =	100
1979	186.018	3452	42.247	239	3.228	362	90	205
1980	203.435	3775	39.953	226	3.004	337	94	214
	Hubschrauber für Schädlingsbekämpfung							
1953	-	-						
1955	-	-						
1960	-	-						
1965	-	-						
1970	-	-						
1975	37 =	100						
1979	4	11						
1980	8	22						

Index: 1953 und 1975 = 100

– A=Anzahl der Dörfer / B=Anzahl der Geräte –[341]

Regionen	Zahl der Dörfer	Gesamte Nutzfläche	Traktoren jeder Art				Sämaschinen aller Art				Kultivator und Hacke j. Art			
			A	in %	B	in %	A	in %	B	in %	A	in %	B	in %
Summe	36.126	197.481.654	28.262		483.581		9.156		143.226		10.402		178.801	
I	5.645	36.467.463	5.309	94	77.851	16,10	1.937	36	22.199	15,50	1.723	30	27.325	15,28
II	4.797	27.307.339	4.285	89	112.932	23,35	1.564	32	50.290	35,11	1.693	35	47.821	26,75
III	2.502	16.969.363	2.385	95	84.063	17,38	1.034	41	19.945	13,93	658	26	15.281	8,55
IV	3.388	19.943.572	2.992	88	59.954	12,40	1.361	40	23.275	16,25	1.929	56	47.763	26,71
V	3.282	13.422.320	2.073	63	11.284	2,33	117	3	283	0,20	204	6	841	0,47
VI	4.294	27.255.454	2.409	56	15.549	3,22	983	23	4.769	3,33	1.080	25	6.594	3,69
VII	5.584	15.119.264	3.099	55	35.140	7,27	401	7	1.467	1,02	489	8	5.966	3,34
VIII	4.211	11.654.650	3.559	84	23.601	4,88	578	13	1.445	1,01	1.734	41	10.911	6,10
IX	2.[illegible]23	29.372.229	2.151	39	63.207	13,07	1.181	48	19.553	13,65	892	37	16.299	9,11

Garbenbinder				Mähdrescher				Dreschmaschinen			
A	in %	B	in %	A	in %	B	in %	A	in %	B	in %
1.875		12.590		5.196		16.987		22.870		164.917	
244	4	848	6,74	1.204	21	3.713	21,86	4.957	88	43.984	
317	6	5.507	43,74	582	12	1.608	9,46	3.025	63	15.313	
631	25	3.076	24,43	845	33	3.622	21,32	1.186	47	19.026	
78	2	137	1,09	508	14	1.284	7,56	2.285	64	12.252	
117	3	355	2,82	87	2	256	1,51	2.042	62	8.758	
110	2	640	5,08	609	14	1.600	9,42	1.689	34	6.290	
139	2	477	3,79	114	2	177	1,04	2.555	45	11.975	
157	3	560	4,45	524	12	883	5,20	3.176	75	12.803	
82	3	990	7,86	723	29	3.844	22,63	1.955	80	34.516	

Die erste Tabelle zeigt, daß die Zahl einiger Landwirtschaftsmaschinen wie Traktoren, Dreschmaschinen, Mähdrescher, Reinigungstrommeln bis 1950 langsam und in den 70er Jahren sprunghaft zunahm.
Die zweite Tabelle gibt zwar keinen Aufschluß über Einzelheiten, weist aber auf die unterschiedliche Entwicklung der Regionen hin. Die Landwirtschaftsmaschinen finden in den Regionen I, II und III mehr, in den Regionen VII und VIII weniger Anwendung.
Ferner kommen auf jeden Traktor 20 Hektar Land in III, 25 in II, 33 in IV, 43 in VII, 46 in IX und 49 in VIII. Die Periode nach dem Zweiten Weltkrieg war für die türkische Landwirtschaft schicksalsverändernd. Insbesondere nach 1950 nahm die Mechanisierung der Landwirtschaft große Dimensionen an. Die Anwendung der Traktoren spielte dabei eine entscheidende Rolle. Durch die Anwendung dieser Maschinen wurden einerseits große Ländereien urbar gemacht, andererseits die Entwicklung der rationellen Landwirtschaft beschleunigt.
Die folgende Tabelle weist auf diese „Umwälzung" hin.[342]

Jahr	bebaute Bodenfläche (1000 Hektar)	Zugtiere	mit Zugtieren bestelltes Land(1000 Hektar)	in %	Zahl der Traktoren	mit Traktoren bestelltes Land(1000 Hekt.)	in %
1945	12.664	2.287.030	12.577	99	1.156	87	01
1950	14.542	2.495.256	13.298	91	16.585	1.244	09
1955	20.998	2.563.878	17.977	85	40.282	3.021	14
1960	23.264	2.647.695	20.104	86	42.136	3.160	14
1965	23.556	2.674.000	19.456	82	54.668	4.100	17
1970	24.294	2.167.555	16.354	67	105.865	7.940	33
1972	25.043	2.052.836	14.891	59	135.726	10.182	40
1974	24.627	1.952.900	9.392	38	200.466	15.035	61

Wir sehen, daß die Fläche des bebauten Bodens zunahm. Obwohl die mit Viehkraft bebaute Fläche stieg, nahm sie aber im Vergleich zur gesamten bebauten Fläche ab. Die Größe des mit Viehkraft bestellten Bodens ging ab 1960 zurück. Dagegen stieg die mit Traktoren bestellte Fläche. Wir sehen noch, daß die Zahl der Zugtiere allmählich zurückging.

Im Jahre 1970 wurde 1/3 des Bodens maschinell bestellt. Nach einer Rechnung von DIE (Staatliches Statistikamt) werden mit einem Traktor durchschnittlich 75 Hektar Land bestellt. Nach dieser Rechnung waren 1975 18.300.000 Hektar Land und 1981 34.400.000 Hektar Land maschinell bestellt. D.h. 1975 wurden 62% des Bodens und 1981 141% des Bodens (theoretisch) maschinell bestellt. Diese Entwicklung ist von großer Bedeutung für die türkischen Verhältnisse.
Die Zahl der Holzpflüge ging von 1.625.398 im Jahre 1948 auf 953.292 im Jahre 1980 zurück, eine Abnahme von 59%. Das ist eine Art Befreiung der Bodenbestellung aus mittelalterliche Finsternis! Die Anwendung der Maschine in der Landwirtschaft beschleunigt zwei Tendenzen: Zunahme der bebauten Bodenfläche und Steigerung der Produktivität.
Folgende Tabelle veranschaulicht die erste Tendenz.[343]

- in 1000 Hektar -

Jahr	bebautes Land	in %	Brachfeld	in %	Wiesen und Weiden	in %
1948	9.477	100,0	4.323	100,0	38.330	100,0
1950	9.868	104,4	4.674	108,0	37.806	98,6
1955	14.205	149,8	6.793	157,0	31.009	81,0
1960	15.305	161,5	7.959	184,0	28.658	74,8
1965	15.294	161,4	8.262	191,0	28.517	74,4
1970	15.589	164,5	8.705	201,4	19.718	51,4
1975	16.241	171,5	8.177	189,0	-	-
1979	16.605	172,2	6.367	193,5	-	-
1980	16.380	168,0	8.188	160,0	-	-

Wie aus der Tabelle zu entnehmen ist, wuchs die Fläche des bebaubaren Bodens zwischen 1950 und 1955 sprunghaft. Ab 1960 wurde dieser Zuwachs allmählich langsamer und kam dann zu seinem Stagnationspunkt. Parallel zu dieser Entwicklung ging die Größe der Weiden zurück, und zwar sprunghaft. Diese Abnahme zeigte von 1955 bis 1965 eine langsame, ab 1970 eine schnelle Entwicklung.
Die Steigerung der Produktivität der Landwirtschaft erfolgte erst durch die Urbarmachung der Weiden. Diese Ländereien wurden meistens von den Mittel- und Großbauern angeeignet und urbar gemacht. Heute wird die Produktivität durch die rationelle Nutzung des Bodens erhöht.

2.1. Die Bedeutung der Maschine in der Landwirtschaft

Die Anwendung von Maschinen in der Landwirtschaft und ihre Entwicklung hängt von der Entwicklung des Kapitalismus ab, und umgekehrt führt die Entwicklung des Kapitalismus zur Anwendung der Maschinen in der Landwirtschaft. Dazu Lenin: „Einerseits ist gerade der Kapitalismus der Faktor, der die Anwendung von Maschinen in der Landwirtschaft hervorruft und erweitert; andererseits trägt die Anwendung von Maschinen in der Landwirtschaft kapitalistischen Charakter, d.h. sie führt zur Bildung kapitalistischer Verhältnisse und zu deren weiteren Entwicklung."[344]
Die Maschine und ihre Rolle in der türkischen Landwirtschaft vor 1950 war unbedeutend. Man trieb Ackerbau mit althergebrachten Mitteln. Die relativ beschleunigte Mechanisierung der Landwirtschaft ab 1950 beseitigte nach und nach diese

mittelalterlichen Methoden in der Landwirtschaft. Damit will ich nicht behaupten, daß die türkische Landwirtschaft voll mechanisiert ist. Aber die Umwandlung der Landwirtschaft, Produktion für den Markt, die Entwicklung des Kapitalismus in der Landwirtschaft überhaupt, nahm ihren Anfang erst in den 50er Jahren.
Die Anwendung von Maschinen in der Landwirtschaft führt unvermeidlich zur Steigerung der Produktion, zur grundlegenden Änderung in der Landwirtschaft, d.h., die Maschine ist die Kraft, die den Charakter der Landwirtschaft verändert. Aber Maschinen zu haben, oder die Felder maschinell zu bestellen, ist nicht für jeden Bauer möglich. Dies setzt den Besitz von bedeutendem Kapital voraus. Nur die Großbetriebe sind finanziell in der Lage, vollmechanisierte Landwirtschaft zu betreiben. Um existieren zu können, müssen die kleineren Betriebe entweder mitmachen oder sie gehen zugrunde.
Die Maschine erfordert umfangreiche Ländereien, um überhaupt rentabel sein zu können, und solche Felder besitzen nur die Großbetriebe. Wir sehen, daß die Maschine und der Großbetrieb eine untrennbare Einheit bilden.
Die Mechanisierung der Landwirtschaft weist auf eine noch andere Tendenz hin; die Maschine in der Landwirtschaft schafft einerseits Arbeitslosigkeit, andererseits Landarbeiter. Die Anwendung der Maschinen setzt Menschen frei. Aber um eben die Maschinen in Bewegung setzen zu können, braucht man wieder Menschen, Arbeiter. Die Mechanisierung der Landwirtschaft im Kapitalismus führt jedoch unvermeidlich zur Entstehung einer Arbeitslosenarmee. Das ist eine allgemeine, unvermeidliche Tendenz. Mit anderen Worten: Die Maschine in der Landwirtschaft führt zur weiteren Auflösung der Bauernschaft.
Auf der anderen Seite hängt die Mechanisierung der Landwirtschaft mit der Industrie eng zusammen, trägt zur Entwicklung der Industrie bei.

3. Die Bedeutung von Düngemitteln und der Bewässerung in der Landwirtschaft

Die Benutzung von Düngemitteln, die Bewässerung und die Entwicklung ihrer Technik entsprechen der Entwicklung des Kapitalismus in der Landwirtschaft. D.h. Düngemittel, Bewässerung und Maschine bilden in der Landwirtschaft den Stützpfeiler für den intensiven Ackerbau. Auch die Düngemittelerzeugung und die Bewässerungstechnik tragen zur Entwicklung der Industrie bei.
Folgende Tabelle gibt uns einen Überblick über die Entwicklung der Düngemittelanwendung.[345]

		Menge von gebrauchten Düngemitteln (ton.)			Größe des gedüngten Bodens	
Jahre	insgesamt	21% stickstoffhaltig	16-18% phosphorhaltig	41-52% kalihaltig	(1000 Hektar)	in % des gesamten bebauten Bodens
1950	42103	28900	13133	79	-	-
1955	138126	52471	84361	1294	-	-
1960	107332	46085	59889	1358	-	-
1965	802750	350125	443000	10750	1175	0,02
1970	2217343	1157060	1034916	25367	3782	0,08
1975	3691615	1750186	1909809	31620	8699	0,15
1978	7474008	3697199	3735191	41618	12124	0,26

Wir sehen, daß die Anwendung von Düngemitteln bis 1965 langsam, nach 1970 schnell gestiegen ist. Stickstoff stieg von 1950 bis 1975 auf das 40fache und auf das 127fache im Jahre 1978. Phosphathaltiges Düngemittel stieg von 1950 bis 1970 auf

das 78fache und auf das 284fache im Jahre 1978. Kalihaltiges Düngemittel stieg von 1950 bis 1970 auf das 362fache und auf das 594fache im Jahre 1978. Parallel zu dieser Zunahme von Düngemitteln wuchs auch die Fläche des gedüngten Bodens. Im Jahre 1978 war 1/3 des bestellten Bodens gedüngt. Die Anwendung von Düngemitteln pro Hektar stieg von 34 kg im Jahre 1972 auf 67 kg im Jahre 1977.
Aus der Tabelle ist zu sehen, daß die Anwendung von Düngemitteln und der Zuwachs der gedüngten Bodenfläche sich ab 1970 sprunghaft entwickelten. Diese Entwicklung weist auf eine Tendenz hin, nämlich auf die intensive Bodennutzung, d.h.. der rationelle Ackerbau nahm seinen Anfang erst in den 70er Jahren.
Folgende Tabelle weist auf die Zunahme einiger Düngungsmaschinen hin:[346]

Jahre	Sämaschine mit gleichzeitiger Düngemittel-streuung	Streumaschine für Natural-düngemittel	Streumaschine für Kunstdünge-mittel
1975	23.631	70	22.417
1976	31.120	189	31.524
1981	52.183	1.561	82.563

Schädlingsbekämpfung: Folgende Tabellc weist auf die Summe von angewandten Schädlingsbekämpfungsmitteln hin.

Schädlingsbekämpfungsmittel[347]

-in ton.-

Jahr	Einfuhr	in %	Einheimische Produktion	in %	Gesamtsumme
1952	1.822	7.0	767	30	2.589
1955	1.085	25.0	3.176	75	4.261
1960	2.319	10.0	21.091	90	23.410
1966	1.742	5.0	36.279	95	37.821

Obwohl ein großer Teil von Bekämpfungsmitteln einheimisch produziert wird, werden einige Substanzen zu ihrer Produktion eingeführt. Die Produktion von Bekämpfungsmitteln stieg erst ab 1965 schnell, ist aber weit davon entfernt, den Bedarf zu decken.
Folgende Tabelle weist auf die Zunahme von Schädlingsbekämpfungsmmaschinen hin.[348]

Jahr	Zahl der Streu-maschinen für flüssige Schädlings-bekämpfungsmittel	Zahl der Streu-maschinen für pulverförmige Schädlingsbe-kämpfungsmittel	Zahl der Flugzeuge für Schädlingsbe-kämpfung	Zahl der Hubschrauber für Schädlings-bekämpfung
1953	16.483	3.152		
1960	25.232	9.050	44(1975)	37(1975)
1965	104.300	24.800	144(1976)	12(1975
1972	182.602	46.699	98(1981)	8(1981)

Wie aus der Tabelle zu entnehmen ist, wuchs die Zahl von Schädlingsbekämpfungsmaschinen erst ab 1966 sprunghaft (außer von Flugzeugen). Die Aufwendungen in der Landwirtschaft variieren je nach der Größe der Betriebe. Je größer die Betriebe sind, desto mehr investiert man, um eben mehr produzieren zu können.
Folgende Tabelle gibt uns einen Überblick über diese Tendenz:

Investitionsvolumen der Höfe[349]

Landwirtschaftszählung von 1963

Betriebe		Aufwendungen	
Größe (Dekar)	bebaute Fläche in %	Traktor in %	Kunstdüngemittel in %
1-5	0,68	1,45	0,81
6-10	1,90	1,65	2,39
11-20	4,45	3,01	4,75
21-30	5,20	4,42	4,40
31-40	6,12	1,49	4,94
41-50	6,03	8,98	5,18
51-100	23,88	9,08	15,40
101-200	23,74	22,51	15,40
201-500	16,98	21,28	14,91
501-999	4,51	10,73	17,47
1000-2500	2,21	9,62	8,57
2501-4999	1,88	2,19	2,29
5000-	2,42	3.60	3,24

Die Tabelle zeigt, daß erst ab 50 Dekar mehr ausgegeben wird. D.h., daß Technik, Düngemittel, Maschinen und sonstige Aufwendungen nur von größeren Betrieben in Anspruch genommen werden.
Auch die Bewässerung des Bodens weist auf die intensive Bodennutzung, auf die intensive Landwirtschaft hin.
Die Bewässerung in der Türkei ist außerordentlich unzureichend. Die Zunahme von Bewässerungsmaschinen zeigt jedoch, wie die Bauernschaft, insbesondere die, die für den Markt produziert, auf die Bewässerung Wert legt.
Folgende Tabelle veranschaulicht diese Entwicklung.

Zahl der Bewässerungsmittel[350]

Jahr	Zahl der Schleuderpumpen	Zahl der Motorpumpen	Pumpen mit Turbinenantrieb für Tiefbrunnen	Zahl der Berieselungsanlagen
1952	3.670	4.007	-	-
1956	10.028	10.808	-	-
1960	11.814	22.557	-	-
1965	19.000	49.980	-	-
1970	30.737	78.912	-	-
1975	48.140	125.683	8.296	3.624
1980	60.936	203.435	23.297	26.137

Wir sehen, daß die Zahl von Bewässerungsmaschinen ab 1956, insbesondere ab 1960 sprunghaft stieg. Das führte und führt zur Steigerung der Produktion. Jedoch blieb die Größe der bewässerten Fläche in der Türkei begrenzt.
Im Jahre 1962 wurden 1.300.000 Hektar Land bewässert. Dies stieg von 1.540.000 Hektar Land im Jahre 1967 auf 1,9 Mill. Hektar Land im Jahre 1972 und auf 2,6 Mill. Hektar Land im Jahre 1977.[351]
Folgende zwei Tabellen (Tabelle I und Tabelle II) weisen auf die Entwicklung der Anwendung von Düngemitteln, Schädlingsbekämpfungsmitteln und der Bewässerung nach Regionen und Dörfer hin.
Wir sehen, daß 89,06% der Dörfer Düngemittel anwenden. 98,16% der Dörfer der Region III, 98,05% der Dörfer der Region IV, 96,75% der Dörfer der Region I, 95,91% der Dörfer der Region IX, 95,71% der Dörfer der Region VII, 95,33% der Dörfer der Region II und 87,01% der Dörfer der Region VIII benutzen Düngemittel. Kaum mehr als die Hälfte der Region V und VI benutzen Düngemittel. Dies sind Regionen, in denen der „Rest des Feudalismus" noch existiert.
65,78% der Dörfer in der Türkei benutzen Schädlingsbekämpfungsmittel. In dieser Hinsicht sind die Regionen II, III und IV relativ entwickelt. In den Regionen V und VI benutzen mehr als die Hälfte der Dörfer kein Schädlingsbekämpfungsmittel.
66,28% der Dörfer in der Türkei bewässern ihre Felder. Folgende Tabelle zeigt, wie unzureichend die Bewässerung ist.[354]

Regionen (insgesamt)	Zahl der Dörfer (insgesamt)	Fläche der Dörfer (Hek.insg.)	Bewässerte Felder (Hek.insg.)	in %	Nicht bewässerte Felder (Hek. insges.)	in %
I-IX	36.126	19.746.165	3.234.391	16	16.513.774	84

Die obigen Angaben täuschen. Denn man zählt Dörfer, die meinetwegen 100 kg oder 10 t Düngemittel benutzen oder 5 oder 500 Hektar Land bewässern, zusammen. So bekommt man am Schluß in Prozent ausgedrückte hohe Zahlen wie oben. Diese Angaben haben nur dann eine Bedeutung, wenn sie zur Feststellung der Entwicklungstendenz benutzt werden. Ich möchte nicht, daß dadurch ein übertriebener Eindruck entsteht.

4. Die Steigerung der Produktion in der Landwirtschaft

Tabelle I[352]

	Regionen	Zahl der Dörfer	Zahl der Dörfer, die Düngemittel anwenden	Zahl der Dörfer, die Bekämpfungsmittel anwenden	Zahl der Dörfer, die bewässern						
						Bewässerungsquellen					
					insgesamt	Brunnen	Fluß	See, Teich	artesischer Brunnen	Staudamm	sonstige
Mittelnord	I	5.645	5.462	4.140	3.829	291	106	3.005	168	107	152
Ägäis	II	4.797	4.573	4.581	3.411	508	603	1.930	62	127	181
Marmara	III	2.502	2.456	2.278	1.597	169	284	954	19	26	135
Mittelmeer	IV	3.388	3.322	2.756	2.595	290	71	1.564	78	271	321
Nordost	V	3.282	2.084	1.291	2.150	14	42	2.024	-	-	70
Südost	VI	4.294	2.946	1.351	2.620	161	54	2.099	66	79	161
Schwarzmeer	VII	5.584	5.345	3.228	2.539	329	228	1.731	49	50	152
Mittelost	VIII	4.211	3.664	2.208	3.419	183	64	2.748	154	114	156
Mittelsüd	IX	2.423	2.324	1.931	1.783	449	144	1.064	72	27	27
	Summe	36.126	32.176	23.764	23.943	2.394	1.596	17.119	668	811	1.355

Tabelle II[253] -in %-

Regionen	Zahl der Dörfer	Zahl der Dörfer, die Düngemittel anwenden	Zahl der Dörfer, die Bekämpfungsmittel benutzen	Zahl der Dörfer, die bewässern	Zahl der Dörfer, die bewässern (in %)						
						Bewässerungsquellen					
					insgesamt	Brunnen	Fluß	See, Teich	artes. Brunnen	Staudamm	sonstiges
I	5.645	96.75	73.33	67.83	100.00	7.60	2.76	78.49	4.38	2.80	5.30
II	4.797	95.33	95.49	71.11	100.00	14.90	17.68	56.59	1.81	3.72	5.30
III	2.502	98.16	91.04	63.83	100.00	10.59	17.79	59.74	1.18	2.25	8.45
IV	3.388	98.05	81.34	76.59	100.00	11.17	2.73	60.30	3.00	10.44	12.36
V	3.282	63.49	39.33	65.51	100.00	0.65	1.96	94.14	-	-	3.25
VI	4.294	68.60	31.46	61.02	100.00	6.14	2.06	80.12	2.52	3.02	6.14
VII	5.584	95.71	57.80	45.47	100.00	12.96	8.98	68.18	1.92	1.97	5.99
VIII	4.211	87.01	52.43	81.19	100.00	5.35	1.87	80.38	4.50	3.33	4.57
IX	2.423	95.91	29.69	73.59	100.00	25.19	8.08	59.68	4.03	1.51	1.51
Summe	36.126	89.06	65.78	66.28	100.00	10.00	6.67	71.50	2.79	3.39	5.65

4.1. Die Produktion und Produktivität einiger Getreidesorten nach ausgwählten Jahren[355]

Jahr	Gesamtsumme	Weizen	Gerste	Roggen	Hafer	Mais	Reis
		Saatfläche (1000 Hektar) 1950 = 100					
1950	7.785 =100	4.477=100	1.902=100	487=100	302=100	593 =100	24 =100
1955	11.445	7.060	2.640	641	369	706	29
1960	12.374	7.700	2.836	670	430	695	43
1965	12.500	7.900	2.270	730	400	650	50
1970	12.875	8.600=192	2.590=136	650=133	320=105	648=109	67=279
1975	13.330	9.250	2.600	565	260	600	55
1981	13.458=174	9.250=207	2.965=156	410=84	160=59	580=98	73=304
		Produktion (1000 t) 1950=100					
1950	7.304=100	3.870 =100	2.047=100	443=100	316=100	628 =100	51=100
1955	11.746	6.900	2.985	650	356	855	61
1960	14.580	8.450	3.700	700	530	1.090	110
1965	14.190	8.500	3.300	775	540	945	130
1970	15.495=212	10.000=258	3.250=158	630=142	415=131	1.040	160=313
1975	21.740	14.750	4.500	750	390	1.200	150
1981	25.153=344	17.000=439	5.900=288	530=119	325=102	1.200=191	198=388
		Produktivität (kg/Hektar) 1950=100					
1950		864=100	1.076=100	908=100	316=100	1.058=100	2.128 =100
1955		977	1.131	1.014	356	1.211	2.125
1960		1.097	1.304	1.044	530	1.568	2.588
1965		1.076	1.191	1.062	540	1.454	2.600
1970		1.163=134	1.255=116	969=106	415=131	1.605=151	2.388=112
1975		1.595	1.731	1.327	1.500	2.000	2.740
1981		1.838=213	1.990=185	1.293=142	1.806=571	2.069=195	2.712=127

Die Zahlen sprechen für sich. Die Fläche des für Roggen, Mais, Hafer und andere Getreide bestellten Bodens hat sich erweitert. Die Fläche für Weizen und Reis hat sich mehr vergrößert als die für das andere Getreide. Jedoch stagniert dieser Zuwachs ab 1975 bei Weizen, nahm aber bei Reis schnell und bei Gerste langsam weiter zu, und bei anderen Getreidearten ging die Größe der Fläche zurück. Die gesamte Zunahme der Fläche für diese Getreidearten betrug 175%.
Eine parallele Entwicklung beobachten wir bei der Produktion: Wir sehen bei den genannten Getreiden eine unterschiedliche Produktionszunahme. Die Produktion von Weizen, Gerste und Reis nahm ab 1975 rapide zu. Die Produktion von Roggen und Hafer ging aber zurück. Daß die Produktivität dieses Getreides keine gesunde Entwicklung aufweist, kommt daher, daß die Landwirtschaft bei uns immer noch der Gnade der Natur überlassen ist. Trotzdem stellen wir bei diesen Getreidearten eine bestimmte Steigerung der Produktivität fest. Dies weist insbesondere ab 1960

auf eine allmähliche Aufwärtstendenz hin. Obwohl z.B. die Größe der für Roggen, Hafer und Mais bestellten Bodenfläche zurückging, stiegen die Produktion und die Produktivität. Die Steigerung der Produktivität hängt direkt von der Anwendung von Düngemitteln, der Bewässerung und nicht zuletzt vom landwirtschaftlichen Know-how ab. Daß dies in der türkischen Landwirtschaft neu und unzureichend ist, beweist die langsame oder sogar unbedeutende Steigerung der Produktivität.

4.2. Die Produktion und Produktivität bei einigen Gemüsearten

Aus der nachstehenden Tabelle kann folgendes festgestellt werden:
Die gesamte Fläche für diese Kulturen wächst allmählich. Das ist eine Zunahme von 174%. Die Aussaatfläche bei Kichererbsen, Linsen und Erbsen nahm zu, bei Bohnen und Saubohnen ab.
Die Gesamtproduktion dieser Kulturen von 1958 bis 1981 wuchs um 276%. Im gleichen Zeitraum stieg die Produktion von Linsen um 400%, von Erbsen um 363% und von Kichererbsen um 273%.
Die Produktivität zeigt eine langsame Aufwärtstendenz. Z.B. stieg die Produktivität bei Saubohnen und Bohnen, während ihre Aussaatfläche zurückging. Dies zeigt uns, daß bei diesen Kulturen intensive Landwirtschaft betrieben wird.

Tabelle[356]

Jahr	Gesamtsumme	Saubohne	Erbse	Kichererbse	Bohne	Linse
		Saatfläche (1000 Hektar)			1958=100	
1958	339=100	38=100	2,0=100	86=100	121=100	82=100
1962	347	40	2,9	88	1.128	104
1965	335	35	5,0	85	110	100
1970	373=110	29=76	3,7=185	100=116	99=81	108=131
1975	392	31	2,7	140	94	124
1981	593=174	30=78	3,5=75	200=232	105=87	255=310
		Produktion (1000 Hektar)			1958=100	
1958	267=100	49=100	2,2=100	86=100	160=100	70=100
1962	397	53	3.3	87	122	101
1965	370	45	6,0	89	140	90
1970	382=143	39=79	4,0=181	109=126	138=86	92=131
1975	515	50	3,5	172	155	135
1981	737=276	55=112	8,0=363	235=273	160=100	280=400
		Produktivität (kg/Hektar)			1958=100	
1958		1.289	1.047=100	1.005=100	1.322=100	867=100
1962		1.325	1.138	983	1.089	966
1965		1.286	1.200	1.047	1.273	900
1970		1.345	1.081=103	1.090=108	1.394=105	852=98
1975		1.613	1.273	1.229	1.649	1.083
1981		1.833	2.257=215	1.175=116	1.527=115	1.098=127

4.3. Die Aussaatfläche, Produktion und Produktivität bei Industriepflanzen

Aus der nachstehenden Tabelle ist folgendes zu entnehmen: Außer für Flachs und Opium wuchs die Aussaatfläche für die anderen Pflanzen. Bei Tabak nahm die Saatfläche bis 1972 zu und ging dann bis auf 154.000 Hektar zurück. Eine sprunghafte Erweiterung der Saatflächen und folglich auch eine Produktionszunahme sehen wir bei Kartoffeln und Zuckerrüben. Obwohl die Aussaatfläche und die Produktion zurückging, stieg die Produktivität um 218%. Das Gegenteil war der Fall bei Anis.

Tabelle[357]

Jahr	Gesamtsumme	Tabak	Zuckerrüben	Opium	Anis	Baumwolle	Flachs	Kartoffeln
			Saatfläche (1000 Hektar)			1950=100		
1950	740=100	123=100	51=100	28=100	2,7=100	448=100	12=100	75=100
1955	1.079	173	97	44	2,7	625	28	109
1960	1.250	189	203	42	2,6	621	33	160
1965	1.257	222	158	22	1,0	685	24	145
1970	1.167=157	328=266	120=235	10=35	4,0=148	528=117	13=108	155=206
1975	1.339	248	214	8	14,0	670	13	179
1980	1.550=209	223=181	269=527	19=68	6,0=222	672=150	9=75	183=24
			Produktion (1000 t)			1950=100		
1950	1.661=100	93=100	855=100	-	-	118=100	-	600=100
1955	3.129	120	1.736	-	-	157	-	1.116
1960	6.100	139	4.385	0.368=100	1,8=100	176	4=100	1.400
1965	5.569	132	3.421	0.83	0,945	325	4	1680
1970	6.790=408	150=161	4.254=497	0.60	3,0	474=401	1,4	1915=319
1975	10.187	200	7.000	5.70	8,4=466	480	3,5=87	2590
1980	10.448=628	228=245	6.700=783	14.00=3804	3,4=194	500=423	2,3=57	3000=500

Jahr	Gesamtsumme	Tabak	Zuckerrüben	Opium	Anis	Baumwolle	Flachs	Kartoffeln
			Produktivität (kg/Hektar)			1950=100		
1950		727=100	16.781=100	-	-	264=100	-	8.022=100
1955		693	17.814	-	-	251	-	10.238
1960		734	21.680	9=100	692=100	282	121=100	8.750
1965		596	21.690	4	945	474	166	11.586
1970		456=62	34.347=204	6=66	750=108	759=287	108=89	12.355=154
1975		828	32.390	672	600	716	269	13.900
1980		1.024=140	25.119=148	707=7155	626=90	744=281	264=218	16.400=204

4.4. Die Produktion und Produktivität von einigen Gemüsen und Obst[358]

- 1000 t -

Jahr	Kohl	Poree	Wasser- und Zuckermelone	Aubergine	Tomaten	Apfel	Aprikose
1968	388	239	3.600	406	1.346	700	55
1970	410	300	3.490	480	1.810	448	52
1975	450	270	4.000	485	2.300	900	100
1981	435	300	4.500	700	3.600	1.450	1.300

Jahr	Feige	Mandarine	Pfirsich	Weintraube	Orange
1968	215	56	99	3.725	476
1970	214	68	112	3.850	445
1975	175	105	200	3.247	540
1981	250	175	265	3.700	675

Für die Zunahme der Produktion von oben genannten (auch nicht angegebenen) Gemüsen und Obst sind hauptsächlich zwei Entwicklungen anzuführen. Erstens wuchs die Anbaufläche der genannten Kulturen. Die gesamte Aussaatfläche dieser Gemüse stieg von 416.000 Hektar im Jahre 1968 auf 568.000 Hektar im Jahre 1981. Das ist eine Zunahme von 131%. Die Fläche von Obstgärten wuchs von 816.000 Hektar im Jahre 1962 auf 1.019.000 Hektar im Jahre 1970 und auf 1.379.000 Hektar im Jahre 1981. Das ist eine Zunahme von 171%. Zweitens: Neben den Großbetrieben treiben auch die Kleinproduzenten, die in der Nähe von Großstädten und wichtigen Verkehrsknotenpunkten Land besitzen, Gemüse- und Obstbau. D.h., daß sie auch für den Markt produzieren.

4.5. Die Aussaatfläche, Produktion und Produktivität von ölhaltigen Samen

Aus der nachstehenden Tabelle ist folgendes zu entnehmen: Während die Anbaufläche von Erdnuß und Sonnenblumen stieg, ging die Anbaufläche für die anderen Kulturen zurück. Wir sehen, daß die Produktivität von Erdnüssen und Sonnenblumen beachtlich stieg. Obwohl die Aussaatfläche für Sesam und Mohn zurückging, stieg die Produktivität.

Wenn wir uns alle diese Tabellen vor Augen halten, so sehen wir, daß die Produktivität ab 1965 – insbesondere nach 1970 – eine positive Entwicklung, eine Aufwärtstendenz zeigt. D.h., man produziert im steigenden Umfang für den Markt.

Die langsame Aufwärtsentwicklung dieser Tendenz weist daraufhin, daß die intensivierte Landwirtschaft bei uns immer noch „auf allen Vieren kriecht."

Tabelle[359]

Jahr	Summe	Sonnenblume	Sesam	Mohn	Flachskorn	Hanfkorn	Erdnuß	Zahl der Haselnußbäume
		Saatfläche	(1000 Hektar)		1950=100			
1950	268=100	100=100	65=100	28=100	50=100	12=100	3=100	127.531=100
1955	335	154	80	44	28	13	6	147.357
1960	308	137	73	42	33	15	8	161.000
1965	287	160	60	22	24	10	11	187.000
1970	468=174	360=327	62=95	10=35	13=26	8=66	15=500	184.200=147
1975	518	418	54	8	13	7	18	218.000=192
1981	598=222	500=454	40=61	15=53	7=14	9=75	25=833	
		Produktion	(1000 Hektar)		1950-100			
1950		66=100	30=100	-	-	-	4=100	26=100
1955		138	51	-	-	-	16	52
1960		123	44	24=100	22=100	6=100	16	58
1965		160	34	11	14	3	30	62
1970		375=568	36=120	7=29	7=31	2=33	37=925	255=980
1975		488	33	6	8	3	40	317
1981		575=870	25=83	11=45	2=9	4=66	57=1425	350=1346
		Produktivität	(kg/Hektar)		1950=100			
1950		600=100	457=100	-	-	-	1.400=100	-
1955		896	639	-	-	-	2.656	-
1960		897	602	583=100	625=100	402=100	1.900	-
1965		1.000	567	493	583	350	2.730	-
1970		1.042=173	581=127	748=128	515=76	298=74	2.467=176	-
1975		1.167	611	757	592	400	2.222	-
1981		1.150=191	625=136	746=128	287=42	400=99	2.280=163	-

4.6. Die Anbaufläche und die Produktion von Teepflanzen

Tabelle[360]

Jahr 1963=100	Zahl der Anbauer-familien	Anbaufläche für Tee (Hektar)	Fläche für angebaute Jungteepflanze (Hektar)	Grüne Tee-Blätter Produktion (in t)	Getrocknete Teeblätterproduktion (in t)
1963	86.308=100	18.833=100	17.543=100	47.223=100	10.100=100
1965	94.283	20.871	14.593	59.429	13.000
1970	125.114=144	28.403=150	25.978=148	153.330=324	33.431=331
1975	127.732	50.288	50.288	261.797	55.572
1981	177.076=205	53.176=282	53.167=304	192.302=407	42.606=421

Wir sehen, daß sowohl die Zahl der Teeanbauer als auch die Anbaufläche und die Fläche für Jungpflanzen zunahmen. Diese Zunahme war ab 1970 sprunghaft. Die Produktion aber weist auf eine ungesunde Entwicklung hin. Im Jahre 1979 stieg die Produktion von grünen Blättern auf 552.122 und von getrockneten Teeblättern auf 101.954 t und ab 1979 ging sie zurück.

4.7. Olivenproduktion

Tabelle[361] 1968=100 -

Jahr	Zahl der Obstbäume	Olivenproduktion (1000 t) Gesamtsumme	Zum Essen	Zur Olivenöl-Produktion
1968	66.706=100	822=100	92	730
1970	68.051	681	81	600
1975	72.720=109	561=68	114	447
1978	73.500	1.100	200	900
1981	76.000=114	400=48	115	285

Auch hier stellen wir eine ahnliche Entwicklung wie oben fest.

4.8. Bienenzucht und Seidenraupenzucht

Aus der nachstehenden Tabelle können wir folgendes entnehmen: Die Produktion von Honig und Bienenwachs stieg, nachdem die alten und unrentablen Bienenstöke durch die modernen ersetzt wurden. Die Produktion entwickelt sich ab 1978 sprunghaft.
Die Zahl der seidenzuchttreibenden Dörfer und Familien ging bis 1978 zurück. Ab 1979 nahm sie sprunghaft zu. Ab 1971 wurde nur mit japanischer Methode produziert. Die Produktion zeigt eine Auf- und Abwärtstendenz.

Tabelle[362]

Jahr	Zahl der Bienenstöcke herkömmlich	modern	Produktion von Honig und Bienenwachs (in t)	
1965	1.320.969	299.487	10.320	1.144
1968	1.344.000	442.591	12.920	1.164
1970	1.253.568	567.394	14.889	1.245
1973	1.107.858	729.480	15.612	1.335
1978	941.137	1.105.832	21.671	1.746
1960	893.260	1.332.217	25.170	2.110
1981	848.335	1.500.014	30.041	2.174

Jahr	Zahl der Seidenzuchtreibenden Dörfer	Zahl der Familien f.Seiden-. raupenzucht	Zahl der gereiften (geöffneten) Seidenspinner Japanisch	einheimisch	Frische Kokonproduktion Japanisch	einheimisch
1965	1.938	47.323	29.635	20.274	76	978
1968	1.618	41.918	66.000	1.421	1.657	53
1970	1.559	43.589	63.640	700	1.431	30
1973	1.441	46.520	66.755	-	1.733	-
1978	1.431	41.840	59.455	-	1.270	-
1980	1.601	43.025	66.042	-	1.707	-
1981	1.833	47.550	80.773	-	2.005	-

4.9. Milchproduktion und die Zahl der Melktiere

Tabelle[363] - 1962=100 -

	Zahl der Melktiere (1000 Stück)					
Jahr	Summe	Schaf	Ziege	Angoraziege	Kuh	Büffel
1962	30226=100	16132=100	8065=100	1689=100	4009=100	330=100
1965	30182	16488	7531	1632	4180	351
1970	32086=106	18430=114	7442=92	1476=87	4402=109	336
1975	35350	21035	7688	1307	4980	340
1981	39766=131	24613=152	7346=91	1386=82	6084=151	336=101
	Milchproduktion (1000 Tonnen, 1962=100)					
1962	4066=100	757=100	617=100	65=100	2349=100	277=101
1965	4158	780	576	63	2446	293
1970	4302=105	859=113	555=89	58=89	2551=108	279
1975	4817	993	579	52	2910	283
1981	5608=137	1175=155	557=90	55=84	3538=150	282=101

Wir sehen, daß nur die Zahl von Melkkuh und Schaf gestiegen ist. Für die Viehzucht und für die Milchproduktion ist ein bestimmtes Kapital notwendig. Deswegen wird die Viehzucht im großen Umfang nur vom Staat und von Großbetrieben betrieben, und die Produktion von solchen Betrieben reicht bei weitem nicht aus, den einheimischen Bedarf zu decken.

All diese Zickzack-, Auf- und Abwärtstendenzen bei den obigen Produktions- und Produktivitätstabellen weisen auf ein uns bekanntes Tableau hin: die Gnade der Natur. Haben wir keine Naturkatastrophe, so haben wir mehr Produkte. Die Produktivität zu steigern, Technik in die Landwirtschaft einzuführen, ist nicht die Sache von Kleinproduzenten. Nur die Großbetriebe sind in der Lage, mechanisierte Landwirtschaft zu betreiben. Und die Agrarpolitik des Staates ist ja gerade nicht für die Kleinproduzenten, sondern für die Großbetriebe bestimmt. Ein Beispiel: Die Politik des Staates über die Saatkornverteilung kommt nur den Agrarkapitalisten, den Großbetrieben zugute. Erstens legt der Staat selbst nicht viel Wert darauf, den Bauern genügende ergiebige Samen zu verteilen (der Wert der verteilten Samen macht das ganz deutlich), zweitens geht die Zahl der Höfe, die Samen bekamen, ständig zurück. D.h. wenige Höfe bekommen mehr Saatkörner. Folgende Tabelle macht diese Entwicklung deutlich.

Tabelle[364]

Samenkornverteilung

Jahr	1963	1965	1970	1974	1978	1979	1980
Zahl der Höfe	227.965	209.578	138.466	218.987	61.181	21.364	23.770
Wert (1000 TL.)	57.795	52.557	59.650	173.345	190.103	150.177	136.767

Die Preispolitik des Staates und die wenigen und unzureichenden Kapital-Kreditmöglichkeiten ruinieren die meisten Produzenten, liefern sie den Wucherern und Händlern aus.

Nach einer statistischen Angabe standen den Bauern vier Auswahlmöglichkeiten zur Verfügung. Mehr als die Hälfte der Bauern bevorzugte in erster Linie die Händler. Auch bei der vierten Auswahl wollten sie mehr mit den Händlern zu tun haben, als mit dem Staat.[365]

Der Staat überläßt diesen Bereich den Händlern und Vermittlern und betreibt Preispolitik zugunsten der Großbetriebe und der Händler. Ferner hat der Kleinproduzent nicht immer die Möglichkeit, seine Produkte auf den Markt zu bringen, und wird von Händlern, Vermittlern, Wucherern usw. mit Kredit und sonstigen Mitteln versorgt. Dadurch entstehen Abhängigkeitsverhältnisse. Ob die Bauern wollen oder nicht, sie werden gezwungen, die „Guten unter den Schlechten" auszuwählen.

Außerdem fehlt eine starke und einflußreiche Organisation, die die Interessen der Kleinproduzenten vertreten soll. In der türkischen Landwirtschaft wird manches noch immer mit „Dschungelgesetzen" in Ordnung gebracht.

Eine der Kriterien der Entwicklung der Landwirtschaft ist die Pro-Kopf-Verteilung einiger Produkte.

Folgende Tabelle weist auf diese Entwicklungstendenz hin.[366]

Jahr	Weizen (1000 t)	Pro-Kopf kg	Reis (1000t)	Pro-Kopf kg	Hülsenfrüchte (1000t)	Pro-Kopf kg	Kartoffeln (1000t)
1950	3.870	184	51	2,4	-	-	600
1955	6.900	286	61	2,5	-	-	1.116
1960	8.450	304	110	3,9	-	-	1.400
1965	8.500	270	130	4,1	370	11,7	1.680
1970	10.000	280	160	4,4	382	10,7	1.915
1975	14.750	365	150	3,7	515	12,7	2.490
1981	17.000	379	198	4,4	737	16,4	3.000

Pro-Kopf kg	Porree (1000t)	Pro-Kopf kg	Apfel (1000t)	Pro-Kopf kg	Olive (1000t)	Pro-Kopf kg
28	-	-	-	-	-	-
46	-	-	-	-	-	-
50	-	-	-	-	-	-
53	-	-	-	-	-	-
53	300	8,4	448	12,5	681	19,1
61	270	6,6	900	22,3	561	13,9
67	300	6,7	1.450	32,4	400	8,9

Wir sehen, daß der Pro-Kopf-Verbrauch dieser genannten Produkte eine steigende Tendenz aufweist.

5. Die Lohnarbeit und außerlandwirtschaftliche Beschäftigung auf dem Land

Eine der wichtigsten Kriterien zur Entwicklung des Kapitalismus in der Landwirtschaft ist die Anwendung von Lohnarbeit. Durch die Anwendung der Maschinen in der Landwirtschaft wird eine Paradox-Entwicklung beschleunigt; die Maschine ersetzt einerseits die Arbeitskraft, läßt aber andererseits wieder Arbeitskraft anwenden. Das ist ein in der türkischen Landwirtschaft entwickelter Prozeß.

Beginnen wir zunächst mit der Herkunft der ländlichen Arbeiter. Landarbeiter bei uns stammen aus dem Potential der landlosen Bauernschaft, der armen Bauernschaft und der Bauernschaft, die aus verschiedenen Gründen ihr Land verloren haben. Die hauptsächlich auf diese Weise entstandene Arbeiterklasse auf dem Land wird bei uns unterschiedlich genannt. Das ändert aber nichts an der Tatsache daß sie die Menschen sind, die ihre Arbeitskraft verkaufen.

Vom Gesichtspunkt der Arbeitszeitdauer kann dieses Potential in zwei Gruppen zusammengefaßt werden; der fest eingestellte Teil und der wandernde Teil. Letztere sind hauptsächlich Saison-Arbeiter, die aus ihren Dörfern meistens in die Regionen Cukurova und Ägäis wandern, wo besonders Industriepflanzen angebaut werden.

Die vorhandenen statistischen Angaben sind nicht geeignet, die Zahl der Landarbeiter festzustellen. Es gibt da Abweichungen von den Tatsachen, die man sich vor Augen halten muß. Aber durch diese Angaben können wir dennoch eine allgemeine Tendenz feststellen. Demnach waren im Jahre 1950 400.000 Familien als Landarbeiter beschäftigt und 90.000 Familien als landlos angegeben. Im Jahre 1955 stellte

man nur 228.568 Personen als Landarbeiter fest. Diese Zahl stieg 1960 auf 651.800. Im Jahre 1963 besaßen 309.000 Familien kein Stück Land. 1970 wurden 537.747 Personen als Landarbeiter angegeben. Im gleichen Zeitraum stellte man aber nach Angaben der Studie des genannten Ministeriums 1,2 Mill. Familien als landlos fest. Demnach dürfte 32% der Bauernfamilien in der Türkei landlos und folglich Landarbeiter sein.
Folgende Tabelle gibt uns einen Überblick über die Zahl der landlosen Familien nach Regionen.

Tabelle – 1963-1969 –[367]

			Landlose Höfe		
Regionen	Zahl d. Höfe	Halbpächter	Pächter	Landarbeiter	Gesamtsumme
Mittel-Nord	611.867	2.189	59	186.063	188.311
Ägäis	581.889	8.185	3.154	141.192	152.531
Marmara	343.597	1.018	1.338	85.964	88.320
Mittelmeer	377.569	14.896	763	101.715	117.374
Nord-Ost	292.856	4.980	1.146	79.822	85.948
Süd-Ost	323.845	26.855	4.019	102.015	132.889
Schwarzmeer	526.659	1.871	187	156.770	158.828
Mittel-Ost	333.925	8.891	1.076	104.366	114.333
Mittel-Süd	410.598	2.192	524	116.820	119.536
Summe	3.802.805	71.077	11.266	1.074.727	1.158.070

Im April 1974 hat man 469.597 und 1980 529.366 Personen als Landarbeiter angegeben.[368]
Diese Angaben sind ungenau. Denn vor allen Dingen besitzen ein großer Teil der türkischen Bauernschaft Bodenanteile zwischen 0,5 und 1,9 Hektar. Damit kann jedoch keine Familie auskommen. Solche Familien verkaufen ihre Arbeitskraft auf diese oder jene Weise oder gehen Pachtverhältnisse ein. Auch diese Familien müssen bei der Feststellung der Landarbeiterzahl mit einbezogen werden. Folgende Tabelle weist auf die Zahl solcher Familien hin.

Tabelle[369]

			Studie des genannten Ministeriums						
Größe der Höfe (Ha)	1952	in %	1963	in %	1970	in %	1963-69	in %	
0,5 -2	772.800	30,6	1.205.789	35	1.158.877	37	1.074.727	35	Landarbeiter
landlos	90.000	2,4	308.899	8,7	141.617	4	11.266	2,7	Pächter
							71.077		Halb-Pächter
insgesamt	862.000	32,6	1.514.688	43.7	1.300.494	41	1.157.070	37,7	

Die Tabelle zeigt, daß die Zahl der landlosen oder sehr armen Familien ziemlich hoch ist. Wir haben ja festgestellt, daß die Zahl der landlosen oder wenig Land besitzenden Familien stieg, während der Boden nach und nach in die Hände der Mittel-Großbauernschaft und Großgrundbesitzer überging. Es sind ca. 3 Mill. Familien nach meiner Rechnung und natürlich ist diese Zahl zumindest annähernd richtig. Diese Zahl stellt ein gewaltiges Arbeitskraftpotential dar, das auf die Entwicklung des Kapitalismus in der Türkei sehr überzeugend hinweist. Wenn wir diese Zahl mit der Zahl der ländlichen arbeitsfähigen Menschen zwischen 1970 - 1975 ver-

gleichen, so sehen wir, daß 28% der ländlichen arbeitsfähigen Menschen im Jahre 1970 und 27% im Jahre 1975 Landarbeiter waren.
Auch die Zahl der Fremdarbeitskraft anwendenden Landwirtschaftsbetriebe gibt einen Aufschluß über diese Entwicklung.

Tabelle[370]

Gesamthöfe: 3.058.905/Gesamtfläche: 17.064.994 ha

Höfe ohne Lohnarbeit		Höfe ausschließlich mit Lohnarbeit		Höfe ohne und mit Lohnarbeit	
Zahl	Größe	Zahl	Größe	Zahl	Größe
2.555.471	12.310.088	47.020	343.977	456.414	4.410.929

Demnach treiben 503.434 Betriebe mit insgesamt 4.754.906 ha Land kapitalistische Landwirtschaft. Mit anderen Worten 16,4% aller Betriebe bewirtschaften 27,8% des bebauten Bodens kapitalistisch.

6. Ein allgemeiner Überblick über die Produktionsverhältnisse in der türkischen Landwirtschaft

Bis jetzt haben wir den Auflösungsprozeß der Bauernschaft aufgrund der Eigentumsverhältnisse untersucht und die Entwicklung des Kapitalismus gezeigt. Hier wollen wir diese Verhältnisse mit einer Tabelle veranschaulichen. Wir gruppieren die Höfe nach der Größe der Bodenanteile und danach, ob und inwieweit die Höfe fremde Arbeitskraft anwenden. Bei der obigen Tabelle geht es um die Anwendung von fremder Arbeitskraft. Demnach brachten 16,4% aller Höfe fremde Arbeitskraft und 27,8% aller Betriebe wurden in dieser Hinsicht kapitalistisch betrieben. Bei der nachstehenden Tabelle werden die Höfe nach ihrer Größe gruppiert, und durch diesen Versuch wird die Charakteristik der Höfe bestimmt. Eine solche Gruppierung ist notwendig, weil die obige Tabelle nur über die Anwendung von Arbeitskraft Auskunft gibt.

Gruppierung der Höfe nach ihrer Größe

Charakter der Höfe		Zahl der Höfe in %			Nutzfläche(in Ha.) in %	
I						
Proletar. Höfe	bis 0,5 Ha	351 069	44.1	1	175 166	10.6
	0.5 - 2 Ha	999 478			1 592 700	
II						
Kleinbetr./ Warenprod.	2 - 5 Ha	877 520	28.5	2	2 872 106	16.2
	5 - 10 Ha	478 375	16.0	3	3 537 312	20.9
III						
Kapitalis. Betriebe	10 - 20 Ha	239 130	7.4	4	3 376 250	
	20 - 100 Ha	110 729	4.0	5	4 483 113	54.50
	100 + Ha	2 284			756 825	

*) Von mir zusammengestellt.

Nach dieser Tabelle machen die auf der Grundlage der Kleinproduktion existierenden Höfe (I und II) 88,6% aller Höfe aus und verfügen über 46% aller bebauten Ländereien. Wir können diese Gruppe noch unterteilen und zeigen, inwieweit sie in Warenproduktionsverhältnissen stehen und auf dieser Grundlage mit dem Markt Beziehungen haben. Demnach befinden sich 36% der Betriebe in Warenproduktionsverhältnissen, d.h., sie (36% aller Höfe) stehen in kapitalistischen Verhältnissen. Die Gruppe III ist rein kapitalistisch.
Diese Teilung zeigt eindeutig, daß die verbreiteten Produktionsverhältnisse Kleinproduktion/Warenproduktion sind. Es sind kapitalistische Verhältnisse, die den Kleinproduzenten entsprechen. Die Gruppe III ist rein kapitalistisch, macht 11,4% aller Höfe aus und entspricht den Agrarkapitalisten und Großgrundbesitzern. Ferner haben wir oben festgestellt, daß nur 2,6% der Familien in 43 Provinzstädten in halb-feudalistischen Verhältnissen stehen. Es ist also jene dritte Gruppe, die die Landwirtschaft kontrolliert. D.h., die Agrarpolitik wird im Interesse dieser Gruppe gestaltet, weil sie ja eben ein Teil der herrschenden Klasse ist.

Schlußfolgerungen

a) Die Umwandlung in der türkischen Landwirtschaft begann erst in den 50er Jahren. Insbesondere ab 1960 beobachten wir in der türkischen Landwirtschaft eine schnelle Mechanisierung. Die Anwendung von Düngemitteln, Schädlingsbekämpfungsmitteln, die Bewässerung, Know-how und nicht zuletzt die Vergrößerung des bebauten Bodens waren Entwicklungen, die zur Steigerung der Produktion und Produktivität führten. Es sind Indizien über die Entwicklung des Kapitalismus in der Landwirtschaft.

b) Die Warenproduktion entwickelte sich. Die Produktion landwirtschaftlicher Produkte und die Steigerung der Produktivität in diesem Zusammenhang sind auf die Entwicklung der Warenproduktion in der Landwirtschaft zurückzuführen.

   Die Entwicklung der Warenproduktion führte ihrerseits unvermeidlich zur Auflösung der Bauernschaft. Natürlich erfolgte die Auflösung der Bauernschaft nicht von heute auf morgen. Die Auflösung der Bauernschaft vollzieht sich je nach den ökonomischen Gegebenheiten. Z.B. in der Schwarzmeerregion war (und ist) die Tee-Produktion der hauptsächliche Grund zur Auflösung der Bauernschaft. In der ägäischen Region und in der Mittelmeer-Region bildete der Anbau von Industriepflanzen den Grund ihrer Auflösung usw.

   Jeder Schritt in Richtung Warenproduktion, also zur kapitalistischen Entwicklung löst die Bauernschaft auf. Ein Teil von ihr wird Proletarier, ein anderer Teil ländliche Bourgeoisie. Aufgrund dieser Entwicklung entstanden folgende soziale Gruppierungen auf dem Land:

   1. Landarbeiter
   2. Kleinproduzenten-Kleinbauernschaft
   3. Mittelbauernschaft-kleine kapitalistische Betriebe
   4. Großgrundbesitzer/Agrarkapitalisten-kapitalistische Großbetriebe

   Natürlich kann man diese Gruppierung noch untergliedern. Was aber hier wichtig ist, ist die Entstehung von kleinen kapitalistischen Höfen. Im Jahre 1970 gab es 456.414 solche Höfe. Diese Höfe steigerten die Produktion und die Produktivität mehr durch die Anwendung der Technik und freie Arbeitskraft als durch die Größe ihrer Bodenanteile. Das ist aber nichts anderes als der Kapitalismus selbst.

c) Die Entwicklung der Landwirtschaftsindustrie, d.h. die Industrie, die die landwirtschaftlichen Produkte verarbeitet, ist ein anderer Hinweis auf die Entwicklung des Kapitalismus. Daß solche Industrieanlagen in der Türkei sehr verbreitet sind, braucht nicht erst bewiesen zu werden.

d) Die Bildung des inneren Marktes und die kapitalistische Organisation der Produktion; ohne die Warenproduktion ist die Bildung des inneren Marktes unmöglich, und unmöglich ist ohne sie auch die kapitalistische Organisation der Produktion. Die Warenproduktion ist also der Ausgangspunkt für die Bildung und zugleich Organisierung des inneren Marktes.
   Die Produktion für den Markt ist das Ziel der Betriebe, die vielseitige Möglichkeiten haben; der ganze Produktionsprozeß, also die Umschlagzeit des Kapitals macht bestimmte Organisationsformen, die dem Charakter der Produktion entsprechen, unvermeidlich. Nehmen wir z.B. den Transport und Verkauf von Produkten, die Beziehungen zwischen den Produzenten und Händlern, den Vermittlern, die Beschaffung von Maschinen, Aussaat, das Kreditwesen usw. Das sind Momente der Produktion bzw. der gesamten Umschlagzeit des Kapitals, die zur kapitalistischen Organisation führen. Wie stabil und verläßlich diese Organisation ist, hängt vom Entwicklungsgrad des Kapitalismus ab. Sie bedeutet zugleich die Entwicklung des inneren Marktes. Und die Entwicklung des Kapitalismus zeigen, bedeutet zugleich, die Bildung des inneren Marktes zu zeigen.

Diese vier zusammengefaßten Punkte charakterisieren besonders ab 1960 die türkische Landwirtschaft. Die Warenpoduktion, die kapitalistischen Verhältnisse sind für alle Regionen der Türkei bestimmend. In Regionen wie dem Mittelmeer, der Ägäis, Marmara, Schwarzmeer und Mittel-Anatolien herrscht der nackte, reine Kapitalismus in der Landwirtschaft.

In Regionen wie Ost- und Südostanatolien läßt diese Entwicklung noch zu wünschen übrig. Hier bestehen immer noch die Warenproduktion, die entwickelte Form des Kapitalismus und „der Rest des Rest-Feudalismus“ miteinander und nebeneinander wie „verfeindete Brüder“.

Kapitel II
Die weitere Entwicklung der Industrie und ihr Charakter

1. Die Entwicklung der maschinellen Industrie

In diesem Kapitel werde ich den Charakter und Entwicklungsstand der Industrie, insbesondere der maschinellen Industrie feststellen. Deswegen werde ich die einzelnen Industriezweige anhand der offiziellen Angaben analysieren.

In diesem Teil werden unter anderem folgende Punkte untersucht:

a) Die Entwicklung der Großindustrie,
b) die Lage der Kleinproduktion,
c) die vertikale und horizontale Entwicklung des Kapitalismus,
d) der Entwicklungsstand der Produktion und des inneren Marktes.

Um das Entwicklungsstadium des Kapitalismus in der Industrie, d.h., den Entwicklungsstand der Großindustrie, die Zentralisation und Konzentration des Kapitals festzustellen, können wir zwei Methoden anwenden; erstens werden wir die Firmen nach der Zahl der Arbeitenden, der Stärke der Antriebskraft und nach der Steigerung von value added gruppieren. Die Charakterisierung der Betriebe (als groß oder klein) erfolgte bei den Industriezählungen von 1950, 1963 und 1970 durch die Anwendung von verschiedenen Methoden . Z.B., nach der Industriezählung von 1950 wurden die Betriebe nicht nach der Zahl der Arbeitenden, sondern nach der Stärke der Antriebskraft gruppiert. Jeder Betrieb, der mit einer Antriebskraft von 10 oder über 10 PS funktionsfähig war, wurde als Großbetrieb bezeichnet. Diese Methode wurde nach und nach nicht mehr gebraucht. Man charakterisierte die Betriebe nach 1958 dadurch, daß ein Betrieb, wenn er mit einer Antriebskraft von 10 oder über 10 PS funktionsfähig war und bei ihm 10 oder über 10 Arbeiter beschäftigt waren, als Großbetrieb. Die Industriezählung von 1963 wurde mit dieser Methode durchgeführt. Sie ist heute noch gültig. Man hat nur die Stärke der Antriebskraft auf 50 PS erhöht. In den statistischen Jahrbüchern werden die Betriebe nach der Zahl der Arbeitenden in Kategorien unterteilt. Ich werde hauptsächlich von dieser Gruppierung Gebrauch machen. Hier werden Betriebe mit mehr als 10 Arbeitern als Großbetriebe und Betriebe mit weniger als 10 Arbeitern als Kleinbetriebe bezeichnet.
Bei der zweiten Methode geht es um value added und um den Produktionswert. Auch hier hat man von verschiedenen Methoden Gebrauch gemacht. Ich werde hier den Wert von value added als Kriterium benutzen. Darunter ist folgendes zu verstehen; output-input-value added. Output heißt: die durch Verkauf und Dienste gewonnenen Einkünfte, gelagerte Fertigwaren und Halbfertigwaren am Ende jedes Jahres, die Summe des während eines jeden Jahres verbrauchten Stroms, und konstante Werte, die für den Bedarf des Personals produziert werden, werden (die oben genannten Werte) von dem Wert der am Anfang jedes Jahres gelagerten Fertig- und Halbfertigwaren subtrahiert. Die Differenz heißt dann output*). Input: die Summe

*) Output: The value of output is calculated by subtracting the value of stocks of finished godds and godds in process at the beginning of the year from the sum of the receipts from sales and services rendered to others, the value of electricity sold, and the value of fixed assets produced by the staff of establishments for own use.

der gekauften oder übernommenen Güter und Dienste, der Wert der am Anfang des Jahres gelagerten Güter (Rohstoffe, Hilfsgüter, Brennstoff und Packungsmaterial) und die Summe des von außen gekauften Stromes werden vom Wert der am Anfang des Jahres gelagerten Güter (Rohstoffe, Brennstoff, Hilfsgüter und Packungsmaterial) subtrahiert. Die Differenz heißt dann input**). Value added bekommt man, wenn man output von input subtrahiert***).
Bevor wir die einzelnen Industriezweige zu untersuchen beginnen, werfen wir einen Blick auf die Entwicklungstendenz der Großindustrie.
Das folgende Schaubild zeigt diese Entwicklung.[372]

1958=100

Jahr	Zahl der Betriebe	Zahl der Arbeiter	Value added (1000 TL.)
1950	2 618	180 859	733 741
1958 =	5 121=100	290 541=100	3 868 132
1963	3 022= 58	319 802	6 635 834
1968	3 423	460 554=158	20 472 000
1970	4 820- 91	504 054=173	28 542 294
1974	5 890=113	655 793	73 514 272
1979	7 673=149	792 033=269	367 597 516

Wie aus der Tabelle zu entnehmen ist, hat die Zahl der Großbetriebe von 1950 bis 1958 rapide zugenommen. Das ist eine Zunahme von 195,6% im Vergleich zu 1950. Daß die Zahl der Firmen 1963 zurückging, ist auf die Anwendung unterschiedlicher statistischer Zählungskriterien zurückzuführen. Bei der Zählung von 1963 war nicht die Stärke der Antriebskraft, sondern die Zahl der Arbeiter bestimmend. Deswegen ist es notwendig, die Jahre von 1950 bis 1958 als eine Einheit und die Jahre ab 1963 als eine andere Einheit zu betrachten. Demnach zeigt die Tabelle, daß die Zahl der Firmen zwischen 1950 und 1958 rapide zugenommen hat. Die Zunahme der Zahl der Firmen von 1963 bis 1979 beläuft sich auf 253,9%. Außerdem sehen wir, daß sowohl die Zahl der Arbeiter als auch der Wert von value added gestiegen sind. Diese Zahlen weisen auf die steigende Konzentrationstendenz des Kapitals hin.
Untersuchen wir jetzt die Industriezweige einzeln:

1.1. Nahrungsmittelindustrie

Folgende Tabelle gibt uns einen Überblick über die Entwicklungstendenzen dieser Industrie.

**) Input: The value of input is calculated by subtracting the value of inventories of raw materials, components, containers and fuels at the end of the year from the sum of three items; (1) the value of goods or services purchased by or transferred to the establishment, (2) the value of inventories at the beginning of the year (raw materials, fuel, components and containers) and (3) the value of electricity purchased from outside.

***) Value added: Value-added is obtained by subtracting the value of input from output value.[371]

Tabelle:[373] – Betriebe mit mehr als 10 Arbeitern –

Jahr	Zahl der Fabriken	Zahl der Arbeiter	value added (1000 TL. in jeweiligen Preisen)
1950	942	37 449	175 430
1958	1 364	43 509	384 242
1963	885	63 878	1 273 741
1965	912	69 761	2 060 621
1970	1 164	76 041	3 611 051
1974	1 288	98 117	3 705 634
1978	1 381	116 295	7 614 760
1979	1 373	111 999	8 123 828

Wie wir aus der Tabelle entnehmen können, ist die Zahl der Firmen sowohl zwischen 1950 und 1958 und als auch zwischen 1963 und 1979 langsam gestiegen. Diese langsame Entwicklung gilt auch für die Zunahme der Arbeiterzahl und von value added.
Die Kleinbetriebe – Betriebe mit weniger als 10 Arbeitern – in der Nahrungsmittelindustrie verlieren nach und nach ihre Bedeutung. Die Zahl der Beschäftigten in solchen Betrieben stieg von 14.580 im Jahre 1963 auf 17.542 im Jahre 1970 und ging wieder auf 14.359 im Jahre 1980 zurück. 22,3% der Produktion in der Nahrungsmittelindustrie wurde 1963 in diesen Betrieben produziert.
Die Gesamtsumme von value added der 1.164 Großbetriebe betrug im Jahre 1970 insgesamt 3.611.015.000 TL., die dagegen der 16.865 Kleinbetriebe dagegen nur 587.516.000 TL. Also, der Anteil der Kleinbetriebe an value added betrug nur 13%.
Der Anteil der Nahrungsmittelindustrie an der gesamten verarbeitenden Industrie ging von 27,06% im Jahre 1963 auf 18,45% im Jahre 1972 zurück. Der Anteil desselben Industriezweiges am Bruttosozialprodukt verringerte sich von 4,406% im Jahre 1963 auf 3,77% im Jahre 1972. Diese Abnahme zeigt nicht die Rückentwicklung dieses Industriesektors. Ganz im Gegenteil: Diese Abnahme weist darauf hin, daß die verarbeitende Industrie sich strukturell verändert, sich vergrößert.[374]
Die Produktion der Nahrungsmittelindustrie deckt heute – außer einigen Produkten wie Reis, Kakao, Pflanzenöl, verarbeiteten Kaffee usw. – den inländischen Bedarf. Darüber hinaus werden bestimmte Produkte dieses Sektors auch exportiert.

1.2. Textilindustrie

Folgende Tabelle weist auf den Stand der Großbetriebe in diesem Industriezweig hin.

Tabelle:[375] – Betriebe mit mehr als 10 Arbeitern –

Jahr	Zahl der Betriebe	Zahl der Arbeiter	value added (1000 TL. in jeweiligen Preisen)
1950	457	55 000	195 608
1963	701	103 037	1 461 524
1970	926	129 213	3 929 769
1975	1 008	152 192	11 338 785
1979	1 069	167 888	63 272 282

Wir sehen, daß die Zahl der Arbeiter neben der geringen Zunahme der Betriebe stieg. Die Kleinbetriebe haben in diesem Industriebereich eine geringfügige Bedeutung. Die Zahl solcher Betriebe ging von 10.197 im Jahre 1963 auf 7.840 im Jahre 1970 zurück, stieg aber wieder auf 11.055 im Jahre 1980. Ihr Anteil an der Produktion betrug 1963 18,5% und 1970 nur noch 6,2%. Der Privatsektor hat in diesem Industriezweig Monopolstellung.
80% der Textilindustrie wird vom Privatsektor beherrscht. (Dies belief sich 1963 auf 81,3% und 1972 auf 80,4%) Die Produkte aus diesem Industriesektor decken den inländischen Bedarf und werden auch exportiert. Die Textilindustrie hat einen bedeutenden Anteil am Export.
Der Anteil dieses Industriezweiges am Bruttosozialprodukt betrug 1963 27,6% und 1972 15,4%. Auch diese Abnahme ist auf die strukturelle Veränderung der gesamten verarbeitenden Industrie zurückzuführen.
Aber der Anteil dieses Industriesektors am Export stieg in den gleichen Vergleichsjahren von 0,83% auf 6,20%.[376]

1.3. Tabakindustrie

Folgende Tabelle zeigt die Entwicklung in diesem Industriezweig.

Tabelle:[377] – Betriebe mit mehr als 10 Arbeitern –

Jahr	Zahl der Betriebe	Zahl der Arbeiter	value added (1000 TL. in jeweiligen Preisen)
1950	57	29 018	-
1963	67	24 650	429 298
1970	35	34 732	2 794 122
1975	55	38 480	6 966 170
1979	46	41 692	16 920 926

Die Kleinbetriebe hatten im Jahre 1963 einen Anteil an der Produktion von nur 1,7%. Im Laufe der Zeit sind sie gänzlich verschwunden. Der Staat hat in diesem Industriezweig Monopolstellung. Im Jahre 1971 waren 6.326 Arbeiter in 31 Privatsektor-Betrieben beschäftigt. Im Jahre 1979 ging die Zahl der Betriebe auf 18 und die der Arbeiter auf 2.416 zurück. Auch dieser Sektor deckte den inländischen Bedarf und darüber hinaus wurden seine Produkte exportiert. Der gesamte Produktionswert dieses Sektors betrug 1972 17.766.5 Mio. TL. und 1977 29.765.0 Mio. TL. (mit Preisen von 1978).[378]

1.4. Papierindustrie

Tabelle:[379] – Betriebe mit mehr als 10 Arbeitern –

Jahr	Zahl der Betriebe	Zahl der Arbeiter	value added (1000 TL. in jeweiligen Preisen)
1950	11	3 345	-
1963	26	7 543	216 039
1970	64	12 145	741 880
1975	94	15 880	2 017 428
1979	115	15 813	5 610 720

Die Kleinbetriebe produzierten 1963 14,8% der Produktion. Ihr value added belief sich im Jahre 1970 auf nur 3,2%. 1963 waren in 352 Kleinbetrieben (93,1% aller Betriebe) 671 Arbeiter (8,2% aller Arbeiter) und 1970 in 413 Kleinbetrieben 799 Arbeiter beschäftigt. Obwohl die Zahl solcher Betriebe 1980 auf 528 stieg, wurde ihr Anteil an der Produktion noch geringer.
Die moderne Papierindustrie wurde erst 1936 in Izmit gegründet. Obwohl nach und nach mehrere moderne Papierfabriken installiert wurden, ist dieser Industriezweig noch nicht in der Lage, den inländischen Bedarf zu decken. Die Papierproduktion stieg in der Türkei von 97.736 Ton. im Jahre 1963 auf 301.421 Ton. im Jahre 1972 und auf 479.446 Ton. im Jahre 1977. In den gleichen Jahren nahm der Bedarf an Papier von 147.716 Ton. auf 266.909 Ton. und auf 561.515 Ton. zu. Um diesen Bedarf decken zu können, wurden 46.558 Ton. im Jahre 1963, 40.500 Ton. im Jahre 1972 und 82.312 Ton. Papier im Jahre 1977 importiert.[380]

1.5. Getränkeindustrie

Tabelle:[381] – Betriebe mit mehr als 10 Arbeitern --

Jahr	Zahl der Betriebe	Zahl der Arbeiter	value added (1000 TL. in jeweiligen Preisen)
1960	24	2 630	-
1963	42	4 573	220 221
1970	65	9 932	1 062 170
1975	77	11 942	2 756 829
1979	82	12 514	8 123 828

Dieser Industriezweig wird seit 1974 vom Privatsektor beherrscht. Parallel der Zunahme der Zahl der Betriebe stieg auch die Zahl der Arbeiter und der Wert von value added.
Die Kleinbetriebe machten im Jahre 1963 96,1% aller Betriebe aus, produzierten aber nur 14,3% der gesamten Produktion. Im Jahre 1970 bildeten sie 91,9% aller Betriebe, ihr value added betrug aber nur noch 3,6%. Außer einigen hochalkoholhaltigen Waren wie Whisky und Wodka deckt die Produktion den inländischen Bedarf, und es wird auch exportiert.
Heute werden nur noch hochalkoholhaltige Waren importiert. Der Anteil dieses Industriesektors an der verarbeitenden Industrie ging von 3,0% im Jahre 1963 auf 2,2% im Jahre 1972 zurück.[382] Auch diese Abnahme ist auf die Strukturveränderung der verarbeitenden Industrie zurückführen.

1.6. Schuhmacherei und Textilien (Fertigwaren)

In diesem Industriezweig stellen wir eine andere Entwicklung fest. Wie aus der nachstehenden Tabelle zu sehen ist, wurde im Jahre 1963 88,3% der gesamten Produktion in Kleinbetrieben produziert. Ihr Anteil von value added belief sich im Jahre 1970 auf 85%. 1963 bildeten Kleinbetriebe 99,9% aller Betriebe und beschäftigten im gleichen Jahr 90,8% aller Arbeiter. Im Jahre 1970 waren 99,8% der Betriebe Kleinbetriebe. Im gleichen Jahr arbeiteten in diesen kleinen Produktionseinheiten 77,8% aller Arbeiter. Wir sehen, daß die Kleinbetriebe und Manufakturen diesen Industriesektor kontrollieren.

Tabelle:[383] – Betriebe mit mehr als 10 Arbeitern –

Jahr	Zahl der Betriebe	Zahl der Arbeiter	in jeweiligen Preisen Produktions-wert(1000 TL)	in %	Value added (1000 TL)	in %
1963	34	2.951	101.189	11.7	-	-
1970	112	5.408	-	-	137.974	15
1975	170	13.501	-	-	829.177	
1979	276	15.537	-	-	3.485.484	
Betriebe mit weniger als 10 Arbeitern						
1963	54.236	29.073	750.793	88.3	-	-
1970	51.941	17.519	-	-	741.604	85
1980	36.084	-	-	-	-	-

1.7. Holzverarbeitende Industrie

Auch dieser Industriezweig wird von Kleinbetrieben beherrscht. Folgende Tabelle veranschaulicht die Entwicklungstendenz in diesem Sektor.

Tabelle:[384] – Betriebe mit mehr als 10 Arbeitern –

Jahr	Zahl der Betriebe	Zahl der Arbeiter	in jeweiligen Preisen Produktions-wert (1000 TL)	in %	Value added (1000 TL)	in %
1963	94	8.788	25.7706	32.7		
1970	152	8.815			268.200	24.3
1975	196	12.922	-	-	1.026.883	-
1979	180	12.776	-	-	4.455.995	-
Kleinbetriebe*						
1963	12.710	10.320	53.553	67.3	-	-
1970	16.983	8.736	-	-	333.532	75.7
1980	19.849	-	-	-	-	-

*) Mit weniger als 10 Arbeitern

Wir sehen, daß 67,3% der Produktion im Jahre 1963 in Kleinbetrieben produziert wurde. Ihr Anteil am gesamten value added betrug 1970 75,7%. Möbel- und Einrichtungsindustrie decken die inländische Nachfrage. Außerdem wird ein Teil der Produkte dieses Industriesektors exportiert. Dieser Industriezweig entwickelte sich besonders ab 1970 und nahm einen wichtigen Platz in der gesamten verarbeitenden Industrie ein. Der gesamte Produktionswert dieses Industriezweiges stieg von 25.009.0. Mio. TL. im Jahre 1972 auf 35.972.0. Mio. TL. im Jahre 1977 (mit Preisen von 1978). In gleichen Jahren belief sich der Wert der inländischen Nachfrage auf 24.676.0. Mio. TL. und auf 35.904.0. Mio. TL. (mit Preisen von 1978).[385]

1.8. Möbel- und Einrichtungsindustrie

Tabelle:[386] – Betriebe mit mehr als 10 Arbeitern –

Jahr	Zahl der Fabriken	Zahl der Arbeiter	in jeweiligen Preisen Produktionswert (1000 TL)	in %	Value added (1000 TL)
1963	40	878	39.822	20.8	-
1970	106	2.586	-	-	60.732
1975	85	4.028	-	-	210.914
1979	101	3.190	-	-	716.555
Kleinbetriebe*					
1963	4.621	4.496	151.742	79.2	-
1970	6.045	4.927	-	-	158.293
1980	11.761	-	-	-	-

*) Mit weniger als 10 Arbeitern

Wie aus der Tabelle zu entnehmen ist, betrug im Jahre 1963 der Anteil der Kleinbetriebe an der gesamten Produktion 79,2% und ihr value added belief sich im Jahre 1970 auf 73%. Die Tabelle zeigt, daß die Kleinbetriebe in diesem Industriesektor von großer Bedeutung sind. Daß die Zunahme der Arbeiteranzahl mit der Zunahme der Betriebszahl ungefähr gleichbleibt, ist darauf zurückzuführen, daß diese Produktionseinheiten aus Inhabern und höchstens einem oder zwei Arbeitern bestehen.

1.9. Pelz- und lederverarbeitende Industrie (Schuh- und andere Bekleidungswaren ausgenommen)

Aus der nachstehenden Tabelle ist ersichtlich, daß die Kleinbetriebe ihre Bedeutung erst in den 70er Jahren zu verlieren begannen. Die Kleinbetriebe produzierten im Jahre 1963 immerhin 57,8% der gesamten Produktion. Im Jahre 1970 betrug ihr Anteil an value added 46%.
In diesem Sektor haben wenige private Großbetriebe mit mehr als 50 Arbeitern Monopolstellung.

Tabelle:[387]

Jahr	Zahl der Betriebe	Zahl der Arbeiter	in jeweiligen Preisen Produktions-wert (1000 TL)	in %	Value added (1000 TL)
1963	63	1.814	135.524	42.2	-
1970	92	2.580	-	-	80.606
1975	151	5.288	-	-	364.154
1979	129	4.060	-	-	1.393.184
Kleinbetriebe*					
1963	4.858	2.477	185.757	57.8	-
1970	4.398	1.657	-	-	66.617
1980	1.919	-	-	-	-

*) Mit weniger als 10 Arbeitern

Auch dieser Industriezweig (einschließlich Schuhproduktion) deckt die inländische Nachfrage. Sein Anteil an der gesamten verarbeitenden Industrie ging von 3,76% im Jahre 1963 auf 2,70% im Jahre 1972 zurück. Das ist wiederum auf die strukturelle Veränderung der verarbeitenden Industrie zurückzuführen. Der Wert der inländischen Nachfrage – mit Preisen von 1978 – belief sich auf 10.948.3. Mio. TL. im Jahre 1972 und auf 19.428.1. Mio. TL. im Jahre 1977. In den gleichen Jahren stieg der Gesamtwert der Produktion von 11.552.9. Mio. TL auf 20.812.0. Mio. TL.[388]

1.10. Druckerei und die dazugehörige Industrie

Tabelle:[389] –Betriebe mit mehr als 10 Arbeitern –

Jahr	Zahl der Betriebe	Zahl der Arbeiter	in jeweiligen Preisen Produktions-wert (1000 TL)	in %	Value added (1000 TL)
1963	121	5.014	242.852	66.7	-
1970	189	9.565	-	-	529.154
1975	218	9.962	-	-	1.200.198
1979	203	10.649	-	-	4.138.807
Kleinbetriebe*					
1963	1.583	3.229	121.316	33.3	-
1970	2.284	2.875	-	-	87.784
1980	3.968	-	-	-	-

*) Mit weniger als 10 Arbeitern

Das Kleingewerbe verlor auch in diesem Bereich seine Bedeutung. Im Jahre 1963 kam 33,3% der gesamten Produktion aus dem Kleingewerbe. Ihr Anteil an value added belief sich im Jahre 1970 auf 14,5%. Obwohl die Zahl der Kleinbetriebe stieg, nahm die Zahl der Arbeiter ab. Das weist auf die obige Tendenz hin, d.h., daß diese Produktionseinheiten aus dem Inhaber und höchstens einem oder zwei Arbeitern bestehen.
Der Anteil dieses Industriezweiges an der gesamten Produktion der verarbeitenden Industrie nahm nach und nach zu. Er stieg von 0,68% im Jahre 1962 auf 0,87% im Jahre 1967 und auf 1% im Jahre 1972. Mit einem geringen Import-Anteil wird die inländische Nachfrage gedeckt.
Der Wert der Produktion in diesem Sektor belief sich mit Preisen von 1978 von 3.359.2 Mill. TL. im Jahre 1972 auf 11.286.5 Mill. TL. im Jahre 1977. In den gleichen Jahren stieg der Wert der inländischen Nachfrage von 3.497.1 Mill. TL. auf 11.427.8 Mill. TL.[390]

1.11. Chemie-Industrie (einschließlich Kautschuk)

Tabelle:[391] – Betriebe mit mehr als 10 Arbeitern –

Jahr	Zahl der Betriebe	Zahl der Arbeiter	in jeweiligen Preisen: Produktionswert (1000 TL)	in %	Value added (1000 TL)
1963	166	13.934	1.074.134	85.1	1.876.240
1970	261	30.402	-	-	8.058.538
1975	326	40.654	-	-	43.883.101
1979	407	43.477	-	-	-
Kleinbetriebe*					
1963	766	1.688	187.579	14.9	-
1970	609	1.041	-	-	55.465
1980	1.037	1.041	-	-	-

*) Mit weniger als 10 Arbeitern

Wir sehen, daß die Kleinbetriebe von geringerer Bedeutung sind. 1963 kam 14,9% der gesamten Produktion aus diesen Kleinbetrieben. Ihr Anteil am value added betrug 1970 nur noch 4%.
In den 60er Jahren konnten nur einige Produkte im Rahmen dieses Industriesektors im Land produziert werden. Mit der Zeit hat sich das geändert, und dieser Sektor wurde ein sich schnell entwickelnder Industriesektor der Türkei. Das Ergebnis dieser Entwicklung war, daß einige Produkte der Chemieindustrie einheimisch produziert wurden und den inländischen Bedarf deckten. Es wurde auch in bestimmten Mengen exportiert.
Der Anteil der Investitionen der Chemieindustrie an der verarbeitenden Industrie betrug im Jahre 1963 nur 6,6%. Sie stieg im Jahresdurchschnitt um 15 - 20% weiter. Im Jahre 1975 war dieser Industriezweig in der Lage, 76% des inländischen Bedarfs zu decken.
Es werden hauptsächlich chemische Grundstoffe importiert.[392]

1.12. Metallverarbeitende Industrie (Maschinen und Transportfahrzeuge ausgenommen)

Tabelle:[393] – Betriebe mit mehr als 10 Arbeitern –

			in jeweiligen Preisen		
Jahr	Zahl der Betriebe	Zahl der Arbeiter	Produktions-wert (1000 TL.)	in %	value added (1000 TL.)
1963	223	20 003	1 102 422	54,5	-
1970	361	33 258	-	-	1 240 237
1975	516	34 901	-	-	2 936 387
1979	754	38 378	-	-	16 437 921
Kleinbetriebe*					
1963	29 416	20 423	920 380	45,5	-
1970	26 122	14 041	-	-	549 085
1980	26 477	-	-	-	-

*) Mit weniger als 10 Arbeitern

Auch in diesem Industriezweig verlieren die Kleinbetriebe ihre Bedeutung. Sie produzierten im Jahre 1963 45,5% der Produktion. Ihr Anteil an value added belief sich im Jahre 1970 auf 31%.
Die metallverarbeitende Industrie ist im allgemeinen auf der Grundlage der Konsumgüterproduktion gegründet. Deswegen ist die Produktion von Investitionsgütern zurückgeblieben.
Dieser Industriesektor zeichnete sich insbesondere ab 1970 durch eine sehr schnelle Entwicklung aus und deckte 1978 68,6% des inländischen Bedarfs.
Der Produktionswert dieses Industriezweiges stieg von 18.021.6 Mill. TL. im Jahre 1972 auf 26.848.3 Mill. TL. im Jahre 1977 (mit Preisen von 1978). In der gleichen Periode wurden hauptsächlich Konsumgüter exportiert und in großen Mengen Investitions- und Hilfsgüter importiert.[394]

1.13. Industrie für Transportfahrzeuge

Tabelle:[395] – Betriebe mit mehr als 10 Arbeitern –

			in jeweiligen Preisen		
Jahr	Zahl der Betriebe	Zahl der Arbeiter	Produktions-wert (1000 TL.)	in %	value added (1000 TL.)
1963	55	17 256	577 095	74,4	880 831
1970	151	32 911	-	-	4 394 716
1975	266	42 231	-	-	23 506 729
1979	402	53 337	-	-	-
Kleinbetriebe*					
1963	9 271	8 814	189 690	25.6	-
1970	14 986	8 553	-	-	332 029
1980	19 315	-	-	-	-

*) Mit weniger als 10 Arbeitern

Aus der Tabelle ist ersichtlich, daß die Kleinbetriebe trotz ihrer zahlenmäßigen Zunahme allmählich ihre Bedeutung verlieren. 1963 kam 25,6% der Produktion aus diesen Kleinbetrieben. Ihr Anteil an value added betrug im Jahre 1970 nur noch 7,2%.
Die Industrie für Straßentransportfahrzeuge hat sich besonders nach 1960 als eine Montageindustrie entwickelt. Jedoch ist der einheimische Anteil an dieser Industrie mit der Zeit gestiegen. Z.B., im Jahre 1964 betrug der einheimische Anteil an der LKW-Produktion 20%. Er stieg im Jahre 1970 auf 55%. Auch in der Busproduktion stieg der einheimische Anteil von 30% im Jahre 1964 auf 75% im Jahre 1970. Und schon 1969 stieg der einheimische Anteil an der PKW-Produktion auf 65%.
Diese Industriezweige sind heute in der Lage, die inländische Nachfrage zu befriedigen. Es werden auch Produkte aus diesen Sektoren exportiert.[396]
Wir beobachten bei den anderen Industriezweigen die gleiche Tendenz. Z.B., bei der Industrie für Güter aus Erdöl und Kohle gab es 1963 7 Groß- und 83 Kleinbetriebe. Nach 7 Jahren, also im Jahre 1970 ist nichts von diesen Kleinbetrieben übriggeblieben, und die Zahl der Großbetriebe ist auf 10 gestiegen. Im Jahre 1963 waren 92,2% der Betriebe in diesem Sektor als Kleinbetriebe zu betrachten. Aber 92,4% aller Arbeiter in diesem Sektor arbeiteten bei 7 Großfirmen, und nur diese 7 Großfirmen produzierten 99,6% der gesamten Produktion.
Im Industriesektor für Güter aus Erzen (außer Metall) gab es 1963 137 Groß- und 2.810 Kleinbetriebe. Die Zahlen stiegen im Jahre 1970 für Großbetriebe auf 318 und für Kleinbetriebe auf 4.599. Trotz des zahlenmäßigen Unterschiedes zwischen Groß- und Kleinbetrieben waren 1963 79,4% der Arbeiter bei Großbetrieben beschäftigt. Und 81% der Produktion kamen aus diesen Betrieben.
Die Überlegenheit der Großfirmen wurde in den 70er Jahren noch deutlicher; im Jahre 1970 arbeiteten 12,8% von 41.000 Arbeitern in Kleinbetrieben. Mit anderen Worten: Im Jahre 1970 gab es in diesem Sektor 4.599 Kleinbetriebe mit 4.691 Arbeitern. D.h., bei diesen Betrieben arbeiteten hauptsächlich Familienmitglieder.[397] Im Sektor für Metallgrundindustrie hat es 1963 keinen Kleinbetrieb gegeben. Im Jahre 1970 aber wurden 21 Kleinbetriebe gegründet und die Zahl der Großfirmen stieg von 38 im Jahre 1963 auf 160 im Jahre 1970. Sowohl die Zahl der Arbeiter als auch die Summe des Produktionswertes bei diesen Kleinbetrieben sind nicht von Bedeutung. 1970 arbeiteten bei 21 Kleinbetrieben nur 166 Arbeiter, bei 160 Großfirmen aber 30.897 Arbeiter.[398]
In der Industrie für Maschinenproduktion (elektrische Maschinen ausgeschlossen) gab es 1963 83 Groß- und 1.310 Kleinbetriebe. Aber 75,3% der Arbeiter waren bei diesen 83 Großfirmen beschäftigt, und 83% der Produktion kam aus diesen Betrieben. Im Jahre 1970 stieg die Zahl der Großfirmen auf 215 und die der Kleinbetriebe auf 4.118. Jedoch waren diesmal 83,7% aller Arbeiter bei Großfirmen konzentriert.[399]
Im Sektor der Industrie für elektrische Maschinen, Werkzeuge usw. hat es 1963 48 Groß- und 3.162 Kleinbetriebe gegeben. Aber 72,7% aller Arbeiter arbeiteten bei diesen 48 Großfirmen. Im Jahre 1970 stieg die Zahl der Großfirmen auf 132 und die der Kleinbetriebe auf 4.384. Diesmal aber waren 78,6% der Arbeiter in den Großfirmen konzentriert.[400]
Der Anteil der Gummi(Reifen)industrie an der verarbeitenden Industrie betrug 1962 0,40%. Er stieg 1967 auf 1,60%. Diese Industrie deckte erst ab 1970 den inländischen Bedarf. Sie war der schnell zunehmenden Nachfrage nicht gewachsen. Heute ist dieser Industriesektor in der Lage, den größten Teil der inländischen Nachfrage zu decken.[401]

Plastikindustrie: Die Entwicklung dieses Industriesektors zeigt, daß er erst in den 70er Jahren in der Lage ist, die inländische Nachfrage zu decken. Nur bestimmte halbfertige Güter, die im Land nicht hergestellt werden, werden in kleinen Mengen importiert.
Düngemittelindustrie: Dieser Industriezweig war bei seiner Gründung zwar vom Import abhängig. Heute ist er zwar nicht mehr so sehr vom Import abhängig wie früher, deckt aber kaum die Hälfte des inländischen Bedarfs. Z.B., der Produktionswert in diesem Sektor stieg mit Preisen von 1978 von 2.927.3 Mill. TL. im Jahre 1972 auf 6.253.1 Mill. TL. im Jahre 1977. Der Wert der inländischen Nachfrage erhöhte sich aber in den gleichen Jahren von 6.568.1 Mill. TL. auf 13.809.1 Mill. TL.[402]
Die Produktion von Produkten aus Erdöl: Obwohl die Türkei ihren Bedarf an Erdöl zum großen Teil importiert, deckt die Produktion von Produkten aus Erdöl dank der Entwicklung ab 1970 die inländische Nachfrage.
Zementindustrie: Bei diesem Industriesektor ist eine schnelle Entwicklung zu verzeichnen. Die Produktion war bis 1970 nicht in der Lage, den inländischen Bedarf an Zement zu decken. Ab 1970 wurde dieses Problem gelöst und darüber hinaus Zement exportiert.
Glasindustrie: Die sich erst ab 1960 entwickelnde Glasindustrie deckt heute den inländischen Bedarf an Gütern aus Glas und hat auch einen Anteil am Export.
Die Keramikindustrie befriedigt den inneren Markt und es werden Produkte aus diesem Industriesektor „ab und zu mal exportiert".
Eisen/Stahlindustrie: Trotz der neuen Industriekomplexe ist dieser Sektor nicht in der Lage, die innere Nachfrage zu decken. Diese Industrie ist heute noch vom Import abhängig.
Nach dieser Schilderung über die Industriesektoren werden hier hauptsächlich zwei Fragen beantwortet, die für die Entwicklung der Großindustrie, bzw. für die Entwicklung des Kapitalismus und des inneren Marktes als Kriterien zu betrachten sind. Nämlich: a) die Entwicklung der Großindustrie, die Konzentration der Arbeiter und der Produktion, b) der Stand der Produktion.

2. Die Entwicklung der Großindustrie, die Konzentration der Arbeiter und der Produktion

Fassen wir alle Industriezweige zusammen, so erhalten wir folgendes Bild: Die Entwicklungstendenz in der verarbeitenden Industrie ist eindeutig. Im Jahre 1963 waren 98,1% aller erfaßten Betriebe dem Kleingewerbe zuzurechnen. 30,6% aller Arbeiter waren in diesen Kleinbetrieben beschäftigt, und ihr Produktionsanteil betrug 24,7%. Im Jahre 1970 waren 97,4% aller Betriebe Kleinbetriebe.
Sie beschäftigten aber nur 16,5% aller Arbeiter und ihr Anteil an value added belief sich nur noch auf 11%. Das ist eine gewaltige Entwicklung zugunsten der Großbetriebe. Der Anteil der Großbetriebe an value added belief sich auf 89%.
Aus der nachstehenden Tabelle ist noch zu sehen, daß die Zuwachsrate der Kleinbetriebe sich verringert. Sie betrug im Jahre 1970 gegenüber 1963 8% und im Jahre 1980 gegenüber 1970 nur noch 1%. Und die Zahl der Arbeiter in diesen Betrieben ging 1970 gegenüber 1963 um 25% zurück. Die Zuwachsrate der Großbetriebe betrug 1970 gegenüber 1963 69% und 1980 gegenüber 1970 59%. 4/5 aller Arbeiter arbeiteten 1970 gegenüber 1963 in Großbetrieben. Die Zuwachsrate der Arbeiterzahl belief sich 1970 gegenüber 1963 auf 68% und 1979 gegenüber 1970 auf 57%. Produzierten die Großbetriebe im Jahre 1963 1/4 der Produktion, so betrug ihr Anteil an value added im Jahre 1970 90%.

Tabelle:[463] – K=Kleinbetrieb, G=Großbetrieb –

Jahre	Zahl der Betriebe		Zahl der Arbeiter		in jeweiligen Preisen			
					Produktionswert (1000 TL.)		value added (1000 TL.)	
	K	G	K	G	K	G	K	G
1963	157.759	3.012	131.736	298.965	6.344.911	19 340 922	-	-
%	98,1	1,9	30,6	69,4	24,7	75,3	-	-
1970	170.479	4.820	99.931	504.054	-	-	3 776 996	28 542 204
%	97,4	2,6	16,5	83,5	-	-	11	89

In den 60er Jahren ist die Monopolstellung einiger weniger Großbetriebe und zugleich die Konzentration des Kapitals ziemlich deutlich geworden.
Aus den nachstehenden Tabellen können wir folgendes entnehmen: Die Entwicklungstendenz ist ganz eindeutig: der Kapitalismus in der Türkei führt zur Konzentration des Kapitals, folglich zur Monopolbildung. 278 Firmen im Jahre 1963 und 387 Firmen im Jahre 1967 mit mehr als 200 Arbeitern produzierten 1963 64,2% und 1967 71,5% der Gesamtproduktion. In diesen Firmen waren 1963 66,6% und 1967 70,2% aller Arbeiter beschäftigt. Diese Entwicklung ist in einem Land wie der Türkei sehr bedeutungsvoll.

Tabelle I:[404] Der Wert der Produktion und die Arbeiterzahl nach Betriebsgröße (1963)*

Zahl der Arbeiter nach Betriebsgröße	Zahl der Betriebe	Zahl der Beschäftigten insgesamt	Produktionswert (1000 TL.) (in jeweiligen Preisen)
10-49	2 199	54 732	3 482 279
50-90	334	26 392	1 806 189
100-199	201	27 467	1 754 587
200-499	147	46 033	4 004 229
500-999	71	57 520	3 173 727
1000 u. mehr	60	113 297	5 414 642
insgesamt:	3 012	325 441	19 635 664

Tabelle II: Der Wert der Produktion und die Arbeiterzahl nach Betriebsgröße (1967)*

Zahl der Arbeiter nach Betriebsgröße	Zahl der Betriebe	Zahl der Beschäftigten insgesamt	Produktionswert (1000 TL.)	
			in jeweiligen Preisen	in konstanten Preisen
10-49	2 161	49 568	4 957 230	4 162 242
50-99	560	35 985	3 560 692	2 989 666
100-199	270	39 595	3 431 580	2 881 259
200-499	217	69 552	9 408 770	7 889 897
500-999	94	65 409	7 234 692	6 074 468
1000 u. mehr	76	160 295	13 364 922	11 221 596
insgesamt	3 328	420 404	41 957 856	35 229 123

) alle Branchen der Industrie

Tabelle III: Die Produktion und die Arbeiterzahl nach Betriebsgröße in % (1963/1967)*

Zahl der Arbeiter nach Betr.-größe	Produktion in %		Arbeiterzahl in %		Produktionswachstum in %
	1963	1967	1963	1967	
10-49	17,7	11,8	16,8	11,8	19,5
49-99	9,2	8,5	8,2	8,6	65,5
100-199	8,9	8,2	8,4	9,4	64,2
200-499	20,4	22,4	14,1	16,5	97,3
500-999	16,2	17,2	17,7	15,6	91,4
1000 u. mehr	27,6	31,9	34.8	38,1	107,3
insgesamt	100,0	100,0	100,0	100,0	Durchschnitt 79,4

Wir sehen folgendes:
- Während die Zahl der Kleinbetriebe zunahm, gingen die Zahl der Arbeiter und ihr Anteil an der gesamten Produktion zurück.
- Die Zahl der Großbetriebe und die der Arbeiter vermehren sich. Ihr Anteil an der Produktion ist relativ hoch. Hier sehen wir die Entwicklung der Konzentration des Kapitals.

Mit anderen Worten: Die Warenproduktion und die kapitalistische Manufaktur, obwohl sie in einigen Industriezweigen immer noch „unentbehrlich" scheinen, verlieren ihre Bedeutung, machen den Platz für die maschinelle Industrie frei.

2.1. Der Stand der Produktion

Wir können die Industriesektoren wie folgt gruppieren, um zu zeigen, inwieweit einzelne Hauptsektoren der Industrie den inneren Markt befriedigen.
1. Konsumgüterindustrie/Leichtindustrie,
2. Industrie für Zwischengüter,
3. Industrie für Investitionsgüter/Schwerindustrie,

1.) Konsumgüterindustrie/Leichtindustrie: Die Industriezweige wie Nahrungsmittel, Getränke, Tabakverarbeitung, Textil usw. sind zur Leichtindustrie zuzurechnen. Die obigen Angaben im Zusammenhang mit diesen Industriezweigen zeigen eindeutig, daß ihre Produktion die inländische Nachfrage deckt, und daß darüber hinaus exportiert wird. Diese Gruppe ist der entwickeltste Sektor der türkischen Industrie.

2.) Industrie für Zwischengüter: Darunter sind die Industriezweige wie Holzverarbeitung, Glas, Zement, Düngemittel, Keramik, Stahl, Petro-Chemie, Plastik, Gummi, Leder, Papier usw. zu zählen. Wie ich oben geschildert habe, deckt die Produktion aus diesen Industriezweigen (außer Düngemittel, Stahl usw.) den Bedarf des inneren Marktes. Es werden auch Produkte aus dieser Industriegruppe exportiert.

3.) Industrie für Investitionsgüter/Schwerindustrie: Darunter sind metallverarbeitende Industrie, elektrische Maschinen, Maschinen ohne elektrischen Antrieb, Industrie für Straßen-, Eisenbahn-, See- und Lufttransportfahrzeuge zu verstehen. Die Entwicklung dieser Industriegruppe ist bei uns neu. Es werden neue Industriekomplexe gegründet. Die schon produzierenden Fabriken sind unzureichend und vom Import abhängig. Diese Industriegruppe trägt Montagecharakter. Unter diesen Industriesektoren sind nur die Industrie für Straßenfahrzeuge und die Industrie für Güter aus Metall am weitesten entwickelt.

Ob die Produktion für den inneren Markt ausreicht, ihn deckt, hängt nicht von Problemen oder Krisen konjunkturellen Charakters ab. Was unter der Deckung oder Befriedigung des inneren Marktes zu verstehen ist, ist, ob die Produktion eines Industriesektors strukturell in der Lage ist (oder so gewachsen ist), den sich immer weiter ausdehnenden inneren Markt zu versorgen. Das ist nichts anderes als die ununterbrochene Entwicklung und Erneuerung des betreffenden Industriesektors.

Die obigen Fakten und Angaben weisen eindeutig auf die strukturelle Entwicklung der einzelnen Sektoren der türkischen Industrie hin und zeigen, ob und inwieweit sie den inneren Markt versorgen können. Dieses Ob und Inwieweit ist ja ein Kriterium dafür, wie der Kapitalismus bzw. der innere Markt entwickelt bzw. gewachsen ist.

Die nachstehende Tabelle gibt einen Überblick über die strukturelle Entwicklungstendenz der türkischen Industrie.

Der Wert und die Zusammensetzung des Imports (in 1000 Dollar)[405]

Jahre	insgesamt	Investitionsgüter	in %	Rohstoffe	in %	Konsumgüter	in %
1963	687.616.2	315	45,8	336	38,9	17	5,3
1964	537.396.8	245	45,6	266	49,6	26	4,8
1965	571.952.9	241	42,1	306	53,8	25	4,4
1966	718.269.2	341	47,5	341	47,5	36	5,0
1967	684.668.9	323	47,2	328	48,0	34	4,8
1968	761.663.2	367	48,0	361	47,2	36	4,8
1969	801.227.4	351	43,8	395	49,3	55	6,9
1970	947.605.0	446	47,0	455	48,0	47	5,0
1971	1.170.841.4	511.2	43,7	600.7	51,3	58.3	5,0
1972	1.562.554.0	782.7	50,1	707.1	54,3	72.8	4,6
1973	2.037.000.0	1.002.8	41,8	993.0	47,9	90.4	4,3
1974	3.720.000.0	1.289.0	34,1	2.331.5	61,7	157.1	4,2
1975	4.739.000.0	1.961.1	41,4	2.574.3	54,3	203.2	4,3
1976	5.129.000.0	2.239.3	43,7	2.732.9	53,3	156.4	3,0
1977	5.796.000.0	2.255.1	38,9	3.363.2	38,0	178.0	3,1
1978	4.599.000.0	1.589.7	34,6	2.876.5	62,5	132.7	2,9
1979	5.069.000.0	1.596.6	31,5	3.376.9	66,6	95.9	1,9
1980	7.667.324.0	2.835.1	37,0	4.638.8	60,5	193.3	2,5

Der Wert und die Zusammensetzung des Exports (in 1000 Dollar)[406]

Jahr	insgesamt	Agrarprodukte	in %	Bergbau	in %	Industriegüter	in %
1963	368.087	284.284	77,2	10.560	2,8	73.279	19,9
1964	410.771	311.482	75,8	14.940	3,6	84.349	20,5
1965	463.738	351.962	75,8	20.979	4,5	90.979	19,6
1966	490.508	379.069	77,2	23.155	4,7	88.284	17,9
1967	522.334	420.399	80,4	20.735	3,9	81.200	15,5
1968	496.419	406.576	81,9	26.055	5,2	63.788	12,8
1969	536.834	405.016	75,4	34.865	6,4	96.953	18,0
1970	588.576	442.554	75,1	45.427	7,7	100.495	17,0
1971	676.603	491.304	72,6	48.899	7,7	136.399	20,1
1972	884.969	607.388	68,6	50.254	5,6	227.327	25,6
1973	1.317.083	831.967	63,1	56.465	4,2	428.651	32,5
1974	1.532.182	851.865	55,5	88.280	5,7	592.037	38,6
1975	1.401.075	792.631	56,5	105.566	7,5	502.878	35,8
1976	1.960.210	1.254.408	63,9	110.017	5,6	595.789	30,3
1977	1.753.026	1.041.401	59,3	125.851	7,1	585.774	33,3
1978	2.288.162	1.542.763	67,3	124.135	5,4	621.264	27,1
1979	2.261.190	1.343.632	57,3	132.481	5,8	785.082	34,7
1980	2.910.122	1.671.742	57,4	190.994	6,5	1047.386	35,9

Die aus dieser Tabelle ersichtlichen Entwicklungstendenzen berichtigen die obige Darstellung: Erstens weist die Abnahme des Anteils der Investitionsgüter am Import auf die Aufwärtsentwicklung der Schwer- aber insbesondere der Zwischengüterindustrie hin. Die schnelle Zunahme der Rohstoffe am Import berichtigt ebenso die obige Tendenz.

Zweitens: Die Abnahme der Konsumgüter am Import zeigt, daß die konsumgüterproduzierende Industrie in der Lage ist, den inneren Markt zu decken.

Das Wachstum des Exportvolumens weist ebenfalls auf die obige Tendenz hin; denn durch die Entwicklung des Industriesektors wurde der nur auf Agrarprodukte basierende Charakter des Exports gebrochen.

Wir sehen, daß der Anteil des Agrarsektors am Export immer weiter zurückgeht. Hier ist eine interessante Entwicklung zu beobachten: nämlich die Zunahme des

Anteils der Industrieprodukte am Export. Diese Entwicklung ist aus der Tabelle eindeutig zu erkennen.

3. Die politische Ökonomie der türkischen Bourgeoisie nach 1960

Die türkische Ökonomie wurde ab 1960 durch die Fünfjahrespläne gelenkt. Diese Fünfjahrespläne (es sind von 1963 bis 1983 4 Fünfjahrespläne) werden uns sowohl die strukturell/konjunkturelle Entwicklung der türkischen Ökonomie als auch den Kampf zwischen den Teilen der Bourgeoisie zeigen.
Es ist hier überflüssig, alle diese 4 Fünfjahrespläne einzeln detailliert zu untersuchen. Es genügt zu zeigen, welche Sektoren der Ökonomie bevorzugt wurden und welche Veränderungen dadurch entstanden sind. Der nachstehende Abschnitt ist in diesem Sinne zu betrachten.

3.1. Der erste Fünfjahresplan: 1963 - 1967

In den Jahren zwischen 1950 und 1960 wurde eine Politik verfolgt, die ausschließlich nur den Interessen des Imperialismus diente und von den politischen Machthabern verantwortungslos durchgeführt wurde. Zugleich wollten die politischen Machthaber unter dem Deckmantel, „eine reiche Türkei zu schaffen" „an jeder Ekke einen Millionär" schaffen. Dadurch wurde alles durcheinandergebracht; in der Ökonomie herrschten nur Planlosigkeit, Dschungelgesetze. Eine anarchistische ökonomische Situation war entstanden. Eines der Ziele der 27. Mai-Bewegung von 1960 war, dieser Lage ein Ende zu setzen, die Ökonomie des Landes mit Fünfjahresplänen zu programmieren und dies dann in die Tat umzusetzen. Für diesen Zweck wurde der erste Fünfjahresplan von der „Staatlichen Planungsorganisation" (DPT), die 1960 gegründet wurde und auch mit Hilfe von ausländischen Experten vorbereitet. Dieser Plan wurde 1963 - 1967 durchgeführt. Die bestimmende Charakteristik dieses Planes war die, daß man Wachstum oder das Entwicklungstempo hauptsächlich durch den staatlichen Sektor zu erreichen suchte. In diesem Zusammenhang erklärte die DPT folgendes: „Bei einer sich entwickelnden Ökonomie ist es unmöglich, die dem Staat zukommenden Aufgaben durch traditionelle Anschauungen zu begrenzen. Die ökonomische Entwicklung ist ein Phänomen, das Veränderungen am sozio-ökonomischen System des Landes erforderlich macht. Die Verwirklichung dieses Zieles ist an bestimmte Bedingungen geknüpft; wie Erlangung der Stabilität, gerechte Verteilung des nationalen Einkommens ... diese können nur durch die Einmischung der Staatsautorität erreicht werden." „Es ist unmöglich, daß der private Sektor nur allein alle Voraussetzungen der ökonomischen Entwicklung erfüllt. Damit das ökonomische Wachstum verwirklicht wird, ist es notwendig, die Investitionen zu beschleunigen, einige Veränderungen an der Struktur und Methoden der Produktion zu unternehmen. Es ist unmöglich, daß ein Unternehmen, daß seine Aktivitäten nach Regeln des freien Marktes gestaltet, dies verwirklicht. Für ein Hinüberwachsen von einer wenig entwickelten und stagnierenden ökonomischen Ordnung zu einer fortgeschrittenen und dynamischen Struktur ist es notwendig, daß die zentrale Autorität systematische und rationelle Maßnahmen trifft. Jedoch war der Übergang der Türkei von einer primitiven ökonomischen Ordnung zu einem fortschrittlichen Produktionssystem durch die staatlichen Investitionen und durch die Aktivität der öffentlichen, ökonomischen Unternehmungen möglich."[307]

Es ist eindeutig, daß der Staat der Initiator der ökonomischen Entwicklung des Landes sein sollte.
Ferner wollte man darauf achten, „den privaten Sektor nicht direkt zu kontrollieren", ihn aber zu fördern.
Außerdem sah der Plan vor, die Abhängigkeit von außen zu verringern, von fremden Quellen weniger Gebrauch zu machen, dagegen hauptsächlich die inneren Ressourcen zu benutzen und auf diese Weise das Entwicklungsziel zu erreichen.
Für die Verwirklichung des Planes waren drei Akkumulationsquellen vorgesehen: a) der Privatsektor, b) staatlicher Sektor (innere Quellen) und c) ausländische Quellen. Da man prinzipiell von der Auslandsquelle nicht viel Gebrauch machen wollte, blieben hauptsächlich die inneren Quellen. Eine der inneren Quellen, der private Sektor, sollte gefördert werden, das im Handel akkumulierte Kapital und Bankkapital sollte in die Industrie fließen. Übrig blieb nur der staatliche Sektor, der alle Lasten der Ökonomie tragen sollte. Um die Akkumulation des Kapitals in diesem Sektor zu ermöglichen, hat man sich aber nur ein einziges Ziel gesetzt: die Erhöhung der öffentlichen Einkünfte, d.h., neue Steuerregelungen. In diesem Zusammenhang stand im Plan folgendes: „Das ökonomische Ziel des Fünfjahreswachstumsplanes ist, in der türkischen Ökonomie ein Wachstum von 7 Prozent zu erreichen. Dieses Wachstumstempo basiert auf realen Schätzungen ... auf Quellen, die wir bereitstellen können. Die Vorbereitungen zeigen, daß es Voraussetzungen zur Schaffung der inneren Quellen gibt, die für eine Wachstumsrate von 7 Prozent notwendig sind und wir nehmen an, daß die Auslandsfinanzierung zu verschaffen ist. In den letzten 5 Jahren hat die Türkei 14,8% ihres Bruttosozialproduktes für die Investionen bereitgestellt. 2% davon stammten aus den Auslandsquellen und 12,8% davon wurde durch die Inlandsquellen gedeckt. Der Anteil der Investitionen am Bruttosozialprodukt wird in den kommenden 5 Jahren durchschnittlich auf 18,3% steigen. 3,5% davon sollen aus Auslandsquellen stammen."[408]
Die Verwirklichung des Planes:
Das Wachstum des Brutto-Sozialproduktes im ersten Fünfjahresplan: die durchschnittliche Wachstumsrate (bei konstanten Preisen zwischen 1963 und 1967 belief sich auf 6,7%. Für die einzelnen Jahre: 1963: 7,7%, 1964: 4,9%, 1965: 4,6%, 1966: 10,3% und 1967: 6,1%.[409]
Das jährliche durchschnittliche Wachstum des Brutto-Nationalproduktes nach Sektoren beim ersten Fünfjahresplan.[410]

Das jährlich-durchschnittliche Wachstumstempo des Brutto-Nationalprodukts nach Sektoren beim ersten Fünfjahresplan (410)

Sektoren	1962-1967 Ziel	1962-1967 Realisierung
Agrarsektor	4,2	3,0
Industrie	12,6	8,9
Bau	10,4	7,8
Verkehr	10,5	7,4
Dienste	5,6	7,6
insgesamt	7,0	6,7

Investitionen in verschiedenen Sektoren der Ökonomie beim ersten Fünfjahresplan[411]

Investitionen in verschiedenen Sektoren der Ökonomie beim ersten Fünfjahresplan in % (411)

Sektoren	Ziel	Realisierung
Agrar	17,7	15,3
Bergbau	5,4	5,6
Industrie	16,9	19,6
Energie	8,6	6,1
Verkehr	13,7	15,6
Tourismus	1,4	1,3
Wohnung	20,3	22,3
Erziehung	7,1	6,5
Gesundheit	2,3	1,7
andere Dienste	6,6	6,0
	100,0	100,0

Die Entwicklung- und Realisierungsrate bei den Investitionsquellen: Anteil und Quellen der Investitionen (konstante Kapitalinvestionene) am Brutto-Nationalprodukt beim ersten Fünfjhresplan.[412]

Erster Fünfjahresplan in %

	Ziel	Realisierung
Anteil der konstanten Kapital-Investitionen am Brutto-National-produkt	18,3	16,0
Davon: Inlandsquellen	14,8	14,2
Auslands-quellen	3,5	1,8
Anteil der staatlichen Investitionen	59,9	52.4
Anteil der privaten Investitionen	40,1	47,6

Was besagen diese Angaben? Die obigen Angaben, deren Entwicklung sich gegenseitig ergänzt oder beeinflußt, spiegeln wider, inwieweit der erste Fünfjahresplan realisiert werden konnte.
Man hat angegeben, eine Auslandsquelle von 3,5% in Anspruch zu nehmen. Realisiert wurde davon nur 51,4%. Also gerade die Hälfte des gesteckten Zieles. Und die

inländischen Quellen wurden nur zu 87,4% beansprucht. Die sektorelle Verteilung der inländischen Quellen (staatliche und private Investitionen) konnte nicht so realisiert werden, wie man sie im Plan festgelegt hatte. Im Plan war es vorgesehen, daß die inländischen Quellen mit einer Prozentzahl von 59,9 aus dem staatlichen und mit einer Prozentzahl von 40,1 aus dem privaten Sektor bestehen sollten. In der Tat belief sich der Anteil des staatlichen Sektors auf 52,4% und der des privaten Sektors auf 47,6%. Mit anderen Worten: Die Realisierungsrate beim staatlichen Sektor betrug 87,4% und beim privaten Sektor 118,7%. Das Wachstum von 7 Prozent konnte nicht erreicht werden. Es blieb auf 6,7%, d.h., das Ziel wurde nur zu 95,7% realisiert.

Es hat Gründe, warum die vorgesehenen Ziele bei der sektorellen Entwicklung unterschiedlich erreicht wurden; wie aus der Tabelle zu sehen ist, konnten die für die Landwirtschaft bereitgestellten Investitionen nur einer Prozentzahl von 86,4 verwirklicht werden. Diese Realisierungsrate war beim Bergbau 103,7%, bei der Industrie 115,9%, beim Verkehr 113,8% und beim Wohnungsbau 109,8%. Obwohl man mehr investiert hatte, als im Plan vorgesehen war, fielen die Wachstumsraten recht unterschiedlich aus; z.B., für die Landwirtschaft 71,4%, für die Industrie 70,6%, den Bau 75%, den Verkehr 70,4%, für den öffentlichen Dienst 135,%. Hier ist folgende Tendenz zu beobachten: Aufgrund der Förderung des privaten Sektors flossen die Investitionen mehr in den Industriesektor als in den Agrarsektor. Das Verkehrswesen wurde ernst genommen, weil es für die Entwicklung der Infrastruktur von großer Bedeutung ist. Obwohl die Profitchancen beim Wohnungsbau damals gering waren, war es unvermeidlich auch bei diesem Sektor mehr zu investieren, als vorgesehen war, weil der Bau von Wohnungen nicht mehr in die Zukunft aufzuschieben war.

Dabei, daß die Investitionen bei diesen Sektoren unterschiedlicher ausfielen, als vorgesehen war, spielten die prozentuellen Änderungen an den Industriequellen eine nicht zu unterschätzende Rolle. Z.B., der Investitionsanteil des privaten Sektors stieg von vorgesehenen 40,1% auf 47,6%. Dies führte dazu, daß beim privaten Sektor sich eine Tendenz entwickelte, seine Quellen unabhängig zu bewerten. Diese Tendenz machte sich besonders deutlich beim Ausfall der Investitionen für die Sektoren wie Agrar, Gesundheit und Erziehung. D.h., man stellte die Profitchancen in den Vordergrund und investierte dementsprechend.

Der erste Fünfjahresplan stellte einen Versuch der türkischen Bourgeoisie für die gemischte Wirtschaft bestehend aus privatem und staatlichem Sektor dar.

Dieser Versuch zeigt, daß die türkische Bourgeoisie, insbesondere die Industriebourgeoisie, mit einer derart geplanten Wirtschaft einverstanden war, aber unter einer Bedingung: Der Industriesektor mußte bevorzugt werden. Diese Bourgeoisie war der Meinung: „Ich investiere, wie ich es für richtig halte, die anderen Sektoren sollen von mir oder von meiner Entwicklung abhängig sein. Der Staat soll dort investieren, wo ich selbst nicht kann oder keine guten Profitaussichten sehe." Der zweite Fünfjahresplan wurde auf diesen Gedanken aufgebaut.

3.2. Der zweite Fünfjahresplan: 1968 - 1972

Dieser Plan wurde in einer der wichtigsten Perioden der türkischen Geschichte progammiert und durchgeführt. Deswegen ist nicht nur die ökonomische, sondern auch die politische Bedeutung dieses Planes sehr wichtig. Mit anderen Worten: Die strukturellen Veränderungen in der türkischen Ökonomie führten zum ersten Mal in dieser Periode zur politischen Krise der kollaborierenden Bourgeoisie, zum faschistischen Putsch von 1971.

Der zweite Plan ist ein Ausdruck des Sieges des privaten Sektors über den staatlichen. Wir haben gesehen, daß beim ersten Plan von „Förderung des privaten Sektors", von „staatlichen Investitionen für die staatlichen Unternehmungen" die Rede war. Beim zweiten Plan aber ging es darum, die öffentlichen Quellen für den privaten Sektor bereitzustellen. Beim ersten Plan war nicht davon die Rede, „reiche Leute zu schaffen", beim zweiten Plan aber war davon die Rede. Z.B., da durch diesen Plan der private Sektor in den Vordergrund gestellt wurde, oder der Plan dieses Ziel zu erreichen beabsichtigte, wurde der private Sektor in einer Reihe von Investitionsbereichen wie Schiffbau, Bau, Projektarbeiten usw. motiviert und ihm jegliche Unterstützung, wie die Möglichkeit, vom Staat Kredite zu bekommen, Befreiung von Zollgebühren für die Investitionsgüter usw., zugesagt.
Bevor wir die politische Entwicklung in dieser Periode behandeln, sehen wir zuerst, welche Ziele der zweite Plan mit welchen Mitteln zu realisieren versuchte.
Der zweite Plan beabsichtigte, eine Wachstumsrate von 7% zu erreichen. Um dieses Ziel erreichen zu können, war vorgesehen, 22,7% (der Durchschnitt für 5 Jahre) des Brutto-Nationalproduktes für die Investitionen bereitzustellen. Das zeigt seinerseits, daß das Investitionsvolumen, verglichen mit dem ersten Plan, gewachsen ist. Durch den zweiten Plan sollte auch erreicht werden, daß das Brutto-Nationaleinkommen zwischen 1967 und 1971 um 40,3% steigt. Deswegen „zielte der zweite Plan auf die tiefgehenden Strukturveränderungen ab, um das gesteckte Ziel zu erreichen. Aus diesem Grund wird in der Periode des zweiten Planes dem Industriesektor eine Führungsrolle" zufallen.[413]
Veranschaulichen wir jetzt durch die nachstehende Tabelle die Anteile der Investitionen, ihre Realisierungs- und Wachstumsrate bei verschiedenen Sektoren der Wirtschaft.
Investitionen und Wachstumstempo in verschiedenen Sektoren der Ökonomie beim zweiten Fünfjahresplan, 1968 - 1972, in %.[414]

Investitionen und Wachstumstempo in verschiedenen Sektoren der Ökonomie beim zweiten Fünfjahresplan in % 1968-1972 (414)

	Sektorelle Investitionen		Wachstumsrate	
Sektoren	Ziel	Realisierung	Ziel	Realisierung
Agrar	15,2	11,8	4,2	3,9
Verarbeitende Industrie und Bau	22,4	25,7		
Bergbau	3,7	3,5	11,1	9,7
Energie	8,0	8,5		
Verkehr	16,1	16,4	7,2	9,0
Wohnung	17,9	20,2	6,1	
Erziehung	6,7	4,7		
Gesundheit	1,8	1,5	5,9	6,8
Tourismus	2,3	2,1		
sonstige Dienste	5,5	5,5		

In der Periode des zweiten Planes versuchte man ein Gleichgewicht zwischen den Sektoren der Wirtschaft herzustellen; man hat bei der Zielsetzung für die Agrar- und Industriesektoren versucht, realistischer zu handeln und das Wachstumstempo beim öffentlichen Dienst zu stoppen.

schiebung zugunsten des privaten Sektors. Der Anteil des privaten Sektors an den Investitionen war ungefähr so hoch wie der des staatlichen Sektors. Man plante außerdem, die Investitonsabhängigkeit von Auslandsquellen zu verringern. Z.B., für das Jahr 1967 wurde im Plan der Anteil des Fremdkapitals auf 2% angesetzt und im Jahre 1972 sollte dies auf 1,7% begrenzt bleiben. Dieses Ziel wurde jedoch nicht realisiert. Der Anteil des Fremdkapitals stieg im Jahre 1972 auf 2,8%. (Dieses schließt nur die Investitionen der ausländischen Staaten ein.) Außerdem sollten zwischen 1967 und 1972 die gesamten Investitionen des ausländischen Privatkapitals nur einen Anteil von 7,3% der gesamten privaten Investitionen betragen. Dieses Ziel wurde jedoch am Ende 1972 nur zu 3% verwirklicht.[415] Ferner wurde durch die sektorelle Verteilung der Investitionen die beim ersten Plan deutlich gewordene Tendenz noch deutlicher; wie aus der Tabelle zu entnehmen ist, lagen die Investitionen im Agrarsektor unter denen des ersten Planes. Dagegen ist der Anteil des Industriesektors an Investitionen verglichen mit dem ersten Plan gestiegen. Daß dieser Sektor bevorzugt ist, ist eindeutig. Diese Bevorzugung oder Benachteiligung bildete den Konfliktstoff zwischen den Teilen der Bourgeoisie. Nun, es wurden in der Türkei gegen diesen Plan Stimmen laut: Die Einwände gegen diesen Plan kamen hauptsächlich von jenen sozialen Kräften, die predigten, der Plan sei nicht zu verwirklichen, und die alte Ordnung und ökonomische Struktur solle aufrechterhalten werden. Diese Kräfte waren daran gewöhnt, vom Nationaleinkommen den Löwenanteil für sich in Anspruch zu nehmen und die Ökonomie ihren Interessen entsprechend zu führen. Diese Kräfte bestanden aus Agrarkapitalisten, Großgrundbesitzern und aus der Handelsbourgeoisie (eingeschlossen auch diejenigen, die sich auf den Verkauf ausländischer Waren spezialisiert hatten).
Unter den Schwierigkeiten bei der Realisierung des Planes nannte man unter anderem auch die schwache Entwicklung der Kapital akkumulierenden Klasse, die Notwendigkeit der Erhöhung der Ersparnisse, den Außenhandel und sonstige Schwierigkeiten auch von strukturellem Charakter.
Wir wollen sehen, ob diese sozialen Kräfte mit ihren Einwänden Recht hatten oder nicht.
Die Frage der schwachen Entwicklung der Kapital akkumulierenden Klasse und die Erhöhung der Ersparnisse: Dieser Einwand ist höchst interessant, denn die letztgenannten Schwierigkeiten bilden zwei Seiten einer Medaille. D.h., da die kapitalakkumulierende Klasse schwach ist, ist auch die Kapitalakkumulation gering, oder, da die Kapitalakkumulation gering ist, ist auch die „Kapital schaffende" Klasse schwach. Was hier interessant ist, ist, daß man das nicht in irgendeinem anderen Land, sondern in der Türkei in bezug auf die Türkei sagt. In einem Land wie der Türkei können die Investoren – insbesondere die ausländischen – in einer kurzen Periode von nur 2 - 3 Jahren Profite herausholen, die höher sind als das Grundkapital. Das ist allgemein bekannt. Deswegen ist die Behauptung, sie würden keinen Profit machen, oder keine Kapitalakkumulation schaffen, falsch, wenigstens nicht glaubhaft. Auch die Behauptung, die kapitalakkumulierende Klasse wäre schwach, ist nicht stichhaltig. Mit diesem Argument spricht man einen der ursprünglichen Akkumulationswege des Kapitals an, nämlich das akkumulierte Kapital in den Händen der Handelsbourgeoisie. Auf diese Frage werde ich nicht eingehen, weil wir ja in einigen Teilen dieser Arbeit die Handelsbourgeoisie, ihre Rolle und Entwicklung, genug behandelt haben. Daraus ist zu ersehen, daß auch diese Behauptung falsch ist.
Ferner wird die Frage gestellt, wohin das akkumulierte Kapital der Handelsbourgeoisie fließt. Wir wissen ja, daß seit der kemalistischen Periode der Versuch unternommen wurde, dieses Kapital in die Industrie fließen zu lassen, oder dieses Kapi-

tal außerhalb des Handels zu investieren. Wenn das nicht der Fall wäre, worin sollte dann die Politik der Förderung der Industrie bestehen? Diese Politik trug noch zu der Entwicklung der Industriebourgeoisie bei. Das führte dazu, daß die Beziehungen sich zwischen den Bankkreisen und der Industriebourgeoisie zu entwickeln bzw. zusammenzuwachsen begannen.
Wie bemerkt, kamen die Einwände von jenen Kräften, die die Entwicklung der Industriebourgeoisie zu verhindern versuchten. Der Konflikt innerhalb der AP (die damalige Regierungspartei unter Führung von S. Demirel) und die politischen Geschehnisse, die wir im weiteren untersuchen werden, bestätigen diese Meinung.
Diejenigen, die den Außenhandel für das ökonomische Wachstum als ein Hindernis betrachten, sahen in der Industriebourgeoisie und folglich in der Industrie nur einen Faktor, der das Importvolumen vergrößert. Aber die Entwicklung des Außenhandels, bzw. die Entwicklung des Importvolumens können ja einen Beweis für die Entwicklung des Landes darstellen. Mit anderen Worten: Die Industrialisierung des Landes kann (ich sage „kann") an Volumenänderungen oder am Wachstum des Außenhandels bzw. des Imports gemessen werden. Demnach wird das Volumen des Imports bzw. des Außenhandels parallel der Industrialisierung des Landes steigen. Die Urheber der obigen Behauptung sind also wieder diejenigen, die die Industrialisierung des Landes zu verhindern suchen.
Wir haben gesehen, daß der Bestand des Imports sich allmählich veränderte. Und man importierte hauptsächlich Güter, die für die Industrie notwendig waren. Das ist eine weitere Entwicklung der Industriebourgeoisie. Um diese Entwicklung verhindern zu können interpretierten diese Kreise die Bedeutung des Außenhandels falsch. Dazu kann man noch die Frage über die „strukturelle Schwäche" zählen. Was man damit meint, ist nicht eindeutig. Aber es geht hier wohl um die Gründung von politischen, beruflichen und ökonomischen Institutionen und Verbänden, die entsprechend der sozio-ökonomischen Entwicklung des Landes notwendig werden und im Dienste der herrschenden Klasse stehen. Dieser Einwand ist aber ebenfalls nicht stichhaltig. Denn wenn eine politische Macht oder überhaupt die Bourgeoisie die allgemeine Entwicklung des Landes vorantreiben will, muß sie die dieser Entwicklung entsprechenden, fördernden Überbau-Institutionen schaffen. Ob man will oder nicht, die Entwicklung der Ökonomie wird neue Institutionen unvermeidlich machen.
Solche Stimmen aus dem Lager der gesamten Bourgeoisie konnten laut werden, weil die AP-Regierung (Gerechtigkeitspartei) unter Führung von S. Demirel selbst dem Konflikt zwischen den Teilen der Bourgeoisie ausgesetzt war und nicht recht wußte, was zu tun war.
Die oben genannten Schwierigkeiten waren die Vorboten der politisch-ökonomischen Krise, die aus dem strukturellen Veränderungsstadium der Wirtschaft entstammte.
Gehen wir jetzt auf die ökonomische Lage und politische Entwicklung ein, die erst im Jahre 1970 deutlich geworden war.
1970 war die industrielle Entwicklung des Landes soweit, daß der Industriesektor unter den Sektoren der Ökonomie der entwickeltste primäre Sektor wurde. Vorher war der Agrarsektor der primäre Sektor und bestimmte die ökonomische Entwicklung des Landes. Die Bemühungen der Bourgeoisie seit der kemalistischen Periode reichten nicht aus, diese Stellung des Agrarsektors zugunsten des Industriesektors zu ändern. Erst in den 60er Jahren konnte man beobachten, was die Bourgeoisie bis dahin für die Entwicklung der Industrie unternommen, bzw. investiert hatte. Die Zusammensetzung des Brutto-Nationalproduktes weist auf diese Entwicklung hin.

Der Anteil des Industrie- und Agrarsektors am Brutto-Nationalprodukt[416] – Produktionswert bei laufenden Preisen, in Mio.TL.

Jahr	Agrar	in %	Industrie	in %
1966	37.044	52,0	34.145	48,0
1967	38.926	48,2	41.900	51,8
1968	41.169	46,8	46.906	53,2
1969	43.322	45,4	52.140	54,6

Diese Tabelle ist wichtig. Sie zeigt, daß der Industriesektor in der türkischen Ökonomie zu einem primär bestimmenden Faktor geworden ist, daß er den Agrarsektor an Produktion und Volumen hinter sich gelassen hat.
Im Jahre 1966 kam 52% des gesamten produzierten Wertes aus dem Agrarsektor. Das hat sich mit der Zeit geändert und es stammten im Jahre 1967 51,8%, 1969 54,6%, 1971 60% und 1977 65,7% des produzierten Wertes aus dem Industriesektor. Mit anderen Worten: 1966 - 1969 betrug die Wachstumsrate beim Agrarsektor um 116% und beim Industriesektor um 157,7%.
Dieses relativ schnelle Wachstum der Industrie führte schon 1970 zur Lagerung (Stockung) der produzierten Werte. Mit anderen Worten: Ein neues Problem, der Verkauf der Industrieprodukte, mußte gelöst werden. Z.B. die langlebige Konsumgüter (wie Kühlschrank, Staubsauger usw.) produzierende Industrie stand vor Schwierigkeiten. Man mußte die Produktion verlangsamen. Die vorhandene Kapazität der Industrie wurde nicht voll ausgelastet. Um produzieren zu können, mußte die türkische Industrie Außenmärkte finden. Es war nicht leicht, auf der internationalen Ebene guten Absatz zu finden. Das war das erste Problem, das aus dem Wachstum der Industrie stammte.
Im Jahre 1970 war es so, daß die verarbeitende Industrie mit ihrer niedrigsten Kapazität arbeitete. Die nachstehende Graphik gibt uns einen Überblick über die Belastung der Kapazitäten der verarbeitenden Industrie.[417]
Trotz der geringen Auslastung der Produktionskapazitäten, nahm die Lagerung der Produkte weiter zu. Die türkische Industrie war nicht mehr in der Lage, ihr Kapital zu verwerten. Die folgende Tabelle auf Seite 220 veranschaulicht, welche Dimensionen der Wert der gelagerten Produkte angenommen hatte.[418]
Sowohl die Graphik als auch die Tabelle enthalten Angaben, die die Krise der Industrie eindeutig machen. Die Stockzunahmen, insbesondere in den letzten drei Jahren, sind nicht zu übersehen. War die Stockzunahme z.B. im Jahre 1969 699 Mio. TL., so stieg sie im Jahre 1970 auf 1.621 Mio. TL., eine Zunahme von 231,9%. Die Stockzunahme belief sich von 1.621 Mio. TL. im Jahre 1970 auf 2.692 Mio. TL. im Jahre 1971 , also eine Zunahme von 166%.
Das ist kein gutes Zeichen für das Kapital, für die Kapitalisten. Denn für einen Kapitalisten ist es wichtig, seine Produkte zu verkaufen und sein Kapital erneut zu investieren. Die oben dargestellte Lage aber widersprach dem Wesen der Aktion des Kapitals; wenn eine solche Lage eintritt, heißt es dann, daß die Krise eingetreten ist. Die Überwindung einer solchen Krise hängt von vielen Umständen ab; neue Märkte, gute Packung, rascher Transport, gute Qualität usw. Also, man muß konkurrenzfähig sein, man muß wissen, wie das Kapital zu verwerten und die Produktion zu verkaufen ist.

Stock der verarbeitenden Industrie beim privaten Sektor (in Mill. TL)

	Rohstoffe u. Geräte		Produziert		halbfertig		insgesamt	
Jahr	Stockwert Ende des Jahres	Stockänderung	Stockwert Ende des Jahres	Stockänderung	Stockwert Ende des Jahres	Stockänderung	Stockwert Ende des Jahres	Stockänderung
1963	1.306	113	1.246	109	274	55	2.826	27
1964	1.572	266	1.534	288	249	-25	3.355	57
1965	1.779	207	1.804	270	189	-51	3.781	42
1966	2.196	417	1.813	9	294	96	4.303	52
1967	2.584	388	2.253	440	461	167	5.298	99
1968	3.038	454	2.584	331	604	143	6.226	92
1969	3.369	331	2.995	411	551	-43	6.925	69
1970	4.269	900	3.569	574	708	147	8.546	162
1971	4.738	469	5.424	1.855	1.076	368	11.238	269

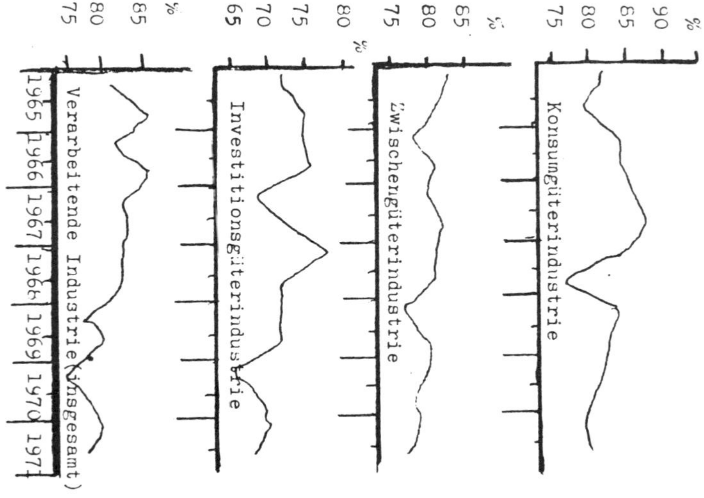

3.3. Die Gründe der Machtergreigung der Armee vom 12. März 1971

Die strukturellen Veränderungen in der türkischen Industrie oder bei der Entwicklung des Kapitalismus in der Türkei, sind die hauptsächlichen Ursachen des faschistischen Putsches vom 12. März 1971. Die Regierungspartei, zwischen 1950 und 1960 die DP, wurde nach der Machtergreifung der Armee vom 27. Mai 1960 aufgelöst. Diese Partei war das politische Sprachrohr der Großgrundbesitzer, der Agrarkapitalisten, der Reste des Feudalismus, der sich entwickelnden Industriebourgeoisie, des Finanzkapitals und der Handelsbourgeoisie. Die nach 1960 gegründete Partei, die AP (Gerechtigkeitspartei), stützte sich auf dieselben Kräfte. Diese Partei hat bei jeder Gelegenheit deutlich gemacht, daß sie die Nachfolgerin der verbotenen DP ist. In der DP waren die herrschenden Kräfte aus dem Agrarsektor dominierend. In der AP aber gewann der Einfluß der Industriebourgeoisie mehr und mehr an Bedeutung. Diese Entwicklung störte offensichtlich die Agrarkapitalisten und Großgrundbesitzer. Denn die letzteren wollten, daß der Agrarsektor in der Ökonomie primär behandelt und der bestehende Status quo des Landes aufrechterhalten wird. Sie bezweckten unter anderem damit, den Außenhandel, den Export unter ihrer Kontrolle zu halten und den Löwenanteil am Kreditvolumen für sich in Anspruch zu nehmen. Dieser Interessenkonflikt hat sich mehr und mehr verschärft.

Vom Standpunkt des Agrarsektors aus waren die vorgetragenen Besorgnisse angebracht. Denn diese Kreise wußten zu gut, daß man in der gesamten Ökonomie vor Strukturveränderungen stand, daß die türkische Ökonomie sich nicht mehr nur auf den Agrarsektor stützen konnte und daß die guten Zeiten vorbei waren. Die Bemühungen aus den Kreisen des Agrarsektors bestanden darin, eben diese Entwicklung zu verhindern.

Die Verteilung der Kredite zeigt, wie recht die Agrarkreise mit ihren Besorgnissen hatten. Hier sind die Zahlen dafür.

Die Verteilung der Kredite in Mio. TL[419]

Jahr	Netto-Agrar-Kreditvolumen	Kreditvolumen (insgesamt)	Anteil des Agrarkredits am Gesamtkredit	Anteil des Kredits für das Getreideproduktamt am gesamten zentralbank-Kredit in %
1950	780	2.032	38,4	17,2
1951	1.177	2.714	43,4	22,9
1952	1.861	3.753	49,6	27,9
1953	2.147	4.252	45,1	34,9
1954	2.447	5.640	43,4	30,8
1955	2.602	7.190	36,2	15,9
1956	2.940	8.084	35,4	14,9
1962	3.049	11.247	32,4	17,3
1963	4.383	13.771	31,8	27,5
1964	5.303	15.985	33,2	20,7
1965	5.898	19.182	30,8	11,8
1966	7.659	24.284	31,5	11,7
1967	8.975	28.367	31,6	11,3
1968	9.468	30.285	31,3	12,0

Wie wir sehen, hat der Agrarsektor seine goldenen Zeiten in der Periode 1950 - 1954 erlebt. Sowohl den größten Anteil am Kreditvolumen als auch den größten Teil von

Krediten der Zentralbank (Merkez Bankası) hat der Agrarsektor in der genannten Periode bekommen. Das hat sich mit der Zeit geändert. Diese Änderung zuungunsten des Agrarsektors sehen wir bei der Verringerung der Kredite für den Agrarsektor. Eben diese Entwicklung führte in der AP zur Entstehung von Konflikten. Diese Interessengegensätze machten sich bei den Wahlen von 1969 deutlich. Die aus der AP ausgetretenen Gruppen vereinigten sich in zwei anderen Parteien. Eine von diesen Parteien vertrat die Interessen der mittleren Geschäftsleute, Händler und Wucherer von Anatolien. Sie hieß Ordnungspartei (Nizam Partisi), wurde 1970 gegründet und später verboten. Diese Partei war gegen die Großbourgeoisie (Vorrechte bei der Kreditvergabe usw.). Die andere Partei, die DP (Demokratische Partei, gegründet 1970) war direkte Vertreterin der Großgrundbesitzer. Diese Partei trat für die Unterstützung, Modernisierung und für die Steigerung der Investitionen für den Agrarsektor auf.[420]
Die AP konnte bei den Wahlen von 1965 die herrschenden Klassen (Agrarbourgeoisie, Industrie-, Handels- und Finanzbourgeoisie) vereinigen und an die Macht gelangen. Im Jahre 1970 ist sie auf Grund des oben genannten Interessenkonfliktes in drei Gruppen gespalten, und dadurch wurde sie die Hauptvertreterin der Großbourgeoisie. Die CHP blieb von einer ähnlichen Entwicklung nicht verschont. Nach den Wahlen von 1965 war eine Gruppe aus ihr ausgetreten, 1967 die Nationale Sicherheitspartei (Milli Güven Partisi) gründete. Sie vertrat die Interessen der mittleren Schichten des Agrarsektors. Sie stützte sich dabei auf die Großbourgeoisie (Industriebourgeoisie).
So wurde das politische Parteienbild der Bourgeoisie im Jahre 1970 vollständig.
Im Jahre 1970 befand sich die Türkei in einer Situation, wie oben kurz geschildert ist.
Der damalige Ministerpräsident Demirel sagte 1970, die aus der Strukturveränderung der Industrie stammende Krise vor Augen haltend, folgendes: „Die türkische Ökonomie wechselt das Stadium. Dies macht manche Maßnahmen notwendig. In wenigen Jahren entstand bei unserer Ökonomie eine Stockung. Um diese Stockung beseitigen zu können ... haben wir einige Beschlüsse gefaßt. Damit haben wir bezweckt, unsere Ökonomie mindestens in den kommenden 10 Jahren auf eine stabile Grundlage zu stellen."[421]
„Das Jahr 1970 beinhaltet bestimmte Schwierigkeiten. Denn wenn wir sagten, daß dies Jahr ein Aufräumungsjahr ist, so hatten wir etwas gemeint ... Zu Beginn des Jahres 1970 mußten wir einige wichtige ökonomische Schwierigkeiten überwinden."[422] Damit meinte er die politisch-ökonomische Krise des Landes.[*)]
Nachdem die Militärs am 12. März 1971 die politische Macht an sich gerissen hatten, haben sie eine Koalitionsregierung ins Leben gerufen. Diese Regierung schloß die Agrarkapitalisten und Großgrundbesitzer von der politischen Macht aus. Sie war Gegnerin dieser Kräfte aus dem Agrarsektor. Diese Regierung wollte gleichzeitig die Kontrolle des Staates über die Ökonomie stärken, den Außenhandel verstaatlichen und die Kredite verringern. Man hatte aber eine Rechnung gemacht, ohne dabei den Wirt gefragt zu haben. Niemand hat sich damit einverstanden erklärt; die Maßnahmen der Regierung verletzten die Interessen der Handelsbourgeoisie, die den Außenhandel kontrollierte. Die Agrarbourgeoisie war von Anfang an gegen die getroffenen Maßnahmen und kämpfte dagegen, indem sie den Export aus Agrarprodukten zu verringern versuchte. In den ersten Monaten des Jahres 1971 ist der Export aus Agrarprodukten tatsächlich zurückgegangen. Während die Regierung dagegen kämpfte, stellte sich auch die anfänglich zögernde Industriebourgeoisie gegen sie, weil die Regierung die für den privaten Sektor bereitgestellten Kredite verringerte.

Der Kampf der ersten Juntaregierung gegen die Agrar- und Handelsbourgeoisie verlief erfolglos. Die Industriebourgeoisie blieb im Grunde genommen passiv. Sie nahm die Haltung „Warten wir mal ab“ ein. Sie hatte das politische Gleichgewicht vor Augen und konnte sich nicht frontal gegen die Agrarbourgeoisie stellen. Aber die politisch-ökonomische Entwicklung ab 1971 verlief zugunsten der Industriebourgeoisie. Das bedeutete aber nicht, daß der Agrarsektor ganz beiseitegeschoben wurde. Wir werden im weiteren zu dieser Entwicklung zurückkommen.

3.4. Der dritte Fünfjahresplan: 1973 - 1978

Dieser Plan wurde in einer Periode vorbereitet, in der die Militärs das Sagen hatten. Deswegen trug er Spuren dieser Zeit. Mit diesem Plan wurde die Frage der Strategie auf die Tagesordnung gesetzt. Damit meinte man eine Periode, die drei Fünfjahrespläne umfaßte. In diesem Sinne war die Periode von 1963 bis 1978 eine strategische Periode. Die unvorhergesehenen ökonomischen Veränderungen zwangen aber dazu, eine solche Strategiefeststellung aufzugeben. Man plante eine neue Strategie, die, angefangen mit dem dritten Fünfjahresplan 15 Jahre, also wieder drei Fünfjahrespläne umfassen sollte. Im Grunde genommen waren diese alten und neuen Strategien im Wesentlichen von ähnlichem Charakter. Es ist aber bis zu einem bestimmten Punkt unwichtig, was in dieser oder jener Strategie steht. Wichtig ist, daß man die Gesetze und Entwicklungsrichtung der Ökonomie erkennt und dementsprechend handelt. Ein Plan, der dies nicht erkennt, ist zum Scheitern verurteilt.
Der einzige und zugleich wichtigste Unterschied zwischen diesen beiden Strategien bestand darin, daß man bei der Vorbereitung der ersten Strategie auf die Steigerung der Investitionen und auf die gerechte Verteilung des Nationaleinkommens (Einfluß der Reformisten) und bei der zweiten Strategie auf das Wachstum der Industrie und auf den Zufluß der Quellen in den Industriesektor Wert legte und gleichzeitig den Kampf zwischen der Arbeiterklasse und der Bourgeoisie unter dem Deckmantel „disziplinierte Opferbereitschaft“ unterdrückte. Die erste Strategie konnte und durfte das gestellte Ziel, gerechte Verteilung des Nationaleinkommens, nicht realisieren. Dies zu verwirklichen, widerspricht doch dem Charakter des kapitalistischen Systems. Die zweite Strategie konnte ihr Ziel, den Kampf zwischen Arbeit und Kapital zu unterdrücken, erst nach der Hälfte der 70er Jahre bis heute voll verwirklichen.
Das Ziel und die Realisierungsrate des dritten Fünfjahresplanes:
In der Periode dieses Planes wollte man eine Wachstumsrate von 7,4% erreichen. Realisiert wurde jedoch eine Wachstumsrate von 6,5%. Und das Brutto-Nationalprodukt sollte um 7,6% wachsen. Erreicht hat man jedoch ein Wachstum von 6,9%.[423]
Hier wollen wir erst einmal folgendes veranschaulichen: die Entwicklungen an den Quellen der Kapitalakkumulation, den Anteil der konstanten Kapitalinvestitionen am Brutto-Nationalprodukt, den Anteil des öffentlichen und privaten Sektors an den gesamten konstanten Kapitalinvestitionen und die sektorelle Verteilung der konstanten Kapitalinvestitionen.

*) Es muß hier gesagt werden, daß auch die Studentenbewegung, die gewerkschaftlichen Kämpfe der Arbeiterklasse, die Landbesetzung der Bauern, überhaupt die allgemeine oppositionelle Stellung der Werktätigen, beim Putsch vom 12. März 1971 eine wichtige Rolle spielten.

Der Anteil und die Quellen der konstanten Kapitalinvestitionen am Brutto-Nationalprodukt in der Planperiode:

Vergleichstabelle I, in %[424]

	Erster Plan		Zweiter Plan		Dritter Plan	
	Ziel	Realisierung	Ziel	Realisierung	Ziel	Realisierung
Konstante Kapitalinvestitionen am Brutto-Nationalprodukt	18,3	16,0	21,3	16,1	21,9	20,2
Inlandsquellen	14,8	14,2	19,4	15,5	21,1	16,0
Auslandsquellen	3,5	1,8	1,9	0,6	0,8	4,2

Der Anteil der konstanten Kapitalinvestitionen am Brutto-Nationalprodukt sollte um 21,9% betragen. 21,1% davon sollte aus inländischen und 0,8% davon aus ausländischen Quellen beschafft werden. In der Tat betrug der Anteil der konstanten Kapitalinvestitionen am Brutto-Nationalprodukt 20,2%. Der Anteil der realisierten inländischen Quellen betrug 16% und der ausländischen Quellen um 4,2%. Die steigenden Ausgaben führten dazu, daß bei den inländischen Quellen nicht ausreichend Kapital akkumuliert wurde. Diese Lücke wurde durch die Erhöhung des ausländischen Anteils an konstanten Kapitalinvestitionen gedeckt.
Der Anteil der Investitionen des öffentlichen und privaten Sektors an den gesamten konstanten Kapitalinvestitionen:

Vergleichstabelle II, in %[425]

	Erster Plan		Zweiter Plan		Dritter Plan	
	Ziel	Realisierung	Ziel	Realisierung	Ziel	Realisierung
Summe	100,0	100,0	100,0	100,0	100,0	100,0
Öffentlicher Sektor	59,9	53,6	52,6	52,9	56,4	51,1
Privater Sektor	40,1	46,4	47,4	47,1	43,6	48,9

Wir sehen, daß die öffentlichen Investitionen beim dritten Plan zurückgehen, dagegen die Investitionen des privaten Sektors steigen. Die deutlich Abnahme der öffentlichen Investitionen ist auf die Krise der öffentlichen Unternehmungen zurückzuführen, die wir im weiteren untersuchen werden. Und die Zunahme der Investitionen des privaten Sektors ist auf seine führende Stellung in der Ökonomie zurückzuführen.

Das jährlich-durchschnittliche Wachstumstempo der gesamten konstanten Kapitalinvestitionen in der Planungsperiode:

Vergleichstabelle III, in %[426]

	Erster Plan		Zweiter Plan		Dritter Plan	
	Ziel	Realisierung	Ziel	Realisierung	Ziel	Realisierung
Summe	10,7	9,4	11,2	8,1	17,1	14,8
Öffentlicher Sektor	10,6	8,5	10,0	6,5	19,2	16,7
Privater Sektor	11,0	10,5	12,5	9,8	14,9	12,8

Wir sehen, das geplante Wachstumstempo wurde bei allen Planperioden nicht erreicht. Dies ist darauf zurückzuführen, daß man anfänglich keine realistischen Planziele ansetzte und später die sich verschärfende Krise die Realisierung der Pläne unmöglich machte.
Die sektorelle Verteilung der konstanten Kapitalinvestitionen:

Vergleichstabelle IV, in %, bei Preisen von 1976[427]

	Erster Plan		Zweiter Plan		Dritter Plan	
Sektoren	Ziel	Realisierung	Ziel	Realisierung	Ziel	Realisierung
Agrar	17,7	13,9	15,2	11,1	11,7	11,8
Bergbau	5,4	5,6	3,7	3,3	5,8	3,7
Industrie	16,9	20,4	22,4	26,8	31,1	28,2
Energie	8,6	6,5	8,0	9,0	8,5	7,4
Verkehr	13,7	15,6	16,1	16,0	14,5	20,6
Tourismus	1,4	1,3	2,3	2,1	1,6	1,0
Wohnung	20,3	22,4	17,9	20,1	15,7	16,9
Erziehung	7,1	6,6	6,7	4,7	5,0	3,3
Gesundheit	2,3	1,8	1,8	1,5	1,4	1,1
Sonstige Dienste	6,6	5,9	5,9	5,4	4,7	6,0
Summe	100,0	100,0	100,0	100,0	100,0	100,0

Die Untersuchung, warum der dritte Plan nicht verwirklicht werden konnte, heißt die Untersuchung der sich verschärfenden Krise des türkischen Kapitalismus in den 70er Jahren und darüber hinaus die Untersuchung der Gründe des faschistischen Putsches vom 12. September 1980. Im weiteren werden wir diese Fragen eingehend behandeln.

4. Verkehrswesen

Die Länge des gesamten Landstraßennetzes der Türkei war 1980 über 60.761 km. Im Jahre 1958 gab es insgesamt 39.721 Lastwagen. Ihre Zahl stieg von 47.931 im Jahre 1963 auf 327.181 im Jahre 1980. Die zahlenmäßige Zunahme betrug 1980 gegenüber 1958 824%.
Die Länge der gesamten Eisenbahnlinien war 1980 8.193 km. Im Jahre 1963 wurden 12 Mill., 1970 14 Mill. und 1980 10 Mill. Tonnen Traglast transportiert. Im Jahre 1963 21 Mill., 1970 23 Mill. und 1980 21 Mill. Menschen benutzten die Bahn als Beförde-

rungsmittel. Die Abnahme der Personenbeförderung bei der Bahn ist auf die Zunahme der Beförderung auf Landstraßen und mit anderen Verkehrsmitteln zurückzuführen. Z.B. die Zahl aller Minibusse (kleine Busse für 15 - 20 Personen) und die der Busse stieg von 19.269 im Jahre 1963 auf 36.896 im Jahre 1970 und auf 96.707 im Jahre 1980. Also eine Zunahme von 51%.[428]
Schiffstransport: Die Zahl der Frachtschiffe der Türkei stieg von 2.109 (mit 825.760 Groston) im Jahre 1973 auf 2.618 (mit 1.163.029 Groston) im Jahre 1980.
Die Zahl der Passagierschiffe belief sich 1973 auf 174 (mit 974 Groston) und 1980 auf 234 (mit 119.773 Groston). Die Türkei besaß 1973 102 Tanker mit 292.078 Groston und 1980 127 Tanker mit 439.463 Groston.[429]
Wir sehen hier eine leichte Aufwärtsentwicklung. Das ist aber bei weitem nicht genug, den Transportmangel der Türkei zu beseitigen.
Eine ähnliche Entwicklung beobachten wir beim Luftransport: die Zahl der Passagiere beim Inlandsflug stieg von 323.133 im Jahre 1963 auf 1.084.016 im Jahre 1970 und auf 1.249.693 im Jahre 1980.[430]

5. Die Bedeutung des Außenhandels

Im allgemeinen bilden die Struktur und Entwicklung des Außenhandels eines der Kriterien des strukturellen Charakters und des Wachstums der Ökonomie eines jeden Landes. Es geht hier um die Zusammensetzung des Imports und des Exports. Es muß untersucht werden, aus welchen Waren Import und Export bestehen und wie das Verhältnis zwischen ihnen ist.
Ferner liefert die Kapazität des Außenhandels und dessen Anteil am Brutto-Nationalprodukt einen Beweis dafür, wie die Ökonomie des betreffenden Landes gewachsen ist. Es ist unmöglich, sich ein entwickeltes Land vorzustellen, dessen Außenhandelskapazität, gemessen an der gesamten Entwicklung des Landes, klein wäre. Solche Länder exportieren hauptsächlich Industriegüter und importieren dagegen Rohstoffe und Agrarprodukte. Das Gegenteil davon ist bei den unterentwikkelten Ländern der Fall. Sie exportieren hauptsächlich Agrarprodukte und Rohstoffe und importieren dagegen Industriegüter.
Wie sieht die Türkei in dieser Hinsicht aus? Schon bei der Untersuchung des osmanischen Außenhandels haben wir festgestellt, daß das Reich hauptsächlich Agrarprodukte und Rohstoffe exportierte und dagegen Industriegüter importierte. Bis 1960 hat sich an dieser Tatsache nichts geändert. Sowohl in der kemalistischen Periode, als auch danach (1940 - 1960) exportierte die Türkei hauptsächlich Rohstoffe und Agrarprodukte und führte Industriegüter ein. Wir beobachten erst in den 60er Jahren eine Änderung an der Zusammensetzung des Imports/Exports.
Wenn wir uns die oben angeführten Tabellen über Import und Export vor Augen halten, sehen wir diese Änderung an ihrer Zusammensetzung ganz eindeutig.
Wir können aus den genannten Tabellen folgendes schlußfolgern:
Der Anteil der Agrarprodukte am Export verringert sich. Machten die Agrarprodukte 1963 77,2% des Exports aus, so betrugen sie 1980 57,4% des Exports. Am Volumen des Erzexports hat sich nichts wesentlich geändert. Was wichtig ist, ist die Zunahme der Industriegüter am Exportvolumen. Das ist wiederum ein Indiz für die strukturelle Veränderung der türkischen Ökonomie. Diese Veränderung war insbesondere in den Jahren 1971/1972/1973/1974 sehr deutlich. Z.B., der Anteil der Industrieprodukte am Exportvolumen betrug 1971 nur 20,1%. Nur in einem Jahr wuchs er um 106%, und ihr Anteil am Export betrug im Jahre 1972 25,6%. Dieses schnelle Wachstum hielt an; ihr Anteil wuchs 1973 auf 188,5% und 1974 auf 260,4%

im Vergleich zu 1972. In der gleichen Periode wuchs der Anteil der Agrarprodukte am Export 1974 auf 140% im Vergleich zu 1972. Schon damals lag die Kapazität der Industrieproduktion weit über der Kapazität des inneren Marktes. Es wurde mehr produziert als man im Lande absetzen konnte. Die getroffenen Maßnahmen führten dazu, daß der Export von Industrieprodukten rapide zunahm. Es hat jedoch nicht lange gedauert, bis die Krise des Kapitalismus, das falsche Wachstum der Industrie, die nicht erfolgten Neuerungen des Außenhandels, Absatzschwierigkeiten usw. sich ab 1975 auf die Zusammensetzung des Exports auswirkte. Man konnte nicht viel verkaufen, aber viel lagern. Diese konjunkturelle Situation führte dazu, daß der Anteil der Industrieprodukte am Export zurückging.
Die Zunahme des Imports berichtigt die obige Meinung von einem anderen Gesichtspunkt. Wie aus der Tabelle zu entnehmen ist, ist das Volumen der Einfuhr kräftig gestiegen. Die Ursachen der rapiden Zunahme des Imports sind unter anderem auf die entstandenen Schwierigkeiten wie der steigende Bedarf an Kapital, Maschinen, Rohstoffen, deren Preiserhöhung und auf die Preissenkungen bei den Exportgütern (z.B. bei den Agrarprodukten) usw. zurückzuführen. Die Zusammensetzung des Imports insbesondere ab 1960 zeigt, daß der Anteil der Konsumgüter am Importvolumen gering ausfiel und immer geringer wurde. Auch der Anteil der Investitionsgüter ging leicht zurück. Ferner sehen wir, daß der Anteil der Rohstoffe am Importvolumen ständig gestiegen ist.
Diese Zickzack-Bewegung, diese Auf- und Abwärtsentwicklung steht eng mit der Struktur der Industrie, mit den entstandenen Investitions-, Quellen- und Zahlungsschwierigkeiten in Zusammenhang. Was hier jedoch wichtig ist, ist die Abnahme des Anteils der Konsumgüter am Importvolumen. Das ist ein wichtiges Kriterium dafür, daß die türkische Leichtindustrie und Industrie für Zwischengüter relativ entwickelt sind.
Das Gesamtbild der Zusammensetzung des Außenhandels zeigt, daß der Außenhandel immer mehr durch die Industriealisierung des Landes, durch die Industrieproduktion charakterisiert wird.

6. Bankwesen und Handelsgesellschaften

Obwohl die kapitalistische Entwicklung in der Türkei spät erfolgte, haben sich die Banken und Gesellschaften früh entwickelt. Sie spielten erst bei der weiteren Entwicklung und Verbreitung der kapitalistischen Verhältnisse und nachher bei der Entwicklung der Monopole eine sehr große Rolle.
In der kemalistischen Periode, sogar bis 1950, waren die Banken und (Handels- und Industrie) Gesellschaften unter Kontrolle gestellt. Ihre Entwicklung war organisiert. Dies änderte sich, nachdem die DP 1950 an die Macht kam.
Zwischen 1950 und 1960 wurden in der Türkei viele Banken und ihre Filialen gegründet. Z.B., 1950 gab es 34 Banken mit 535 Niederlassungen. Ihre Zahl erhöhte sich 1959 auf 58 und die ihrer Niederlassungen auf 1.710.[431]
Das war das erste so verbreitete, umfangreiche Spekulationsgeschäft in dieser Branche (das zweite Geschäft in dieser Art erlebten wir zwischen 1980 und 1982). Dieses Geschäft wurde skrupellos mit Hilfe aller möglichen Intrigen und Tricks geführt.
Die Militärs lösten jedoch nach ihrer Machtübernahme vom 27. Mai 1960 einige von diesen Banken, die zahlungsunfähig geworden waren und das Geld der Sparer nicht zurückzahlen konnten, auf. In dieser Periode bestanden die Beziehungen zwischen der Industrie- und Finanzbourgeoisie hauptsächlich nur in der Kreditvergabe. Die Banken gewährten der Industrie-, Handels- und Agrarbourgeoisie die

Ersparnisse des Volkes als Kredite. Diese „Operation" der Banken beschleunigte die private Kapitalakkumulation und ihre weitere Bewertung.
Das Verwachsen der Finanzbourgeoisie mit zur Industriebourgeoisie erfolgte erst parallel der Entwicklung des Kapitalismus bzw. der Monopole in den 70er Jahren. Deswegen war es ab 1970 normal, daß eine Bank mit einem Monopol eng zusammamenarbeitete oder ein Monopol für sich eine Bank gründete. Monopole, die eine solche Möglichkeit besaßen, wurden immer mächtiger und die anderen, die keine solche Möglichkeit hatten, gerieten z.B. in Zahlungs- und Kreditschwierigkeiten. Eins wurde jedoch in den 70er Jahren klar, ein mächtiges Monopol kann nur durch eine enge Zusammenarbeit oder durch das Verwachsen mit einer Bank entstehen und sich behaupten.*) Auf der anderen Seite sind auch die Entwicklungstendenzen der Gesellschaften, insbesondere die der Aktiengesellschaften, ein Kriterium für die Monopolbildung und Kapitalakkumulation. Das folgende Schaubild gibt uns einen Überblick über die Entwicklungstendenzen der Aktiengesellschaften.
Kapitalsteigerung bei neugegründeten, aufgelösten und bei Gesellschaften, die ihr Kapital ändern.[432]

Zahl der Gesellschaften insgesamt	Zahl der Aktiengesellschaften	Aktiengesellschaften in %	gesamte Kapitalsteigerung bei Gesellschaften (1000 TL)	Kapitalsteigerung bei Aktiengesellschaften (1000 TL)	Verhältnis der Kapitalzunahme bei Aktiengesellschaften zur gesamten Kapitalzunahme in %	Jahr
3.272	148	4,5	614.436	412.303	67,1	1965
4.157	256	6,2	1.273.031	950.233	74,6	1967
4.538	324	7,1	2.036.873	1.713.525	84,1	1968
5.691	428	7,5	3.530.092	3.181.933	90,1	1971
7.052	856	12,1	10.308.196	9.376.666	91,0	1973
5.920	1085	18,3	11.026.294	10.122.767	91,8	1974
9.167	1803	19,6	16.609.636	14.772.249	88,9	1976
10.267	2503	24,3	27.978.016	25.344.186	90,5	1978
8.986	3479	38,7	108.875.351	103.378.044	94,8	1980

Wir sehen hier, die Zahl der Aktiengesellschaften ist im Vergleich zur Gesamtzahl der Gesellschaften nicht so hoch. Aber die Kapitalzunahme bei Aktiengesellschaften im Vergleich zu den gesamten Gesellschaften ist recht hoch. Sie betrug im Jahre 1965 67,1% und im Jahre 1980 94,8%. Die Kapitalzunahme liegt ab 1970 über 90%. Das ist eine enorme Kapitalkonzentration, die sich in nur 15 Jahren vollzog. Das ist eine relativ kurze Zeit.
All diese Zahlen sind ein Beispiel für die Monopolbildung und Kapitalakkumulation bei den Gesellschaften, insbesondere bei Aktiengesellschaften.

7. Die Zunahme der arbeitsfähigen Bevölkerung in Industrie und Handel

Die Zahl der arbeitsfähigen Einwohner und ihr Beschäftigungsfeld verweisen auf die gesellschaftliche Arbeitsteilung und somit auf die Entwicklung des Kapitalismus. Folgende Tabelle veranschaulicht diese Entwicklung.[433]

*) Bei uns gibt es ca. 100 Monopole, die die Wirtschaft des Landes kontrollieren. Die Zahl der mächtigsten unter ihnen beläuft sich auf ca. 10. Siehe in diesem Zusammenhang Sönmez, Mehmet, „Die Depression in der Ökonomie der Türkei – 1982".

Beschäftigungsbereiche	Periode		
	1960	1970	1980
Landwirtschaft	9 737 489	10 230 496	10 482 856
Handel und Industrie	1 918 159	3 022 787	5 025 020
Dienstleistungen	676 838	1 556 665	2 558 098
Unbekannt	660 759	308 939	969 911
Summe	12 995 245	15 118 887	19 026 885

Aus der Tabelle ist zu entnehmen, daß der arbeitsfähige Teil der Einwohner aus der Landwirtschaft in die Industrie und Dienstleistungen geht. Der arbeitsfähige Teil der Einwohner nahm in der Landwirtschaft geringfügig und in der Industrie und Dienstleistungen schnell zu. Allein diese Tatsache, d.h. die Entwicklungstendenz der gesellschaftlichen Arbeitsteilung, zeigt den Entwicklungsstand der Warenproduktion und den des Kapitalismus.
Wir haben oben festgestellt, daß die arbeitsfähige Bevölkerung in Industrie und Handel schneller wuchs, als die in der Landwirtschaft und daß dies ein Kriterium zur Entwicklung des Kapitalismus ist. Nun untersuchen wir die Bevölkerungszunahme in Industrie und Handel eingehend.
Die Bevölkerungszunahme in Handel und Industrie kann mit dem Wachstum der Städte erklärt werden. Folgende Tabellen geben uns einen Aufschluß über diese Entwicklung.

– Wachstum der Städte in % –[434]

Periode	Wachstum der städtischen Bevölkerung	Wachstum der Großstadtbevölkerung
1927 - 1935	2,9	3,2
1935 - 1940	4,1	2,3
1940 - 1945	1,3	4,0
1945 - 1950	2,6	5,0
1950 - 1955	7,4	8,1
1960 - 1965	6,7	8,0
1965 - 1970	5,5	8,6
1970 - 1975	4,3	7,4

– Das Bevölkerungswachstum in der Türkei –[435]

Periode	insgesamt (Mill.)	in Städten (1000)	auf dem Land (1000)	städtische Bevölkerung in %
1950	20,9	5 244	15 702	25,3
1960	24,0	8 859	18 895	31,9
1970	35,6	13 725	21 879	34,4
1980	45,2	20 053	25 164	47,6

– Zahl der Städte nach Bevölkerungswachstum –[436]

Jahr	Zahl der Städte zwischen			gesamte Bevölkerungszahl der Großstädte zwischen			Großstädte insgesamt
	50 000-100 000	100 000-200 000	mehr als 200 000	50 000-100 000	100 000-200 000	mehr als 200 000	
1950	6	2	3	395 288	221 442	1499 155	-
1960	18	5	4	1221 816	653 496	2708 979	1616 797
1970	21	15	8	1465 573	2147 000	5157 287	2708 979
1980	43	21	12	1880 004	3061 101	8074 045	5982 832

Wie aus den Tabellen zu sehen ist, wuchsen die Städte schnell. Die Einwohnerzahl der Städte wuchs von 25,3% im Jahre 1950 auf 43% im Jahre 1980. Die Einwohnerzahl der Städte nahm 1960 gegenüber 1950 168% und 1980 gegenüber 1960 277% zu. In den gleichen Verlgeichsjahren stieg die Einwohnerzahl auf dem Lande von 121% auf 131% und die gesamte Einwohnerzahl der Türkei stieg in der gleichen Periode von 132% auf 165%. Das schnelle Wachstum der Städte erfolgte erst in den 60er Jahren.
Ferner weist das Wachstum bestimmter Städte auf eine Zusammenballung der Bevölkerung hin. 1980 wohnte fast die Hälfte der städtischen Bevölkerung in 12 Großstädten. Die erste Tabelle zeigt, daß die Großstädte schneller wachsen, als die Städte im allgemeinen.
Diese Großstädte bilden die türkischen Handels- und Industriezentren. Es gibt bei uns große Industriezentren, die man schwerlich als Großstadt bezeichnen kann, z.B. die Industriekomplexe von Istanbul entlang der Marmarameerküste bis Izmit.

8. Die steigende Anwendung der Lohnarbeit und das „Wandervolk"

Niemand weiß genau, wieviel Arbeiter und Werktätige es in der Türkei gibt. Die offiziellen Angaben geben keine exakten Zahlen. Man hat zusammengezählt, was nicht zusammengezählt werden dürfte. Verschiedenen Angaben zufolge dürfte es in der Landwirtschaft 3, in Handel und Industrie 5 und in persönlichen und sozialen Dienstleistungen 2,5 Mill. Arbeiter und Werktätige geben. Dies macht ungefähr 1/3 der arbeitsfähigen Bevölkerung der Türkei ab dem 12. Lebensjahr aus. Da ein gewisser Teil dieser arbeitsfähigen Bevölkerung selbst Eigentümer ist, ist es selbstverständlich, daß man alle diese nicht als Proletarier bezeichnen kann. Dieses Potential können wir untergliedern; wir bekommen hier eine Proletariermasse von über 2 Mill. (1 Mill. Landarbeiter, 1 Mill. Bauarbeiter). Diese Masse bildet vor allen Dingen das proletarische Potential.
Das Wandervolk ist eine der Indizien für den Bedarf an Arbeitskraft und folglich ein Indiz für die Entwicklung des Kapitalismus und Freiwerden von Arbeitskraft auf dem Land. Dieses Potential wandert aus nicht industriellen Gebieten in die Industriezentren und in die kapitalistisch entwickelte Landwirtschaftsregionen. Dieses Potential wurde statistisch bis jetzt nicht erfaßt. Seine Zahl ist aber relativ hoch. Auf jeden Fall zählte es nicht unter Einhunderttausend. Es wandert samt der Familie oder als männliche Arbeitskraft. Die Wanderer arbeiten auf den Baumwolle-, Weizen-, Zuckerrüben- und sonstigen Industriepflanzenfeldern. Sie sind saisonmäßig in Zuckerrübenfabriken, Baustellen beschäftigt, leben in Zelten oder im Freien.

Sie werden von der Bourgeoisie der Großstädte, selbst von der Regierung verachtet, beschimpft, weil sie mit ihren Bettdecken auf dem Rücken das „schöne“ Bourgeoisiebild der Städte stören.
Dieses Potential, das in kapitalistischen Verhältnissen arbeitet, trägt auch einen anderen fortschrittlichen Charakter. Denn sie kommen in die Städte, in Zentren und von dieser sozialen Umgebung lernen sie etwas neues, bringen diese Neuigkeiten aufs Land. Das trägt zur Beseitigung mittelalterlicher Traditionen, der persönlichen Abhängigkeit, zur Bewußtwerdung der Bauern bei.

9. Regionale Entwicklung des Kapitalismus in der Türkei

Bei der Untersuchung der Landwirtschaft hatten wir auch die unterschiedliche Entwicklung der Regionen festgestellt. Hier geht es um die regionale Teilung der Industrie oder um die Feststellung der Entwicklung der Industrie in Regionen.
Die Entwicklung des Kapitalismus und die Herausbildung des inneren Marktes in einem jeden Land bringt unvermeidlich auch die regionale unterschiedliche Entwicklung mit sich, oder umgekehrt; die regional-unterschiedliche Entwicklung der gesamten Ökonomie bedeutet regional-unterschiedliche Entwicklung des Kapitalismus und des inneren Marktes. Es hat natürlich Gründe, warum dies unterschiedlich ist. Die wichtigsten unter diesen Gründen sind die Verkehrsverbindungen, Versorgung mit Rohstoffen usw. So entwickelte sich der Kapitalismus in der Türkei in einigen Regionen und Zentren vertikal und in anderen horizontal. Inwieweit der Kapitalismus eine horizontale Entwicklung aufweist, hängt in erster Linie von einer vertikalen Entwicklung ab. Eine solche Feststellung – die vertikale und horizontale Entwicklung des Kapitalismus – mag vielleicht für ein entwickeltes Land wie die BRD nicht so wichtig sein. Sie ist aber für ein sich entwickelndes, oder mittelmäßig entwickeltes Land wie die Türkei von großer Bedeutung. Diese Bedeutung schließt alle Veränderungen bei der sozio-ökonomischen Struktur der Gesellschaft, also von infrastrukturellen Veränderungen bis zum gesellschaftlichen Bewußtwerden, ein. Z.B., die Bevölkerung von Istanbul unterscheidet sich stark von der in Hakkarı oder Kirşehir, während die Bevölkerung von Izmir sich von der in Istanbul oder Ankara nicht wesentlich unterscheidet. Dieser Unterschied kommt daher, daß die sozialen, ökonomischen, kulturellen Möglichkeiten nicht gleich verbreitet und vorhanden sind. Diese Möglichkeiten sind auf die Entwicklung des Kapitalismus zurückzuführen. Deswegen ist der oben erwähnte Unterschied ein Ausdruck der unterschiedlichen Entwicklung des Kapitalismus in verschiedenen Regionen.
Regionen, in denen der Kapitalismus vertikal, in die Tiefe entwickelt ist, sind Regionen, wo sich Monopole, Produktion, Handels- und Industriegesellschaften, Banken und sonstige Wirtschaftsverbände konzentriert haben. Es sind Schaltzentren der Ökonomie und auch des sozialen Lebens. In solchen Zentren verläuft das ökonomische und soziale Leben nur nach Gesetzen des reinen, nackten Kapitalismus. In Regionen, wo der Kapitalismus nicht so sehr in die Tiefe, sondern in die Breite entwickelt ist, eine horizontale Entwicklung aufweist, ist die Situation etwas anders. Hier dringt der Kapitalismus ins soziale und ökonomische Leben erst oberflächlich ein. Hier kann er (der Kapitalismus) das soziale und ökonomische Leben nur lose kontrollieren. Hier wird er halborganisiert, halbdiszipliniert, ja auf wilde Weise herrschen. Denn in solchen Regionen hat er immer noch mit dem rückständigen, mittelalterlichen Überbleibseln zu tun. Bis er damit fertig wird, es aus dem ökonomischen und sozialen Leben verdrängt, muß er sich – gewollt oder ungewollt

– mit diesem Überbleibsel verbrüdern. Nach und nach werden auch solche Regionen so entwickelt sein, wie schon die entwickelten. Folgende Tabelle gibt uns einen Überblick über die vertikale und horizontale Entwicklung des Kapitalismus in der Türkei.[437]

Stand: 1978 Name der Städte	Anteil an der gesamten Produktion der verarbeitenden Industrie der Türkei in %	Anteil der verarbeitenden Industrie an der gesamten Produktion der Stadt in %
İstanbul	33.54	32.75
Kocaeli	9.89	64.20
İzmir	9.42	31.59
Zonguldak	4.67	37.07
Ankara	4.55	12.81
Adana	4.50	26.53
Bursa	4.34	29.28
İçel	3.23	29.01
Kayseri	1.47	22.56
Eskişehir	1.37	19.97
Konya	1.25	8.62
Balıkesir	1.11	12.10
Samsun	1.08	13.21
Manisa	1.05	9.57
Sakarya	0.93	16.56
Giresun	0.93	23.80
Gaziantep	0.69	11.59
Aydın	0.86	11.81
Malatya	0.73	16.59
Hatay	0.67	10.13
Kütahya	0.67	15.03
Rize	0.63	18.73
Elazığ	0.61	15.44
Denizli	0.59	10.39
Tekirdağ	0.58	14.77

Die Tabelle zeigt, daß die türkische Industrie hauptsächlich in einigen Zentren konzentriert ist. Was hier wichtig ist, ist, daß der Anteil der Industrieproduktion an der gesamten Brutto-Produktion einiger Städte von großer Bedeutung ist, obwohl der Anteil ihrer Industrieprodukte an der gesamten Industrieproduktion des Landes nicht einmal über 1% liegt. Die Städte, wie Sakarya, Giresun, Malatya, Kütahya, Rize und Tekirdag bilden Beispiele dafür. Außerdem sind die Städte wie Kocaeli und Zonguldak direkt von der Industrie abhängig, obwohl ihre Anteile an der gesamten Industrieproduktion des Landes gering ausfallen.
Auch die Kapitalbewegung der Gesellschaften macht die regionale Entwicklung des Kapitalismus deutlich. Vergleichen wir die Kapitalzunahme der Gesellschaften in Istanbul und in den übrigen Teilen der Türkei (außer Ankara und Izmir) mit der gesamten Kapitalzunahme der Gesellschaften, so sehen wir, daß die Kapitalzunahme der Gesellschaften in Istanbul schneller wuchs als die der übrigen Teile der Türkei (außer Ankara und Izmir).
1965 betrug der Anteil der Istanbuler Gesellschaften an der gesamten Kapitalzunahme der Gesellschaften um 65,4%. Dagegen der restliche Teil der Türkei (außer Ankara und Izmir) nur 22,3%. Dies stieg 1973 für die erstere auf 42%, 1975 auf 51,5% und 1978 auf 58%, für die letztere 1973 auf 28,4%, 1975 auf 34,5% und 1978 auf 28,6%.(348) Nach diesen Zahlen ist die Hälfte oder über die Hälfte des gesamten Kapitals der Gesellschaften in Istanbul konzentriert.
Die Kapitalzunahme der Ankaraer Gesellschaften betrug im Vergleich zur gesamten Kapitalsteigerung der Gesellschaften nur 7,2%, 1975 8,9% und 1978 8,2%. Für

die Gesellschaften von Izmir stieg diese Zunahme von 4,5% im Jahre 1965 auf 4,7% im Jahre 1975 und ging 1978 auf 1,5% zurück.[438]

10. Das Fremdkapital in der Türkei

Das Ziel des Fremdkapitals ist es, das betreffende Land ökonomisch auszubeuten, dazu beizutragen, daß das Land politisch und militärisch von ausländischen Mächten abhängig bleibt. Welches von diesen Zielen das Fremdkapital in den Vordergrund stellt, hängt in erster Linie von der strategischen Lage, politischen Stabilität, von den dem Fremdkapital gewährten Vorrechten und von den Ressourcen des Landes ab. Wenn ein Land die Bedingungen des Fremdkapitals nicht oder nicht genügend erfüllt, ist es schwer, ausländiches Kapital in großen Mengen zu erhalten. Indem das Fremdkapital ein Land wie die Türkei ökonomisch ausbeutet, es politisch beeinflußt, schafft es somit imperialistische Einflußsphären. Um seine Ziele erreichen und darüber hinaus befestigen zu können, kann das ausländische Kapital sich mit allen möglichen politischen Kräften der Bourgeoisie vereinigen. Das Kapital aus hochentwickelten, aus sogenannten demokratischen Ländern kann genausogut mit den Feudalen und Faschisten zusammenarbeiten, wie mit der demokratischen Bourgeoisie. Das Fremdkapital kann Regierungen stürzen, andere Machtverhältnisse herbeiführen lassen. Es gilt, eigene Interessen zu bewahren. Die Formen des Eindringens des Fremdkapitals in ein unterentwickeltes Land können unterschiedlich sein. Das hängt von objektiven Bedingungen ab. Es kann als privates Auslandskapital, als Investitionsgüter, als staatliche Kredite usw. ins Land kommen.
Das Fremdkapital kam nach 1950 unter verschiedenen Formen in die Türkei. Um die Interessen des Fremdkapitals für die Türkei wecken zu können, hat die DP-Regierung (1950 - 1960) jegliche Moralwerte beiseite geschoben; wäre die Türkei ein Zirkus, so wären die Herren der damaligen Regierung die besten Seiltänzer der Welt gewesen. Die Regierung betrachtete alle Berichte und Erklärungen der ausländischen Experten und Staatsmänner als eine Anweisung und handelte dementsprechend. Das Ergebnis dieser Politik war, daß das Fremdkapital reichliche Begünstigungen bekam. Z.B., durch das „Gesetz zur Förderung des Fremdkapitals" (verabschiedet 1954, unter Gesetznr. 6224 bekannt) durfte das ausländische Kapital seine Profite ins Ausland transferieren. Es bekam alle Rechte, welche dem einheimischen Kapital zustanden. Das Fremdkapital kam auch unter anderen Namen wie unter dem Namen „Erdölgesetz" (verabschiedet 1954) und unter dem Namen „Türkische Bank für industrielle Entwicklung" ins Land. Auch die Ausbeutungsformen des Fremdkapitals sind unterschiedlich. So unterschiedlich, wie es ein Land von sich abhängig macht. Das Fremdkapital ist sehr erfinderisch, wenn es um seine Interessen geht; erstens transferieren die ausländischen Monopole ihre Profite aus der Türkei ins Ausland. Zweitens verkaufen die ausländischen Monopole Maschinen, Projekte, Know-how usw. Drittens zwingen sie ihre Verbündeten in der Türkei, daß sie die für die einheimische Produktion nötigen Rohstoffe, Patente und sonstigen Materialien nicht bei irgendeinem, sondern beim Muttermonopol kaufen. Auf diese Weise wird die Ökonomie abhängig gemacht. Eine solche Ökonomie kann jederzeit von ausländischen Monopolen lahmgelegt werden.
Die Struktur der türkischen Ökonomie, die Bildung der Monopole und die des Kapitalismus überhaupt, beruht auf der Zusammenarbeit des Fremdkapitals mit dem einheimischen privaten Kapital und mit dem staatlichen bzw. öffentlichen Sektor. Der Anteil des privaten Fremdkapitals am gesamten Fremdkapitalvolumen in der

Türkei ist aber relativ gering. Z.B., der gesamte Anteil des privaten Fremdkapitals am Volumen des 1960 - 1970 im Rahmen des Gesetzes 6224 in der Türkei investierten gesamten Fremdkapitals betrug nur 8%.[439] D.h., bei uns gibt es mehr Fremdkapital in staatlicher Form als in privater Form.
Sektorelle Verteilung des Fremdkapitals: Die nachstehende Tabelle zeigt die sektorelle Verteilung des Fremdkapitals (der ausländischen Firmen), das im Rahmen des „Gesetzes zur Förderung des Fremdkapitals" zu betrachten ist.

Sektorelle Verteilung des Auslandskapitals in %[440]

Sektoren	1973	1974	1975	1976	1977
Industrie	83,34	87,24	86,29	87,40	88,34
Agrar	0,05	0,05	0,05	0.05	0,04
Bergbau	1,13	1,22	1,10	0,86	0,81
Dienste	15,48	11,49	12,56	11,69	10,81

Verteilung der Firmen nach Ländern, die im Rahmen des Gesetzes (6224) zur "Förderung des Fremdkapitals" zu betrachten sind. Z = Zahl der Firmen, A = Anteil am gesamten Fremdkapital in %

	1973		1974		1975		1976		1977	
Länder	Z	A	Z	A	Z	A	Z	A	Z	A
BRD	24	16,0	23	15,3	24	15,0	24	14,2	24	13,3
USA	20	15,8	20	17,1	20	18,2	20	17,1	20	16,1
Schweiz	18	12,3	16	15,0	13	11,4	12	10,3	11	9,8
Frankreich	10	12,1	8	11,0	8	11,1	8	17,6	6	16,5
Italien	5	9,8	5	9,9	6	13,3	6	12,5	6	11,6
Niederlande	6	5,1	5	5,2	6	5,6	6	5,3	6	4,9

Aus der ersten Tabelle ist zu entnehmen, daß das Fremdkapital hauptsächlich im Industriesektor investiert und sein Anteil daran in den angegebenen Jahren mehr oder weniger gleich geblieben ist. D.h., das Fremdkapital investierte ab 1974 nicht mehr oder nicht viel. Es „operierte" nur mit dem Grundkapital weiter. Der Grund dafür war die sich verschärfende Krise des Kapitalismus in der Türkei.
Im letzten Teil der Tabelle sehen wir, daß nach Zahl der Firmen die BRD an erster, die USA an zweiter, die Schweiz an dritter, Frankreich an vierter Stelle stehen. Aber nach dem Volumen des Kapitals stehen die USA an erster und die BRD an zweiter Stelle. Auch in den Jahren 1951 - 1968 standen die USA mit einem Anteil von 27,6% an erster und die BRD mit einem Anteil von 17,2% an zweiter Stelle.[441]
Vom gesamten Fremdkapital, das 1951 - 1965 im Rahmen des Gesetzes (6224) „zur Förderung des Fremdkapitals" in die Türkei kam, wurden 95,28% in der verarbeitenden Industrie, 1,25% im Bergbau, 2,34% im öffentlichen Sektor und der übrige Teil von 1,13% im Agrar- und Bausektor investiert. Dies hat sich aber nach 1965 geändert; der in der verarbeitenden Industrie investierte Teil des Fremdkapitals am gesamten Fremdkapitalsvolumen ging zurück. Es verringerte sich im Jahre 1977 verglichen mit der Periode von 1951 - 1965 bis auf 86%. Dagegen nahm der Anteil des im öffentlichen Sektor investierten Fremdkapitals zu.
Das Verhältnis des Fremdkapitals zu einheimischem Kapital bei Investitionen zeigt ferner, in welchen Bereichen das Fremdkapital mehr investiert. Folgende Tabelle macht dies deutlich.

Investitionen des Fremdkapitals in Untersektoren der verarbeitenden Industrie und ihr Verhältnis zum einheimischen Kapital.[444]

Untersektoren der verarbeitenden Industrie	Verteilung des Fremdkapitals in %	Fremdkapital im Vergleich zum privaten Kapital in %
Nahrungsmittel/Tabak	10,93	2,30
Gewebe/Kleidung	2,5	- -
Papier	0,01	- -
Leder	0,04	- -
Gummi-Kautschuk	26,26	21,28
Chemie	24,53	41,69
Produkte außer Metall	5,51	5,03
Stahl/Eisen	0,37	- -
Metallprodukte	6,69	0,59
Maschinenbau	5,45	4,30
Elektrische Maschinen	12,58	18,22
Produktion u. Wartung von Fahrzeugen	3,79	0,30
Sonstige Produktion	0,87	- -

Die durch das in der verarbeitenden Industrie investierte Kapital entstandenen ökonomischen Abhängigkeiten und die Profitbestrebungen der Firmen beeinflussen die türkische Ökonomie sowohl strukturell als auch konjunkturell. Durch die negativen Auswirkungen des Fremdkapitals hat sich die verarbeitende Industrie schief entwickelt. Diese schiefe, gleichgewichtslose Entwicklung unter den Untersektoren der verarbeitenden Industrie steigerte die Abhängigkeit von außen. Während sich einige Sektoren der Industrie wie die Produktion von langlebigen Konsumgütern, Produktion von einigen Fahrzeugen (LKW, Motorrad) schnell, ja ziemlich schnell entwickelten, blieben die anderen Sektoren, die für die oben erwähnten Sektoren von entscheidender Bedeutung sind, zurück. Es sind Sektoren der Schwerindustrie und der Zwischengüterindustrie. Da diese Sektoren den entwickelten Sektoren der Industrie nicht gewachsen waren, die Produktion aber weitergehen sollte, war man gezwungen zu importieren. Man hat Investitions- und Zwischengüter importieren müssen, damit die entwickelten Sektoren der Industrie weiterproduzieren konnten. Der Import dieser Güter nahm rapide zu. Welche Dimensionen sie angenommen hatten, haben wir bei der Analyse des Imports und Exports gesehen.

Wir sehen, daß gerade auch die entwickelten Sektoren der Industrie zu der Abhängigkeit beitragen. Ferner konnte man die Einfuhr dieser Güter nicht frei bestimmen. Diese Freiheit hat nur das Fremdkapital. Es sollte alles über das Muttermonopol abgewickelt werden, man sollte die Produktion des Muttermonopols importieren. Auf diese Weise läßt das ausländische Kapital einen Handel mit Importwaren für sich treiben. Die Entwicklungstendenz des Importvolumens zeigt, wie dieser Importhandel für das ausländische Kapital profitabel ist.

Im Jahre 1973 benutzten 109 Gesellschaften mit ausländischem Kapitalanteil, das im Rahmen des Gesetzes „zur Förderung des Fremdkapitals" zu betrachten ist, ein Import-Input von 113% im Vergleich zum einheimischen Input. D.h., gegen jeden Input von 100 DM mußte ein Import-Input von 113 DM benutzt werden.[443] Auf diese Weise wurde sehr viel Kapital ins Ausland gebracht.

Das Außenhandelsvolumen und dessen Entwicklung verraten uns die Machenschaften des Fremdkapitals: Das Volumen aller Industrieprodukte, die in der Tür-

kei produziert und exportiert werden, ist viel geringer als das Volumen der importierten Investitions-und Zwischengüter. 109 Gesellschaften, an denen fremdes Kapital oder Firmen beteiligt sind, haben im Jahre 1973 ein Input in Höhe von 4,130 Milliarden TL. importiert. Dies stieg im Jahre 1975 für 94 Gesellschaften auf 8,62 Milliarden TL. Dagegen wurde nur 10% dieses Imports durch ihren Export beglichen. Mit anderen Worten exportierten sie (diese Gesellschaften) nur 2 - 3% ihrer Produktion. Diese Firmen beeinflußten auf diese Weise den Außenhandel und störten dessen Gleichgewichtschancen. Und die von diesen Firmen zwischen 1973/75 verursachten Devisenlücken stiegen von 3,670 Milliarden auf 7,210 Milliarden TL.[444]
Nach Angaben des Handelsministeriums haben im Jahre 1973 109 Firmen 43 Mil. TL. und im Jahre 1975 94 Firmen 67 Mil. TL. als technische Hilfe, Lizenzgebühren, Know-how usw. ins Ausland gebracht.[445]
Es geht aber hier nicht gerade um den Betrag, sondern vielmehr darum, daß die einheimische Industrie durch diese technische Hilfe, Lizenz, Know-how usw. von ausländischen Monopolen abhängig wird und bleibt.
Das ausländische Kapital investiert in der Türkei keine neue Technik. Es bringt keine modernen Maschinen usw. D.h., es bringt die rückständige, überholte Technik ins Land. Auf diese Weise werden ungenützte alte Maschinen usw. verkauft und wird gleichzeitig die Produktion mit modernen Maschinen verhindert. Eine solche Industrie kann auf der internationalen Ebene nicht konkurrenzfähig sein. Auch das ist ein Ziel des ausländischen Kapitals.
Im Rahmen des Gesetzes Nr. 6224 kam zwischen 1952 und 1969 in die Türkei ein Fremdkapital in Höhe von 664.509.145 TL. Aber allein 1965 - 1969 (bis August) wurde ein Profit in Höhe von 270.008.717 TL. als immaterielle Rechte rücktransferiert. D.h., 40,74% des in 17 Jahren in der Türkei geflossdnen Fremdkapitals wurde in 4 Jahren rücktransferiert.[446]
Zwischen 1965 und 1975 floß in die Türkei ein privates Fremdkapital in Höhe von 520 Mil. Dollar. Dieses Kapital konnte in gleicher Zeitspanne einen Betrag von 401 Mil. Dollar als Profit rücktransferieren. D.h., in 10 Jahren konnte das ausländische private Kapital 77,1% seiner Investitionen wieder ins Ausland bringen.
Ferner kam zwischen 1954 und 1965 im Rahmen des „Erdölgesetzes" in die Türkei ein Fremdkapital in Höhe von 1.850.4 Mil. Tl. Zwischen 1965 und 1975 bekam die Türkei kein ausländisches Kapital, das im Rahmen dieses Gesetzes zu betrachten wäre. Aber in dieser Zeitspanne, also von 1965 bis 1975 brachte dieses Fremdkapital insgesamt 2,300 Milliarden TL. ins Ausland. Also eine Kapitalrücktransferierung von 124,32% in 10 Jahren.[447]
Verschuldungen: Die Türkei bekam bis 1979 von den internationalen Institutionen wie IMF, IBRD, IDA, IFC, EIB, ERFö, IDB und von ausländischen Regierungen und Geldmärkten lang- und mittelfristige Kredite in Höhe von insgesamt 11.252 Mrd. Dollar und kurzfristige Kredite in Höhe von 7.873 Millarden Dollar, also insgesamt 19.125 Milliarden US-Dollar.[448] Heute belaufen sich die Schulden der Türkei mit Zinsen auf ca. 25 Milliarden US-Dollar.[449]

11. Die Bedeutung der ökonomischen Funktion des Staates und die Rolle der öffentlichen Unternehmungen (KIT) in der türkischen Ökonomie

Es widerspricht nicht dem Wesen des Kapitalismus, wenn der Staat ökonomisch aktiv wird. Die Aktivität des Staates in der Ökonomie hängt unter anderem von der wirtschaftlichen Struktur des betreffenden Landes und von der politisch-ökonomischen Entwicklung auf der internationalen Ebene ab. D.h., die aktive oder passive Einmischung des Staates in die Ökonomie steht mit den inneren und äußeren Faktoren in Zusammenhang. Die Türkei ist dafür ein Beispiel.

Geschichtlich gesehen ist das Eingreifen des Staates in die ökonomischen Angelegenheiten genauso alt wie die Entstehung des Staates. In der Periode der Gründung von modernen Staaten, der kapitalistischen Staaten, wurde dieses Eingreifen deutlich begründet. Schon Adam Smith sagte, daß der Staat ökonomisch infrastrukturelle Institutionen und Komplexe schaffen und auf diese Weise die Kapitalakkumulation beschleunigen soll. Die Form der ökonomischen Einmischung des Staates, warum und in welche Bereiche der Staat eingreift, ist systembedingt. D.h., es hängt von der wirtschaftlichen Struktur und Entwicklung des Landes ab. Von diesem Gesichtspunkt aus betrachtet, sehen wir, daß das Eingreifen des Staates in die Ökonomie je nach der Entwicklung des Landes unterschiedlichen Charakter trägt und verschiedene Ziele hat.

Z.B., insbesondere nach dem Zweiten Weltkrieg wurde die ökonomische Einmischung des Staates in kapitalistisch entwickelten Ländern häufiger. Durch diese Aktivität brachte der Staat im allgemeinen unrentable oder zu große Industriekomplexe in seine Hände. Dadurch und auch durch die Begünstigungen zugunsten der mächtigen Monopole geriet der Staat unter die Kontrolle dieser Monopole. Somit greift der Staat in die Ökonomie entsprechend den Interessen der Monopole ein. Der sich so entwickelnde Staatskapitalismus ist ein monopolistischer Staatskapitalismus, der unter der Kontrolle der Monopole steht.

Warum der Staat in unterentwickelten Ländern, in Ländern, wo der Kapitalismus wenig entwickelt ist, in die Ökonomie eingreift, hat andere Gründe. Der Staat kann in solchen Ländern z.B. aus Gründen der unzureichenden Kapitalakkumulation, der unzureichenden Produktion, aus Gründen der schwachen Entwicklung des privaten Sektors usw. ökonomisch aktiv sein. Der Staat setzt sich das Ziel, genügendes Kapital, genügende Produktion zu schaffen, den privaten Sektor zu fördern, Industriekomplexe zu bauen, denen der private Sektor nicht gewachsen ist. Er beschleunigt auf diese Weise den Prozeß der kapitalistischen Entwicklung. Damit meine ich keineswegs, daß jeder Staat in unterentwickelten Ländern so handelt. Dafür muß der Staat in den Händen der Bourgeoisie sein, die die Interessen des Landes auf diese oder jene Weise in den Vordergrund stellt.

Hier gibt es einen Unterschied, den wir uns vor Augen halten müssen: Der Staat greift einmal in kapitalistisch entwickelten Ländern in die entwickelte kapitalistische Ökonomie ein. In unterentwickelten Ländern aber greift er ein, um eben die kapitalistische Entwicklung beschleunigen zu können. Wie oben gesagt, ist dieser Unterschied auf das unterschiedliche Entwicklungsstadium der Länder zurückzuführen.

Die Frage, was unternimmt der Staat in unterentwickelten Ländern in erster Linie, um die kapitalistische Entwicklung zu beschleunigen, ob er den Außenhandel verstaatlicht, den öffentlichen Sektor bevorzugt oder den privaten Sektor primär behandelt, hängt wiederum von der objektiven Lage sowohl der Ökonomie als auch der herrschenden Klasse ab. Das haben wir in den vorhergehenden Kapiteln genügend behandelt.

Die inneren und äußeren Faktoren machten in der Türkei den Staatskapitalismus notwendig. Der wichtigste äußere Faktor war die Weltwirtschaftskrise von 1929. Die wichtigsten inneren Gründe waren: a) die Kemalisten waren der Meinung, daß die Türkei kein Agrarland bleiben soll, b) die schwache Entwicklung der Industriebourgeoisie, c) die fehlende Schwerindustrie und Kapitalakkumulation, d) die fehlende Technologie, Know-how usw. Alle diese Faktoren führten zur Entstehung und Entwicklung des Staatskapitalismus in der Türkei. Da wir den Staatskapitalismus in der kemalistischen Periode bereits untersucht haben, wollen wir hier die selben Themen nicht wiederholen. Hier werden wir die Entwicklung des Staatskapitalismus nach 1950 untersuchen.

In dem ersten Regierungsprogramm der DP (1950) wurde erklärt, daß die ökonomische Aktivität des staatlichen Sektors eingeengt und dagegen die Möglichkeiten und Aktivitäten des privaten Sektors möglichst ausgedehnt werden sollten. Gleichzeitig war auch davon die Rede, einige staatliche Fabriken dem privaten Sektor zu überlassen. So hat man angefangen, den staatlichen Sektor dem privaten Sektor zu unterwerfen. Erfolg hatte die Bourgeoisie jedoch dabei nicht. Denn der private Sektor war immer noch nicht in der Lage, Kapital in großen Mengen zu akkumulieren. Und die Profitchancen in Bereichen des Handels waren zu hoch und man war geneigt, in diesem Bereich im Geschäft zu bleiben.

Die Bourgeosie hat ihr Ziel auf einem anderen Weg erreicht. Theoretisch wollte man den staatlichen Sektor zurückdrängen. Praktisch hat man das Gegenteil erreicht; der staatliche Sektor hat sein Bestehen bewahrt. Jedoch entstand eine Situation, in der der staatliche Sektor sich mit dem privaten Sektor nach und nach zusammenschloß. Er machte auf diese Weise den privaten Sektor immer stärker. Die ersten Schritte in diese Richtung wurden mit der Gründung von gemischten Unternehmungen getan. Zu diesem Zweck wurden allein zwischen 1950 und 1960 ca. 100 gemischte Unternehmungen gegründet. Wir haben es jetzt somit mit drei Monopolarten zu tun: Monopole aus dem privaten Sektor, Monopole aus dem staatlichen Sektor und Monopole, die aus dem Zusammenschluß des staatlichen und privaten Sektors entstanden sind.[*)]

Die öffentlichen Wirtschaftsunternehmungen sind ein wichtiger Bestandteil der türkischen Ökonomie. Aber heute sind die KIT's dem Fremdkapital und dem privaten Sektor ein Dorn im Auge. Die KIT's arbeiten nicht des Profits wegen. Sie verkaufen unter ihrem Produktionspreis. Deswegen geraten sie immer mehr in Verschuldungen, und müssen immer mehr Finanzmöglichkeiten, z.B. die Mittel der Zentralbank, in Anspruch nehmen. Seit 1960 verzeichnen sie eine steigende Verschuldungstendenz. Der private Sektor und das Fremdkapital sind der Meinung, daß die KIT's immer mehr Möglichkeiten des Landes verschlingen und deswegen sollten sie „verschwinden". Sie hätten ja ihre Mission erfüllt.

Die Bourgeoisie vertritt diese Meinung, weil sie sich stark fühlt, die für die KIT's zustehenden Mittel für sich in Anspruch nehmen und sich mit dem Fremdkapital ganz zusammenschließen will.

Die Entwicklung in den letzten Jahren weist auf die Tendenz hin, die die Bourgeoisie und das Fremdkapital vertreten. Z.B., bei 134 KIT's von insgesamt 220 KIT's lag der Anteil des öffentlichen Sektors unter vor 1979 50%. D.h., daß der private Sektor nicht nur an 60% der KIT's beteiligt ist, sondern er kontrolliert über die Hälfte der KIT's. Diese Umwandlung ist von großer Bedeutung. Das Ziel des Fremdkapitals und des privaten Sektors besteht darin, die KIT's nach und nach zu verkleinern, ökonomisch bedeutungslos zu machen und ganz ihren Interesse unterzuordnen.

Die nachstehende Tabelle zeigt uns die Entwicklung der beiden Sektoren.[450]

*) Dieser Unterschied wird bei uns nicht immer gemacht. Man zählt auch die gemischten Unternehmungen zu staatlichen. So ergeben sich dann zwei Monopolarten; einmal öffentlich-staatliche und einmal private.

					in jeweiligen Preisen	
	Zahl der Betriebe		Zahl der Arbeiter		Value added (1000 TL.)	
Jahr	Privatsektor	Staatssektor	Privatsektor	Staatssektor	Privatsektor	Staatssektor
1950	2 515	103	86 826	76 033	305 717	428 024
1958	4 926	135	172 689	117 852	2 169 251	1 699 071
1963	2 775	237	179 369	140 433	3 139 184	3 496 650
1968	3 172	296	265 923	194 631	7 780 568	12 691 432
1971	4 571	330	372 634	198 264	16 570 720	21 102 757
1975	5 912	405	459 159	247 666	45 585 598	42 161 799
1979	7 248	425	508 560	283 473	245 537 689	122 059 837

Wir sehen, daß die Zahl der Arbeiter im Jahre 1979 gegenüber 1970 ziemlich gestiegen ist. Dieser Zuwachs betrug im privaten Sektor 586% und im staatlichen Sektor 378%. Wir sehen noch, daß die Zahl der Firmen zurückging und der staatliche Sektor bis 1971 in der Industrie dominierte.

Hatte der staatliche Sektor im Jahre 1963 an value added einen Anteil von insgesamt 53%, so betrug dies im Jahre 1979 nur noch 33%. In den gleichen Vergleichsjahren stieg der Anteil des privaten Sektors an value added von 47% auf 67%.

Halten wir die Zahl der Firmen und die der Arbeiter im Auge, so stellen wir fest, daß im staatlichen Sektor mehr Arbeiter im Vergleich zur Firmenzahl beschäftigt waren. D.h., im Jahre 1950 kamen pro staatliche Firma 758 und pro Privatbetrieb nur 35 Arbeiter und im Jahre 1979 arbeiteten in jedem staatlichen Betrieb 70 Arbeiter.

Auf den ersten Blick kann dieses Verhältnis als eine Schwäche des privaten Sektors vestanden werden. Das trügt, denn die vom staatlichen und privaten Sektor zusammen gegründeten Industriekomplexe werden zum staatlichen Sektor gezählt. Das läßt den privaten Sektor schwächer erscheinen, als er ist.

Wenn wir die zahlenmäßige Zunahme der Arbeiter mit der der Bevölkerungszahl von 1950 - 1979 vergleichen, so stellen wir fest, daß die Zahl der Arbeiter schneller wuchs, als die der Bevölkerung.

Die Bevölkerung stieg 1979 gegenüber 1950 um 210%. Die Zuwachsrate der Arbeiterzahl betrug in den Vergleichsjahren für den Privatsektor 586% und für den staatlichen Sektor 373%.

Kapitel III:
Die Krise des Kapitalismus in der Türkei

1. Die Gründe der Machtergreifung der Armee vom 12. September 1980

Die sozio-ökonomischen Probleme der letzten Jahre sind ungelöst geblieben. Sie sind nur aufgeschoben. Die Türkei befand sich (befindet sich heute noch) in einer tiefgreifenden Krise in allen Bereichen des Lebens. Gleichzeitig geschahen in der Region wichtige Ereignisse, die für die Türkei von großer Bedeutung sind. Die Armee hatte genügend Gründe zu intervenieren. Wir werden in diesem Teil auf die Hintergründe der Machtergreifung der Armee vom 12. September 1980 eingehen. Es sind hier zwei Hauptpunkte zu untersuchen:
1. Die Krise des Kapitalismus in der Türkei (1970 - 1980)
2. Soziale Probleme und deren weitere Vertiefung (1970 - 1980)

1.1. Die Krise des Kapitalismus in der Türkei

Die Krise des Kapitalismus in der Türkei ist, abgesehen von spezifischen Besonderheiten, mehr oder weniger für alle abhängigen Länder charakteristisch. Diese Krise liegt im Wesen des kapitalistischen Systems. Sie entstand, weil die bestehende Ordnung nicht in der Lage war, sie zu lösen. Bis 1970 war der Kapitalismus in der Lage, trotz aller Schwierigkeiten seine Probleme zu lösen und sich zu entwickeln. Aber in den 70er Jahren funktionierte das System nicht mehr. Die Probleme der Ökonomie dieser Zeit, aber insbesondere ab 1975 sind nicht nur von konjunktureller Natur. Es sind strukturelle Probleme, die nicht in diesem System zu lösen sind.
Bis 1960 war die türkische Ökonomie nur durch ihre Agrarprodukte der internationalen konjunkturellen Entwicklung ausgesetzt. Das hat sich aber geändert. Auch durch die industrielle Produktion spürte sie jetzt die internationale konjunkturelle Lage. D.h., die jeweilige konjunkturelle/strukturelle Lage des Weltkapitalismus wirkte sich direkt auf das industrielle Wachstum der Türkei immer negativer aus.
Ferner herrscht unter den Sektoren der türkischen Ökonomie kein Gleichgewicht, und die ganze Ökonomie ist auf diese oder jene Weise vom Imperialismus abhängig.
Die Krise des Kapitalismus in der Türkei ist auf das ungleiche kapitalistische Wachstum der Sektoren der Ökonomie zurückzuführen: Häufig war oben davon die Rede, daß, während Unternehmungen, die risikobehaftet sind, Kapital von großem Ausmaß benötigen, wenig Profitchancen versprechen, also Unternehmungen, die wir im allgemeinen im Rahmen der Schwerindustrie betrachten, vom Staat gegründet wurden, interessiert sich das private Kapital für Unternehmungen, die relativ risikolos sind, mehr Profitmöglichkeiten aufweisen, wenig Kapital erfordern und im Rahmen von kleinen Industriekomplexen zu betrachten sind, also Unternehmungen, die zur Leichtindustrie bzw. zur Konsumgüterindustrie zu zählen sind. Gerade diese Sektoren der Wirtschaft haben sich relativ schnell entwickelt und sind relativ schnell gewachsen. Und die Schwerindustrie, worauf die Leichtindustrie bzw. die Konsumgüterindustrie basieren sollte, war deren Entwicklung und Erfordernissen nicht gewachsen. Die Schwerindustrie war und ist nicht in der Lage, die anderen Sektoren der Industrie mit Maschinen und sonstigen Mitteln zu versorgen. Diese Lücke, die auf die schwache Entwicklung der Schwerindustrie zurückzuführen ist, wurde durch den Import gedeckt, damit die anderen Sektoren produzieren

konnten. Hauptsächlich Investitionsgüter und Rohstoffe wurden und werden in großen Mengen importiert.
Auf der anderen Seite hat die türkische Bourgeoisie eine Politik betrieben, die den Import von Waren (hauptsächlich Konsumgüter), die im Land produziert werden, durch hohe Zollgebühren erschwert. Auch diese Politik führte dazu, daß die Leichtindustrie relativ schnell wuchs, und von Anfang an eine Monopolstellung besaß. Durch diese Monopolstellung konnten Unternehmungen in diesen Sektoren der Wirtschaft die Preise kontrollieren und die Belastung der vorhandenen Kapazitäten je nach der Höhe der Profitchancen regulieren. In der Tat nahm die Produktion von bestimmten kurz- und langlebigen Konsumgütern nie dagewesene Dimensionen an. Eine ähnliche Entwicklung gilt auch für bestimmte Zweige der Schwer- bzw. Zwischengüterindustrie.
Führen wir einige Beispiele an:
Die Produktion von Hauskühlschränken.[451]

Jahr	Zahl der Kühlschränke	Zahl der Firmen
1971	213.669	5 (x)
1972	235.145	5 (x)
1973	293.636	5 (x)
1974	332.379	5 (x)
1975	409.618	5 (xx)
1976	548.872	4 (xx)
1977	285.915	4 (xx)
1978	754.991	5 (xx)
1979	711.117	6 (x)
1980	621.049	

x) mit mehr als 10 Arbeitern
xx) mit mehr als 50 Arbeitern

Aus der Tabelle ist zu entnehmen: Im Vergleich zu 1971 wuchs die Produktion von Hauskühlschränken 1975 auf 191,7%, 1978 auf 353,3% und 1980 auf 290% an. Die Zahl der Kühlschränke von 1976 belief sich ca. auf 2,5 Mill. Stück. Zu gleicher Zeit betrug die Zahl der elektrisch versorgten Wohnungen 4,3 Mill. Theoretisch gesehen, besaßen 58% der Familien Kühlschränke. 1981 gab es 6,4 Mill. Familien, die elektrisch versorgt waren, dagegen 4,8 Mill. Stück Kühlschränke. Wieder theoretisch gesehen, dürften 64% der Familien Kühlschränke besitzen. Diese Entwicklung kann und darf nicht unterschätz werden; im Jahr 1960 wurden in der Türkei nur 1.498 Stück Kühlschränke produziert. Die massive Produktion erfolgte erst 1970. Also, man hat die oben geschilderte Entwicklung in 10 Jahren erreicht. Heute wird kein Kühlschrank importiert, sondern es wird vielmehr exportiert.
Die Produktion von Fernsehern: Eine noch schnellere Entwicklung beobachten wir bei der Produktion von Fernsehern (schwarz-weiß).

Fernseherproduktion und Fernseher in elektrifizierten Wohnungen in %[452]

Jahr	Zahl der Fernseher (1)	Zunahme in %	Zahl der Fernseher besitzenden Familien in %
1970	4.368	+ 52,7	2
1971	6.673	+ 486,2	4
1972	39.119	+ 386,8	8
1973	151.345	+ 162,5	14
1974	397.321	+ 61,6	25
1975	642.000	+ 6,7	40
1976	684.832	- 6,6	52
1977	729.950	- 21,0	64
1978	577.383	- 21,1	77
1979	461.474	- 28,7	83
1980	328.900	+ 45,2	86
1981	477.500		88

1) Mitgezählt sind auch 110.000 Stück ausgeführte Fernsehgeräte.

Die Tabelle zeigt, daß die Produktion in 10 Jahren relativ schnell gestiegen ist. Daß 88% der Familien Fernsehen besitzen und daß exportiert wird, ist ein Beweis für den starken Anstieg der Fernseherproduktion in einer relativ kurzen Zeit.
Die Produktion von Staubsaugern:
Durchschnittlich 5 Firmen produzierten im Jahre 1971 41.832 Stück, 1975 113.385 Stück, 1979 249.128 Stück und 1980 170.503 Stück Staubsauger. Im Vergleich zu 1971 erhöhte sich die Produktion 1975 auf 271%. 1979 auf 590% und 1980 auf 407%.[453] Diese Entwicklung ist nicht zu unterschätzen, wenn wir bedenken, daß dies in 10 Jahren geschah.
Eine ähnliche Entwicklung beobachten wir bei der Produktion von Fahrrädern, Motorrädern und LKW. Hier sind die Zahlen:[453]

Produktion von Fahrrädern und Motorrädern

Jahr	Zahl d. Produkte	Import	Nachfrage (insg.)	Anteil d. Produktion in %
1965	4.300	18.993	23.293	0,18
1967	20.948	2.749	23.697	0,88
1969	26.946	115	27.061	1,00
1971	33.082	564	33.646	0,98
1973	56.255	717	56.972	0,99
1975	64.200	373	64.573	0,99
Produktion von LKW				
1961	615	8.876	9.492	0,06
1966	6.069	2.036	8.105	0,75
1972	8.509	35	8.544	1,00
1974	10.427	375	10.803	0,97
1976	17.756	1.128	18.884	0,94

Die Produktion von Fahrrädern stieg im Jahre 1976 auf 97.192 Stück, ging aber 1980 auf 41.125 Stück zurück. Auch die Zahl von Motorrädern und Mobiletten stieg im Jahre 1976 auf 84.143 Stück, ging aber 1980 auf 17.962 Stück zurück.[454] In 10 Jahren

war die Produktion der oben genannten Waren so gewachsen, daß sie schon seit 1966 den inneren Markt deckte. Daß ihre Zahl zurückging, ist auf die konjunkturelle Lage zurückzuführen.
Die Produktion von Bussen:
Im Jahre 1963 konnten in der Türkei nur 12 Busse (das machte 1,5% der Nachfrage) produziert werden. Die Produktion erhöhte sich 1971 auf 802, 1976 auf 2.147 und 1980 auf 1.475 Stück. Schon 1975 deckte die einheimische Produktion 97% des einheimischen Bedarfs an Bussen.[456] Eine ähnliche Entwicklung ist auch bei der Produktion von PKW zu beobachten. Hier sind die Zahlen:[457]

Produktion von PKW

Jahr	Zahl d. Produkte	Import	Nachfrage (insg.)	Anteil d: Produktion in %
1966	-	11.406	11.406	0,00
1967	1.760	11.822	13.582	0,13
1970	3.660	3.401	7.061	0,52
1971	13.187	4.029	17.216	0,77
1972	29.627	4.473	34.100	0,87
1973	46.856	7.087	53.943	0,87
1974	59.908	9.058	68.966	0,87
1975	67.291	13.676	80.877	0,83
1976	62.822	19.062	81.884	0,77

Aufgrund der konjunkturellen Lage ging die Produktion 1980 auf 29.114 Stück zurück.
Die Zunahme des Imports von 1975/1976 ist auf den Import von Luxuswagen (wie Mercedes) zurückzuführen. Dieser Sektor der Industrie, wie der Chemiesektor, ist von außen sehr abhängig. Z.B., um im Jahre 1976 PKW's produzieren zu können, mußte man Güter im Wert von ca. 1 Milliarde Dollar, die für die Produktion unvermeidlich waren, einführen. In der gleichen Periode aber belief sich der gesamte Export der Türkei nur auf 1,9 Milliarden Dollar. D.h., die Einfuhr für die Produktion von PKW's machte über die Hälfte des gesamten Exports aus.[458] Zwischen 5 und 7 Firmen beherrschten die genannten Sektoren der Industrie. Nur in den Sektoren der LKW-, PKW-, und Busindustrie waren 21 Firmen beschäftigt.
Alle diese Entwicklungen erfolgten 1965 - 1970. Es war ein Kriterium zum Einkommensunterschied, wenn man zwischen 1965 und 1970 einen PKW oder Kühlschrank, zwischen 1970 und 1971 einen Fernsehapparat besaß. Das ist heute nicht mehr so.
Die Grundfrage lautet hier, zu welchem Preis wurde diese Entwicklung erreicht?
Die Industrialisierung des Landes basierte zwischen 1965 und 1975 auf der einheimischen Produktion von Konsumgütern, also auf der Entwicklung der Konsumgüterindustrie. Ab 1978 versuchte die Bourgeoisie eine andere Politik zu verfolgen. In diesem Zusammenhang steht im vierten Fünfjahresplan folgendes: „Die verarbeitende Industrie wird die Hindernisse zur Schaffung von Technologie überwinden und eine Grundlage für eine zeitgemäße und konkurrenzfähige Industriestruktur bilden. Die neue Industrialisierung wird sich im Hinblick auf Industrie-Input mehr auf die nationalen Ressourcen berufen und sich im allgemeinen nach der Produktion von Investitions- und Zwischengüterindustrie richten",[459] und „die soziale und ökonomische Entwicklung des Landes im heutigen Stadium steht vor wichtigen Engpässen und Problemen, ungenügende Infra-Strukturen, vor allen Dingen Energie, Verkehrswesen ... müssen" ausgebaut werden.[460] Diese Überlegungen der Bourgeoisie bedeuten: die Leichtindustrie sei genug gewachsen, man müsse zur

Gründung der Schwerindustrie übergehen. Das ist nicht geschehen und konnte auch nicht geschehen.
Für die Gründung einer wirklichen Schwerindustrie, die das Land vom Imperialismus unabhängig machen dürfte, fehlten und fehlen wichtige Voraussetzungen. Es seien hier bemerkt: Kapital, Technologie, Infrastruktur, Know-How usw. Nun kann man sich hier die Frage stellen: Genauso wie die obigen Sektoren, kann man auch die Schwerindustrie gründen und entwickeln. Das geht aber nicht, denn die entwickelten Sektoren der Industrie sind ja abhängig von außen. Die türkische Bourgeoisie hatte einmal die Chance gehabt, die sie auch tatsächlich benutzte. Sie konnte eine Zeitlang ihr Außenhandelsdefizit durch die von außen erhaltenen Kredite, „Hilfen" und durch die Devisenüberweisungen der türkischen Arbeiter im Ausland decken. Sie hat aus diesen Möglichkeiten Nutzen gezogen. Heute sind diese Quellen entweder versiegt oder nicht ausreichend. Wie wichtig eine von diesen Quellen, die Devisenüberweisung der Arbeiter aus dem Ausland ist, zeigt die folgende Tabelle.
Devisenüberweisung der Arbeiter und ihr Verhältnis zu Export[461]

Jahr	Export (in Mio. US-Dollar)	Arbeiterdevisen in Mio. Dollar	Verhältnis zwischen Überweisung/Export
1964	411	9	2,2
1965	464	70	15,1
1966	491	105	21,4
1967	522	93	17,8
1968	496	107	21,6
1969	537	141	26,3
1970	589	273	46,4
1971	677	471	69,6
1972	885	740	83,6
1973	1.317	1.193	90,5
1974	1.532	1.426	93,1
1975	1.401	1.312	93,6
1976	1.960	983	51,6
1977	1.753	990	56,5
1978	2.288	998	43,0
1979	2.261	1.694	75,0
1980	2.910	2.071	71,0

Die Devisenüberweisungen der türkischen Arbeiter aus dem Ausland waren für die türkische Bourgeoisie eine letzte und zugleich billige Quelle, die die Bourgeoisie bei Devisenerngpässen aufatmen ließ. Aber heute ist es auch damit vorbei, weil sie im Vergleich zum Außenhandeslvolumen relativ klein wurde. Im Jahre 1964 machte der gesamte Betrag der Arbeiterdevisen nur 2,2% des Exportwertes aus. Diese Überweisungen erlangten erst ab 1970 Bedeutung.
Also in einer Periode, in der die türkische Bourgeoisie unter Zahlungs- und Devisenengpässen stand. Diese Überweisungen waren in den Jahren 1971 - 1975 sehr hoch. Im Jahre 1971 machten diese Überweisungen 69,6%, 1972 83,6%, 1973 90,5%, 1974 93,1% und 1975 93,6% des Exportwertes aus. Ich kann nicht behaupten, daß die Bourgeoisie diese Quelle rationell benutzte. Sie hat sie benutzt, um existenzfähig zu bleiben. Sie könnte sie aber noch geplanter, disziplinierter benutzen und daraus noch mehr Nutzen ziehen. Daß die Summe der Arbeiterdevisen unbe-

ständig zurückging (1983 bis August betrug diese Summe 1,5 Milliarden Dollar), ist einerseits auf die Begünstigungen der Regierung (positiv) und andererseits auf die politische Entwicklung im Lande (negativ) zurückzuführen.
Der Montage-Charakter der Industrie: Ein Teil der Sektoren der Leichtindustrie ist nichts anderes als Montageindustrie. Auch die Industrie für Fahrzeuge wie LKW-PKW ist eine Montagindustrie. Die Montageindustrie funktioniert so, z.B. die LKW oder PKW-Produktion: Die Teile der Fahrzeuge werden gegen harte Devisen importiert und im Land montiert. Es wäre nicht schlimm oder keine Montageindustrie, wenn nur einige sehr wenige oder wichtige Teile, die nur mit moderner, hoher Technologie zu produzieren wären, importiert würden. Beinahe fast alle Teile werden importiert und im Land schön montiert:
Bei der Fahrzeugindustrie belief sich der Inlandsanteil an der Fiat-Produktion auf 55%, der Importanteil auf 45%, an der Renault-Produktion auf 9%, der Importanteil auf 91%, an der Anadol-Produktion der Inlandsanteil auf 37% der Importanteil auf 63%, an der LKW-Produktion auf 29% und auf 71%, an der Fernsehproduktion der Inlandsanteil auf 8%, der Importanteil auf 92% und an der Waschmaschinen-Produktion der Inlandanteil auf 70% und der Importanteil auf 30%.*)[462]
Nun, hauptsächlich wegen dieser „Industrialisierungspolitik", nahm der Import ungewöhnlich große Dimensionen an. Z.B., die Investitionen des privaten Kapitals beliefen sich im Jahre 1977 auf 25.470 Mil. TL. und im Jahre 1978 auf 31.718 Mil. TL. Der Anteil des Imports an diesen Investitionen (Import für Maschinen und sonstige Güter) machte im Jahre 1977 41,0% und 1976 47,9%.[463] D.h., 41,0% der Investitionen im Jahre 1977 und 47,9% der Investitionen im Jahre 1978 gingen als Import ins Ausland.
Daß sich die Industrie so entwickelte, dabei spielte natürlich das ausländische Kapital eine wichtige Rolle. Das Fremdkapital schlug mit einer Klappe zwei Fliegen: wie oben bemerkt, beteiligte sich das ausländische Kapital an der inländischen Produktion einerseits und profitierte vom Import andererseits. Diese Entwicklung der Industrie führte dazu, daß sie (die Industrie) neben Devisenschwierigkeiten bzw. Importschwierigkeiten, noch vor anderen Hindernissen stand; wegen der anhaltenden Inflation ging die Kaufkraft der Bevölkerung zurück. D.h., der innere Markt wurde kleiner und kleiner. Die für den Export bestimmten Waren konnten nicht immer ausgeführt werden, weil sie erstens teuer produziert wurden, zweitens die türkische Bourgeoisie noch nicht so weit war, den Außenhandel richtig zu organisieren. Während einerseits immer mehr Güter gelagert wurden, ging andererseits die Belastung der Kapazitäten der Industrie zurück. Die nachstehende Tabelle macht diese Entwicklung deutlich.

Unbelastete Kapazitäten bei der verarbeitenden Industrie.[464]

Sektoren	1977 in %	1978 in %
Nahrungsmittel u. Getränke	47,2	33,8
Gewebe u. Kleidung	31,1	37,7
Holzindustrie	40,0	28,1
Papierindustrie	35,0	43,1
Chemie	46,5	49,9
Produktion aus Stein und Erde	33,5	34,8
Metall-Grundindustrie	50,4	45,3
Produktion aus Metall	48,8	49,5
Sonstige	43,6	42,5
Durchschnitt	43,5	44,2

*) Fertige Teile, ohne Rohstoffe

Als Folge dieser Entwicklung der Industrie verringerte sich das Produktionswachstum. Nicht nur in dieser, sondern in jeder Hinsicht stand die Türkei vor dem Bankrott. Das Land war nicht einmal in der Lage, seine Schulden ans Ausland zurückzuzahlen. Besser gesagt, die Türkei konnte nicht einmal die Zinsen der aufgenommenen Schulden tilgen.
In einer solchen Situation sah die türkische Bourgeoisie ihre wichtigste Aufgabe darin, die vorhandenen Quellen unter sich neu zu verteilen.

Die Neuverteilung der vorhandenen Quellen

Es ging hier darum, den Löwenanteil zu bekommen. Die Verteilung der Kredite unter den verschiedenen Sektoren der Ökonomie macht diesen Kampf deutlich. Die Verteilung der Kredite unter den drei wichtigsten Sektoren der Wirtschaft, also Industrie, Agrar und Handel, und die Tendenz des Finanzkapital weisen auf die Entwicklung in dieser Sache hin. Das folgende Schaubild gibt uns darüber einen Überblick.

Verteilung der Bank-Kredite von 1970 bis 1980 in Mil. TL.[465]

Jahr	Summe	in %	Summe	in %	Summe	in %	Summe	Summe	Summe
1970	9601	24	10.159	27	3897	8	4255	9422	37.334
1971	9431	20	13.314	30	4487	9	5345	11581	44.162
1972	10548	17	20.252	34	6186	10	6164	15215	58.365
1973	15219	19	28.296	36	7361	9	7180	19883	77.939
1974	25820	24	39.960	39	7183	6	7262	20996	101.221
1975	35118	24	52.388	35	11901	8	9798	35642	144.847
1976	39489	20	73.363	38	15257	7	14332	49618	192.059
1977	49135	20	91.375	38	15883	6	18981	62914	238.288
1978	52854	17	109.177	36	20550	6	24302	89457	296.340
1979	82599	18	143.929	32	27498	6	29300	162862	446.188
1980	145780	18	263.802	33	59459	7	37756	282628	789.515

Diese Entwicklungstendenz bei der Verteilung der Bankkredite war einer der ökonomischen Gründe der politischen Krise, die 1971 die Machtergreifung der Armee verursachte. Mit anderen Worten; Das ist die Fortsetzung des damaligen Kampfes unter den Flügeln der türkischen Bourgeoisie um den Löwenanteil und um die Kontrolle der Ökonomie. Die Struktur und Abhängigkeit der türkischen Ökonomie beschleunigte diesen Kampf. Rekonstruieren wir noch einmal: Zwischen 1950 und 1954 legte man auf die Vorschläge der ausländischen Experten und auf die einseitige Entwicklung der Landwirtschaft großen Wert. Mit anderen Worten bekamen die Agrarkapitalisten und Großgrundbesitzer den Löwenanteil aus der Ökonomie (Kredite, Unterstützung ...). Ab 1953 hielt man auch die Entwicklung der Industrie für sehr wichtig. Diese Politik, die Entwicklung der Industrie zu fördern, zeigte ihre Auswirkungen erst nach 1960 - 1965. Hier sehen wir einerseits den Kampf zwischen dem Agrar- und Industriesektor und andererseits die Verschlingung mancher Quellen durch den Import. Denn um Industrie-Produkte produzieren zu können, mußte die Industriebourgeoisie unterstützt werden, d.h., um mehr

einheimische Industrie produzieren zu können, mußte man mehr importieren. Das aber verschärfte seinerseits die Interessenkonflikte zwischen den Teilen der Bourgeoisie.[466]
Bei der Verteilung der Quellen spielten auch die KIT's eine sehr wichtige Rolle. Das einheimische Privatkapital und ausländisches Kapital waren der Meinung, daß die Aktivitäten der KIT's begrenzt werden sollten. Auf diese Weise versuchten sie, die den KIT zustehenden Quellen zu bekommen. Daß die einheimische Bourgeoisie dieser Meinung war, war selbstverständlich. Der Grund, warum z.B. der IWF die türkische Bourgeoisie dabei unterstützte, war etwas anderes; wenn die KIT's aus der Ökonomie zurückgedrängt, ihre ökonomische Aktivität eingeengt wird, muß in der türkischen Ökonomie eine Lücke entstehen (seien es Investitionen oder Produktion von Schwer- und Zwischengüterindustrie), die nur vom ausländischen Kapital gedeckt werden kann. Das war der Hintergedanke des Imperialismus.
Nun, all diese Angaben zeigen, daß die Krise des Kapitalismus oder der Großbourgeoisie aus ihrem eigenen falschen Wachstum stammte. Dieses Wachstum und die daraus entstandene Krise brachte die Türkei vor der Periode der Machtergreifung der Armee in ökonomischen und politischen Bankrott. Das war einer der Gründe für die Machtergreifung der faschistischen Generäle am 12. September 1980.

1.2. Die gesellschaftlichen Probleme und ihre weitere Vertiefung in der Türkei

Die türkische Geschichte kennt keine wirkliche bürgerliche Demokratie. Seit der Gründung der Republik bis heute wurde in der Türkei niemals die bürgerliche Demokratie voll praktiziert. Nur während des anti-imperialistischen Kampfes und für eine ganz kurze Periode danach genossen jede Klasse und Schicht des Volkes politische Freiheit. Jede gesellschaftliche Klasse und Schicht des Volkes, die gegen den Imperialismus und einheimische Kollaborateure kämpfte, organisierte sich in diesem Kampf. Diese Klassen und Schichten des Volkes traten 1923 auf dem Izmirer Wirtschaftskongreß für ihre Interessen auf.
Also, die wahre bürgerliche Demokratie und der Kampf dafür entstand während des antiimperialistischen Kampfes und zwar nicht deswegen, weil die Bourgeoisie wirklich demokratisch war, sondern deswegen, weil die Voraussetzungen für den Sieg über den Imperialismus und ihre einheimischen Verbündeten dies unvermeidlich machten. In den ersten Jahren wurden diese Freiheiten „aufgehoben“ und zwar für immer (jedenfalls bis heute).
Wenn wir die gesellschaftliche Entwicklung der Türkei (das gilt natürlich nicht nur für die Türkei) untersuchen, müssen wir uns zwei Punkte vor Augen halten: Erstens, die Beziehungen zwischen den Imperialisten und ihren einheimischen Verbündeten in der Türkei und zweitens die materielle Grundlage der bürgerlichen Demokratie im Land. Wenn diese beiden Punkte nicht richtig verstanden werden, so kann der Charakter der gesellschaftlichen Entwicklung in Ländern wie der Türkei nicht richtig analysiert werden. Eine wirkliche bürgerliche Demokratie wird und kann der Imperialismus in den von ihm abhängigen Ländern niemals auf Dauer dulden. Denn jede demokratische Lage und alle demokratisierten oder demokratischen Institutionen werden Erleichterungen herbeiführen, wodurch die Volksmassen ihre Interessen auf dem ökonomischen, politischen, kulturellen Sektor usw. zur Geltung bringen und sich ihrer Sache immer mehr bewußt werden. Gerade eine solche Entwicklung wird die Interessen des Imperialismus in Gefahr bringen.
Ferner gibt es in solchen Ländern keine ökonomische Grundlage, die für die Verwirklichung der wahren bürgerlichen Demokratie eine Basis bilden könnte, die

Bourgeoisie ist nicht in der Lage, bestimmte ökonomische und politische Forderungen der arbeitenden Massen zu erfüllen, sie dadurch hinter sich zu bringen oder ihren Kampf in Grenzen der bestehenden Ordnung zu halten, bzw. das „Spiel in erlaubten Regeln spielen zu lassen". In solchen Ländern kann eine friedliche oder versöhnlerische Haltung der Bourgeoisie gegen die Volksmassen nicht verwirklicht werden oder eine solche Situation kann nicht von Dauer sein. Es ist aber nicht selten, daß die Bourgeoisie in abhängigen Ländern auch etwas von ihren schein-demokratischen und reformistischen Seiten zeigt. Das tut sie, wenn sie dazu gezwungen wird. Diese „Halb-Demokratie" ist in solchen Ländern ein Luxus. Das kennen wir aus unserer Geschichte. Sowohl 1971 als auch 1980 haben die Militärs und die Bourgeoisie die Verfassung von 1961 als einen Luxus bezeichnet. In bezug auf die objektive Lage des Landes wird die Regierungsform oder das Wesen der bürgerlichen Macht zwischen faschistischen Diktaturen und reaktionären Machtformen variieren. Je nach der sozio-ökonomischen Lage und den Kräfteverhältnissen wird die Bourgeoisie ihre Macht ausüben. Wie bemerkt, es kann in solchen Ländern eine Schein-Demokratie geben, ohne daß die wahre Machtstruktur der Bourgeoisie geändert wird. Z.B., innerhalb der Periode von 1971 bis 1980, also zwischen zwei Putschen der Armee, waren verschiedene Parteien, die unterschiedliche Weltanschauungen zu haben schienen, in Form von Koalitionen an die politische Macht gekommen. Aber jedesmal ging es darum, die Interessen des Imperialismus und der kollaborierenden Großbourgeoisie zu schützen und die Volksmassen der Lage entsprechend zu unterdrücken. Auf diese Weise brachten die Imperialisten und ihre Verbündeten ihre Interessen je nach der Lage durch verschiedene Parteien zur Geltung. Z.B., die Politik der CHP zwischen 1970 und 1973, die Interessen der Werktätigen zu vertreten, führte dazu, daß sich der Reformismus unter den Volksmassen verbreitete und diese Partei zusammen mit einer anderen Partei 1973 an die Macht kam. Die CHP verstand die politische Neigung der Massen und bearbeitete fortdauernd die Idee Freiheit und Unabhängigkeit. Aber auch in der Periode ihrer zweiten Regierungszeit (1977) konnte sie an der türkischen Wirklichkeit nichts ändern. Es wurde noch schlimmer. Die türkische Bourgeoisie bezweckte mit der CHP-Regierung (beide sind Koalitionsregierungen gewesen), den Kampf der Massen um materielle Verbesserung des Lebens, um Freiheit und Demokratie im Schmelztiegel des Reformismus zu schmelzen und so für sich ungefährlich zu machen. Erfolg hatte die Bourgeoisie dabei nicht. Die reformistische CHP versuchte im Namen des Volkes, im Namen der Freiheit und Demokratie die Forderungen der IMF und die der Großbourgeoisie zu erfüllen und zwar mit der Ausrufung der Notstandslage in 13 Provinzen und mit Panzern und Maschinengewehren auf die Arbeiter in Fabriken.

Das war aber das unglückliche Ende dieser Partei. Sowohl die CHP als auch die AP-Koalitionsregierungen zwischen 1973 und 1980, vertraten in der Türkei eine reaktionäre-faschistische Politik. Daß die Form des Regierens scheindemokratisch war, daß ein Parlament existierte, änderte nichts an dieser Tatsache.

Die Erklärung der Generäle, die am 12. September 1980 die politische Macht an sich gerissen haben, ergänzten die obige Meinung. Der Juntaführer General K. Evren sagte folgendes: „Die politischen, ökonomischen und sozialen Probleme, mit denen unser Land immer noch behaftet ist, (hat) einen für die Zukunft des Landes und unserer Nation bedrohlichen Punkt erreicht ... während das Ziel und die Methoden der Feinde die Anarchie, den Terror ... zu einem Höhepunkt führten, wurde die Verbesserung der sozialen Bedingungen, eine Neuordnung des Erziehungswesen und des Arbeitslebens unausweichlich notwendig. Stattdessen haben die Abgeordneten und Senatoren monatelang ohne Verantwortungsgefühl von ihren Sitzungen aus wegen Parteidisziplin und privaten Interessen untätig zugesehen ... Vor den Augen des Staates debattierten die terroristischen Extremisten während eines Lehrervereinskongresses offen und die zuständigen Institutionen konnten nichts dagegen tun ... auch die türkischen Arbeiter, in ihren Händen die rote Fahne haltend und Bilder von fremden Idolen, wurden verräterisch ausgenutzt, um die Demokratie zu stürzen und um ein anderes Regime zu erreichen ... Gegen all dieses und noch andere Verhaltensweisen, welche ich hier nicht alle angeführt habe, unternahmen weder die Verfassungsorgane noch die politischen Parteien irgendwelche Schritte. Sie verharrten in Gelassenheit und in ihrem unachtsamen Schlaf, anstatt notwendige Maßnahmen zu treffen ... Die türkischen Streitkräfte, die all diese traurigen Geschehnisse aus allernächster Nähe verfolgt hatten, warnten, wie Sie sich erinnern können, alle Verfassungsorgane durch unseren Staatspräsidenten, in dem sie angaben, welche notwendigen Maßnahmen sie ergreifen würden, sollte sich der politische Zustand der Türkei nicht ändern ... Obwohl wir in den vergangenen 8 Monaten mehrere Male auf diese Weise gewarnt haben, konnten wir von den Verfassungsorganen keine befriedigenden Antworten und Einleitung von Maßnahmen feststellen. All die von mir erläuterten Gründe führten dazu, daß die türkische Demokratie vom richtigen Weg abkam und in diese Regierungskrise gestürzt wurde, vor der wir jetzt stehen. Um die verlorene Staatsautorität wieder herzustellen, sahen sich die türkischen Streitkräfte gezwungen, die Macht zu ergreifen ... Der Nationale Sicherheitsrat ist fest entschlossen, alle Hindernisse, die einen zügigen Staatsablauf unmöglich machten, so zu beseitigen, daß eine nochmalige Intervention ausbleibt ... Wir werden es unmöglich machen, daß die Anarchie im Namen von Freiheit und Unabhängigkeit jemals wieder an Schulen, Universitäten oder in Gewerkschaften sich Gehör verschaffen kann ... Wir sind bestrebt, die bilateralen Beziehungen zu den USA, sowie die Beziehungen zur EG weiter auszubauen."[467]

Von ihrem Standpunkt aus sagten die Generäle nichts falsches. Denn für sie ging (und geht) es ja nur um den Schutz der Interessen der einheimischen Großbourgeoisie und der Imperialisten. Es war für sie unvermeidlich, die Werktätigen, die für ihre elementarsten Rechte kämpften, die Jugend, die für eine demokratische Erziehung auftrat, zum Schweigen zu bringen. Es war unvermeidlich, von der bestehenden politisch-ökonomischen Krise loszukommen, die verlorene Staatsautorität neu herzustellen und den bürgerlichen Parteien, die nicht in der Lage waren, zu regieren, eine Ohrfeige zu geben.

Die gesellschaftlich-politische und zugleich ökonomische Krise zeigte sich insbesondere nach der Hälfte der 70er Jahre sehr deutlich: Die Abnahme der Produktion, Mangel an Rohstoffen und Zwischengütern, Devisen und Energie, die Inflation, die steigende Arbeitslosigkeit, Mangel an Lebensmitteln, der sich entwickelnde Schwarzmarkt, die Nichtzurückzahlung der Schulden, die Verteuerungen, die reale Abnahme der Löhne und der Kaufkraft des Volkes standen auf der Tagesordnung. In einer solchen Situation blieb den arbeitenden Menschen nichts anderes übrig als der Kampf um die Verbesserung der Lebensbedingungen und politische Freiheit.

Die CHP, die zum zweiten Mal 1977 an die Macht kam, war nicht in der Lage, der Krise Herr zu werden. In ihrer Regierungszeit wurde die Abhängigkeit des Landes noch mehr befestigt, die Kontrolle des IMF über die Ökonomie und Politik des Landes noch mehr vertieft. Die türkische Währung wurde mehrmals wie folgt abgewertet:

Abwertung der türkischen Währung[468]

Jahr	US-Dollar	TL	Abwertung in %
1946	1 US-Dollar	2,80	-
1958	"	9,04	223
1970	"	15,15	67,5
1975-1977	"	19,25	27
1978	"	25,00	30
1979 (April)	"	26,05	4
1979 (Juni)	"	47,00	80
1980	"	70,00	49
1981 (bis April)	"	96,00	37

Außerdem ließ die CHP-Regierung neue reaktionäre Gesetze vorbereiten, um eben der Lage Herr zu werden. Nun, am Ende wurde in der Periode vom „demokratischen und antiimperialistischen" Ecevit in 13 Provinzen der Ausnahmezustand verhängt.
Der damalige Staatspräsident und andere drohten dem Volk ganz laut: „Wir werden ihre Köpfe zerquetschen. Wir werden sie von der Wurzel her ausrotten. Laßt eure Bajonette Siegeslieder singen." Die CHP-Regierung hat mit ihrem Reformismus relativ schnell abgewirtschaftet und wurde von der AP-Regierung unter Führung Demirels abgelöst. Die Demirel-Regierung wollte nun noch entschlossener handeln. Diese Entschlossenheit machte Demirel wie folgt deutlich: „Es wird noch mehr Blut fließen. Die Regierungsmacht wird uns gegeben, damit wir dieses Problem lösen." Nun, um dieses Problem lösen zu können, versuchte die Demirel-Regierung ihr Programm in die Tat umzusetzen; man führte erhebliche Preiserhöhungen durch. Die Lira wurde noch mal abgewertet. Den Kapitalisten und Monopolen wurde die Möglichkeit gewährt, die Preise so zu erhöhen, wie sie es gerade wollten. Jegliche finanzielle Unterstützung wurde ihnen von der Regierung gewährt. Dem ausländischen Kapital wurde das Recht zuerkannt, so zu investieren, wie es ihren Interessen entsprach.*)
Um die Zusammenarbeit mit dem Fremdkapital zu intensivieren und es in der Türkei zu fördern, hat die Demirel-Regierung bürokratische und traditionelle Hindernisse beseitigt. Der Ausnahmezustand wurde auf weitere Provinzen ausgedehnt, das Streikrecht aufgehoben. Die ökonomische Lage verschlechterte sich weiter. Während die Holdings, Monopole, Großkapitalisten, Großgrundbesitzer, Großhändler und Spekulanten und Imperialisten ihre Profite noch mehr erhöhten, wurden die Lebensbedingungen für die arbeitenden Menschen, für die Arbeiter, Beamten und Lohnabhängigen immer unerträglicher. Die Kluft zwischen den Besitzern und den Besitzlosen, die Unterdrückung der arbeitenden Massen durch die Bourgeoisie, die Arbeitslosigkeit, die Verelendung der Bauern weiteten sich immer mehr aus.
Ende 1979 Anfang 1980 belief sich die Inflationsrate auf über 100%. Die Inflationsrate betrug 1970 6,7%, erhöhte sich rapide und erreichte 1973 20,5%. 1977 24%, 1978 48%, 1979 80% und 1980 106%.[469]

*) Z.B., das Fremdkapital beteiligte sich im allgemeinen erst an Firmen oder Investitionen dort, wo mehr Profitchancen bestanden. Eine von diesen Sektoren ist die Autoindustrie. Die Investitionen des Fremdkapitals betrugen bei der Autoindustrie um 27,8% und bei der Pharmazie um 18,9%. Das ist hoch. Nur 16,5% der Investitionen des Fremdkapitals ging in die Schwerindustrie.[470]

Die Löhne und Gehälter wurden nicht erhöht. Wegen der Inflation ging der reale Wert der Löhne und Gehälter zurück.*)
Zwischen 1970 und 1980 stiegen die Lebenshaltungskosten um das 17fache, die Löhne jedoch nur um das 10fache. Während im Jahre 1970 ein Mindestlohnarbeiter für einen durchschnittlichen Mietbetrag 10 Tage arbeiten mußte, mußte er 1980 für den gleichen Betrag 23 Tage arbeiten. Die Profite der 300 größten Unternehmungen dagegen steigerten sich 1978 um 110 bis 350%. Die Preiserhöhung der Produkte der Bauern blieb, im Vergleich zu den allgemeinen Verteuerungen, stark zurück. Demgegenüber aber stiegen die Agrarkosten um 500 und 700%.[471]
Das einzige, was die Herrschenden den Volksmassen geben konnten, war Unterdrückung und Gewalt.
Die Beziehungen zwischen dem Volk und der Bourgeoisie verschlechterte sich mehr und mehr. Dies führte dazu, daß das Volk sich schließlich vom Regime abzuwenden begann. Die Wahlergebnisse vom 14. Oktober 1979 zeigten, daß die bewußten Teile der Bevölkerung von den bürgerlichen Parteien und vom Parlament Abschied nahmen. Leere Begriffs- und Gesellschaftsformen der Bourgeoisie wurden bloßgestellt. Wenn sich die Volksmassen auch nur für ihre kleinsten Rechte einzusetzen versuchten, fanden sie sich der Polizei, der Armee, den Gerichten, der Strafe, den Folterungen des Systems ausgesetzt. Das machte ihnen klar, daß es keinen anderen Weg gab, als gegen das herrschende System zu kämpfen.

*) Z.B. zwischen 1971 und 1978 hatten die Versicherten einen Einkommensverlust von 5%. Dieser Verlust stieg nach 1978 um 16%.[472]

ZUSAMMENFASSUNG

Aus der ganzen Arbeit können wir folgendes in Thesenform festhalten:

Zum I. Teil:

1. Im Gegensatz zu bestimmten Auffassungen war das Osmanische Reich nicht mit der These von der APW zu identifizieren. Die feudale Produktionsweise war für die osmanische Gesellschaft charakteristisch.
Im Gegensatz zu den Behauptungen, wonach die nicht-erfolgte Entwicklung des Kapitalismus allein mit der Einmischung der äußeren Dynamik erklärt wird, spielten auch die inneren Gründe bei der Entwicklung aber auch Nicht-Entwicklung des Kapitalismus eine entscheidende Rolle; denn wie wir festgestellt haben, waren die materiellen Grundlagen der ursprünglichen Akkumulation des Kapitals vorhanden. Nur die gesellschaftlichen Kräfte, die über diese materiellen Grundlagen verfügten, waren nicht organisiert, nicht bewußt. Sie bildeten eine Klasse an sich und standen unter außerordentlich starkem Druck des Feudalstaates. Als zweiter Grund für die nicht-erfolgte unabhängige kapitalistische Entwicklung sind die äußeren Kräfte zu nennen, die nach und nach für die Zukunft des Reiches richtungsgebend wurden.
2. Angefangen mit den Erscheinungsformen des frühkapitalistischen Kolonialismus bis zum klassischen Kolonialismus des Kapitalismus in seinem imperialistischen Stadium wurde das Osmanische Reich insbesondere ab dem 19. Jh. für den europäischen Kapitalismus, namentlich den englischen, französischen und später deutschen und für Rußland zu einem Objekt, das man erobern wollte.
3. Die massive Einmischung und zugleich die Ausplünderung des Landes durch den europäischen Kapitalismus, insbesondere in der zweiten Hälfte des vorigen Jahrhunderts bis zum Zusammenbruch des Reiches, führte zur Entstehung einer ökonomischen Gesellschaftsformation mit feudalen und kapitalistischen Charakterzügen. Diese ökonomische Gesellschaftsformation, die man auch als den Anfang des Übergangs von der feudalen zur kapitalistischen Produktionsweise bezeichnen kann, war das Werk des entwickelten Kapitalismus in Europa.

Zum II. Teil:

1. Die Periode der Nationalbourgeoisie von 1923 bis 1950 stellt einen Beweis dafür dar, daß sich ein Land unabhängig entwickeln kann, wenn es eben unabhängig über seine Zukunft entscheiden kann.
2. In dieser Periode wurde die Entwicklung des Kapitalismus sowohl in der Industrie als auch in der Landwirtschaft gefördert. Der Grundstein zur modernen, maschinellen Industrie wurde in dieser Zeit gelegt.
3. Die Bemühungen der kemalistischen Bourgeoisie, das Land unabhängig zu industrialisieren, zu modernisieren, führten dazu, daß die ökonomische Gesellschaftsformation eher einen kapitalistischen Charakter trug als einen feudalistischen. Es herrschten also kapitalistische Produktionsverhältnisse.

Zum III. Teil:

1. Die Periode ab 1950 ist in einer Metropol-Peripherie-Beziehung zu sehen. In diesem Sinne ist die heutige Türkei ein Werk des Imperialismus, des Neokolonialismus. Diese Metropol-Peripherie-Beziehung am Beispiel der Türkei macht deutlich, daß ein abhängiges Land niemals die Chance hat, sich unabhängig zu entwikkeln. In einer solchen Lage hat das Land nicht die Möglichkeit, je nach seinen Interessen zu handeln und sich nach seinen Möglichkeiten aufzubauen. Diese Metropol-Peripherie-Beziehung am Beispiel der Türkei ist ein Ausdruck der einseitigen ökonomischen, politischen und auch militärischen Arbeitsteilung des imperialistischen Weltsystems.

2. Wir haben in dieser Periode eine weitere tiefe Entwicklung des Kapitalismus in der Landwirtschaft, die Auflösung der Bauernschaft, festzustellen. Wir haben gesehen, daß sich die Industrie generell entwickelt hat. All diese Tatsachen lassen uns feststellen, daß in der Türkei ein der Entwicklung des Kapitalismus entsprechender innerer Markt vorhanden ist. Jedoch waren alle diese Entwicklungen dem Weltkapital, Fremdkapital unterworfen.
3. Die ökonomische Gesellschaftsformation in der heutigen Türkei ist unumstritten kapitalistisch. Sie ist aber ein den Interessen des Imperialismus entsprechender Kapitalismus.

Ich habe versucht, eine relativ lange Periode unserer Geschichte im Lichte des historischen Materialismus, der marxistischen Methode, zu analysieren und aus diesen Analysen bestimmte Schlußfolgerungen zu ziehen. Ich hoffe, es ist mir gelungen, durch diese Methode den Charakter der ökonomischen Gesellschaftsformationen meines Landes und seine Entwicklungsphasen seit dem Osmanischen Reich bis zur Gegenwart richtig festgestellt und interpretiert zu haben.

ANMERKUNGEN

1) Engels, F., „Herrn Eugen Dührings Umwälzung der Wissenschaft“ (Anti-Dühring) in MEW, Bd.20, S. 22/23
2) Marx, K., Grundrisse, S. 176
3) Marx, K., MEW, Bd. 13, S. 9
4) Marx, K., MEW, Bd. 6, S. 407/408f
5) Vgl. Aydınlık Sosyalist Derği, Nr. 6, 1969 und Ateş Toktamış, „Die politische Struktur der osmanischen Gesellschafts-Gründungsperiode“, S. 131/132
6) Die vorhandenen Quellen zeigen, daß das Ikta-System oder das militärische Ikta-System vom Wesir Nizamu'l Mülk des Großseldschukenstaates niedergeschrieben worden ist. Er hat seine Ansichten über die Verwaltung des Bodens in seinen Schriften Siyeru'l Mülk zusammengefaßt. Siehe Siyeru'l Mülk, Nachdruck in türkischer Sprache 1981
7) Vgl. Cem. I., „Die Geschichte der Unterentwicklung der Türkei“, S. 56. In seinem Buch geht Cem von einer Gleichgewichtsmethode aus und versucht die Unterentwicklung der Türkei durch die Anwendung der Methode des Franzosen René Gendarme zu erklären. Nach ihm sind die Bedürfnisse, die Bevölkerungszahl und die Technik Elemente des alten Gleichgewichts. Die Beobachtung, der Einfluß der Gesundheit und der äußere Zwang, sind hauptsächliche Faktoren, die das Gleichgewicht zersetzen. Ihm zufolge basiert das Gleichgewicht in der osmanischen Gesellschaft auf dem Eigentum des Staates an Grund und Boden. Da dies zerstört wurde und der Staat folglich nicht in der Lage war, seine Funktion zu erfüllen, war damit der Untergang des osmanischen Staates besiegelt. Vgl. auch Aksoy, S., „Die Bodenfrage in der Türkei“, S. 20, 23; Hüsrev, I., Kadro, Bd. 1, Nr. 7, 8 und 9, 1932; Doğan, Mehmet, „Geschichte und Gesellschaft, die Bodenfrage in der Türkei (der zweite Teil)“; Sencer, Muammer, „Der Ursprung des Großgrundbesitzes in der Türkei“, S. 72 - 86 und Berken, Andreas, „Die Provinzen des Osmanischen Reiches“, S. 6
8) Hierzu nenne ich Sencer, Muzaffer „Osmanische Gesellschaftsstruktur“; Divitcioğlu, S. „APW und die osmanische Gesellschaft“; Yerasimos, S. „Die Türkei im Unterentwicklungsprozeß“. Zu den Auffassungen dieser und anderer Autoren werden wir noch kommen
9) Vgl. Hüsriev, I., Kadro, Bd. 1, Nr. 7, 1932, Nachdruck 1980
10) Cem, I., a.a.O., S. 55; Hüsrev, I., Kadro, Nr. 9, 1932
11) Vgl. Aksoy, S., a.a.O., S. 36
12) Vgl. Aksoy, S., a.a.O., S. 36
13) Vgl. Barkan, Ö. L., „Die juristischen und finanziellen Grundsätze der landwirtschaftlichen Ökonomie im Osmanischen Reich im XV. und XVI. Jh.“, z.n. Aksoy, S. a.a.O., S. 37
Barkan, Ö.L. ist einer der wichtigsten Historiker der Türkei, der die Bodenfrage in der Türkei untersucht hat. Obwohl ich mich mit seinen Interpretationen nicht identifizieren kann, hat er Bemerkenswertes geleistet. Für Barkan war die osmanische Gesellschaft weder feudalistisch nochXasiatisch. Das Eigentum des Staates an Grund und Boden und die Beamten-Rolle der Sipahis entspricht nach ihm nicht dem Feudalismus. Für ihn war auch der osmanische Bauer nicht der europäische Leibeigene. Er erklärt aber gleichzeitig das Vorhandensein des Feudalismus in Anatolien und im europäischen Teil der Türkei. Ihm zufolge trug also die osmanische Gesellschaft weder ganz europäische noch asiatische Charakterzüge. Siehe „Gesammelte Werke“, Bd.1
14) In diesem Zusammenhang vertritt Timur, T. die interessanteste These; er stellt mit Recht fest, daß das Römische Reich durch die in Gentilverfassung lebenden Germanen und anderen Stämme zerstört wurde. Damit war der Grundstein für den Übergang zum Feudalismus gelegt. D.h., der Feudalismus war im Westen ein Produkt der Rom-Germanen-Synthese. Den Untergang des östlichen Römischen Reiches haben die Türken herbeigeführt. Da die Türken sich in urgesellschaftlichen Verhältnissen befanden, haben sie ununterbrochen gegen den sich entwickelnden Feudalismus gekämpft.
Nach diesem Autor geschah der Kampf – bevor die Osmanen Ende des 16. Jh. unter die Kontrolle des Westen gerieten – im Osmanischen Reich zwischen dem Feudalismus und den urgesellschaftlichenVerhältnissen der Türkei. Timur, T. versucht die Haltung der Osmanen, den Status quo aufrechtzuerhalten, folgendermaßen zu erklären: „Die verbreitete Produktionsweise in der osmanischen Gesellschaft war die urgesellschaftlich-patriarchalische Produktionsweise ... Der osmanische Staat basiert bewußt auf dieser Grandlage und hielt die urgesellschaftlich-patriarchalischen Verhältnisse aufrecht.“ Timur, T., „Osmanische Gesellschaftsordnung“, S. 242
15) Vgl. Aksoy, S., a.a.O., S. 49f
16) MEW, Bd. 9, S. 222
17) Orhonlu, Cengiz, „Die Derbent-Organisation im Osmanischen Reich“, S. 12
18) Vgl. Avcioğlu, D. „Die Ordnung der Türkei-gestern-heute-morgen“, S. 16 - 44

19) Prof. Barkan, Ö.L., „Konferenz der sozialen Fragen der wirtschaftlichen Entwicklung", z.n. Avcioğlu, a.a.O., S. 19 - 20
20) Giz, Adnan, „Die Lage der Industrie im 17.Jh. in der Stadt Istanbul", in: Zeitschrift der Istanbuler Industriekammer Juni 1967
21) Avcioğlu veröffentlichte sein Buch „Die Ordnung der Türkei" 1968
Zwischen 1978 - 1982 hat er fünf Bände über die Geschichte der Türkei verfaßt. In seinen Büchern spricht er von der feudalen Entwicklung in Anatolien. Im fünften Band bezeichnet er das vorosmanische Anatolien als feudalistisch („Anatolien war feudalistisch, aber!"). Es soll einen sechsten Band geben, in dem die osmanische Gesellschaft untersucht wird. Das Buch konnte ich mir leider nicht besorgen. Es ist auch möglich, daß der 6. Band wegen seines unerwarteten Ablebens nicht erschienen ist. Deswegen weiß ich nicht, ob er seine Ansichten über die osmanische Gesellschaft geändert hat und wie er 14 Jahre nach der Veröffentlichung seines genannten Buches die osmanische Gesellschaft charakterisiert.
22) Vgl. Avcioğlu, a.a.O., S. 11 - 27
23) ebda. S. 27 - 44
24) ebda. S. 49
25) Vgl. Wittfogel, A.K. „Die orientalische Despotie".
26) Vgl. Divitcioğlu, Sencer, „APW und die osmanische Gesellschaftsstruktur", S. 10 - 73
27) Çağlar, Keyder, „Gesellschaftliche Geschichtsstudien", S. 108/140
28) a.a.O., S. 140
29) Sencer, Muzaffer, a.a.O., S. 317f
30) Jerasimos, S., a.a.O., Bd. 1, S. 179
31) ebda. S. 349
32) ebda. S. 444f
33) Timur, T., a.a.O., S. 277 - 282
34) Vgl. Divitcioğlu, S., „APW und die Osmanische Gesellschaftsstruktur"
35) Sencer, Muzaffer versucht hier, sich mit den Gedanken von Barkan zu identifizieren. Siehe Barkan,, a.a.O., S. 287f
36) Keyder Çağlar, a.a.O., S. 128
37) Timur, T., a.a.O., S. 224
38) MEW- Bd. 23, S 779
39) a.a.O., S. 779
40) Barkan, Ö.L. „Edirne askeri kassamine ait terek defterleri", z.n. Avcioğlu, a.a.O. S. 31f
41) Mantran, R. „Istanbul dans la second moitie du XVII", siecle', S. 357, z.n. Cem, I., a.a.O., S. 85
42) Vg. Cem, I., a.a.O., S. 135
43) Vgl. Barkan, Ö.L., „Ederne defterleri ...", z.n. Avcioğlu, a.a.O., S. 32
44) Akdağ, M,. „Die ökonomische und soziale Geschichte der Türkei", Bd. 2, S. 224 - 229
Auch Prof. Akdağ trägt die Neigung anderer Historiker. Ihm zufolge zeigen das Eigentum des Staates an Grund und Boden, die Lage der Sipahis, das Mir-i Boden-System überhaupt, daß die osmanische Gesellschaft nicht feudalistisch war. Er gibt keine genauere Definition über die Struktur der osmanischen Gesellschaft. Bei unseren Historikern ist es der Fall, daß sie nur die Unterschiede zwischen der osmanischen Gesellschaft einerseits und dem europäischen Feudalismus und der APW andererseits zeigen. Ihre Interpretationen sind für mich nicht von Bedeutung. Ihr Verdienst aber besteht darin, daß sie alte Dokumente ans Tageslicht bringen.
45) Ülgener Sabri, „Iktisadi inhitat tarihimizin ahlaki ve zihniyet meseleleri", Istanbul 1951, S. 144
46) ebda. S. 145
47) Barkan, Ö.L. „Iktisadi kalkinmanin", z.n. Avcioğlu, a.a.O., S. 38
48) Akdağ, M., a.a.O., S. 260, Bd. 2
49) Sahillioğlu, Halil, „Kupfergeld in den letzten Jahren von Fatih", Türk Tarih Dergisi, Nr. 6, S. 72, 1968
50) Vgl. Akdağ, M.a.a.O., S. 355 - 359, Bd. 2
51) Sencer, Oya, „Die Arbeiterklasse in der Türkei", S. 29
52) Akdağ, M., a.a.O., S. 31, Bd. 1; Ates Toktamis, a.a.O., S. 152 - 166
53) Barkan, Ö.L. „Türkische Justizgeschichte", z.n. Sencer, Muzaffer, a.a.O., S. 285
54) Obwohl Timur behauptet, daß in der osmanischen Gesellschaft die urgesellschaftlich-patriarchalischen Produktionsverhältnisse herrschten, kann er nicht leugnen, daß sich in derselben Gesellschaft auch die Städte und Zunftvereine entwickelten, die den europäisch-feudalen Zuständen ähnlich waren.
Hierzu schreibt er: „Wir wissen, welche Rolle die Ahi-Organisationen in den Gründungsjahren der osmanischen Gesellschaft gespielt haben. Die Beziehungen, welche die Janitschari ab XVI. Jh. mit den Handwerkern und Händlern aufgenommen hatten, haben eine neue Situation herbeigeführt. Sie (diese Beziehungen, S.C.) haben in den späteren Jahrhunderten zu neuen Widersprüchen und Kämpfen geführt ... Einige Städte genossen gegen die Zentralmacht manche

Privilegien und sie waren relativ unabhängig ... Diese Städte wie Sarayewo und Kayseri - Mittelanatolien, S.C. - wurden von manchen Autoren zu „Republik-Städten" erklärt". a.a.O., S. 233
55) Sencer, Muzaffer, a.a.O., S. 287f
56) Montran, R., „Istanbul dans ...", z.n. Cem, I., a.a.O., S. 83
57) Vgl. Akdağ, M., a.a.O., S. 208, Bd. 2
58) Vgl. Sencer, Muzaffer, a.a.O., S. 79 - 86
59) Vgl. Barkan, Ö.L., „Das juristische Statut der Bauernklassen im Osmanischen Reich", in: Gesammelte Werke, Bd. 1, S. 725 - 788
60) Vgl. Autoren wie Cem, I., Avcioğlu, D., Hüsrev, I. Aksoy, S., Berkas, N.
61) Avcioğlu, D., a.a.O., S. 25
62) Akdağ, M., „Celali-Aufstände", S. 40 - 44, 1963
63) Avcioğlu, D., a.a.O.,S. 30; Avcioğlu beruft sich hier auf die Studie von Tuncer Hediye, über die „Bodenfrage im Osmanischen Reich", 1965
64) MEW, Bd. 4, S. 132
65) Siehe, MEW, Bd. 9, S. 148 - 156; Marx macht hier den Kampf zwischen den Teilen der Bourgeoisie – wie Handelsbourgeoisie, Industriebourgeoisie – anhand der Aktivitäten der ostindischen Kompanie, die Entwicklungsphasen des Kapitalismus überhaupt deutlich. Die ganze Geschichte dieser Kompanie bildet ein gutes Beispiel dafür, daß die Ausbeutungsmethoden des Kapitalismus sich ändern werden, wenn die kapitalistische Entwicklung weitergeht. Diese Entwicklung drückt sich auch in Interessenkonflikten zwischen den Flügeln der Bourgeosie aus; diese Entwicklung macht Marx im gleichen Artikel wie folgt deutlich: „So wurde Indien zum Schlachtfeld im Kampf zwischen dem Industriekapital auf der einen und der Plutokratie und Oligarchie auf der anderen Seite. Die britischen Industriellen, ihres überwiegenden Einflusses in England sicher, verlangen jetzt die Vernichtung dieser ihnen feindlich gegenüberstehenden Mächte in Indien, die Zerstörung des dortigen gesamten alten Verwaltungsapparates und die endgültige Beseitigung der ostindischen Kompanie", a.a.O., S. 156
66) MEW, Bd. 25, S. 345
67) Vgl. MEW, Bd. 23, S. 741 - 788
68) MEW, Bd. 25, S. 345
69) MEW, Bd. 23, S. 781
70) MEW, Bd. 25, S. 343
71) MEW, Bd. 23, S. 474f
72) Lenin, in: LW, Bd. 22, S. 195
73) Lenin, in: LW, Bd. 31, S. 204 und 305
74) Lenin, in: LW, Bd. 31, S. 204
75) MEW, Bd. 18, S. 60
76) MEW, Bd. 9, S. 6 - 8
77) ebda. S. 17
78) ebda, S. 32f
79) ebda, S. 164
80) ebda, S. 215
81) MEW, Bd. 9, S. 13 - 15
82) ebda, S. 17, 24, 25
83) MEW, Bd. 20, S. 164
84) Vgl. Sarc, Celal Ömer, „Tanzimat und unsere Industrie", S. 420 - 425
85) Vgl. Prof. Berkes Niyazi, „Türkische Wirtschaftsgeschichte", in 2 Bänden, Bd. 2, S. 100. Auch Berkes spricht wie die anderen Historiker undeutlich. Ihm zufolge wäre die osmanische Gesellschaft nicht feudalistisch, denn „im Osten gibt es keinen Feudalismus", stattdessen gibt es Herrscher, die Eigentümer des Bodens sind und Sipahis, die die Aufgaben der Beamten übernehmen. Und die Bauern wären keine Leibeigenen, sondern Pächter des Staates. Mit seinen Ausführungen nähert er sich zur APW-These. Aber für ihn ist die osmanische Gesellschaft auch nicht asiatisch.
86) Vgl. Berkes, N., a.a.O., S. 85f, Bd. 2
87) Vgl. Atamer, Hayriye, „Die ersten türkisch-amerikanischen Beziehungen, in: Belgelerle Türk Tarih Dergisi, Nr. 2, 1967; Çavdar Tevfik, „Die halb-Kolonisierung der Osmanen." Wie Cem geht auch Çavdar von einer Gleichgewichtsmethode aus. Die Grundlage dieses Gleichgewichts ist das Bodensystem. Ihm zufolge konnte die Gesellschaft sich wegen des Gleichgewichts nicht entwickeln. Die Krise im 16. Jh. kann man durch die Zerstörung des Gleichgewichts oder durch die Versuche der Herstellung eines neuen Gleichgewichts erklären. Eine der wichtigsten Faktoren zur Zerstörung des Gleichgewichts war nach ihm der äußere Faktor.
88) Berkes, N., a.a.O., S. 100f, Bd. 2
89) Vgl. Berkes, N., a.a.O., S. 89f, Bd. 2. Die Engländer waren in der Lage, ihre aus Indien importierten Waren im Osmanischen Reich profitabel zu verkaufen. Thomas Mun behauptet: Der engli-

sche Export ins Osmanische Reich übertraf den englischen Import aus dem Osmanischen Reich. Nach Angaben dieses englischen Gesandten exportierte im Jahre 1626 „the East India Company“ ins Osmanische Reich Waren im Wert von 250.000 Pfund Sterling. Im Jahre 1637 waren nur zwei Schiffe mit Exportwaren im Wert von 200.000 Sterling beladen.

90) Über diese politisch-ökonomische Lage: Vgl. Berkes, N., „Warum haben wir seit 200 Jahren den Faden verloren“; Yerasimos, S., a.a.O., Bd. 2; Lord Straford, „Erinnerungen aus der Türkei“
91) Vgl. Puryear, U.J., „France and the Levant“, Berkely University of California Press, 1941, nach Aydinlik, Nr. 6, 1969
92) Vgl. Keskin, Hakkı, „Die Türkei vom Osmanischen Reich zum Nationalstaat“, S. 25; Avcioğlu, D., a.a.O., S. 104f
93) Vgl. Cem, I., a.a.O., S. 240f
94) D. Acioğlu, a.a.O., S. 105
95) Puryear, U.J., a.a.O., z.n. Aydinlik, Nr. 6, 1969
96) ebda.
97) Bailey, Frank Edgar, „The türkish Reform movement“, Cambridge, Hervord University Press, 1942, z.n. Aydinlik, Nr. 6, 1969
98) ebda.
99) Berkes, N., a.a.O., S. 371f, Bd. 2
100) „Lütfi Tarihi“, z.n. Berkes, N., a.a.O., S. 372, Bd. 2
101) "Ibret“ Gazetesi, z.n. Berkes, N., a.a.O., S. 372, Bd. 2
102) Vgl. Cem, I., a.a.O., S. 263; Sarc, Ö.C., a.a.O., S. 423 - 435
103) Vgl. Sarc, Ö.C., a.a.O., S. 428 - 437
104) Vgl. Sencer, Oya, a.a.O., S. 64
105) Vgl. Avcioğlu, D., a.a.O., S. 110
106) Karamürsel, Z., „Ein Blick über die finanzielle Geschichte des Osmanischen Reiches“, z.n. Cem, I., a.a.O., S. 264f
107) ebda. S. 242
108) Mutlucağ, Hayri, „Duyun-u Umumiye und Regieraub“, Belgelerle Türk Tarihi, Nr. 2, 1967; Cem, I., a.a.O., S. 242
109) „Finanzpolitik in der Atatürk-Periode“, S. 94
110) Vgl. Bulutoğlu, Kenan, „Das Fremdkapital in der Türkei“, S. 83 - 97
111) Parvus, „Finanzielle Gefangenschaft der Türkei“, S. 75f, Herausgeber: Sencer Muammer
112) Vgl. Yerasimos, S., a.a.O., S. 971, Bd. 2; Keskin, H., a.a.O., S. 35
113) Vgl. Keskin, H., a.a.O., S. 42
114) Eldem, Vedat, „Eine Untersuchung über die ökonomischen Bedingungen des Osmanischen Reiches“, S. 181
115) Vgl. Eldem, Vedat, „Eine Untersuchung ...“
116) Morawitz, C., „Les Finances de la Turquie“, 1902 Paris, z.n. Yerasimos, S., a.a.O., 959, Bd. 2
117) Vgl. Şevket, Pamuk, „Die sektorale Teilung des Fremdkapitals im Osmanischen Reich 1854 - 1914“, Zeitschrift „Gelisme“ der Mittelost Universität, Sonderausgabe, S. 144 - 146, 1978
118) ebd.
119) Ökcün, Gündüz, „Die Anteile der Türken, der einheimischen Minderheiten und der Ausländer am osmanischen Bergbau am Beginn des XX. Jh.“, z.n. Avcioğlu, a.a.O., S. 161 - 162
120) Kurmus, Orhan, „Das Eindringen des Imperialismus in der Türkei“, S. 61
121) „Türk Ziraat Tarihine bir Bakış“, Istanbul, 1938, S. 128f, nach Kurmuş, O., a.a.O., S. 64
122) „Public Record Office“ und Foreign Office“, 78/1760, Nr. 28, 23. Mai 1863, z.n. Kurmuş, O., a.a.O., S. 66
123) ebda., Nr. 31, 23. Juni 1863, z.n. Kurmuş, O., a.a.O., S. 66
124) Scherzer, C.D., „La Province de Smyrne“, Vienne, 1873, S. 104, z.n. Kurmuş, O., a.a.O., S. 67
125) „Public Record Office“ (PRO) und „Foreign Office“ (FO), 195/910, Nr. 44, 10. Juli 1868, z.n. Kurmuş, O., a.a.O., S. 79
126) PRO und FO, 195/1161, „Memorandum by the British Consulate“, 25. Oktober 1878, z.n. Kurmuş, O., S. 79
127) Vgl. Kurmuş, O., a.a.O., S. 80f
128) ebda. S. 90
129) Vgl. ebda. S. 95
130) Als Beispiel führe ich hier einige kapitalistische Gesellschaften in der Landwirtschaft an: (z.n. Kurmuş, O., a.a.O., S. 96

Name der Gesellschaften	Kapital (Sterling)
Smyrna Vineyard and Brandy Distellery Co. Ltd.	20.000
Smyrna Dried Fruit Importers Association Ltd.	50.000
Asia Minor Tobacco Co. Ltd.	30.000
Ottoman Cotton Co. Ltd.	100.000
Asia Minor Co. Ltd.	500.000
Asia Minor Cotton Co. Ltd.	100.000
Smyrna Fig Pockers Ltd.	150.000
Ottoman Oil Co. Ltd.	30.000
Levant Trading Agency Ltd.	50.000

131) Selahiaddin Bey, „La Turxuie a L'Exposition Universell le 1867, Paris, 1867, S. 41 - 46, z.n. Kurmuş, O., a.a.O., S. 102
142) Annuaire Oriental, vol. ix, 1889, S. 663 - 710, z.n. Kurmuş, O., a.a.O., S. 102
133) Annuaire Oriental, vol. xv, 1898, S. 1066, vol.xvi, 1900, S. 1205, 1364, z.n. Kurmuş, O., a.a.O., S. 102
134) Georgiades, D., „Smyrne et L'Asie Mineure", Paris 1885, S. 64; Cuinet, iii, S. 408, z.n. Kurmuş, O., a.a.O., S. 104
135) Vgl. Kurmuş. O., a.a.O., S. 105
136) Eldem, Vedat, a.a.O., S. 142 - 143
137) Kurmuş, O., a.a.O., S. 110 - 111
138) Vgl. Kurmuş, O., a.a.O., S. 111 - 115
139) Vgl. ebda. S. 116
140) Vgl. ebda, S. 116 - 120
141) Vgl. ebda. S. 120 - 122
142) Vgl. ebda. S. 123 - 126
143) Vgl. ebda. S. 127 - 145
144) Ausführliche Information über den Hegemoniekampf Deutschlands, Englands, Frankreichs und Rußlands über das Osmanische Reich und über die strategische Wichtigkeit des Reiches bei: Imbert Paul, „La Revonation L'Empire Ottoman", Paris, 1909; von Moltke, H., „Türkei-Briefe"; Earle, M. „Der Kampf um die Bagdad-Bahn"; Ortayli, Ilber, „Deutscher Einfluß in der Periode von Abdulhamit der Zweite im Osmanischen Reich"
145) Vgl. Keskin, H., a.a.O., S. 35
146) ebda. S. 36
147) Avcioğlu, D., a.a.O., S. 117
148) Vgl. Avloğlu, D., „Die Ordnung der Türkei"; Kartekin, E., „Revolutionsgeschichte und das Regime der türkischen Republik"; Yetkin, Çetin, „Türkische Volksbewegungen und -Revolutionen"
149) MEW, Bd. 9 S. 8, 27
150) Çavdar, Tevfik, „Ökonomische Ursprünge des Nationalkampfes", S. 122
151) Hüsnü, Şefik, „Reden und Schriften in den Kominternorganen", S. 116
152) Barkan, Ö.L., „Çiftçiyi Topraklandırma Kanunu ve Türkiye'de Zirai bir Reformun ana Meseleleri" in: Gesammelte Werke, Bd. 1, S. 473
153) Aus den statistischen Jahrbüchern: Veröffentlichungen des staatlichen Statistikeninstituts der Türkei (DIE)
154) „Ergebnisse der Landwirtschftszählungen von 1950", S. 122
155) Vgl. Ş. S. Aydemir, „Ikinci Adam", Bd. 2, S. 335
156) Vgl. Şefik Hüsnü, a.a.O., S. 115; S. Aksoy, a.a.O., S. 52 - 67
157) Kanbolat Yahya, „Türkiye Ziraatinda Bünye Değisikliği", Siyasal Bilgiler Fakültes Maliye entstitüsü, Ankara 1963, S. 40 - 45
158) Orhan Kurmuş, „Emperyalizmis Türkiye'ye girişi", 1974, S. 110 - 115
159) Sefik Hüsnü, a.a.O., S. 116 - 119
160) Orhan Kurmus, a.a.O., S. 78
161) Orhan Kurmus, a.a.O., S. 110 - 115
162) Orhan Kurmus, a.a.O., S. 70 - 80
163) Sefik Hüsnü, a.a.O., S. 119
164) Sefik Hüsnü, a.a.O., S. 116f
165) Sefik Hüsnü, a.a.O., S. 117
166) Vedat Eldem, a.a.O., S. 70
167) Taner Timur, „Türk Devrimi ve sonrasi 1919 - 1946", 1971, S. 95

168) „T. Iktisat Yıllığı", 1964 - 1965, Nr. 510, S. 253; „T.C. Ticaret Odalari yayinlari", 1981
169) Allein die Größe seiner Höfe in der Nähe von Ankara belief sich auf 10.000 Hektar, er züchtete hier über 36.000 Schafe. Außerdem beteiligte er sich an mehreren wichtigen Industrieunternehmungen und hatte noch andere Höfe.
170) Vgl. Kanbolta, a.a.O., S. 108; Vgl. Avcioğlu, a.a.O., S. 477
171) Vgl. S.S. Aydemir, a.a.O., Bd. 1, S. 363; Vgl. „1923 - 1981 Cumhuriyet döneminde Istatistiklerle Türkiye", Türkiye Ticaret Odalari, sanayi odalari ve ticaret borsalari birligi – 1981
172) Vgl. Kanbolat, a.a.O. und Vgl. „Tarim istatistikleri Özeti", 1967, S. 7
173) Vgl. Karaköse, O., „Les forces productrieces de la Turquie nouvelle", Toulouse 1941, z.n. S. Yerasimos, a.a.O., Bd. 3, S. 1308
174) Vgl. Sefik Hüsnü, a.a.O., S. 127/128
175) I. Hüsrev, „Türkiye Köy Iktisadiyati", S. 22
176) S.R. Hatipoğlu, „Dis ticaretimizde Ziraatin Payi", S. 9
177) Vgl. S. Yerasimos, a.a.O., Bd. 3, S. 1308
178) Vgl. Yıldız Sertel, „Türkiye'de ilerici Akımlar", 1967, S. 49
179) Şevket Pamuk, „Osmanli Imparatorlugunda Yabanci Sermayenin Sektörlere ve Ihrac eden Ülklere göre Dagilimi", 1978, S. 135; Vgl. „Atatürk dönemi ...", a.a.O., S. 103
180) Vgl. Şevket Pamuk, a.a.O., S. 146; Vgl. "Atatürk dönemi ...", a.a.O., S. 105
181) Sefik Hüsnü, a.a.O., S. 45
182) Vgl. Gündüz, Ökcün „Osmanli Sanayii", S. 15
183) Vgl. Gündüz Ökcün, a.a.O., S. 17
184) Vgl. Gündüz Ökcün, a.a.O., S. 19
185) Vgl. Gündüz Ökcün, a.a.O., S. 23
186) Vgl. Vedat Eldem, a.a.O., S. 125
187) Vgl. G. Ökcün, a.a.O. S. 26
188) Vgl. Emre Kongar, „Türkiye'nin Toplumsal yapisi", 1978, S. 255
189) „Atatürk dönemi ...", a.a.O., S. 147; Çavdar, T. „Milli Mücadele", S. 39
190) Vgl. Vedat Eldem, a.a.O., s. 96; „Atatürk dönemi ...", a.a.O., S. 148; Cavdar, T., „Milli Mücadele ...", S. 37
191) Vgl. Vedat Eldem, a.a.O., S. 97
192) Lenin, „Die Entwicklung des Kapitalismus in Rußland", Bd. 3, S. 335
193) Lenin, a.a.O., S. 335/336
194) Lenin, a.a.O., s. 338f
195) Vgl. S.S. Aydemir, „Cihan Iktisadiytinda Türkiye", S. 60
196) U.S. Department of Commerce, z.n. „Türkiye'de Toplumsal ve Ekonomik Gelişmenin 50 Yılı", S. 41
197) Vgl. „Annuaire statistique", S. 93, z.n. Y.N. Rozaliyev, „Türkiye'de Kapitalizmin Gelisme Özellikleri", S. 47
198) „Istatistik Yıllığı", Bd. 5, S. 65
199) „Istatistik Yıllığı", Bd. 4, S. 195
200) Vgl. „Istatistik Yıllığı", Bd. 4, S. 196
201) Vgl. S. Toobi, „Anonim Şirket", S. 11 - 12, z.n. Rozaliyev, a.a.O., S. 59
202) MEW, Bd. 23, S. 341, 343, 344, 351, 355
203) a.a.O., S. 343
204) a.a.O,, S. 344
205) a.a.O., S. 354f
206) a.a.O., S. 344
207) a.a.O., S. 251
208) „1930 Sanayi Kogresi", S. 9
209) „The Oriental Carpet Manufactures Ltd.", z.n. Türkiye'de toplumsal gelismenin ..., S. 36
210) Torgoviy bülleten Torgpredstva SSSR vi Turtsii", Oktober 1925, S. 27, z.n. Rozaliyev, a.a.O., S. 80f
211) C.H. Woods, „Report on the economic ...", 1934, S. 12, z.n. Rozaliyev, a.a.O., S. 81
212) „Economic development in the Middle East 1945 to 1954", S. 217 und „L'Economiste d'Orient", Istanbul 1956, S. 980, z.n. Rozaliyev, a.a.O., S. 83
213) Vgl. „1949 Köy sayimi hulasa sonuclari", S. 102 - 103
214 „Torgoviy bülleten ...", a.a.O., s. 13, z.. Rozaliyev, a.a.O., S. 84
215) Vgl. Y. Akdevelioğlu, „Türkiye'deki el halısı tezğahları, dağılısları ve kapasitesi" in Türkiye Iktisat Gazetesi, 16.7.1959
216) H. Cillov, „Denizli El Dokumacılığı Sanayii", S. 44f
217) H. Cillov, a.a.O., S. 45
218) Vgl. Istatistik Yıllığı", Bd. 6

219) Vgl. Nusret Özgören, „Tanınmış kooperatifcilerimizden Nusret Özgören diyor ki, 1928 - 1955“, S. 209
220) Z.F. Findikoğlu, „Türkiye'de Kooperatifcilik Tatbiki sosyoloji Denemesi“, S. 159
221) Vgl. F. Dalsar, „Türk Sanayi ve Ticaret Tarihinde Bursa'daki ipekcilik“, S. 410 - 412
222) N.N. Savrov, „Selkovodstvo i selkovaya promiyslennost Turtsii, S. 234 - 235, z.n. Rozaliyev, a.a.O., S. 89
223) Vgl. Ö.C. Sarc, „Ziraat ve Sanayi Siyaseti“, S. 390 - 394
224) „Cumhuriyet Gazetesi 17 Mayis 1925“, z.n. Ö.C. Sarc, a.a.O., S. 393 - 394
225) „Cumhuriyet Gazetesi 17 Mayis 1925“, z.n. Ö.C. Sarc, a.a.O., S. 359
226) Vgl. T. Esberk, „Türkiye'de Elsanatlarının mahiyeti ve Önemi“, S. 95
227) Vgl. H. Cillov, a.a.O., S. 103 - 104
228) Vgl. Y. Akdevelioğlu, a.a.O., 16.7.1959
229) Vgl. S. Aksoy, „Hali Işçilerinin Ücret ve Sosyal Durumu“, S. 5 - 19
230) Vgl. M. Ete, „Türkiye'de Pamuklu ve Dokuma Sanayiin Kooperatifleştirilmesi imkanlari“, S. 10 - 13
231) Vgl. F. Dalsar, a.a.O., S. 432
232) Vgl. M. Zeki, „Türkiye Teracimi Ahval Ansiklopedisi“, S. 874, z.n. Rozaliyev, a.a.O., S. 95
233) Vgl. „Yıllık Ticaret Kılavuzu“, S. 22 - 26; Vgl. Rozaliyev, a.a.O., S. 95
234) Vgl. „Kula Mensucat Fabrikası Türk Hususi Tekstil Sanayiin En Büyük Kombinası“, S. 104f
235) Vgl. C.H. Woods, z.n. Rozaliyev, a.a.O., S. 96
236) MEW, Bd. 25, S. 338, 341
237) MEW, Bd. 25, S. 342/343, 347, 348
238) Vgl. H. Keskin, a.a.O., S. 77
239) Vgl. Burhan Ulutan, Bankacılığın Tekamülü, Ankara 1957, und G. Ökcün, „1909 - 1930 arasında Anonim Şirket olarak kurulan Bankalar“, Hacetepe Universitesi Yayınları, Ankara, 1975
240) Vgl. „Istatistik Yıllıgı“, Bd. 5, S. 270 - 290
241) Vgl. „Istatistik Yıllıgı“, Bd. 5, S. 270 - 290
242) Vgl. „Istatistik Yıllıgı“, Bd. 9, S. 272 - 275
243) Vgl. H. Tahsin, R. Saka, „Sermave Hareketi“, S. 245
244) Vgl. „Türkiye Iş Bankası“, S. 48
245) Vgl. T.Z. Findikoğlu, a.a.O., S. 153
246) Vgl. H. Tahsin, R. Saka, a.a.O., S. 244 - 245
247) Vgl. A. Apak, C. Aydıneli und M. Akın, „Türkiye'de Devlet Sanayii“, S. 319 - 320
248) Vgl. A.A. Özeken, „Türkiye'de Kömür Ekonomisi Tarihi“, S. 42/72
249) Vgl. „Türkiye'de Şeker Sanayii“, S. 8; Vgl. Avcioğlu, a.a.O., S. 380 - 382
250) Vgl. Ş.S. Aydemir, „Ikinci Adam“, Bd. 1, S. 452
251) Vgl. K. Apak, C. Aydıneli, M. Akın, a.a.O., S. 197
252) Vgl. T. Tahsin, R. Saka, a.a.O., S. 540 - 543
253) „Umumi Magzaların Yeni Hamleleri“, S. 11; Vgl. Rozaliyev, a.a.O., S. 121
254) Vgl. „Iktisat ve Ticaret Ansilopedisi“, Bd. 9, S. 118, z.n. Rozaliyev, a.a.O., S. 120
255) Vgl. M. Atalay, „Türk Milli Bankacılığı“, S. 113
256) Vgl. K. Apak, C. Aydıneli und M. Akin, a.a.O., S. 80
257) Vgl. „Türkiye Is Bankasi 30 Yasinda“, S. 2 - 4
258) Lenin, Bd. 32, S. 467
259) „Istatistik Yilligi“, Bd. 6, S. 321 - 323
260) Vgl. Avcioğlu, a.a.O., S. 377 - 379; Vgl. K. Apak, C. Aydıneli und M. Akın, a.a.O., S. 25 - 34; Vgl. H. Tahsin, R. Saka, a.a.O., S. 360 - 365; Vgl., „Istatistik Yıllıgı“, Bd. 6, S. 321 - 330
261) Vgl. K. Apak, C. Aydıneli und M. Akın, a.a.O., S. 78
262) Vgl. K. Apak, C. Aydıneli und M. Akın, a.a.O., s. 70 - 84
263) Vgl. Rozaliyev, a.a.O., S. 147; Vgl. K. Apak, C. Aydıneli und M. Akın, a.a.O., S. 79 - 80
264) Vgl. „Etlbank Yayınları“, S. 30 - 33
265) Vgl. K. Apak, C. Aydıneli und M. Akın, a.a.O., S. 276
266) Vgl. Ş.S. Aydemir, „Ikinci Adam“, Bd. 1, S. 427 - 428; Vgl. Rozaliyev, a.a.O., S. 159
267) Rozaliyev, a.a.O., S. 159
268) Kongar, E. a.a.O., S. 266. „Die Zählung der Industrieförderungsgesetze zwischen 1927 - 1939
269) „Cumhuriyet Döneminde Istatistiklerle Türkiye“, 1981
270) „Türkiye Ekonomisi 1981“, Istanbul Ticaret Odasi
271) in „Türkiye Ekonomisi 1981 ...
272) „Devlet Istatistik Enstitüsüs Yayınları“ (DIE)
273) DIE
274) DIE
275) DIE
276) DIE

277) DIE
278) DIE
279) DIE
280) S. Brike, „Kommunistische Internationale", 1924, Nr. 28 - 30, S. 103 - 113, in „Boğazlar Meselesi", S. 73 - 76
281) S.S. Aydemir, „Ikinci Adam", Bd. 1, S. 362
282) Vgl. Kongar, E., a.a.O., S. 340
283) M. Pawlowitsch, „Der Untergang der türkischen Kommunisten. Die kommunistische Internationale", Bd. 5, S. 554 - 558 und geläufige diverse Literatur in der türkischen Sprache
284) Vgl. Bulutoğlu, K., a.a.O., S. 104 - 115
285) ebda. S. 104 - 115
286) Vgl. K. Bulutoğlu, a.a.O., S. 118 - 119
287) MEW, Bd. 23, S. 391
288) MEW, Bd. 23, S. 407
289) In „1. und 2. Fünfjahresplan"; eine allgemeine und kurze Darstellung der Entwicklung der wirtschaftlichen Struktur der Türkei bis etwa 1934 kann man bei Sarc, Ö.C. finden, in: Europäische Revue, XII. Jahrgang, Heft 6b, Stuttgart 1936, Hrsg. Karl Anton Prinz Rohan
290) I. Türk, „Iktisadi Gayeli Mali Yatırımlar", S. 188 - 189; Vgl. Rozaliyev, a.a.O., S. 79
291) „Istatistik Yıllıgı", S. 296, z.n. Sertel, a.a.O., S. 44 - 45
292) Istatistik Yıllıgı, S. 296, Z.N. Sertel, a.a.P. S. 44-45
293) Vgl. Boratav, Korkut, „Etatismus in der Türkei", S. VIII
294) Vgl. Steinhaus, K. „Soziologie der türkischen Revolution", S. 133; Glasneck, J. „Kemal Atatürk und die moderne Türkei", S. 265; Keskin, H., a.a.O., S. 87
295) Vgl. Glasneck, J., a.a.O., S. 269
296) Sencer, Oya, a.a.O., S. 92 - 129; Tuncay, Mete, „Türkiye'de Sol Akimlar"
297) Vgl. Sencer, Oya, a.a.O., S. 147 - 150
298) Ausführliche Information über die Jung-Türken-Bewegung bei Mardin, Şerif, „Politische Auffassungen der Jungtürken, 1895 - 1908" ; Akşin, sina, „Die Jungtürken und Ittihat und Terakki"
299) Vgl., Ökçün, G. (Hg.), „Wirtschaftskongreß der Türkei, Izmir, 1923"
300) Vgl. Söylev 1, 2 und 3; Naci, Fethi „Grundauffassungen von Atatürk"
301) Über die Gründung und Entwicklung der CHP (Republikanische Volkspartei) und dieser Partei, siehe: Mete Tuncay, „Die Entstehung der Ein-Parteien-Führungder Republik der Türkei"
302) Atatürk, in: SD, S. 196, 1. Dezember 1921
303) Atatürk, in:SD 11, S. 50, 14. Januar 1923
304) ebda. S. 97, 7. Februar 1923
305) ebda. S. 112, 17. Februar 1923; auch bei Naci Fethi „Grundauffassungen von Atatürk"
306) Eine der führenden Theorektiker dieser politischen Richtung ist Aydemir, S.S. Die Zeitschrift Kadro stand unter der Kontrolle dieser politischen Richtung.
307) Mustafa Kemal, z.n. Naci Fethi, a.a.O., S. 84 - 85
308) in diversen Zeitschriften (türkisch)
309) Thornburg-Bericht, z.n. Avcioğlu, D. „Türkiye'nin", S. 270 - 272
310) ebda.
311) ebda.
312) ebda.
313) ebda.
314) ebda.
315) ebda.
316) DIE, 1981
317) Tarım Sayımı 1950; Vgl. „Türkiye, Coğrafı ve sosyal araştırmalar, 1971, S. 90
318) 1952 Sonbahar Anketi; Vgl. „Türkiye'de Toplumsal ve Ekonomik gelişmenin 50 Yılı", S. 106
319) 1952 Sonbahar Anketi: Vgl. „Türkiye'de Toplumsal gelismenin ...", B. 107
320) 1952 Sonbahar Anketi; Vgl. „Türkiye'de Toplumsal gelismenin ...", B. 107
321) E. Tümertekin/F. Mansur/ P. Benedict, „Türkiye ..." 1971, S. 92
322) 1963 Tarım Sayımı
323) DIE, 1965, Yayın Nr. 477, S. 6 - 7
324) „Istatistik Yıllığı", 1964/65, S. 241 - 250
325) „Istatistik Yıllıgı", 1964/65, S. 242 - 243
326) Köy Envanter Etüdleri; Vgl. E. Tümertekin/F. Mansur/P. Benedict, a.a.O., S. 98
327) E. Tümertekin/F. Mansur/P. Benedict, a.a.O., S. 100
328) ebda., S. 101
329) ebda., S. 102
330) Köy Envanter Etüdleri; Vgl. Beşikçi, Ismail, „Dogu Andolunun Düzeni, 1970, S. 67
331) ebda., S. 65

332) ebda., S. 66
333) ebda., S. 68
334) Türkiye Istatistik Cep Yıllığı, 1980, S. 95
335) Türkiye Istatistik Yıllıkları (zum Teil von mir zusammengestellt)
336) Türkiye Istatistik Yıllıkları (zum Teil von mir zusammengestellt)
337) Türkiye Istatistik Yıllıkları (zum Teil von mir zusammengestellt)
338) Türkiye Istatistik Yıllıkları (zum Teil von mir zusammengestellt)
339) Türkiye Istatistik Yıllıkları (zum Teil von mir zusammengestellt)
340) „Cumhuriyet Dönemi Istatistiklerle ...", 1923 - 1981, a.a.O., Tabelle 3
341) „Genel Tarım Sayımı", 1980, S. 33
342) Türkiye Istatistik Yıllığı 1971, S. 180
343) „Cumhuriyet Dönemi Istatistiklerle ...", Tabelle 1
344) Lenin, Bd. 3, S. 225
345) Türkiye Istatistik Yıllığı 1971, S. 181; Türkiye Istatistik Yıllığı 1979, s. 177 und Türkiye Tarımında Gelişme Eğilimleri 1938 - 1966, 1968 (von mir zusammengestellt)
346) „Tarim Istatisikleri Özeti", 1981, S. 20
347) Istatistik yıllıkları
348) Istatistik yıllıkları
349) „1963 Genel Tarım Sayımı"
350) „Genel Tarım Sayımı", 1980, S. 30
351) „Dördüncü Beş Yıllık Kalkınma Planı 1979 - 1983", S. 10
352) „Genel Tarım Sayımı", 1980, S. 30
353) ebda.
354) ebda., S. 2
355) „Tarim Istatistikleri Özetesi", Istatistik Yıllıkları
356) "
357) „Tarim Istatistikleri Özeti", Istatistik Yıllıkları
358) "
359) "
360) „Tarim Istatistikleri Özeti", S. 16
361) ebda.
362) ebda.
363) ebda.
364) DIE, 1971/1981
365) „Tarim Istatistikleri Özeti", S. 40
366) Von mir zusammengestellt
367) „Köy Envanter Etüdleri", gültig für 64 Provinzen
368) „Genel Nüfus Sayimi", 1980
369) „Tarım Sayımları 1952, 1963, 1970" und „Köy Envanter Etüdleri"
370) DIE, 1981, S. 194
371) DIE, 1981, S. 194
372) DIE, 1964/65, 1971, 1981, „Genel Sanayi ve Isyeri Sayimi", 1980
373) DIE, 1964/65, 1971, 1981, „Genel Sanayi ve Isyeri Sayimi", 1980
374) Sanayi ve Teknoloji Bak. Yayınları ve diğer Istatistikler
375) DIE, 1964/65, 1971, 1981, „Genel Sanayi ve Isyeri Sayimi"
376) Sanayi ve Teknoloji Bak. Yayınları
377) DIE, 1964/65/71/1981, „Genel Sanayi ve işyeri Sayımı", 1980
378) Vgl. Der vierte Fünfjahresplan
379) DIE, 1964/65/71/81, „Genel Sanayi ve Işyeri Sayımı", 1980
380) Vgl. Sanayi ve Teknoloji Bakanlığı yayınları
381) DIE, 1964/1965, 1981, „Genel Sanayi ve Işyeri Sayımı", 1980
382) „Sanayi ve Teknoloji Bakanlığı Yayınlaları" und "Dördüncü Beş yıllık Plan"
383) DIE, 1964/65/71/81, „Genel Sanayi ve Işyeri Sayımı", 1980
384) DIE, 1964/65/71/81, „Genel Sanayi ve Işyeri Sayımı", 1980
385) Vgl. „4. Beş yıllık Plan"
386) DIE, 1964/5/71/81, „Genel Sanayi ve Işyeri Sayımı", 1980
387) DIE, 1964/65, 1971, 1981, „Genel Sanayi ve Işyeri Sayımı", 1980
388) Vgl. „Sanayi ve Teknoloji Bakanlığı yayınları" und „4. beş yıllık Plan"
389) DIE, 1964/65/71/81, „Genel Sanayi Sayımı ...", 1980
390) Vgl. „Sanayi ve Teknoloji Bakanlığı yayınleri" und 4. ... Plan"
391) DIE, 1964/65/71/81, „Genel Sanayi Sayımı ..." 1980
392) Vgl. „Sanayi ve Teknoloji Bakanlığı ..." und „4. beş yıllı Plan"
393) DIE, 1964/65/71/81, „Genel Sanayi Sayımı ...", 1980

394) Vgl. „Sanayi ve Teknoloji Bakanlığı ..., und „4. beş yıllık Plan
395) DIE, 1964/65/71/81, „Genel Sanayi Sayımı ...", 1980
396) Vgl. „4. beş yıllı Plan"
397) Vgl. statistische Jahrbücher
398) Vgl. statistische Jahrbücher
399) Vgl. statistische Jahrbücher
400) Vgl. statistische Jahrbücher und „Sanayi ... Bakanlığı yayınları"
401) Vgl. statistische Jahrbücher
402) Vgl. statistische Jahrbücher
403) DIE, 1964/65/7181, „Genel Sanayi Sayimi ...", 1980
404) DIE, „Sanayi Sayimlari"
405) „Cumhuriyet Döneminde Istatistiklerle Türkiye ..."
406) a.a.O.
407) DPT Yayınlerı und Kongar, E., a.a.O., S. 278
408) DPT Yayınları und Kongar, E., a.a.O., S. 278
409) „Dritter Fünfjahresplan, 1973 - 1977"
410) Stefanos, Y., a.a.O., S. 1449
411) DPT, 1973
412) „Dritter Fünfjahresplan", S. 44
413) DPT Yayınları, S. 3, 1976
414) „Zweiter Fünfjahresplan"; Vgl. Yarasimos, S., a.a.O., S. 1454, Bd. 3
415) ebda.
416) Yalçın Küçük, „Planlama Kalkınma ve Türkiye", S. 319
417) Yalcin Kücük, „Planlama Kalkinma ve Türkiye", S. 319
418) „Statistische Jahrbücher" für die betreffenden Jahre
419) DPT Yayınları
420) Vgl. M. Sencer, „Türkiye'de Siyasi Partilerin Sosyal Temelleri", Istanbul, 1971
421) „Türkiye Iktisat Gazetesi", 01.01.1970
422) „Türkiye Iktisat Gazetesi", 19.11.1970
423) Vgl. „4. Beş yıllık Plan"
424) Vgl. „4. Beş yıllık Plan"
425) Vgl. „4. Beş yıllık Plan"
426) Vgl. „4. Beş yıllık Plan"
427) Vgl. „4. Beş yıllık Plan"
428) DIE, 1964/65/71 und 1981
429) DIE, 1964/65/71 und 1981
430) DIE, 1964/65/71 und 1981
431) Vgl. Avcioğlu, D., a.a.O., S. 339 - 344; Nach Angaben von Yüzgün, Arslan gab es 1950 37 National- und 7 Fremdbanken, und 1959 54 nationale und 6 ausländische. Die Zahl ihrer Niederlassungen belief sich für das Jahr 1950 auf 611 und für das Jahr 1959 auf 1.720. Siehe, Yüzgün, Arslan, „Türkisches Bank-System in der Periode der Republik"
432) „Statistische Jahrbücher"
433) DIE, 1964/65/71/81, „Genel Sanayi Sayımı", 1980
434) DIE, 1964/65, 1971 und 1981
435) ebda.
436) ebda.
437) „Türkiye Sanayicileri ve Işadamları Derneği", Görüş, Nr. 11 - 12
438) „Statistische Jahrbücher"
439) Vgl. Steinhaus, K. „Türk Devriminin Sosyolojisi„
440) Vgl. „4. Beş yıllık Plan"
441) Milliyet, 27.6. 1969/4.7.1969, z.n. Bulutoğlu, K., a.a.O., S. 161
442) Vgl. Prof. Gültekin Kazgan, „Yabancı Sermaye ve Teknoloji Transferi"
443) „Ticaret Bakanlığı yabancı Sermaye Anketi", 1973
444) „Ticaret Bakanlığı yabancı Sermaye Anketi", 1973 - 1975
445) „Ticaret Bakanlığı yabancı Sermaye Anketi", 1973
446) Milliyet, 2.10.1969, z.n. Bulutoğlu, K., a.a.O., S. 190
447) Vgl. Baran Tuncer, a.a.O., S. 80
448) TÜSIAD, , „1979 Yılına Girerken Türk Ekonimisi", Istanbul 1979
449) Aus Tageszeitungen
450) „Statistische Jahrbücher"
451) „Statistische Jahrbücher"
452) Görüs, Bd. 10, S. 17
453) Vgl. verschiedene Statistische Jahrbücher

454) DPT Yayınları, „Karayollari Tasitlari Imalat Sanayi“, Ankara
455) Verschiedene Jahrbücher
456) Verschiedene Jahrbücher
457) DPT, Karayollar Taşıtlari Imalat Sanayi, Ankara
458) Aus Tageszeitungen
459) „Ticaret Bakanlığı yabancı Sermaye Anketi“, S. 3
460) „Ticaret Bakanlığı yabancı Sermaye Anketi“, S. 4
461) Vgl. Keskin, H., a.a.O., S. 270 und Y. Kücük, a.a.O., S. 404
462) Vgl. Keskin, H., a.a.O., S. 183
463) Verschiedene Statistische Jahrbücher
464) Aus verschiedenen Zeitschriften und Zeitungen zusammengestellt
465) Istanbul Ticaret Odasi Yayinlari, „Türkiye Ekonomisi 1981“
466) Vgl. Sönmez, Mehmet, „Die Depression in der Ökonomie der Türkei“, aus Tageszeitungen
467) Aus Tageszeitungen
468) Maliye Bakanlığı Yayınları
469) Aus Tageszeitungen
470) Aus Tageszeitungen
471) Aus Tageszeitungen
472) Aus Tageszeitungen

LITERATURVERZEICHNIS

Türkisch (ohne Tages-, Wochen- und Monatszeitungen und Zeitschriften)

Akat, Asaf Savaş: Alternatif Büyüme Stratejisik – Iktisat politikası Yazıları – (Alternative Wachstumsstrategie), Istanbul 1983

Aksin, Sina: Jön Türkler ve Ittihat ve Terakki (Jung-Türken, Ittihat und Terakki), Istanbul 1980

Afetinan: Devletcilik Ilkesi ve Türkiye Cumhuriyetinin Birinci Sanayi Plani (Etatismusprinzip und der erste Industrieplan der Republik der Türkei) 1933, Ankara 1972

Afetinan: Türkiye Cumhuriyeti Ikinci Sanayi Planı 1963 (der Zweite Industrieplan der Republik der Türkei 1963), Ankara 1973

Akdag, Mustafa: Türkiye'nin Iktisadi ve Ictimaı Tarihi (Soziale und ökonomische Geschichte der Türkei), Istanbul 1974, Band 1 (1243-1453) und Band 2 (1453-1559)

Akdag, Mustafa: Türk Halkının Dirlik ve Düzenlik Kavgasi-Celali Isyanları-(Celali-Aufstände), Istanbul 1975

Aker, Ahmet: 12 Mart Döneminde Dışa Bağımlı Tekelleşme (Die von außen abhängige Monopolisierung während der 12-März-Periode), Istanbul 1975

Aksoy, Suat: Türkiye'de Toprak Meselesi (Die Bodenfrage in der Türkei), Istanbul 1971

Aksoy, Suat: Tarımda Iş Hukuku (Arbeitsrecht in der Landwirtschaft), Ankara 1969

Aksoy, Suat: Halı Işçilerinin Ücret ve Sosyal Durumu (Lohnsoziale Lage der Teppicharbeiter) – Auszüge –

Aksay, Atilla: Azgelişmişlik ve Emperyalizm (Unterentwicklung und Imperialismus,,.

Artun, Tuncay: Türkiye'de Bankacılık (Bankwesen in der Türkei), Istanbul 1980

Apak, A., Aydıneli, C. und Akın, M.: Türkiye'de Devlet Sanayii (Die Staatsindustrie in der Türkei) – Auszüge –

Ateş, Toktamiş: Osmanlı Toplumunun siyasal Yapısı-Kuruluş Dönemi (Politische Struktur der osmanischen Gesellschaft-Gründungsperiode), Istanbul 1982

Ataöv, T.: Amerika, NATO ve Türkiye (USA, NATO und die Türkei), Ankara 1969

Atamer, H.: Ilk Türk-Amerikan Münasebetleri (die ersten türkisch-amerikanischen Beziehungen), Ankara 1967

Aydemir, S.S.: Tek Adam (Der erste Mann), drei Bände, Ankara 1969

Aydemir, S.S.: Ikinci Adam (Der zweite Mann), drei Bände, Istanbul 1968

Aydemir, S.S.: Menderes'in Dramı (Die Tragödie von Menderes), Istanbul 1968

Aydemir, S.S.: Cihan Iktisadyatında Türkiye (Die Türkei in der Weltökonomie) – Auszüge –

Aydemir, S.S.: Ihtilalin Mantığı ve 27 Mayıs Ihtilali (Die Logik der Revolution und die 27-Mai-Revolution)

Aydemir, S.S.: Inkilap ve Kadro (Revolution und Kader), Ankara 1968

Aydemir, S.S.: und seine anderen Schriften in der Zeitschrift „Kadro" zwischen 1932-1934, Kador Bd. 1, 2 und 3, zweite Auflage 1980

Avcioğlu, Dogan: Türkiye'nin Düzeni-Dün-Bugün-Yarin (Die Ordnung der Türkei gestern, heute, morgen), Istanbul 1973

Avcioğlu, Dogan: Milli Kurtuluş Tarihi (Nationale Befreiungsgeschichte), Bd. 1, 2 und 3, Istanbul 1974

Avcioğlu, Dogan: Türklerin Tarihi (Die Geschichte der Türken), Bände 1, 2, 3, 4 und 5, Istanbul 1978-1982

Atatürk, M.K.: Söylev (Reden von M.K. Atatürk), Istanbul 1978

Berkes, N.: Türkiye Iktisat Tarihi (Die Wirtschaftsgeschichte der Türkei), Bd. 1 und 2, Istanbul 1969

Berkes, N.: 200 Yıldır neden Bocalıyoruz (Warum haben wir seit 200 Jahren den Faden verloren), Istanbul 1965

Berkes, N.: Türkiye'de Cagdaslasma (Zeitgenössisches in der Türkei), Istanbul 1978

Berkes, N.: Islamlık, Ulusculuk, Sosyalizm (Mohammedanertum, Nationales und Sozialismus), Istanbul 1975

Baren, Tuncer: Türkiye'de Yabancı Sermaye Sorunu (Die Frage nach dem Fremdkapital in der Türkei), Ankara 1968

Barker, Ernst: Bizans (Byzanz), Istanbul 1982

Berksoy, Taner: Azgelişmiş Ülkelerde Ihracata Yönelik Sanayilesme (Exportorientierte Industrialisierung in den unterentwickelten Ländern), Istanbul 1982

Besikci, Ismail: Doğu Anadolu'nun Düzeni (Die Ordnung der Ostanatolien)-Ankara 1969

Bilkar, Sevket: 1950 Sanayi Sayımı Sonucları (Die Ergebnisse der Industriezählungen von 1950) – Auszüge –

Boratav, Korkut: Gelir Dağılımı (Einkommensverteilung), Istanbul 1972

Boratav, Korkut: Türkiye'de Devletçilik (Der Etatismus in der Türkei), Ankara 1982

Boratav, Korkat: Tarimsal Yapilar ve Kapitalizm (Landwirtschaftliche Strukturen und Kapitalismus), Istanbul 1981
Bozarslan, M.E.: Hilafet ve Ümmetcilik Sorunu (Kalifats- und Religionsfrage), Istanbul 1969
Bulutoğlu, Kenan: Türkiye'de Yabancı Sermaye (Das Fremdkapital in der Türkei), Istanbul 1970
Barkan, L.Ö.: Türkiye'de Toprak Meselesi (Bodenfrage in der Türkei), Gesammelte Werke, Bd. 1, Istanbul 1980
Çavdar, Sevket: Osmanlıların Yari Sömürge Oluşu (Die Halb-Kolonialisierung der Osmanen), Istanbul 1970
Çavdar, Sevket: Milli Mücadelenin Ekonomik Kökenleri (ökonomische Ursprünge des Nationalkampfes), Istanbul 1974
Çavdar, Sevket: Türkiye'de Liberalizmin Doğusu (Die Entstehung des Liberalismus in der Türkei), Istanabul 1982
Cem, Ismail: Türkiye'de Gerıkalmıslıgın Tarihi (Die Geschichte der Rückentwicklung in der Türkei), Istanbul 1970
Cem, Ismail: Tarih Açısından 12 Mart (Der 12. März aus dem Standpunkt der Geschichte), Istanbul 1980
Cerrahoglu, A.: Türkiye'de Sosyalizmin Tarihine Katkı (Kritik der Geschichte des Sozialismus in der Türkei), Istanbul 1975
Cillov, H.: Denizli Eldokumacılığı Tarihi (Die Geschichte der Manuellweberei in Denizli) – Auszüge –
Dalsar, F.: Türk Sanayi ve Ticaret Tarihinde Bursa'daki Ipekçilik (Die Seidenraupenzucht in der Handels- und Industriegeschichte der Türkei) – Auszüge –
Divitcioğlu, Sencer: ATÜT ve Osmanlı Toplumu (Die asiatische Produktionsweise und die osmanische Gesellschaft), Istanbul 1971
Dinomo, H.Izzetin: Kutsal Isyan-Milli Kurtuluş Savaşının gerçek Hikayesi (Der heilige Aufstand-Die wahre Geschichte des nationalen Befreiungskampfes), Istanbul 1972
Dogan, D.Mehmet: Tarih ve Toplum-Türkiye'de Toprak Meselesi (Geschichte und Gesellschaft – Die Bodenfrage in der Türkei), Istanbul 1977
Elçin, E.T.: Kemalist Devrim Ideolojisi (Kemalistische Revolutionsideologie), Istanbul 1970
Eldem, V.: Osmanlı Toplumunun Iktisadi Sartları Hakkında Bir Tetkik (Eine Untersuchung über die ökonomischen Bedingungen des osmanischen Reiches), Ankara 1970
Erdost, Cevdet (Hrsg.): IMF, Istikrar Politikası ve Türkiye (IMF, Stabilitätspolitik und die Türkei), Ankara 1982
Eroglu, Hamza: Türk Devriminin Tarihi (Die Geschichte der türkischen Revolution), Ankara 1974
Esberk, T.: Türkiye'de El Sanatlarının Mahiyeti ve Önemi (Der Charakter und die Wichtigkeit des Handwerks in der Türkei) – Auszüge –
Ete, M.: Türkiye'de Pamuk ve Dokuma Sanayiin Kooperatifleştirilmesi imkanı (Die Möglichkeit der Vergenossenschaftlichung der Baumwoll- und Gewerbeindustrie) – Auszüge –
Eroglu, Ergin: Sınıflar Açısından 12 Mart – 12 Mart Devamediyormu? (Der 12. März aus dem Standpunkt der Klassen – Hält der 12. März noch an?), Istanbul 1974
Earle, M.: Bağdad Demiryolu Savaşı (Der Kampf um die Bagdad-Eisenbahn) – Übersetzung ins Türkische – Istanbul 1972
Findikoğlu, Z.F.: Türkiye'de Kooperatifçilik, Tatbiki Sosyoloji Denemesi (Praktischer genossenschaftlicher Soziologieversuch in der Türkei) – Auszüge –
Fişek, Kurthan: Türkiye'de Kapitaliszmin Gelismesi ve Işçi Sınıfı (Die Entwicklung des Kapitalismus in der Türkei und die Arbeiterklasse), Istanbul 1969
Giz, A.: 17. Yüzyılda Istanbul Şehrinde Sanayiin Durumu (Der Stand der Industrie im 17. Jhd. in Istanbul), Istanbul 1967
Hatipoğlu, S.R.: Dis Ticaretimizde Ziraatin Payi (Der Anteil der Landwirtschaft an unserem Außenhandel) – Auszüge –
Hatipoglu, Zeyyat: Cumhurlyet Regjiminde Türkiye Ekonomisinin Gelişmesi (Die Entwicklung der Ökonomie der Türkei im Republikregime), Istanbul 1973
Hüsrev, I.: Türkiye'de Köy Iktisadiyatı (Dorfökonomie in der Türkei) – Auszüge –
Hüsrev, I.: Andere Schriften von ihm in "Kadro", Bd. 1, 2 und 3 zwischen 1932-1934, Auflage von 1980
Hüsnü Sevik: Türkiye'de Sınıflar (Klassen in der Türkei), Ankara 1975
Hüsnü Şevik: Komintern Organlarindaki Konuşma ve Yazıları (Reden und Schriften in den Kominternorganen), Istanbul 1977
Impert, Paul: Osmanlı Imparatorluğunda Yenileşme Hareketi – Türkiye'nin Meseleleri (Erneuerungsbewegung im osmanischen Reich – die Fragen der Türkei) – Übersetzung aus dem Französischen ins Türkische –, Istanbul 1981
Ishakolu, M.: Cumhuriyetle Başlayan Sanayileşme Hareketinde Doğuanadolu (Ostantolien in der mit der Republik angefangenen Industrialisierungsbewegung), Erzurum 1976
Kanbolat, Y.: Türkiye Tarımında Büyüme Değişikliği (Die Wachstumsverwandlung in der türkischen Landwirtschaft), Ankara 1963

Kartekin, E.: Devrim Tarihi ve Türkiye Cumhuriyeti Rejimi (Revolutionsgeschichte und türkisches Republikregime), Istanbul 1973
Kazgan, G.: Ortak Pazar ve Türkiye (Die EWG und die Türkei,) Istanbul 1970
Kazgan, G.: Iktisadi Düşünce veya politik Iktisadin Evrimi (ökonomischer Gedanke oder die Evolution der politischen Ökonomie), Ankara 1974
Kazgan, G.: Yabancı Sermye ve Teknoloji Transferi (Das Fremdkapital und der Technologieimport)
Köprülü, Fuat: Ortacağ'da Türk-Islam Feodalizmi (Türkisch-islamischer Feudalismus im Mittelalter), Beletten, C.V., Nr. 19
Keyder, Çağlar: Dünya Ekonomisi içinde Türkiye (Die Türkei in der Weltökonomie) 1923-1929, Ankara 1982
Keyder, Çağlar: Toplumsal Tarih Çalışmaları (Gesellschaftliche Geschichtsstudien), Ankara 1983
Keyder, Çağlar: Emperyalizm, Azgelişmişlik ve Türkiye (Imperialismus,Unterentwicklung und die Türkei), Istanbul 1974
Kılıçbay, M.A.: Feodalite ve Klasik Dönem Osmanlı Uretim Tarzı (Feudalität und die osmanische Produktionsweise in der klassischen Periode), Ankara 1982
Kongar, Emre: Türkiye'nin Toplumsal Yapısı (Die gesellschaftliche Struktur der Türkei), Istanbul 1978
Kongar, Emre: Toplumsal Sorunlar, Toplumsal Değişme Kuramları ve Türkiye Gerçeği (gesellschaftliche Fragen, gesellschaftliche Verwandlungstheorien und die türkische Wirklichkeit)
Küçük, Yalçın: Planlama, Kalkinma ve Türkiye (Planung, Entwicklung und die Türkei), Ankara 1978
Kurmuş, Orhan: Emperylizmin Türkiye'ye Girişi (Das Eindringen des Imperialismus in die Türkei), Ankara 1974
Landau, J.M.: Türkiye Mektupları (Türkei-Briefe), Istanbul 1969
Von Moltke, H.: Türkiye Mektupları (Türkei-Briefe), Istanbul 1969
Mülayim, Z.G.: Toprak Reformu ve Kooperatiflesme (Bodenreform und die Vergenossenschaftlichung), Istanbul 1976
Mardin, Serif: Jöntürklerin Siyasi Fikirleri (politische Auffassungen von Jungtürken, 1895-1908), Istanbul 1983, 2. Auflage
Naci, F.: Atatürk'ün Temel Görüşleri (Grundauffassungen von Atatürk), Istanbul 1970
Naci, F.: Azgelişmiş Ülkeler ve Sosyalizm (Unterentwickelte Länder und Sozialismus), Istanbul 1966
Naci, F.: Kompradorsuz Türkiye (Kopradorenlose Türkei), Istanbul 1967
Ökcün, G. (Hrsg.): Türkiye Iktisat Kogresi (Der Wirtschaftskongreß der Türkei, Izmir 1923), Ankara 1981
Özgören, N.: Tanınmış Kooperatifçilerimizden Nusret Özgören Diyorki (Unser bekannter Genossenschaftler Nuster Özgören sagt)
Özgür, Özlem: Türkiye'de Kapitalizmin Gelişmesi (Die Entwicklung des Kapitalismus in der Türkei), Istanbul 1972
Özkol, S.: Geribıraktırılmış Türkiye (Unterentwickelt gehaltene Türkei), Istanbul 1969
Özeken, A.A.: Türkiye'de Kömür Ekonomisi Tarihi (Die Geschichte der Kohlenökonomie in der Türkei) – Auszüge –
Orhonlu, C.: Osmanlı Imparatorluğunda Derbent Teşkilatı (Derbent-Organisation im Osmanischen Reich), Istanbul 1967
Ortayli, Ilber: Ikinci Abdulhamit Döneminde Osmanlı Imparatorluğunda Alman Nüfusu (Deutscher Einfluß in der Periode von Abdulhamit der Zweite im Osmanischen Reich), Ankara 1981
Rozaliev, Y.N.: Türkiye Sanayi Proletaryası (das türkische Industrieproletariat), Istanbul 1974
Rozaliev, Y.N.: Türkiye'de Kapitalizmin Gelime Özellikleri (Entwicklungsbesonderheiten des Kapitalismus in der Türkei), Ankara 1978
Rozaliev, Y.N.: Türkiye'de Sınıflar ve Sınıf Mücadelesi (Klassen und Klassenkampf in der Türkei), Istanbul 1979, 2. Auflage
Parvus: Türkiye'nin Mali Tutsaklığı (Die finanzielle Gefangenschaft der Türkei), Istanbul 1977, Hrsg. Muammer Sencer
Sahillioglu, H.: Fatih'in son Yıllarında Bakır Para (Das Kupfergeld in den letzten Jahren von Fatih), 1968
Sarc, Ö.C.: Ziraat ve Sanayi Siyaseti (Landwirtschafts- und Industriepolitik) – Auszüge –/Tanzimat ve Sanayizim, 1940
Sencer, Muzaffer: Dinin Türk Toplumuna Etkileri (Die Auswirkungen der Religion auf die türkische Gesellschaft), Istanbul 1971
Sencer, Muzaffer: Türkiye'de Siyasi Partilerin Sosyal Temelleri (Soziale Grundlagen der politischen Parteien in der Türkei), Istanbul 1971
Sencer, Muzaffer: Osmanlı Toplum Yapısı (Osmanische Gesellschaftsstruktur), Istanbul 1982
Sencer, Muammer: Toprakağalığının Kökeni (Der Ursprung des Großgrundbesitzes), Istanbul 1971
Sencer, Oya: Türkiye'de Işçi Sınıfı (Die Arbeiterklasse in der Türkei), Istanbul
Sertel, Yildiz: Türkiye'de Ilerici Akımlar (Fortschrittliche Strömungen in der Türkei), Istanbul 1967
Silier, Oya: Türkiye'de Tarımsal Yapının Gelişmesi (Die Entwicklung der landwirtschaftlichen Struktur in der Türkei), 1923-1938, Istanbul 1981

Sönmez, M.: Türkiye Ekonomisinde Bunalım (Die Depression in der Ökonomie der Türkei – 1982), 2. Buch, Istanbul 1982
Suphi, Mustafa: Türkiye'nin Mazlum Amele ve Rencberlering (An die unterdrückten Bauern und Arbeiter der Türkei), Istanbul 1976
Şismanov, D.: Türkiye'de Işçi ve Sosyalist Hareket (Die Arbeiter- und sozialistische Bewegung in der Türkei), Istanbul 1978
Şevket, P.: Osmanlı Imparatorluğunda Yabancı Sermayenin Dağılımı (Die sektorale Teilung des Fremdkapitals im Osmanischen Reich), 1978, 1854-1914
Şekerci, Dincer: Atatürk Döneminin Ekonomik ve Toplumsal Sorunları (Ökonomische und gesellschaftliche Fragen der Periode von Atatürk)
Tanilli, S.: Uygarlık Tarihi (Zivilisationsgeschichte), Istanbul 1981
Tehsin, S., Saka, R.: Sermaye Hareketi (Kapitalbewegung)-Auszüge-
Tekeli, I., Ilkin, S./ 1947 Türkiye Iktisadi Kalkınmaplanı (Ökonomischer Entwicklungsplan der Türkei von 1947), Dokumentation, Ankara 1982
Tekeli, I., Ilkin, S.: Uygulamaya Geçerken Türkiye'de Devletçiliğin oluşumu (Die Entstehung des Etatismus während der Praxis), Dokumentation, Ankara 1982
Toprak, Zafer: Türkiye'de Milli Iktisat (Die nationale Wirtschaft in der Türkei, 1908-1918), Ankara 1982
Timur, T.: Türk Devrimi ve Sonrası (Die türkische Revolution und danach, 1919-1946), Ankara 1971
Timur, T.: Osmanlı Toplumsal Düzeni (Osmanische Gesellschaftsstruktur), Ankara 1979
Tümertekin, E., Mansur, F. und Benedict, P.: Türkiye, Çoğrafi ve Sosyal Araştırmalar (Die Türkei, geographiesche und soziale Untersuchungen), Istanbul 1971
Tütengil, C.O.: Kırsal Türkiye'nin Yapısı ve Sorunları (Die Struktur und Probleme der ländlichen Türkei), Istanbul 1975
Tuncay, Mete: Türkiye Cumhuriyetinde Tek Parti Yönetimin Kurulması (Der Aufbau der Ein-Partei-Führung in der Republik Türkei 1923-1931), Ankara 1981
Tuncay, Mete: Türkiye'de Sol Akımlar (Linke Strömungen in der Türkei), 1967
Turan, Osman: Türkiye Selçuklularında Toprak Hukuku (Das Bodenrecht bei den Türkei-Selcuken), Belletten, C.II
Tengirşenk, Y.Kemal: Harici Ticaret Siyaseti (Die Außenhandelspolitik)
Yetkin, C.: Türk Halk Hareketleri ve Devrimleri (türkische Volksbewegungen und Revolutionen), 2. Bd., Istanbul 1974
Yerasimos, S.: Azgelişmişlik Sürecinde Türkiye (Die Türkei im Unterentwicklungsprozeß), Bd. 1, 2 und 3, Istanbul 1977
Yüzgün, Arslan: Cumhuriyet Döneminin Türk Banka Sistemi (Türkisches Banksystem der Republik-Periode), Istanbul 1982
Velidedeoğlu, H.V.: Türkiye'de Üç Devir (Drei Perioden in der Türkei), Bd. 1 und 2, Istanbul 1972
Zeytinoğlu, Mümtaz: Ulusal Sanayi (Nationalindustrie), Istanbul 1981

Andere Quellen:

Bogazlar Meselesi Lozan ve Montrö, Istanbul 1977. („Die Frage der Meeresengen, Lausanne und Montreuil")
Atatürk Özel Sayısı, T.C. Çalışma Bakanlığı, 1981. („Sonderausgabe für Atatürk", Arbeitsministerium der Türkei)
Türkiye Tarımında Gelisme Eğilimleri, T.C. Tarım Bakanlığı, Ankara 1968. („Entwicklungstendenzen in der türkischen Landwirtschaft", Landwirtschaftministerium der Türkei)
Türkiye'de Dış Ticaret ve Yabancı Sermaye Politikaları, Istanbul 1982. („Außenhandel- und Fremdkapitalpolitik in der Türkei")
1946-1958-1970 Devalüasyonları, Maliye Bakanlığı, Ankara 1980. („Abwertungen von 1956-1958 und 1970", Finanzministerium)
50 Yılda Çalışma Hayatımız, T.C. Çalışma Bakanlığı, Ankara 1973. („Unser Arbeitsleben in 50 Jahren", Arbeitsministerium)
Atatürk Dönemi Maliye Politikası, Ankara 1982, („Finanzpolitik in der Atatürk-Periode)
Çalışma Istatistikleri, Çalışma Bakanlığı, Ankara 1982. („Arbeitsstatistiken", Arbeitsministerium der Türkei)
Sanayi ve Teknoloji Bakanlığı ve Kurulusyarıyla ilğili Genel bilğiler, Ankara 1981. („Allgemeine Kenntnisse über das Industrie- und Technologieministerium und über seine Institutionen")
50 Yılda Türk Sanayi, Sanayi ve Teknoloji Bakanlığı, Ankara 1973. („Türkische Industrie in 50 Jahren", Ministerium für Industrie und Technologie)
1980 Dünya ve Türkiye Ekonomisi ve 1981'e Bakıs, Istanbul Ticaret Odasi, Istanbul 1981. („Die Ökonomie der Welt und der Türkei 1980 und ein Blick in das Jahr 1981", Istanbuler Handelskammer)
1979 Dünya ve Türkiye Ekonomisi ve 1980'e Bakis, Istanabul Ticaret Odası, Istanbul 1980. („Die Ökonomie der Welt und der Türkei 1979 und ein Blick in das Jahr 1980", Istanbuler Handelskammer)

Türkiye Ekonomisi 1980, Istanbul Ticaret Odası, Istanbul 1980. („Die türkische Ökonomie 1980", Istanbuler Handelskammer)
Türkiye Ekonomisi 1981, Istanbule Ticaret Odası, Istanbul 1981. („Die türkische Ökonomie in 1981", Istanbuler Handelskammer).
24 Ocak Kararlarının Değerlendirilmesi, Istanbul 1982. („Die Bewertung der Beschlüsse vom 24. März", Istanbuler Handelskammer)
1923-1981, Cumhuriyet Döneminde Istatistiklerle Türkiye, Istanbul, Ticaret Odaları, Sanayi Odaları ve Ticaret Borsaları Birliği, 1981. („Die Türkei mit Statistiken in der Periode der Republik 1923-1981", Verband der Handels- und Industriekammern und der Handelsbörse der Türkei, 1981)
Görüş, Verein der türkischen Industriellen und Unternehmer, Nr. 11-12, Istanbul 1980.
DPT (Staatliches Planungsamt): Türkiye'de Toplumsal ve Ekonomik Gelişmenin 50 Yılı, DPT, 1973. („50 Jahre der gesellschaftlichen und ökonomischen Entwicklung der Türkei")
DPT: Entwicklungspläne von DPT:
Erster Fünfjahresplan 1963-1967, Ankara 1963.
Zweiter Fünfjahresplan 1968-1972, Ankara.
DPT: Dritter Fünfjahresplan 1973-1977.
DPT: Vierter Fünfjahresplan 1979-1983.
DPT: Annual Manufacturing industry statistics 1973.
DPT: Statistical pocket book of Turkey 1976.
DPT: Statistical pocket book of Turkey 1978.
DPT: Statistical pocket book of Turkey 1980.
DPT: Census of agriculture result of Muhtarlik survey 1980. (Places with population less than 5.000).
DPT: The summary of agricultural statistics 1981.
ders.: Agricultural structure and production 1968.
DPT: Census of industry and business establishment 1980 – Service –.
Census of industry and business establishment 1980 (small scale manufacturing industry – Preliminary Results)
DPT: Census of population/social and economic characteristics of Population, 1980.
DPT: Census of Population/Social and economic characteristics of Population, 1975.
DIE (Staatliches Statistikamt): Statistisches Jahrbuch, Bd. 4, 5, 6, 7, 9 und 10 (Auszüge).
DIE: Statistical Yearsbooks für die Jahre 1963, 1964/1965, 1971, 1979, 1981.
DIE: Industriezählungen von 1951, 1963, 1970 und 1981.
DIE: Agrarzählungen von 1950, 1952, 1963, 1970 und 1980.
Iktisadi Raporlar (Wirtschaftsberichte) von Türkiye Ticaret Odalari, Sanayi Odalari ve Ticaret Borsalari Birligi (Vom Verein der Handels- und Industriekammer und Handelsbörse 1981,1982 und 1983
The türkish economy 1983 von TÜSIAD (Verein der türkischen Industriellen und Unternehmer)
Atatürk Dönemi Ekonomik ve Toplumsal Sorunları (ökonomische und gesellschaftliche Fragen der Atatürk-Periode 1923-1938), Istanbul 1977
Atatürk ve Tarim (Atatürk und Landwirtschaft) von der Landwirtschaftsfakultät der Univerität Ankara, Ankara 1981
Social and economic History at Türkey (1071-1921), Hacettepe Univerity, Ankara 1977
Cumhiriyetin 50. Yılında Türkiye'de Sanayileşme ve Sorunları Semineri (Seminar über die Industrialisierung und ihre Fragen in der Türkei im 50. Jahr der Republik), Hrsg. Fakultät der politischen Wissenschaft der Universität Ankara, Nr. 3-4, 1975
Zeitschrift „Kadro" Bd. 1, 2 und 3, 1932-1934, Nachdruck 1980
Seyahatname, Nachdruck 1980.
Autorenkollektiv, Lehrbuch "Politische Ökonomie 1", Hrsg. Akademie der Wissenschaften der UdSSR, Institut für Ökonomie, Frankfurt 1971.
Barthel, G.: Zur Industrialisierung der Türkei, Leipzig 1966
Boris, D.H.: Zur politischen Ökonomie der Beziehungen zwischen Entwicklungsländern und westlichen Industriestaaten, in: Das Argument Nr. 38, 1966
Aydemir, S.S.: Die soziale Bedeutung der türkischen Revolution, in: Europäische Revue, XII. Jahrgang, Heft 6b, Stuttgart 1936, Hrsg. Karl Anton Prinz Rohan
Birken, Andreas: Die Provinzen des osmanischen Reiches, Wiesbaden 1976
Droz, J. (Hrsg.): Der Sozialismus in den britischen Dominions, in der Türkei, im Iran, in China, Indien und Südwestasien 1919-1945, in: Geschichte des Sozialismus, Bd. XV
Frank, A.G.: Abhängige Akkumulation und Unterentwicklung, Frankfurt 1980
Glasneck, J.: Kemal Atatürk und die moderne Türkei, Berlin 1971
Horowitz, D. (Hrsg.): Big Business und kalter Krieg, Frankfurt 1971
Ilsnberg, G.H.: Imperialismus und Entwicklungshilfe zur Stabilisierung der Abhängigkeit, in: Das Argument Nr. 51, 1969
Isbay, Sami: Das Finanzwesen der türkischen Republik, in: Europäische Revue, XII. Jahrgang, Heft 6b, Stuttgart 1936

Jalee, P.: Die Ausbeutung der Dritten Welt, Frankfurt 1968
Keyder, C., Islamoglu, H.: Ein Interpretationsrahmen für die Analyse des Osmanischen Reiches, in: suhrkamp 980, 1979
Keskin, H.: Vom Osmanischen Reich zum Nationalstaat, Berlin 1981
Lenin, W.I.: Alle bei der Anmerkung angegebenen Schriften, in: LW, Bd. 3, 22, 31 und 32. Außerdem: Das kapitalistische System der modernen Landwirtschaft, in: LW, Bd. 16
Die Ereignisse auf dem Balkan und in Persien, in: LW, Bd. 15
Marx/Engels: Alle Artikel zur türkischen Frage, in MEW, Bd. 9, 10 und 11
: Alle bei der Anmerkung angegebenen Schriften, in: MEW, Bd. 3, 4, 6, 9, 10, 11, 13, 18, 19, 20, 21, 23, 25 und Grundrisse.
Müller, Karl H.: Die Wirtschaftliche Bedeutung der Bagdad-Bahn, Hamburg 1917
(Sarc), Ömer, Celal: Die landwirtschaftliche Struktur der Türkei, in: Europäische Revue, XII. Jahrgang, Heft 6b, Stuttgart 1936, Hrsg. Karl Anton Prinz Rohan
Segal, L.: Lehrbuch Politische Ökonomie, 1934, Nachdruck 1974
Senghaas, D. (Hrsg.): Peripherer Kapitialismus, Analyse über Abhängigkeit und Unterentwicklung, Frankfurt/M. 1974
ders.: Imperialismus und strukturelle Gewalt, Analyse über abhängige Reproduktion, Frankfurt/M. 1972
Steinhaus, K.: Soziologie der türkischen Revolution, Frankfurt/M. 1969
Pawlowitsch, M.: Die kommunistische Bewegung in der Türkei, in: Die Kommunistische Internationale Nr. 5
Wittfogel, K.A.: Die Orientalische Despotie, Frankfurt/Berlin/Wien 1977